Pause-café

French in Review • Moving Toward Fluency

Pause-café

French in Review • Moving Toward Fluency

Nora Megharbi
University of California, Santa Cruz

Stéphanie Pellet
Wake Forest University

Carl Blyth
University of Texas at Austin

Sharon W. Foerster
Retired, University of Texas at Austin

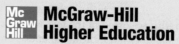

**McGraw-Hill
Higher Education**

Boston   Burr Ridge, IL   Dubuque, IA   New York   San Francisco   St. Louis
Bangkok   Bogotá   Caracas   Kuala Lumpur   Lisbon   London   Madrid   Mexico City
Milan   Montreal   New Delhi   Santiago   Seoul   Singapore   Sydney   Taipei   Toronto

McGraw-Hill
Higher Education

Published by McGraw-Hill, an imprint of The McGraw-Hill Companies, Inc., 1221 Avenue of the Americas, New York, NY 10020. Copyright © 2009. All rights reserved. No part of this publication may be reproduced or distributed in any form or by any means, or stored in a database or retrieval system, without the prior written consent of The McGraw-Hill Companies, Inc., including, but not limited to, in any network or other electronic storage or transmission, or broadcast for distance learning.

This book is printed on acid-free paper.

Printed in China

2 3 4 5 6 7 8 9 0 CTP/CTP 0 9

ISBN: 978-0-07-240784-6
MHID: 0-07-240784-0

Editor in Chief: *Michael Ryan*
Publisher: *William R. Glass*
Sponsoring Editor: *Katherine K. Crouch*
Director of Development: *Susan Blatty*
Development Editors: *Sylvie L. Waskiewicz and Susan Coleman*
Editorial Coordinator: *Janina Tunac Basey*
Marketing Manager: *Jorge Arbujas*
Production Editor: *Carey Eisner*
Design Manager: *Preston Thomas*

Cover Designer: *Diane VanEycke*
Text Designer: *Carolyn Deacy*
Art Editor: *Emma Ghiselli*
Photo Research: *Sonia Brown*
Illustrator: *Rémy Simard*
Production Supervisor: *Tandra Jorgensen*
Composition: *10/12 Palatino by Aptara*
Printing: *CTPS*

Cover: *Photo courtesy of Valerie Martin*

Credits: The credits appear at the end of the book and are considered an extension of the copyright page.

Library of Congress Cataloging-in-Publication Data

Pause-café : French in review, moving toward fluency / Nora Megharbi ... [et al.].
      p. cm.
   Includes index.
   ISBN-13: 978-0-07-240784-6
   ISBN-10: 0-07-240784-0
   1. French language--Textbooks for foreign speakers--English. I. Megharbi, Nora.
PC2129.E5P39 2008
448.2'421--dc22

2008002061

The Internet addresses listed in the text were accurate at the time of publication. The inclusion of a Web site does not indicate an endorsement by the authors or McGraw-Hill, and McGraw-Hill does not guarantee the accuracy of the information presented at these sites.

www.mhhe.com

Table des matières

Préface ix

Cartes xvii

Pour commencer: Les six amis 1

Entre amis 2

Points clés: Introduction 9

Décrire 11

Comparer 11

Parler du passé 12

Réagir et recommander 13

Poser des questions 13

Parler du futur 14

Faire des hypothèses 15

Pour écrire 16

CHAPITRE 1 18

Perspectives:

Perceptions et impressions

Rencontres: Les premières impressions 19

Vocabulaire thématique 21

　Note culturelle: Une question de sensibilité 25

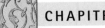

Points clés: Décrire et Comparer 26

Coin-culture 35

　Destination: Paris 35
　La vie des artistes: Jean-Pierre Jeunet 37

Lecture: *L'Étudiant étranger* de Philippe Labro 39

Pour écrire 43

Autres thèmes pour discuter 43

 CHAPITRE 2 45

Passions et sentiments:

Quelle est l'influence des autres sur notre vie?

Rencontres: Une soirée inoubliable 46

Vocabulaire thématique 48

　Note culturelle: Les relations sentimentales en France 53

PASSÉ
P

Points clés: Parler du passé 54

Coin-culture 61

　Destination: La Provence 61

　La vie des artistes: Les santons de Provence 64

Lecture: *Comment cuisiner son mari à l'africaine* de Calixthe Belaya 65

Pour écrire 68

Autres thèmes pour discuter 69

 CHAPITRE 3 70

Les relations familiales:

Quelle est l'importance de nos racines?

Rencontres: Maman vient me rendre visite. Que faire? 71

Vocabulaire thématique 73

　Note culturelle: La famille en France 77

RÉAGIR
R
RECOMMANDER

Points clés: Réagir et recommander 78

Coin-culture 84

　Destination: Les Caraïbes francophones 84

　La vie des artistes: Kassav' 87

Lecture: «Elle avait pris ce pli... » de Victor Hugo 89

Pour écrire 93

Autres thèmes pour discuter 93

 CHAPITRE 4 95

Travail et loisirs:

Comment vous détendez-vous?

Rencontres: Il faut bien vivre! 96

Vocabulaire thématique 98

　Note culturelle: Comment éviter les faux pas culturels 103

QUESTIONS
Q

Points clés: Poser des questions 104

Coin-culture 112

　Destination: L'Afrique francophone 112

　La vie des artistes: Ousmane Sembène 115

Lecture: *La Grève des bàttu* d'Aminata Sow Fall 117

Pour écrire 122

Autres thèmes pour discuter 122

CHAPITRE 5   124

Le nouveau millénaire et l'avenir:

Que se passera-t-il dans le futur?

Rencontres: Les projets pour l'été   125

Vocabulaire thématique   128

   Note culturelle: De l'Europe à l'Union européenne   133

 Points clés: Parler du futur   134

Coin-culture   140

   Destination: L'Europe francophone   140

   La vie des artistes: René Magritte   144

Lecture: «Liberté» de Paul Éluard   146

Pour écrire   151

Autres thèmes pour discuter   151

 CHAPITRE 6   153

Le monde actuel:

Quelle influence ont sur nous les problèmes dans le monde?

Rencontres: Parlons de la France!   154

Vocabulaire thématique   157

   Note culturelle: La vie politique en France   161

 Points clés: Faire des hypothèses   162

Coin-culture   169

   Destination: Le Québec   169

   La vie des artistes: Denys Arcand   172

Lecture: *La Noël d'Okarnak* d'Yves Thériault   173

Pour écrire   180

Autres thèmes pour discuter   181

 # Explications grammaticales: 182

Points clés

 Décrire   182

   1. Gender of nouns   183
   2. Adjectives   185
   3. **C'est** vs. **Il est / Elle est**   188
   4. Negation   190
   5. Relative pronouns   191

 Comparer   198

   1. Regular comparative forms   198
   2. Irregular comparative forms   200
   3. Superlatives   201

 Parler du passé   204

   1. Formation of the **passé composé**   204
   2. Formation of the **imparfait**   208
   3. Using the **passé composé** and the **imparfait**   209
   4. Verbs with different meanings in the **imparfait** and the **passé composé**   212
   5. **Plus-que-parfait**   213
   6. **Passé simple**   215

 Réagir et recommander   217

   1. Present subjunctive   217
   2. Using the subjunctive   221
   3. Conjunctions that require the subjunctive   227
   4. Past subjunctive   229
   5. Imperative mood (Commands)   230

 Poser des questions   234

   1. *Yes/No* questions   234
   2. Information questions   236
   3. Interrogative pronouns **qui** and **que**   238
   4. Adjective **quel**   239
   5. Interrogative pronoun **lequel**   240

 Parler du futur   241

   1. Near future   241
   2. Simple future   242
   3. Future perfect   244

Faire des hypothèses 245

   1. Formation of present conditional   245
   2. Using the present conditional   246
   3. **Si** clauses and hypothetical events   247
   4. Past conditional   248

 Autres points de grammaire   250

   1. Determiners   250

      1.1 Definite articles   250
      1.2 Indefinite articles   251
      1.3 Partitive articles   252
      1.4 Possessive adjectives   254
      1.5 Demonstrative adjectives   255

   2. Adverbs   255

      2.1 Types of adverbs   255
      2.2 Formation of adverbs   256
      2.3 Placement   257

   3. Pronouns   258

      3.1 Direct object pronouns   258
      3.2 Indirect object pronouns   259
      3.3 **y** and **en**   260
      3.4 Double object pronouns   261

      3.5 Disjunctive pronouns   262
      3.6 Possessive pronouns   263
      3.7 Demonstrative pronouns   264

   4. Verbs   265

      4.1 Expressions with **avoir**   265
      4.2 **savoir** vs. **connaître**   265
      4.3 Pronominal verbs   266
      4.4 Verbs followed by a preposition   269
      4.5 **faire causatif**   271

À votre tour! *Answer Key*   A–1

Conjugaisons des verbes   A–9

Vocabulaire français-anglais   V–1

Index   I–1

Credits   C–1

About the Authors

Préface

Welcome to *Pause-café*, a unique and exciting intermediate-level French program! Specifically designed to meet the challenges of second-year foreign language learning, *Pause-café* helps students overcome the frustrating "second-year plateau" and move toward increased fluency.

The Second–Year Plateau

Let's face it—the second year of foreign language study can be difficult for both students and teachers. The relatively swift and easy progress of the first year of language study begins to slow down in the second year. Part of the problem stems from conventional intermediate foreign language textbooks that review the entirety of the first year's grammatical content in a linear, item-by-item sequence. In most second-year courses this linear grammatical syllabus is "covered" in much less time than is typically allotted for first-year courses. In addition to this problem, many second-year textbooks do not recycle grammar or vocabulary from one chapter to the next. With so much content to cover in such an inefficient and artificial way, it is not surprising that the results are often frustrating.

A New Concept in Language Learning

Pause-café reviews grammar and vocabulary in a very systematic fashion. Taking the adage "use it or lose it" to heart, we have based *Pause-café* on the careful recycling of grammar and vocabulary via the repetition of communicative tasks or functions. Inspired by the successful *Punto y aparte*, an intermediate-level Spanish textbook also published by McGraw-Hill, *Pause-café* focuses on seven major communicative functions: describing, comparing, narrating in the past, recommending and expressing opinions, asking questions, talking about the future, and hypothesizing. This approach is unique because it focuses on these seven communicative functions,

all of which appear in every chapter from the very first day of the course.

Intermediate-level proficiency is characterized by three main factors: (1) an expanded vocabulary, (2) increased grammatical accuracy, and (3) paragraph-length discourse. We have designed *Pause-café* to help students achieve success in these three areas. First, we offer each chapter's vocabulary in thematic groupings to facilitate association and then continually recycle and expand the active vocabulary from one chapter to the next. Next, we take a communicative approach to grammar while still emphasizing the importance of grammatical accuracy. To ensure success in this approach, we define seven major communicative functions and then focus on the key grammatical structures (**les points clés**) needed to perform those functions. Finally, we provide students with ample tasks that require them to continually use their expanding vocabulary and practice grammatical structures within the context of the seven communicative functions.

Icons are used throughout the text as mnemonic devices to remind students of the link between communicative function and grammatical form. For example, when students see the **Décrire** icon next to an activity, they remember to keep in mind various grammatical rules relevant to description, such as noun/adjective agreement, relative pronoun selection, and the choice of *c'est* vs. *il est.* In other words, grammatical forms are taught as tools needed to accomplish each of the seven communicative functions. Thus, "form follows function" throughout the *Pause-café* materials.

Moving Toward Fluency

One of the main goals of *Pause-café* is to give students a tangible feeling of accomplishment by providing ample communicative activities so that students begin to acquire the ability to see what they have learned in a variety of contexts. To ensure that students move forward in their understanding of the forms that make their messages more accurate, consciousness-raising activities serve as an indirect way of helping them see how all of these functions work together in French. These activities require students to identify sentences that exemplify the seven communicative functions and explain their use or purpose. To this end, consciousness-raising activities are integrated throughout the textbook and the *Cahier d'activités.*

Increased fluency in a second language is also characterized by a more extensive vocabulary. Thus, *Pause-café* stresses vocabulary acquisition as one of its main goals. The vocabulary presented throughout *Pause-café* is arranged in semantically associated groups. Learning vocabulary in this way helps students remember words thematically, not as isolated items. In this manner, the words will be more readily available to students when they need them in the future. Besides learning vocabulary in associated groups, students learn to prepare for oral and written work by creating their own index cards or **fiches.**

Many of the vocabulary items in *Pause-café* are also geared toward a more intermediate-level vocabulary system, rather than a strict review of first-year terms. Although the vocabulary presentation lists in the **Vocabulaire thématique** sections of each chapter may seem daunting at first glance, some of the vocabulary will be a review for students who have studied it in their first-year courses. In addition, the vocabulary is constantly recycled throughout the text, offering the chance for students to continually use the new vocabulary they have acquired in order to talk about the different topics related to each chapter's theme. Other vocabulary items, such as the words and phrases found in **Pour mieux discuter** and **Expressions utiles** boxes, are not considered active terms but are often repeated throughout the text. An expanded vocabulary is one of the first and most tangible indicators to students that they are moving forward in the language-acquisition process.

It is also very important that students understand from the outset how this course differs from previous courses they may have taken. As they move toward fluency, they should progress from being list makers to being paragraph makers, from memorizing isolated words to learning groups of thematically related words, from studying grammar structures in a vacuum to studying grammar as a support for expressing language functions. Finally, students should attain a deeper understanding and appreciation of French and Francophone cultures through the textbook's rich and diverse cultural features and through the lives of the six characters (**les six amis**) who appear throughout *Pause-café.* Above all, we hope that your students begin to see themselves moving toward fluency as they progress through the course.

A Guided Tour of *Pause-café*

Organization

Each of the six main chapters in *Pause-café* focuses on a few countries or regions of the Francophone world and centers around a specific theme that is woven into the various components of the chapter. The chapters are connected by the lives of six friends, each hailing from a different part of the French-speaking world. The six main characters regularly meet in a Parisian café for conversation and conviviality (hence the title *Pause-café*). The preliminary chapter introduces students to these six friends as well as to the concept of the **points clés.** It also provides an overview of the grammatical structures integrated throughout all of the chapters. Each of the main chapters is divided into the following sections:

Chapter Opener

Each chapter-opening page includes a beautiful photo related to the chapter theme that instructors

can use to ask questions to activate students' knowledge of the topic. Also included are bulleted points listing the communicative functions, central themes, and the city, country, or region of focus for the chapter.

Rencontres

The chapter theme is presented through an introductory dialogue among the friends at their favorite gathering spot, a Parisian café. New thematic vocabulary, as well as several **points clés,** are introduced in the context of this dialogue. Comprehension questions, reactions, and student-generated dialogues follow.

Vocabulaire thématique

The vocabulary found in these sections is thematic and presented in semantic groups. Several words from the new vocabulary lists are then expanded in the **Expansion du vocabulaire** section by showing how they are related to similar words with different parts of speech, such as **la fête, fêter, festif/-ve.** To allow students ample opportunity to work with and acquire the new vocabulary before moving on to the rest of the chapter, there are a variety of communicative activities that follow each vocabulary presentation.

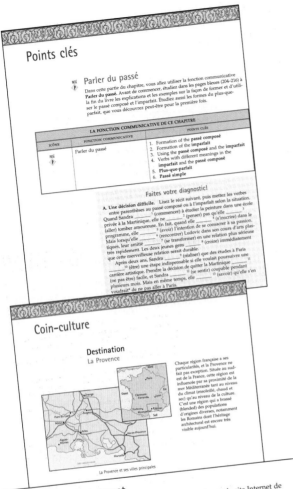

Points clés

Although each chapter highlights one or two of the seven communicative functions, all seven functions are integrated and reviewed in oral and written work throughout the text. The **points clés** are the key grammar points needed to accurately realize the communicative functions. Complete grammar explanations for the **points clés** appear in the **Explications grammaticales** section, or "blue pages," at the end of the text. In the **Points clés** section of every chapter, students are reminded to review the grammar explanations in the "blue pages" and to complete the accompanying **À votre tour!** exercises before continuing.

At the beginning of the **Points clés** section, there is a short review of the featured **fonction communicative** and a brief exercise section called **Faites votre diagnostic!** that students can use to check their command of the grammar points pertinent to the communicative function featured in that chapter. The remaining exercises in this section provide ample interactive opportunities to use the **points clés** and new vocabulary in conversation and in writing. **Expressions utiles** and **Expressions de coordination,** handy phrases that enhance fluid speech and writing, are presented according to the communicative function of the chapter.

Coin-culture

This section presents points of interest in the chapter's region of focus. Colorful visuals, a map, and interesting facts are included in this section, as well as interactive activities that focus on the information presented. In addition to noteworthy places, this section also profiles French and Francophone artists from one of the regions of focus. Each culture reading in this section has corresponding Internet research activities. Suggested key words and links to French and Francophone search engines are provided at the *Pause-café* Online Learning Center at www.mhhe.com/pausecafe.

Lecture

Each chapter has an authentic reading that relates to the chapter theme, introduced through a brief biography of the author, who hails from one of the regions presented in the chapter. Pre-reading and follow-up activities emphasize reading strategies, comprehension, and expansion of ideas presented in the readings. The post-reading activities provide the opportunity for sustained group and class discussion. Three reading strategy icons are found in the margin of the readings. The **Vocabulaire** icon signals new words that students should try to either decipher from context, look up in the end vocabulary, relate to words they do know, or ignore altogether. The **Visualiser** icon encourages students to conjure up images of the people, places, things, and situations described at various points in the reading. The **Vérifier** icon and a short set of questions, positioned at logical break points within longer readings and at the end of all readings, provide a quick comprehension check of the main points of the section or the entire reading.

Pour écrire

The multilayered writing activity for each chapter consists of a brief composition based on the chapter theme. The main composition is divided into three sections: a brainstorming activity, a peer-reviewed preliminary writing assignment, and a final composition based on the information gathered from the first writing phase of the activity.

Autres thèmes pour discuter

At the end of every chapter are additional speaking activities that encourage students to develop higher-level speaking skills to support an opinion, discuss advantages and disadvantages, hypothesize, and so on. Students are asked to prepare vocabulary index cards (**fiches**) to aid them in speaking. We suggest that students create a **fiche** with three nouns, three verbs, and three adjectives related to each topic at hand. This exercise builds on the strategy of learning vocabulary in associated groups.

VOCABULAIRE

VISUALISER

VÉRIFIER

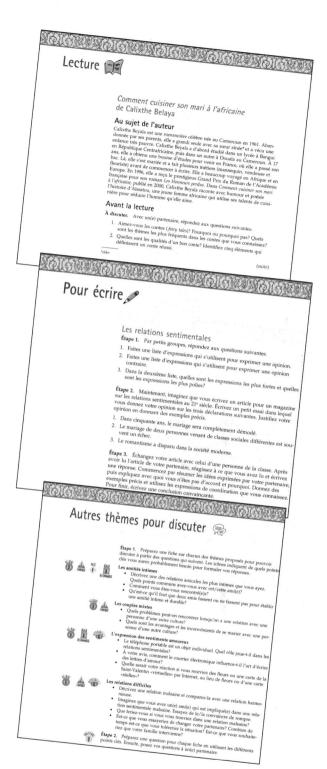

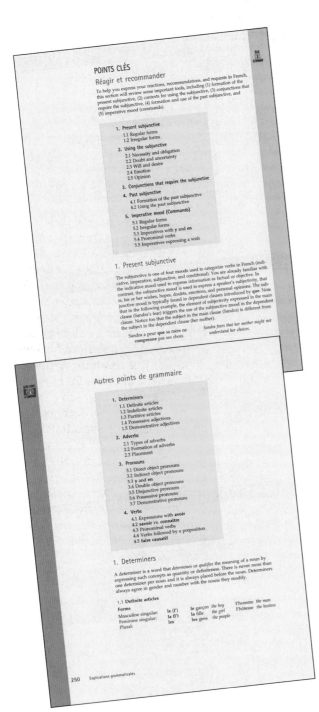

Explications grammaticales

Explanation of the grammatical structures associated with each of the communicative functions (**Points clés**) and accompanying practice exercises, **À votre tour**, are found in the blue pages at the back of the textbook. A tabbing system using the icons for each **fonction communicative** provides easy reference. An Answer Key to the **À votre tour** exercises is provided following the blue pages for students to check their own work.

Autres points de grammaire, which follows the **Points clés** section in the blue pages, contains additional grammar points not included in the seven **fonctions communicatives**.

Supplements

As a full-service publisher of quality educational products, McGraw-Hill does much more than just sell textbooks to students; we create and publish an extensive array of print and digital supplements to support instruction on your campus. Orders of new (versus used) textbooks help us to defray the substantial cost of developing the supplements that accompany *Pause-café*.

For Instructors and Students:

Cahier d'activités

The *Cahier d'activités* follows the organization of the main textbook. This workbook/laboratory manual contains a variety of written and oral exercises and activities that students can use to practice the seven communicative functions with all four skills: writing, reading, listening, and speaking. For a detailed description of the *Cahier d'activités* content, see the preface to that supplement.

The Online *Cahier d'activités* powered by Quia™

The **Online** *Cahier d'activités* offers the same outstanding practice as the printed version plus many additional advantages, such as integrated audio files, immediate feedback and scoring for students, and an easy-to-use grade book and class roster system for instructors. To gain access, students purchase a unique Student Book Key (passcode) in a bi-fold sleeve that is optionally packaged with the book. Instructors should contact their local McGraw-Hill sales representative to obtain an Instructor's Book Key.

Audio Program

For use with the laboratory activities in the *Cahier d'activités*, the Audio Program on CD corresponds to the **Pratique orale** section of all chapters of the *Cahier d'activités*. In addition, the complete Audio Program can also be accessed free of charge on the *Pause-café* Online Learning Center (www.mhhe.com/pausecafe) under More Resources. The Audioscript is available only to instructors in the Instructor Edition of the Online Learning Center. Contact your McGraw-Hill sales representative for the instructor password.

Online Learning Center (Student and Instructor Editions)

The Online Learning Center for *Pause-café* (www.mhhe.com/pausecafe) is a complete learning and teaching resource center for both students and instructors. Students have free access to the site without a password; instructors must request their password from their local sales representative.

- **Student Edition**
  The Student Edition of the Web site includes a set of key words and a list of French and Francophone search engines for the **Coin-culture** Internet activities found in each chapter. The complete Audio Program is also available at no cost, posted for each chapter under More Resources. These audio files are downloadable to laptops and mp3 players.

- **Instructor Edition**
  The Instructor Edition of the Web site gives instructors access to the student resources described above, as well as the following instructor's materials:

  - **Audioscript**
    The *Audioscript* contains the complete recording script of the Audio Program on CD and may be downloaded and printed from the Instructor's Edition of the Online Learning Center.

  - **Instructor's Manual / Testing Program**
    The *Instructor's Manual / Testing Program*, available in the Instructor Edition of the Online Learning Center, provides scheduling suggestions, syllabus planning, sample lesson plans for one chapter (**Chapitre 1**), and general teaching suggestions. Also included are tips on grading oral presentations and compositions, guidelines for better writing, and a list of common errors.

    The *Testing Program* contains a 20-minute quiz and a 50-minute exam for each chapter, as well as two final exams. Both the quizzes and the exams assess vocabulary, structures, and culture, as well as students' writing and oral comprehension skills. Instructors may use the exams "as is" or choose items from them to create their own chapter quizzes, exams, midterms, or finals. Instructors may also prefer to use the quizzes and exams as models to create their own assessment materials.

Acknowledgments

The authors and publisher would like to express their gratitude to the instructors listed here who contributed to the development of *Pause-café* through their valuable participation in chapter reviews. (Note that the inclusion of their names here does not constitute an endorsement of the *Pause-café* program or of its methodology.)

Diane Fagin Adler, *North Carolina University*
K. E. Bättig, *Cornell University*
Anne-Sophie Blank, *University of Missouri, Saint Louis*
Daniel J. Calvez, *Clemson University*
Amanda Brooks-Carson, *University of Miami*
Marie-Lise Carue, *University of Memphis*
Pierre F. Cintas, *Pennsylvania State University*
Dominick A. DeFilippis, *Wheeling Jesuit University*

Mary Fossier, *Alliance Française, Milwaukee*
Judith Frommer, *Harvard University*
Françoise Ghillebaert, *University of Puerto Rico, Río, Piedras*
Daphne McConnell, *Benedictine College*
Mary Jo Muratore, *University of Missouri*
Lois Oppenheim, *Montclair State University*
Charline Sacks, *Nassau Community College*
Andrew Simon, *St. Michael's College*
Stuart Smith, *Austin Community College*

We would like to gratefully acknowledge all of the people at McGraw-Hill who worked tirelessly to produce *Pause-café* and its supplements. Our sincere thanks in editorial to Susan Blatty, Susan Coleman, Katie Crouch, Nicole Dicop-Hineline, Sylvie Waskiewicz, and Nina Tunac Basey, as well as Elizabeth Stroud and Mary Root, and especially to William R. Glass, our publisher. We would like to thank our project manager, Carey Eisner, and her colleagues in production and design. Special thanks to Preston Thomas and Carolyn Deacy for the beautiful design. In the media group, we would like to thank Allison Hawco and Ron Nelms. Many thanks as well to Jorge Arbujas and Rachel Dornan for their terrific efforts in marketing this new edition.

We are especially grateful to our families and friends for their continuous support through the years.

And finally, we would like to thank Sharon Foerster, author of *Punto y aparte* and *Metas*, for generously sharing her many pedagogical ideas, especially her innovative approach to recycling communicative functions that move intermediate students to fluency.

L'EUROPE f

- Le français est la langue maternelle majoritaire et/ou officielle
- Le français est langue officielle ou administrative
- Présence importante de la langue française, sans statut particulier

m = masculin   f = féminin

0   250   500 milles
0   250   500 kilomètres

LA SUÈDE

LA FINLANDE

LA NORVÈGE

Oslo

Helsinki

Stockholm

St-Pétersbourg

Tallinn

L'ESTONIE f

L'ÉCOSSE f

LA MER DU NORD

Moscou

L'IRLANDE f DU NORD

LA RUSSIE

Riga

LA GRANDE-BRETAGNE

LE DANEMARK

LA LETTONIE

L'IRLANDE f

Dublin

Copenhague

LA MER BALTIQUE

LA LITUANIE

Vilnius

LA RUSSIE

Minsk

LES PAYS-BAS m

Kaliningrad

LE PAYS DE GALLES

L'ANGLETERRE f

Amsterdam

Berlin

LA POLOGNE

LA BIÉLORUSSIE

Londres

Varsovie

L'OCÉAN m ATLANTIQUE

LA BELGIQUE

Bruxelles

L'ALLEMAGNE f

Prague

Kiev

Paris

Luxembourg

LE LUXEMBOURG

LA RÉPUBLIQUE TCHÈQUE

L'UKRAINE f

LE LIECHTENSTEIN

Vienne

LA SLOVAQUIE

Bratislava

Berne

Budapest

LA MOLDAVIE

LA FRANCE

Lausanne

LA SUISSE

L'AUTRICHE f

Chisinau

Génève

LA HONGRIE

le Val d'Aoste

LA SLOVÉNIE

Ljubljana

LA ROUMANIE

LE PORTUGAL

Zagreb

Belgrade

Bucarest

Andorre-la-vieille

LA CROATIE

Madrid

L'ANDORRE f

MONACO m

LA BOSNIE-HERZÉGOVINE

LA SERBIE

LA MER NOIRE

Lisbonne

L'ITALIE f

Sarajevo

LE MONTÉNÉGRO

La Corse

Podgorica

Sofia

L'ESPAGNE f

Ajaccio

Rome

LA MER ADRIATIQUE

Skopje

LA BULGARIE

Tirana

LA MACÉDOINE

Istanbul

L'ALBANIE f

LA MER MÉDITERRANÉE

LA GRÈCE

LA TURQUIE

LA MER ÉGÉE

Athènes

L'AFRIQUE f

La Crète

LE MAROC

L'ALGÉRIE f

LA TUNISIE

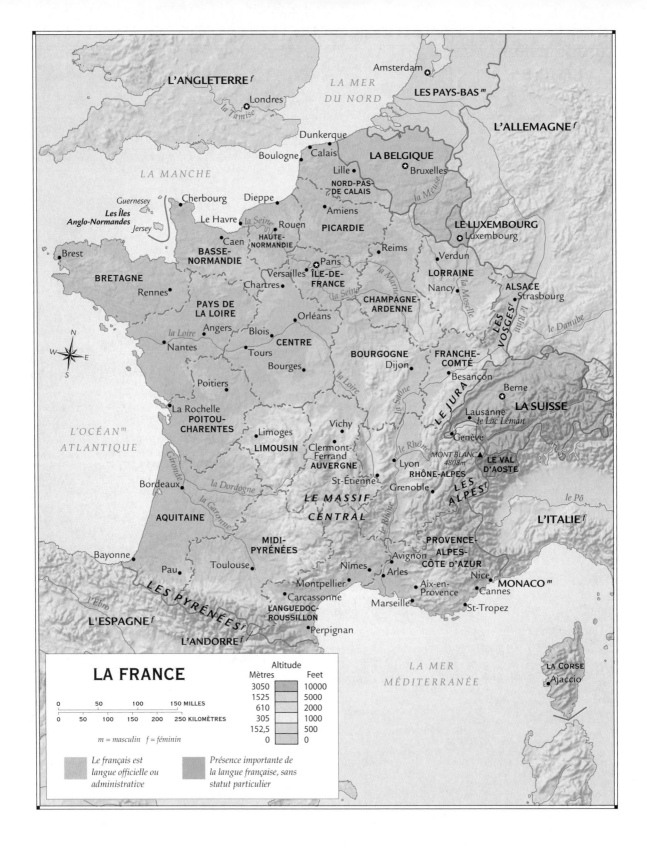

LA FRANCE

Altitude

Mètres		Feet
3050		10000
1525		5000
610		2000
305		1000
152,5		500
0		0

m = masculin   f = féminin

Le français est langue officielle ou administrative

Présence importante de la langue française, sans statut particulier

0   50   100   150 MILLES
0   50   100   150   200   250 KILOMÈTRES

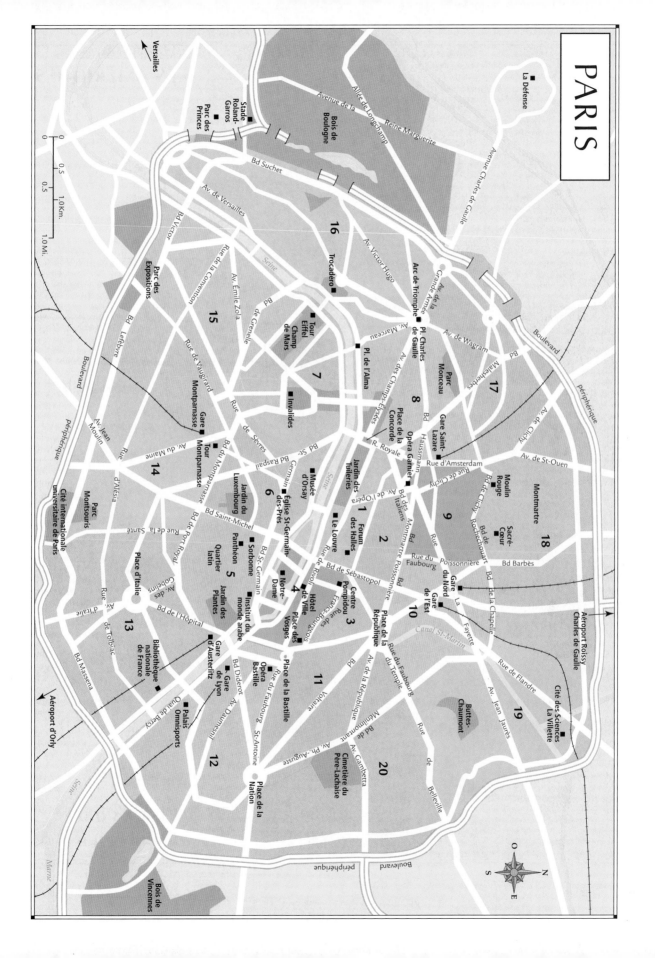

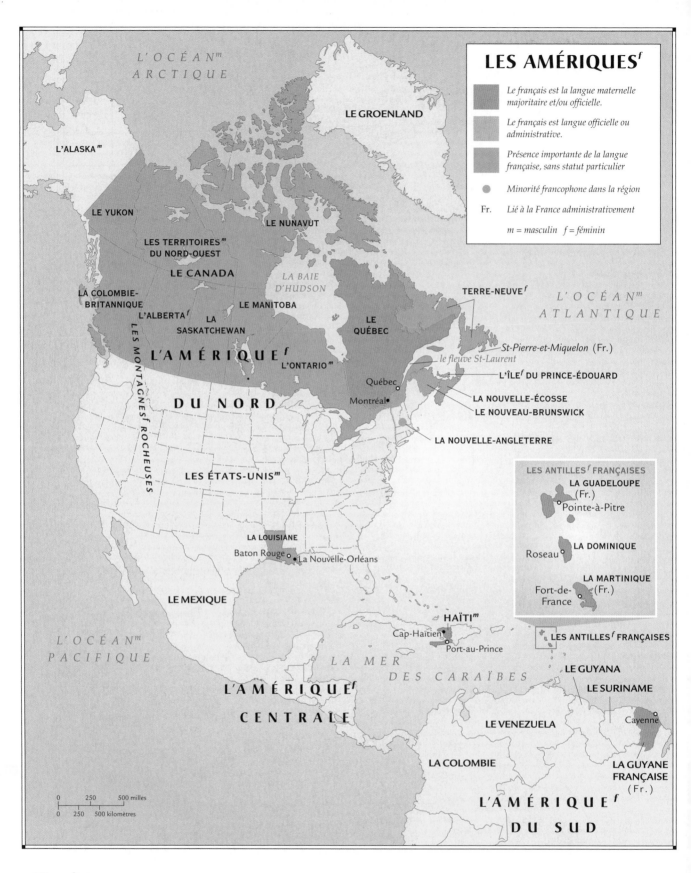

LES AMÉRIQUES*f*

Le français est la langue maternelle majoritaire et/ou officielle.

Le français est langue officielle ou administrative.

Présence importante de la langue française, sans statut particulier

Minorité francophone dans la région

Fr.   Lié à la France administrativement

m = masculin   f = féminin

L'OCÉAN*m* ARCTIQUE

LE GROENLAND

L'ALASKA*m*

LE YUKON

LE NUNAVUT

LES TERRITOIRES*m* DU NORD-OUEST

LE CANADA

LA BAIE D'HUDSON

TERRE-NEUVE*f*

L'OCÉAN*m* ATLANTIQUE

LA COLOMBIE-BRITANNIQUE

L'ALBERTA*f*

LE MANITOBA

LA SASKATCHEWAN

LE QUÉBEC

St-Pierre-et-Miquelon (Fr.)

le fleuve St-Laurent

L'AMÉRIQUE*f*

L'ONTARIO*m*

L'ÎLE*f* DU PRINCE-ÉDOUARD

LES MONTAGNES*f* ROCHEUSES

DU NORD

Québec

Montréal•

LA NOUVELLE-ÉCOSSE

LE NOUVEAU-BRUNSWICK

LA NOUVELLE-ANGLETERRE

LES ÉTATS-UNIS*m*

LES ANTILLES*f* FRANÇAISES

LA GUADELOUPE (Fr.)

Pointe-à-Pitre

LA LOUISIANE

Baton Rouge •

• La Nouvelle-Orléans

Roseau

LA DOMINIQUE

LE MEXIQUE

LA MARTINIQUE (Fr.)

Fort-de-France

L'OCÉAN*m* PACIFIQUE

HAÏTI*m*

Cap-Haïtien•

Port-au-Prince•

LES ANTILLES*f* FRANÇAISES

LA MER DES CARAÏBES

LE GUYANA

LE SURINAME

L'AMÉRIQUE*f*

LE VENEZUELA

Cayenne

CENTRALE

LA COLOMBIE

LA GUYANE FRANÇAISE (Fr.)

0   250   500 milles

0   250   500 kilomètres

L'AMÉRIQUE*f*

DU SUD

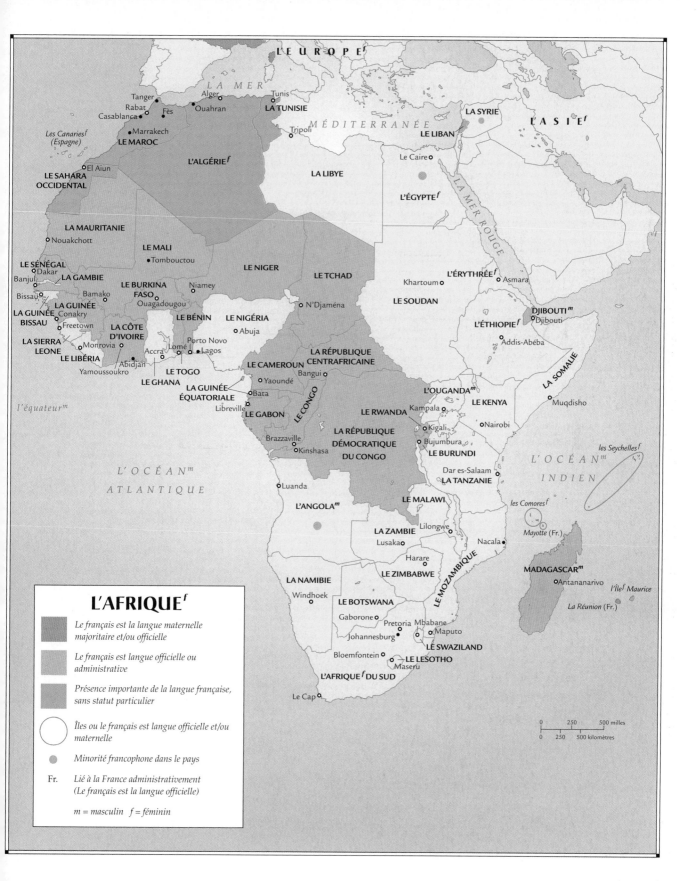

L'EUROPE f

LA MER

LA SYRIE
LE LIBAN

L'ASIE f

MÉDITERRANÉE

Tanger
Rabat · Alger · Tunis
Casablanca · Fès · Ouahran · LA TUNISIE
Marrakech
Tripoli

Le Caire

LE MAROC
Les Canaries f
(Espagne)
El Aiun

L'ALGÉRIE f

LA LIBYE

L'ÉGYPTE f

LE SAHARA
OCCIDENTAL

LA MAURITANIE
Nouakchott

LE MALI
· Tombouctou

LE NIGER

LE TCHAD

Khartoum
L'ÉRYTHRÉE f · Asmara

LA MER ROUGE

LE SÉNÉGAL
Dakar
Banjul · LA GAMBIE
Bissau
LA GUINÉE
BISSAU
LA SIERRA
LEONE
LE LIBÉRIA
Monrovia
Yamoussoukro

Bamako
LE BURKINA
FASO
Ouagadougou
LA GUINÉE
Conakry
Freetown
LA CÔTE
D'IVOIRE
Abidjan
LE TOGO
LE GHANA

Niamey

N'Djaména

LE SOUDAN

DJIBOUTI m
Djibouti
L'ÉTHIOPIE f
Addis-Abéba

LE BÉNIN
LE NIGÉRIA
Abuja
Accra
Lomé
Porto Novo
Lagos
LE CAMEROUN
Yaoundé
LA GUINÉE
ÉQUATORIALE
Bata
Libreville
LE GABON

LA RÉPUBLIQUE
CENTRAFRICAINE
Bangui

L'OUGANDA m
Kampala
LE RWANDA
Kigali
Bujumbura
LE BURUNDI

LA SOMALIE

LE KENYA
Nairobi

Muqdisho

l'équateur m

LE CONGO
Brazzaville
Kinshasa

LA RÉPUBLIQUE
DÉMOCRATIQUE
DU CONGO

les Seychelles f

L'OCÉAN m
ATLANTIQUE

Luanda

Dar es-Salaam
LA TANZANIE

L'OCÉAN m
INDIEN

les Comores f

L'ANGOLA m

LE MALAWI
Lilongwe
Nacala

Mayotte (Fr.)

LA ZAMBIE
Lusaka
Harare

MADAGASCAR m
Antananarivo
l'Île f Maurice
La Réunion (Fr.)

LA NAMIBIE
Windhoek

LE ZIMBABWE

LE MOZAMBIQUE

LE BOTSWANA
Gaborone
Pretoria Mbabane
Maputo
Johannesburg
LE SWAZILAND
Bloemfontein
LE LESOTHO
Maseru

L'AFRIQUE f DU SUD
Le Cap

L'AFRIQUE f

Le français est la langue maternelle
majoritaire et/ou officielle

Le français est langue officielle ou
administrative

Présence importante de la langue française,
sans statut particulier

Îles ou le français est langue officielle et/ou
maternelle

Minorité francophone dans le pays

Fr.   Lié à la France administrativement
(Le français est la langue officielle)

m = masculin   f = féminin

Pour commencer

Les six amis

Voici les six amis: Nathalie, Sandra, Xavier, Yann, Fabienne, Adama

Points clés
- Introduction aux Points clés

Thème principal
- Les six amis

Destination
- Le Café des Arts, situé à Paris, en France

Bienvenue à *Pause-café*! Avec ce livre, vous allez développer sept fonctions communicatives à travers des conversations, des compositions écrites et des exercices grammaticaux. Tous les dialogues, oraux ou écrits, sont centrés autour de la vie de six amis que vous allez connaître peu à peu.

MULTIMÉDIA

www.mhhe.com/pausecafe

1

Entre amis

Lisez les biographies et profils de chacun des six amis, puis répondez aux questions qui suivent.

Nathalie Delors

Nathalie est née à Avignon, dans le sud de la France. Elle fait des études de lettres modernes à la Sorbonne et elle écrit des articles pour un magazine étudiant, *En toutes lettres*. Elle aime les grandes villes, parce qu'il y a toujours quelque chose de différent et de sympa à faire, alors elle s'est installée à Paris. Mais il est vrai que de temps en temps, le soleil du Midi[1] et la mer Méditerranée lui manquent.[2] À présent, elle fait un Master, et elle n'a pas encore décidé si elle poursuivra ses études après avoir obtenu son diplôme. Pour se détendre, elle aime faire du yoga et de la poterie.

Voici comment Nathalie se décrit:

Mon principal trait de caractère: la franchise

Mon défaut principal: quelquefois autoritaire

Qualité que je recherche chez un(e) ami(e): savoir écouter et encourager

Mes loisirs préférés: me promener dans Paris, écrire, faire de la natation

Mon rêve: obtenir le prix Goncourt[3]

La musique que je préfère: Édith Piaf, la musique du film *Le Fabuleux Destin d'Amélie Poulain*, Paris Combo

Mes films préférés: *Cyrano de Bergerac*, *Ma vie en rose*, *Les Choristes*

Mes plats et boissons préférés: la tarte aux cerises,[4] la sole meunière,[5] le vin blanc

Ce qui m'irrite le plus: l'injustice

L'endroit où je voudrais aller en vacances: Haïti

[1]*South (of France)*   [2]la mer… *she misses the Mediterranean Sea*   [3]*a renowned literary prize*   [4]tarte… *cherry pie*   [5]sole… *sole rolled in flour and sauteed in butter*

Rappel!

Les profils et biographies contiennent peut-être des noms de personnes, de films ou d'endroits que vous ne connaissez pas. Mais ne vous inquiétez pas: les lectures et les activités du livre vont vous aider à en savoir plus sur ces sujets.

Questions:

1. Pourquoi Nathalie a-t-elle décidé de vivre à Paris?
2. Est-ce qu'elle est timide? Comment le savez-vous?
3. Est-ce qu'elle a des goûts plutôt traditionnels ou plutôt modernes? Expliquez pourquoi. *tastes rather*

Fabienne Tétrault

Fabienne est née à Trois-Rivières, au Québec. Elle est déjà venue en France l'été dernier, et elle a visité Paris et la Bretagne. C'est ce qui l'a encouragée à revenir en France pour étudier l'immigration au Nouveau Monde au 19e siècle, qui représente un peu l'histoire de sa famille. Elle a obtenu une bourse[1] pour étudier à Paris. Pour se faire de l'argent de poche, elle fait des petits boulots,[2] comme du *jobs* baby-sitting. Pour le moment, elle essaie de s'habituer au «français de France», assez différent de sa langue maternelle! Elle aime aller prendre un verre au Café des Arts pour rencontrer des Français et discuter avec eux.

Voici comment Fabienne se décrit:

Mon principal trait de caractère: l'enthousiasme

Mon défaut principal: parler trop spontanément

Qualité que je recherche chez un(e) ami(e): l'ouverture d'esprit

Mes loisirs préférés: visiter la région pendant les week-ends, aller au cinéma

Mon rêve: traverser l'Atlantique sur une réplique de la *Pinta*

La musique que je préfère: Céline Dion, Sarah McLachlan, Coldplay

Mes films préférés: *Ridicule, Titanic, Les Triplettes de Belleville*

Mes plats et boissons préférés: le coq au vin, les pancakes avec du sirop d'érable, l'eau minérale

Ce qui m'irrite le plus: les gens qui klaxonnent[3] dans un bouchon[4]

L'endroit où je voudrais aller en vacances: la Provence

[1]*scholarship* [2]*jobs* [3]*honk* [4]*traffic jam*

Questions:

1. Est-ce que Fabienne est sociable? Qu'est-ce qui vous l'indique?
2. Est-ce qu'elle a des difficultés à parler français? Est-ce que c'est logique?
3. À votre avis, Fabienne a-t-elle le sens de l'aventure? Expliquez pourquoi. *opinion*

Yann Kerfontaine

Yann vient de Rennes, une ville située en Bretagne. Dans sa famille, il y a un attachement profond pour cette région et pour la mer, et Yann est toujours heureux de revenir chez lui. Il a commencé ses études à la faculté de médecine de Rennes, puis, à la suite d'un stage infirmier,[1] il a décidé de déménager à Paris. Il est fasciné par la complexité de cette ville et pense que ses chances de trouver un travail seront meilleures dans la capitale. Sa famille soutient ses efforts, et il en a besoin, car les études de médecine sont longues et difficiles. Pour se détendre, il va régulièrement au club de gym, et quand il en a la possibilité, il fait de la varappe,[2] une forme d'escalade qui demande beaucoup de concentration. Il aime aussi aller à des concerts de rock, français et anglophone.

détendre — relax

Voici comment Yann se décrit:

Mon principal trait de caractère: la ténacité

Mon défaut principal: l'impatience

Qualité que je recherche chez un(e) ami(e): l'esprit d'aventure

Mes loisirs préférés: les sports extrêmes, comme la varappe ou le parachutisme

Mon rêve: faire partie de Médecins Sans Frontières[3]

La musique que je préfère: Les Négresses Vertes, U2

Mes films préférés: *Le Parrain, Vol au-dessus d'un nid de coucou, Les Visiteurs*

Mes plats et boissons préférés: les fruits de mer, en particulier les coquilles Saint-Jacques,[4] et le vin blanc

Ce qui m'irrite le plus: le pessimisme, le manque d'initiative

L'endroit où je voudrais aller en vacances: les Alpes

[1]stage… *nursing internship*　[2]*rock-climbing*　[3]une organisation humanitaire internationale qui aide les personnes victimes de conflits ou de catastrophes naturelles　[4]coquilles… *scallops*

Questions:

1. Selon vous, est-ce que Yann est généreux? Pourquoi?
2. Croyez-vous que Yann retournera en Bretagne quand il aura fini ses études de médecine?
3. Pensez-vous que Yann sera un bon médecin? Pourquoi?

Adama N'Diaye

Adama est sénégalais. Il est né à Saint-Louis, qui se trouve au nord de la capitale, Dakar. Après avoir passé son bac, il a quitté le Sénégal pour venir étudier à Paris. Il a commencé des études d'informatique à l'université d'Orsay, dans la banlieue parisienne. À son arrivée, il a habité avec sa tante, qui vit en France depuis plusieurs années, mais maintenant il habite à la Cité internationale, un ensemble de résidences pour étudiants. En plus de sa passion pour les ordinateurs, il s'intéresse beaucoup à la politique et à la situation économique de l'Afrique.

Voici comment Adama se décrit:

Mon principal trait de caractère: l'intégrité

Mon principal défaut: une tendance à être un peu têtu[1]

Qualité que je recherche chez un(e) ami(e): la gentillesse

Mes loisirs préférés: lire des magazines d'informatique et les journaux, cuisiner, bien manger

Mon rêve: pouvoir avoir un jour un rôle politique important au Sénégal

La musique que je préfère: Touré Kunda, un groupe sénégalais, Michel Jonasz, Youssou N'Dour

Mes films préférés: *La Haine, Matrix,* la trilogie du *Seigneur des anneaux*

Mes plats et boissons préférés: le thieboudienne, un plat sénégalais traditionnel, et le café fort

Ce qui m'irrite le plus: la médisance[2]

L'endroit où je voudrais aller en vacances: le Québec

[1]*stubborn*   [2]*malicious gossip*

Questions:

1. Adama est-il attaché à son pays? Qu'est-ce qui l'indique?
2. Quel travail lui correspondrait bien?
3. Est-ce que les études sont importantes pour lui? Comment le savez-vous?

Sandra Éliazord

Sandra est née à Fort-de-France en Martinique. Elle a un frère jumeau qui s'appelle Bruno. Elle travaille comme serveuse au Café des Arts qui se trouve dans le quartier Saint-Germain à Paris. En même temps, elle suit des cours à l'École Nationale Supérieure des Beaux-Arts où elle se spécialise en peinture. Elle habite à Paris depuis deux ans et elle est fascinée par la richesse culturelle et artistique de cette ville. Elle travaille intensément à sa peinture, et un jour elle veut devenir célèbre et vivre de son art. Plus tard, elle souhaiterait également avoir sa propre galerie de peinture et y exposer les jeunes talents. Elle est célibataire et ne veut pas se marier, bien qu'elle soit très romantique.

Voici comment Sandra se décrit:

Mon principal trait de caractère: l'honnêteté

Mon principal défaut: je me mets facilement en colère

Qualité que je recherche chez un(e) ami(e): la franchise et l'humour

Mes loisirs préférés: peindre, visiter les musées et galeries, aller danser avec mes amis

Mon rêve: vivre de ma peinture et avoir ma propre galerie d'art

La musique que je préfère: Kassav', Norah Jones, le blues et le R&B

Mes films préférés: *Un long dimanche de fiançailles, Le Mandat,* un film sénégalais

Mes plats et boissons préférés: la cuisine antillaise comme le colombo[1] et les accras,[2] le rhum-coca

Ce qui m'irrite le plus: l'intolérance, le racisme

L'endroit où je voudrais aller en vacances: je voudrais faire le tour des musées d'Europe

[1]plat antillais à base de viande, poulet ou poisson avec une sauce d'origine indienne à base de cumin, de gingembre et de coriandre, par exemple [2]*cod or vegetable fritters*

Questions:

1. Sandra semble-t-elle heureuse à Paris? Pourquoi?
2. Est-elle une personne plutôt timide ou plutôt extravertie?
3. Pensez-vous qu'elle soit très motivée pour réussir une carrière dans les arts?

Xavier Fontan

Xavier est né à Paris dans le 13e arrondissement. Après son bac, il a commencé des études de médecine mais il s'est vite rendu compte que la médecine ne lui convenait pas.[1] Il a donc décidé d'étudier l'architecture. Bien que sa famille habite à Paris, il a choisi de ne pas vivre avec elle. Il partage un appartement avec Yann dans le Quartier latin et il étudie à l'École Nationale Supérieure d'Architecture. Il adore l'architecture et il souhaite pouvoir un jour participer à la construction d'un édifice prestigieux. Quand il obtiendra son diplôme, il voudrait travailler quelques années dans un cabinet d'architecture avant d'ouvrir son propre cabinet.

Voici comment Xavier se décrit:

Mon principal trait de caractère: le perfectionnisme

Mon principal défaut: un peu trop réservé

Qualité que je recherche chez un(e) ami(e): la générosité

Mes loisirs préférés: jouer au foot, les sorties romantiques, le modélisme[2]

Mon rêve: participer à un grand projet d'architecture

La musique que je préfère: MC Solaar, Queen, Green Day

Mes films préférés: Les films de science-fiction comme *La Guerre des étoiles* ou *Le Cinquième Élément.* J'adore les effets spéciaux.

Mes plats et boissons préférés: la cuisine du sud-ouest de la France (notamment le magret de canard[3]) et la bière fraîche

Ce qui m'irrite le plus: la malhonnêteté

L'endroit où je voudrais aller en vacances: l'Égypte pour visiter la vallée du Nil et les grandes pyramides

[1]ne… *did not suit him*   [2]*model-making*   [3]*duck breast*

Questions:

1. Xavier est-il d'une nature indépendante?
2. À votre avis, qu'est-ce qui a pu le faire changer d'avis au sujet de la médecine?
3. Quel est son objectif professionnel?

Activités

A. Les goûts et préférences des six amis.

Étape 1. Complétez le tableau suivant avec les informations exactes concernant les six amis.

	NATHALIE	FABIENNE	YANN	ADAMA	SANDRA	XAVIER
Passe-temps et distractions	*se promener escrire*					
Plats préférés						
Destination de voyage idéale						
Goûts musicaux						

Étape 2. À présent, utilisez les informations du tableau pour répondre aux questions suivantes.

1. Xavier a deux billets pour un concert de blues. À qui va-t-il offrir le second billet?
2. Sandra veut aller voir une nouvelle galerie d'art. À qui va-t-elle proposer de l'accompagner?
3. Lesquels des six amis sont les plus actifs pendant leur temps libre?
4. Fabienne veut aller visiter le Mont Saint-Michel ce week-end. Qui serait intéressé?
5. Si vous aviez l'intention d'aller à un concert, avec lequel des six amis aime-riez-vous y aller? Pourquoi?
6. Si vous prépariez un voyage, avec quel(le) ami(e) partiriez-vous? Pourquoi?

B. Profils de vos camarades.
En utilisant les profils des six amis comme modèle, interrogez une personne dans la classe pour établir son profil. Ensuite, choisis-sez les deux ou trois faits les plus intéressants concernant votre partenaire et partagez-les avec le reste de la classe.

MODÈLE: Quel est ton principal trait de caractère?

C. Les six amis… et les miens!

Étape 1. Complétez le tableau suivant avec les informations concernant les six amis dont vous venez de faire connaissance. Ajoutez également des informations sur vos propres ami(e)s.

	LES SIX AMIS	MES MEILLEUR(E)S AMI(E)S
1. D'où sont-ils/elles? Nathalie Adama Fabienne Sandra Yann Xavier		
2. Que font-ils/elles ou qu'étudient-ils/elles? Nathalie…		
3. Quelles sont leurs qualités principales? Nathalie…		

Étape 2. En groupe de trois, comparez les deux groupes d'amis. Quelles ressemblances et différences existent entre eux?

Étape 3. À présent, écrivez une courte composition dans laquelle vous décrivez votre propre groupe d'ami(e)s. Décrivez leurs personnalités, dites ce qu'ils/elles font, et indiquez quelles sont les ressemblances et différences qui existent entre eux/elles.

D. Questions personnelles. Si vous pouviez poser une question à chacun des six amis, que leur demanderiez-vous? Pour vous aider, voici une liste d'expressions interrogatives que vous pouvez utiliser.

Comment?	Combien de temps?	Qui?
Pourquoi?	Depuis combien de	Avec qui?
Quand?	temps?	Qu'est-ce que (+ *sujet* +
Où?	Depuis quand?	*verbe)*
D'où?	Quel(le)(s)?	Qu'est-ce qui (+ *verbe)*

MODÈLE: Nathalie, quel est ton roman préféré?

1. Nathalie, _____?
2. Fabienne, _____?
3. Yann, _____?
4. Adama, _____?
5. Sandra, _____?
6. Xavier, _____?

Points clés

Introduction

Le tableau qui suit présente les sept fonctions communicatives et les structures grammaticales qui leur correspondent, c'est-à-dire, les points clés. Ces structures grammaticales sont expliquées dans les pages bleues à la fin du livre. Dans la section suivante, vous allez lire des paragraphes concernant divers aspects de la vie des six amis. Faites attention aux icônes représentant chaque fonction communicative: elles vous rappellent les points clés dont vous avez besoin pour vous exprimer en français.

LES SEPT FONCTIONS COMMUNICATIVES ET LES POINTS CLÉS

ICÔNE	FONCTION COMMUNICATIVE	POINTS CLÉS
DÉCRIRE **D**	**Décrire**	1. Le genre des noms 2. Les adjectifs 3. **C'est** vs. **Il est / Elle est** 4. La négation 5. Les pronoms relatifs
C COMPARER	**Comparer**	1. Le comparatif régulier 2. Le comparatif irrégulier 3. Le superlatif
PASSÉ **P**	**Parler du passé**	1. La formation du passé composé 2. La formation de l'imparfait 3. Le passé composé et l'imparfait dans la narration 4. Verbes ayant un sens différent au passé composé et à l'imparfait 5. Le plus-que-parfait 6. Le passé simple
RÉAGIR **R** RECOMMANDER	**Réagir et recommander** *(regular) react* *nous régiss*	1. La formation du subjonctif présent 2. Les usages du subjonctif présent 3. Les conjonctions suivies du subjonctif 4. Le subjonctif passé 5. L'impératif
QUESTIONS **Q**	**Poser des questions**	1. Les questions **oui/non** 2. Les mots interrogatifs 3. Les pronoms interrogatifs **qui** et **que** 4. L'adjectif interrogatif **quel** 5. Le pronom interrogatif **lequel**
FUTUR **F**	**Parler du futur**	1. Le futur proche 2. Le futur simple 3. Le futur antérieur
HYPOTHÈSES **H**	**Faire des hypothèses**	1. La formation du conditionnel présent 2. Les usages du conditionnel présent 3. **Si** dans l'hypothèse 4. Le conditionnel passé
AUTRES POINTS DE GRAMMAIRE		
AUTRES POINTS **APG** de GRAMMAIRE	This icon refers to the last section of **Explications grammaticales,** which contains additional grammar points that are not part of the **Points clés.**	1. Determiners 2. Adverbs 3. Pronouns 4. Verbs

Décrire: Le Café des Arts

Étape 1. Lisez la description du Café des Arts.

Le Café des Arts est un café **parisien typique, situé** au cœur du quartier Saint-Germain dans le 6ᵉ arrondissement, un quartier **animé** surtout à cause des universités et des musées du Louvre et d'Orsay qui sont **proches.** Le café est **spacieux** avec une **grande** terrasse très **agréable** quand il fait beau. Les gens y viennent le matin pour boire un café avant de commencer leur journée, pour déjeuner rapidement d'un sandwich ou d'une salade, ou en fin d'après-midi, pour se retrouver entre amis. L'ambiance y est plutôt **détendue** et la clientèle est très **variée.** C'est un endroit très **sympa** pour discuter et se reposer.

Étape 2. Maintenant, complétez les phrases suivantes avec les adjectifs de la liste, ou avec d'autres adjectifs que vous connaissez. Faites attention à l'accord entre le nom et l'adjectif! Plusieurs réponses sont possibles.

agréable, animé, délicieux, formidable, gentil, sympathique, varié

Le Café des Arts, à Paris

1. La rue préférée de Xavier est la rue de la Gaîté parce qu'on y trouve surtout des restaurants du sud-ouest, qui servent une cuisine _____ dans une ambiance très _____
2. La discothèque où les six amis se retrouvent pour danser le vendredi soir est _____ et la musique est très _____
3. La première famille pour laquelle Fabienne a fait du baby-sitting était _____ Dès le début, elle a aimé les enfants parce qu'ils étaient très _____ même s'ils avaient beaucoup d'énergie.

Étape 3. Avec un(e) partenaire, décrivez votre endroit favori pour passer un moment entre ami(e)s. Où se trouve cet endroit? Comment est-il? Quel genre de personnes y rencontre-t-on? Pourquoi aimez-vous autant cet endroit?

Comparer: Deux colocataires

Étape 1. Lisez la comparaison entre Xavier et Yann, qui sont colocataires.

Bien que Xavier et Yann soient de bons amis et partagent le même appartement, ils sont très différents l'un de l'autre: non seulement par leur apparence physique, mais aussi par leur caractère. Par exemple, Xavier porte des lunettes et est **moins grand que** Yann. Bien qu'il fasse du foot, Xavier est **moins sportif que** Yann, mais il est **aussi mince que** Yann. Chacun dans son domaine est perfectionniste, mais des deux, Yann est **le plus impatient.** Quelquefois, cela cause des problèmes, parce que s'il doit attendre **plus de** cinq minutes, Yann commence à s'impatienter. Malgré tout, leur amitié est l'un **des aspects les plus positifs** de leur aventure parisienne.

Étape 2.   À présent, faites des comparaisons entre les six amis, en utilisant les adjectifs proposés. Si nécessaire, revoyez les descriptions des six amis présentées au début du chapitre.

1. Xavier / Adama: ambitieux
2. Sandra / Fabienne: spontané
3. Yann / Fabienne: aventureux
4. Nathalie / Adama: actif

Étape 3.   Faites des comparaisons entre vous et votre meilleur(e) ami(e). Mon/Ma meilleur(e) ami(e) et moi: extraverti(e), organisé(e), sérieux/-se, sportif/-ve,...

Parler du passé: Une journée inoubliable pour Yann

Étape 1.   Lisez le récit de Yann sur une journée qui l'a beaucoup marqué.

Rappel!

Avant de commencer cette activité, référez-vous aux pages bleues (204–216) à la fin du livre pour revoir la façon d'utiliser les temps du passé.

Quand Yann était petit, il **allait** souvent rendre visite à son oncle qui tra-**vaillait** sur les docks du port de Saint-Malo en Bretagne. La mer le **fascinait** et il **pouvait** rencontrer des capitaines de navires de pêche et de plaisance. À 12 ans, Yann **était** passionné par la mer et il **aimait** particulièrement les récits d'aventures des explorateurs comme Jacques Cartier. Il **avait** de nombreux livres sur la navigation et **rêvait** de partir un jour sur l'océan. De temps en temps, son oncle l'**emmenait** sur son bateau et il **a** ainsi beaucoup **appris** sur le métier de marin. Un jour que Yann **était** au port, son oncle lui **a annoncé** qu'il **avait** une surprise pour lui: un ami lui **a proposé** de le prendre comme mousse* sur une croisière le long de la côte bretonne! Ça **a été** un moment inoubliable pour Yann. La croisière **a duré** une semaine: il **a travaillé** dur mais il **s'est** aussi **rendu compte** à quel point la mer lui **donnait** une sensation de liberté. Cette croisière représente l'un de ses meilleurs souvenirs...

Étape 2.   Répondez aux questions suivantes sur l'expérience de Yann.

1. Pourquoi est-ce que Yann aimait rendre visite à son oncle?
2. Quel explorateur fascinait particulièrement Yann?
3. Qu'est-ce qui s'est passé un jour à Saint-Malo?

Étape 3.   Maintenant complétez les phrases suivantes pour parler de votre propre passé.

1. Quand j'étais petit(e), un jour, je/j'...
2. L'année dernière, mon/ma meilleur(e) ami(e) et moi, nous...
3. À la fin du semestre/trimestre dernier, je/j'...
4. Quand j'avais 15 ans, je/j'...
5. Un de mes meilleurs souvenirs d'enfance était le jour où...

Yann, un marin dans l'âme
à sailor soul

---

*ship's boy

Réagir et recommander: Pour Fabienne, c'est l'aventure à tout prix!

Étape 1. Lisez le paragraphe suivant sur Fabienne et sa famille.

Fabienne a <u>vraiment</u> le sens de l'aventure. **C'est amusant qu'elle fasse** le trajet inverse de ses ancêtres et **qu'elle soit venue** en France, pour y découvrir leur passé. En particulier, elle veut revivre certaines aventures, comme celle de la traversée de l'Atlantique par Christophe Colomb, mais **ses parents ne croient pas que ce soit** une bonne idée. **Ils ont peur qu'elle prenne** trop de risques. Même s'**ils souhaitent que Fabienne soit** indépendante, **ils craignent que Fabienne** ne **doive** affronter toute seule des situations difficiles. **Ils préféreraient qu'elle poursuive** ses recherches sur la terre ferme!

Étape 2. À présent, complétez les phrases suivantes pour réagir au paragraphe que vous venez de lire. **Attention!** Utilisez le subjonctif pour seulement trois des phrases proposées!

1. C'est une bonne chose que…
2. Les parents de Fabienne craignent que…
3. Il est évident que Fabienne…
4. Je ne pense pas que Fabienne…

Étape 3. Les membres d'une famille (frères et sœurs, grands-parents…) ont souvent des opinions communes, mais pas sur tout. Complétez les phrases suivantes en vous basant sur votre propre expérience.

1. Mes parents (frères et sœurs, grands-parents…) voudraient que je…
2. Mes parents (frères et sœurs, grands-parents…) ne souhaitent pas que je…
3. Cela m'ennuie que mes parents (frères et sœurs, grands-parents…) …
4. J'aimerais que mes parents (frères et sœurs, grands-parents…) …

Fabienne, éternelle enthousiaste

Poser des questions: Quelle curieuse, cette Nathalie!

Étape 1. Lisez le texte suivant au sujet de Nathalie et de ce qui l'intéresse.

Nathalie: en savoir toujours plus

Si vous aimez savoir qui est qui et qui fait quoi, vous devez parler à Nathalie. Quand elle va voir Sandra au Café des Arts pour prendre un café et étudier, elle pose toutes sortes de questions à Sandra: «**Qu'est-ce que** tu as fait hier soir? **Est-ce que** tu as vu Yann ou Adama aujourd'hui? **Qui** est ce jeune homme dans le <u>coin</u>, et **qu'est-ce qu'**il fait dans la vie? **Pourquoi est-ce qu'**il est tout seul?» Nathalie veut tout savoir, et les deux amies se racontent tout ce qui se passe d'intéressant. Nathalie est très sociable et <u>extravertie</u> et elle aime beaucoup discuter avec les habitués et leur parler de <u>l'actualité</u> du jour. Elle aime aussi

Rappel!

Avant de commencer cette activité, référez-vous aux pages bleues (217–233) à la fin du livre pour revoir comment utiliser le subjonctif et l'impératif en français.

Rappel!

Avant de commencer cette activité, référez-vous aux pages bleues (234–240) à la fin du livre pour revoir comment utiliser les structures grammaticales nécessaires pour poser des questions en français.

discuter avec Sandra des choses qui la préoccupent: **Quel** travail serait le plus intéressant pour elle? **Est-ce qu'**elle devrait continuer ses études après son Master? Elle se demande aussi si elle arrivera à trouver du travail à Paris, la compétition est tellement intense. Ah, que de décisions à prendre dans la vie!

Étape 2. Avec un(e) partenaire, imaginez quelles questions les six amis peuvent se poser concernant leur carrière.

MODÈLE: Xavier: Est-ce que j'ai eu raison d'arrêter la médecine?

1. Xavier:
2. Nathalie:
3. Adama:
4. Fabienne:
5. Yann:
6. Sandra:

Parler du futur: Les projets d'Adama

Étape 1. Lisez ce qu'Adama a l'intention de faire après ses études.

Adama, un jeune homme qui voit grand

Quand Adama **aura terminé** ses études en France, il **voyagera** aux États-Unis avec un ami pendant quelques mois. Ils **passeront** par les villes les plus importantes comme New York, Chicago et Los Angeles, mais ils **iront** aussi à San Francisco et à Las Vegas. Ils **loueront** certainement une voiture et ils **visiteront** des endroits célèbres comme le Grand Canyon et la vallée de Yosémite. Après son voyage à travers les États-Unis, Adama **fera** un stage dans une entreprise à New York pour acquérir une expérience professionnelle à l'étranger. De là, il **pourra** facilement se rendre au Québec, une région qu'il a toujours voulu visiter. Il **travaillera** à New York entre six mois et un an et ensuite, il **rentrera** en France.

Étape 2. Complétez les phrases suivantes selon le récit sur les projets d'Adama.

1. À la fin de ses études à Paris, Adama…
2. Adama et son ami loueront une voiture parce que/qu'…
3. Après le voyage, Adama…
4. Après son stage, il…

Étape 3. Maintenant, complétez les phrases suivantes pour dire ce que vous ferez dans les circonstances suivantes.

1. Le semestre/trimestre prochain,…
2. Quand je terminerai mes études,…
3. Cet été, …
4. Le jour où j'irai en France,…

Faire des hypothèses: Les rêves de Sandra

Étape 1. Lisez le texte suivant sur ce que Sandra aimerait accomplir dans la vie.

Rappel!

Avant de commencer cette activité, référez-vous aux pages bleues (245–249) à la fin du livre pour revoir comment utiliser les structures du conditionnel en français.

Sandra, une artiste pleine d'idées

Sandra adore sa vie à Paris. Elle aime ses études et son travail mais elle a de grands rêves pour l'avenir. Elle **voudrait** devenir une grande artiste renommée* dans le monde entier et pouvoir vivre de sa peinture. Elle **exposerait** ses œuvres dans toutes les plus grandes galeries et elle **gagnerait** assez d'argent pour aider sa famille en Martinique et acheter une grande maison pour ses parents. Ses parents **arrêteraient** de travailler et ils **prendraient** leur retraite. Sandra **ouvrirait** des galeries d'art à Paris, à Rome et à New York. Elle **achèterait** un grand appartement à Paris à la une belle maison près de la mer en Martinique où elle **inviterait** tous ses amis.

Étape 2. Imaginez que vous êtes une personne célèbre, par exemple un acteur / une actrice, un chanteur / une chanteuse, un personnage politique (homme ou femme), etc. Complétez le paragraphe suivant pour exprimer vos souhaits et vos rêves.

Si j'étais _____¹ (*nom d'une célébrité*), j'aurais _____.² Pour les vacances, j'irais _____³ (*destination*) avec _____⁴ (*nom d'une personne*). J'aurais des passe-temps très intéressants: je ferais _____⁵ et _____.⁶ J'habiterais _____⁷ (*type d'habitation*) avec _____,⁸ et mes ami(e)s _____⁹ (*nom de deux personnes*) viendraient me voir très souvent.

Étape 3. Maintenant, mettez les verbes entre parenthèses au conditionnel, puis complétez les phrases pour parler de vos propres rêves. Ensuite, comparez vos réponses avec celles d'un/une partenaire.

1. Si je pouvais faire n'importe quelle (*any*) profession, je _____ (choisir) d'être _____.
2. Pour réussir dans cette profession, je _____ (devoir) _____ parce que (qu')_____.
3. Si je gagnais beaucoup d'argent dans cette profession, je _____ (voyager) _____ (*une destination*) ou _____ (*une autre destination*).

———

renowned, famous

Pour écrire

A. Profil d'une célébrité.

Étape 1. Parcourez (*Scan*) rapidement l'article sur l'actrice française Juliette Binoche et faites la liste des sujets fréquemment mentionnés dans une biographie.

Étape 2. Lisez l'article suivant sur Juliette Binoche.

JULIETTE BINOCHE, ACTRICE EXIGEANTE[1] ET PASSIONNÉE
LIEU ET DATE DE NAISSANCE: 9 mars 1964 à Paris
PASSE-TEMPS: La peinture et le dessin
PARTICULARITÉ: Elle a une passion pour les chaussures

Juliette Binoche dans *Bleu* (1993)

Juliette Binoche est une actrice qui sait ce qu'elle veut. Elle est très sélective dans le choix de ses films et ne se laisse pas influencer par les succès commerciaux. D'un caractère passionné, elle entre dans ses rôles avec une grande intensité. Elle est également exigeante avec les gens avec qui elle travaille et choisit seulement des réalisateurs qui partagent sa vision du cinéma: elle a refusé *Jurassic Park* que lui proposait Steven Spielberg pour tourner[2] *Bleu* (1993) de Krzysztof Kieslowski. Cela a sans doute été une bonne décision car ce film lui a apporté le César[3] de la meilleure actrice, le prix de la meilleure interprétation féminine au festival de Venise et une nomination aux Golden Globes.

Née d'une mère comédienne[4] et d'un père metteur en scène[5] de théâtre, Juliette obtient à 19 ans son premier petit rôle dans *Liberty Belle* (1983). En même temps qu'elle essaie de construire sa carrière au cinéma, elle travaille comme modèle pour des peintres. Le célèbre Jean-Luc Godard la remarque et lui donne un rôle dans *Je vous salue, Marie* (1985), film très controversé. Après plusieurs films, la célébrité commence véritablement grâce à *L'Insoutenable Légèreté de l'être* (1987), production américaine avec Daniel Day-Lewis. La belle Juliette connaît rapidement d'autres succès importants avec *Les Amants du Pont-Neuf* (1991), *Bleu*, le premier film de la trilogie de Kieslowski *Bleu, Blanc, Rouge*, et *Le Hussard sur le toit* (1995) aux côtés d'Olivier Martinez, avec qui elle vit une brève histoire d'amour. En 1996, *Le Patient anglais* connaît un succès mondial et elle reçoit un Oscar pour son rôle dans le film. *Chocolat* (2000), qu'elle tourne avec Johnny Depp, est aussi un énorme succès et elle obtient deux nominations aux Golden Globes en 2001. Devenue star internationale et l'actrice française la mieux payée de l'histoire du cinéma français, Juliette Binoche continue à choisir ses films avec précaution. Plus récemment, elle a été à l'affiche de *Caché* (2005) et de *Paris* (2008), le nouveau film de Cédric Klapisch. Côté personnel, elle partage sa vie avec Benoît Magimel, acteur rencontré en 1999 sur un tournage,[6] et elle est mère de deux enfants, Raphaël et Hannah.

---

[1]*demanding* [2]*shoot* [3]*French equivalent of the Oscar* [4]*stage actress* [5]*director* [6]*shooting*

Étape 3.   Selon ce que vous avez appris sur Juliette Binoche, écrivez quatre ou cinq questions que vous lui poseriez si vous pouviez l'interviewer.

B. Mon autoportrait.   Imaginez que vous connaissez un énorme succès professionnel dans le domaine (arts, sciences, sports…) de votre choix. Écrivez un article pour raconter comment vous êtes arrivé(e) à ce succès.

1. Commencez par décrire votre personnalité et vos passe-temps, et comment cela vous a guidé(e) dans votre choix de carrière.

2. Ensuite, expliquez les différentes étapes (*stages*) de votre parcours (*journey*) professionnel, en indiquant quelles personnes de votre entourage vous ont aidé(e).

3. Pour finir, parlez de vos projets d'avenir et expliquez comment votre succès va influencer votre vie future.

C. Rumeurs.   Maintenant imaginez que vous êtes un(e) journaliste qui écrit pour un site Internet qui publie des informations et des ragots (*gossip*) sur des personnes célèbres. Utilisez la liste de questions de l'Activité A, Étape 1, pour poser des questions à votre partenaire au sujet de sa vie et de sa célébrité (décrite dans l'Activité B). Ensuite, écrivez un article plein d'exagérations et pas entièrement vrai sur cette célébrité. Vous pouvez aussi donner un titre provocant ou scandaleux à votre article, comme par exemple «John X et Juliette Binoche, amour-passion sur la Côte d'Azur».

CHAPITRE 1

Perspectives
Perceptions et impressions

Le jardin du Luxembourg à Paris

Points clés
- Décrire
- Comparer

Thèmes principaux
- Les perceptions
- Les stéréotypes culturels

Destination
- Paris

Ce chapitre explore le thème des perceptions. Comment sommes-nous? Comment les autres nous perçoivent-ils? Comment formez-vous votre première impression des gens que vous rencontrez? Quel est le rôle des stéréotypes culturels par rapport à la façon dont nous formons nos jugements?

Dans la lecture, vous allez également découvrir les impressions d'un étudiant français qui passe un an dans une université américaine en Virginie.

MULTIMÉDIA

www.mhhe.com/pausecafe

Rencontres

Les premières impressions

Sandra et Yann discutent au Café des Arts

Situation: Sandra et Yann sont au Café des Arts et discutent de la diversité de la clientèle du café et de l'impression qu'ils ont eue l'un de l'autre quand ils se sont rencontrés pour la première fois. Lisez le dialogue et répondez aux questions qui suivent. Faites attention au nouveau vocabulaire **en caractères gras.***

YANN: Tu sais, chaque fois que je viens au Café des Arts, je trouve les clients tout à fait **fascinants.** Il n'y a pas de meilleur endroit qu'un café pour observer les gens, non? Chacun est unique en son genre.[1]

SANDRA: Oui, et c'est une des raisons pour lesquelles j'aime être serveuse. Je fais connaissance d'un tas de[2] gens différents. Ce n'est jamais **ennuyeux** de travailler ici.

YANN: Quand tu observes le comportement ou l'apparence physique des gens, est-ce que tu imagines parfois leur vie, leur personnalité? Moi, j'aime bien faire ça!

SANDRA: Eh bien! Tu en as de l'imagination! Je suppose que je suis trop occupée pour y penser. J'aimerais bien avoir autant de temps libre que toi!

YANN: C'est parce que tu n'as jamais essayé... Tiens,[3] tu vois cette fille aux cheveux rouges[4] là-bas? Celle avec le **tatouage** sur l'épaule et le **nez percé?** Je suis sûr que c'est une chanteuse ou une musicienne. Elle est probablement **extravertie** et s'intéresse à la protection des animaux...

SANDRA: Ah! Cette «chanteuse» est moins étrange que tu ne penses. En fait, c'est une étudiante de troisième année d'informatique. Elle travaille aussi à mi-temps[5] dans le magasin d'à côté... Elle est très **sérieuse** et très **motivée** dans ses études—peut-être même plus que toi! Je vais te la présenter et tu verras qu'elle te **plaira** beaucoup...

YANN: Ah oui? C'est vrai que parfois les apparences sont **trompeuses...** Par exemple, quand je t'ai rencontrée, j'**avais un préjugé** à ton égard. À **première vue,** tu **n'avais pas l'air** très sympathique. Tu te rappelles tes lunettes roses et ton gros **collier**[6] en cuir?

[1]en... *in his/her own way* [2]un... *a lot of* (fam.) [3]*See, Well* (interj.) [4]*unnatural red, bright red* (The adjective **roux/rousse** is used to describe natural red hair.) [5]à... *part-time* [6]*necklace*

(*suite*)

---

*Words and phrases that are boldfaced in the dialogue appear as entries in the **Vocabulaire thématique** following this section.

SANDRA: Tu es trop gentil!

YANN: Ne sois pas sarcastique! Tout le monde peut se **tromper** sur une première **impression.**

SANDRA: Remarque, tu as raison. **Ne le prends pas mal,** mais pour moi, quand je t'ai rencontré pour la première fois, c'était encore pire: j'ai pensé que tu étais...

Fonctions communicatives. Avant de commencer les activités qui suivent, identifiez avec un(e) partenaire les points clés utilisés dans le dialogue à l'aide des icônes suivantes.

 DÉCRIRE **D** **C** COMPARER PASSÉ **P** RÉAGIR **R** RECOMMANDER QUESTIONS **Q** FUTUR **F** HYPOTHÈSES **H**

Activités

A. Compréhension. Répondez aux questions suivantes sur le dialogue.

1. Comment sont les clients du Café des Arts?

2. Pourquoi Yann pense-t-il que la cliente du café est une artiste?

3. Est-ce que l'observation de Yann est correcte?

4. Quelle impression Yann a-t-il eue de Sandra quand il l'a vue pour la première fois?

5. À votre avis, quelle a été la première impression de Sandra concernant Yann? Quelle a été votre première impression concernant Yann? concernant Sandra?

6. À votre avis, quelle impression ont les gens qui vous rencontrent pour la première fois? Qu'est-ce qui cause cette impression?

 RÉAGIR **R** RECOMMANDER

Expressions de coordination*

d'une part...
d'autre part
en revanche
par conséquent
par contre
parce que
puisque

*Translations of these expressions are on the back inside cover of the textbook.

B. Réactions et recommandations. Complétez les phrases suivantes sur la conversation de Yann et Sandra. Pour chaque phrase, utilisez une des **Expressions de coordination.**

MODÈLE: Sandra préfère que...

→ Sandra préfère que la clientèle du café **soit** variée **parce qu'**elle aime rencontrer des gens différents.

Attention! Avec lesquelles des quatre phrases suivantes faut-il utiliser le subjonctif? Pourquoi?

1. Yann pense que...

2. C'est étonnant que Sandra et Yann...

3. Sandra explique que...

4. Pour Yann, il est surprenant que...

C. Dialogue. Avec un(e) partenaire, préparez un dialogue correspondant à l'une des situations suivantes, puis présentez-le à la classe.

1. Recréez la conversation entre Yann et Sandra en vous aidant seulement de votre mémoire et de vos propres mots.

2. Inventez la suite de la conversation, au moment où Sandra va dire à Yann ce qu'elle a pensé de lui la première fois qu'elle l'a rencontré.

Vocabulaire thématique

Pour parler des qualités

amusant(e)	funny
bavard(e)	talkative
bien élevé(e)	well-mannered
chaleureux/-se	warm
cultivé(e)	educated
extraverti(e)	extroverted
raisonnable	sensible
sensible	sensitive

MOTS APPARENTÉS: charmant(e), généreux/-se, motivé(e), poli(e), sérieux/-se

Pour parler des défauts

bizarre	strange
égoïste	selfish
ennuyeux/-se	boring
étourdi(e)	absent-minded
froid(e)	cold
radin(e)	stingy
renfermé(e)	introverted
têtu(e)	stubborn
vaniteux/-se	conceited

MOTS APPARENTÉS: impoli(e), prétentieux/-se, ridicule

Pour parler de l'apparence

la barbe	beard
les cheveux (*m. pl.*)	hair
bouclés	curly, wavy
châtain	brown, chestnut
chauve	bald
colorés	colored
frisés	curly, frizzy
raides	straight
roux/rousse	red
la cicatrice	scar
la peau	skin
blanche	white, fair

Décrivez les deux personnages du dessin avec le plus de détails possible.

Il pense que je suis sa mère.

mate	dark
noire	black
le sourcil	eyebrow
le tatouage	tattoo
les traits (*m. pl.*)	features
le visage	face
avoir le nez /	to have a pierced nose /
l'oreille percé(e)	ear

MOT APPARENTÉ: une moustache

Pour parler des perceptions

bien aimer	to like
avoir l'air + *adj.*	to seem, to appear
se comporter	to behave, to act
déplaire à	to be disliked by, to displease

EX: **Les piercings déplaisent aux grands-parents de Nathalie.** Nathalie's grand-parents don't like piercings.

s'entendre bien/ mal avec	to get along well/ poorly with
être à la mode	to be in style
plaire à	to be liked by, to please
EX: **Il me plaît.**	I like him.
EX: **Ces couleurs lui plaisent.**	She likes these colors.
ressembler à	to look like
se rendre compte de	to realize
se tromper	to make a mistake

MOTS APPARENTÉS: accepter, rejeter

Pour décrire les impressions

déprimant(e)	depressing
impressionnant(e)	impressive, imposing, spectacular
passionnant(e)	exciting
préoccupant(e)	worrisome
trompeur/-se	misleading

MOTS APPARENTÉS: dégoûtant(e), fascinant(e)

Autres expressions utiles

à première vue	at first sight
avoir du culot	to have some nerve
avoir bon/ mauvais goût	to have good/ bad taste
avoir des préjugés (*m. pl.*)	to have preconceived ideas
faire bonne/ mauvaise impression	to make a good/ bad impression
faire une gaffe	to make a blunder
ne pas avoir sa langue dans sa poche	to speak one's mind, to be straightforward
prendre les choses à cœur	to take things to heart
prendre bien/ mal les choses	to react positively/ negatively to things

---

EXPANSION du vocabulaire
Familles de mots

Étape 1. Vous pouvez facilement élargir votre vocabulaire en connaissant la signification d'un seul mot. Dérivez les mots qui manquent.

Noms	Verbes	Adjectifs
la raison	raisonner	raisonnable
l'impression	_____	impressionnant(e)
_____	se préoccuper	préoccupant(e)
_____	_____	passionnant(e)
_____	ridiculiser	ridicule

Étape 2. Lisez le paragraphe suivant concernant l'École des Beaux-Arts de Paris, où Sandra étudie. Ensuite, avec un(e) partenaire, traduisez les mots indiqués en tenant compte du contexte. Pour chaque mot, indiquez également s'il s'agit d'un nom, d'un verbe ou d'un adjectif.

Sandra est vraiment heureuse de pouvoir étudier la peinture à Paris. Au début, elle était un peu <u>préoccupée</u> parce que l'École des Beaux-Arts est une école prestigieuse. Mais ses premières <u>impressions</u> sont positives. Les étudiants sont très chaleureux et ses professeurs sont <u>passionnants</u>. Elle se rend compte qu'elle n'a pas vraiment <u>raison</u> de s'inquiéter. Maintenant, Sandra n'a plus peur du <u>ridicule</u> et a confiance en son talent.

Étape 3. Avec un(e) partenaire, choisissez un nom, un verbe et un adjectif de l'Étape 1 et écrivez trois phrases personnelles.

Activités

Rappel!

Puisque notre but est d'utiliser tous les points clés à travers le livre, vous verrez en face des activités et exercices des icônes qui vous aideront à vous souvenir des points de grammaire que vous devez utiliser dans certaines situations. Ces icônes correspondent à la liste des fonctions communicatives et des points clés présentés au tout début du livre. Si vous avez un problème ou une incertitude, vous pouvez facilement consulter cette liste de points clés ou les pages bleues (182–272) à la fin du livre.

A. Vocabulaire en contexte. Avec un(e) partenaire, indiquez si les phrases suivantes sont vraies ou fausses. Si elles sont fausses, corrigez-les.

1. Pour être cultivé(e), on doit aller à l'université.
2. Les gens qui sont radins aiment dépenser beaucoup d'argent.
3. Quand on a des préjugés, on a moins de chance de se tromper sur les gens.
4. Les étudiants préfèrent les professeurs étourdis parce qu'ils sont très organisés.
5. Les tatouages que les jeunes portent souvent de nos jours plaisent beaucoup aux personnes âgées.
6. Les films de Will Ferrell sont déprimants.
7. Une personne qui emprunte les affaires d'un(e) ami(e) sans lui demander sa permission a vraiment du culot.
8. Une personne sensible ne prend pas à cœur ce que les gens disent.
9. La vieille génération trouve le comportement de la jeunesse d'aujourd'hui très préoccupant.
10. Dans la vie, il est important d'aller au-delà (*beyond*) des apparences pour connaître la vérité.

B. Questions personnelles. Avec un(e) partenaire, répondez aux questions à la page suivante en utilisant les mots et expressions du **Vocabulaire thématique**. Écoutez votre partenaire et utilisez les expressions de **Pour mieux discuter** qui suivent pour réagir à ses commentaires. Ensuite, partagez avec la classe ce que chacun de vous a appris sur l'autre.

Pour mieux discuter

Quelle horreur!	How awful!
Quel gâchis!	What a waste!
C'est honteux!	That's shameful!
Quel dommage!	How sad, how unfortunate!
Quel manque de chance!	What bad luck!
C'est incroyable!	That's incredible/amazing!
C'est génial!	(How) Awesome!
C'est fascinant!	That's fascinating!
Vraiment?	Really?
Quelle chance!	What (good) luck!

1. Décrivez une personne que vous connaissez et dont l'apparence est bizarre. Comment est cette personne? Pourquoi est-elle bizarre?

2. Dans la mode d'aujourd'hui, qu'est-ce qui vous plaît? Qu'est-ce qui vous déplaît?

3. Quelle est votre recommandation pour une personne qui n'est jamais à la mode?

4. Décrivez une situation où vous avez fait une gaffe. Que s'est-il passé?

5. Si la même situation se présentait aujourd'hui, que feriez-vous?

6. Un(e) de vos ami(e)s n'a pas sa langue dans sa poche. Que lui recommandez-vous pour qu'il/elle ne fasse pas de gaffe?

C. Décisions.

Étape 1. Imaginez ce que vous feriez dans les situations suivantes, et expliquez vos réponses à un(e) partenaire.

	OUI	NON
1. Est-ce que vous déménageriez (*would move out*) si votre colocataire avait des préjugés?	☐	☐
2. Si un(e) ami(e) avait mauvais goût, est-ce que vous le lui diriez?	☐	☐
3. Est-ce qu'on vous dit souvent que vous n'avez pas votre langue dans votre poche?	☐	☐
4. Si vous connaissiez une personne qui ne se rend pas compte qu'elle est égoïste, est-ce que vous discuteriez de ce problème avec elle?	☐	☐
5. Est-ce que vous aimeriez passer la soirée avec une personne bavarde?	☐	☐

Étape 2. En tenant compte des réponses et des explications de votre partenaire dans l'Étape 1, décidez s'il / si elle est plutôt extraverti(e) comme Sandra ou plutôt sérieux/-se comme Yann. Expliquez pourquoi.

AUTRES POINTS
APG
de GRAMMAIRE

D. Êtes-vous à la mode? Répondez avec un(e) partenaire aux questions suivantes en utilisant des pronoms d'objet direct ou indirect, ou bien **y** ou **en**. Pour réviser ces formes, vous pouvez consulter la section **Autres points de grammaire** dans les pages bleues (250–272) à la fin du livre.

1. Est-ce que la mode vous intéresse? Portez-vous beaucoup d'accessoires? Est-ce que vous avez des piercings ou des tatouages? Combien de parfums / d'eaux de toilette différents est-ce que vous avez?

2. Achetez-vous beaucoup de vêtements? Est-ce que vous allez souvent dans des centres commerciaux pour acheter vos vêtements? Est-ce que vous achetez quelquefois des vêtements à vos ami(e)s? à vos parents?

3. Est-ce que vous lisez souvent les magazines de mode? Regardez-vous les défilés de mode? Est-ce que vous donnez des conseils de mode à vos ami(e)s?

Note culturelle ◆ *Une question de sensibilité*

La façon de se comporter ou de communiquer est propre à chaque culture. Par exemple, on établit un contact visuel avec un inconnu différemment selon qu'on est américain, français, mexicain ou d'une autre nationalité. Lorsqu'on voyage dans un pays étranger, il est important de ne pas juger les actions des habitants avec un a priori culturel. Apprendre les usages[1] locaux permet également d'éviter de faire des faux pas culturels!

En France, par exemple, la conversation est considérée comme un art. Les Français sont souvent perçus[2] par les Américains comme agressifs lorsqu'ils discutent, car ils interrompent souvent et expriment clairement leur désaccord. En réalité, du point de vue français, il s'agit simplement de montrer son intérêt, et surtout que l'on est capable de raisonner. Une conversation animée est tout à fait normale, et des interjections comme «pas du tout!» ou «absolument pas!» sont tout à fait acceptables.

Bien sûr, certains sujets de conversation sont plus délicats que d'autres. Si vous rencontrez un Français ou une Française pour la première fois, ne lui demandez pas ce qu'il ou elle fait dans la vie ou combien il ou elle gagne: c'est une question trop personnelle pour un inconnu. En règle générale, les Français ne parlent pas facilement d'eux-mêmes à quelqu'un qu'ils ne connaissent pas bien. Évitez la politique: c'est un sujet trop délicat pour beaucoup. Pour établir une bonne relation, commencez avec des sujets généraux, comme les voyages, les arts ou le cinéma.

Une fois qu'un(e) Français(e) vous connaît bien, ne soyez pas surpris s'il / si elle vous parle très franchement car en France, il est important de ne pas être perçu comme un hypocrite. Cela peut vous paraître impoli parce qu'aux États-Unis, il est souvent plus important de ne pas blesser[4] les gens que de leur dire ce qu'on pense. De toute façon, si le comportement d'un étranger vous surprend, c'est peut-être à cause des différences culturelles. Soyez donc tolérant(e) avec les autres et ils le seront avec vous.

[1]customs [2]perceived [3]il... it's about [4]to hurt (the feelings of)

Discussion

1. Y a-t-il des coutumes, des habitudes ou des comportements appartenant à une autre culture qui vous mettent mal à l'aise, qui vous choquent ou que vous avez des difficultés à comprendre? Pouvez-vous raconter une expérience personnelle?

2. Combien de temps faut-il pour apprendre à connaître et comprendre une culture et un pays étrangers? Qu'est-ce qu'il faut faire pour connaître une culture?

3. Que pensez-vous de l'idée de parler franchement à une autre personne? Pour vous, qu'est-ce qui est plus important: dire la vérité ou éviter de blesser un(e) ami(e)? Pourquoi?

Points clés

Décrire et Comparer

Dans cette partie du chapitre, vous allez utiliser les points clés des fonctions communicatives **Décrire** et **Comparer**. Pour cela, vous aurez besoin d'utiliser les structures grammaticales indiquées dans le tableau suivant. Avant de poursuivre, étudiez les explications sur ces structures dans les pages bleues (182–203) à la fin du livre.

LES FONCTIONS COMMUNICATIVES DE CE CHAPITRE		
ICÔNE	FONCTION COMMUNICATIVE	POINTS CLÉS
DÉCRIRE D	Décrire	1. Gender of nouns 2. Adjectives 3. **C'est** vs. **Il est / Elle est** 4. Negation 5. Relative pronouns
C COMPARER	Comparer	1. Regular comparative forms 2. Irregular comparative forms 3. Superlatives

Faites votre diagnostic!

Étape 1: Décrire. Yann réfléchit à la façon dont sa vie a changé depuis qu'il s'est installé à Paris. Complétez les phrases avec l'une des deux expressions entre parenthèses. Faites des changements, si nécessaire.

_____¹ (C'est / Il est) incroyable à quel point la vie de Yann a changé depuis qu'il vit à Paris! Il se rend compte qu'en Bretagne, il était un peu _____² (frisé / renfermé), peut-être parce qu'il passait trop de temps seul en mer… _____³ (La / Le) solitude, _____⁴ (ce / il) n'est bon pour personne! Il ne pensait _____⁵ (aucun / pas du tout) que la vie _____⁶ (parisien / froid) allait lui plaire. Il avait des préjugés contre Paris, car il n'aime _____⁷ (pas / ni) les grandes villes, _____⁸ (plus / ni) la foule (*crowd*). Mais la vie _____⁹ (cultivé / universitaire) est vraiment _____¹⁰ (passionnant / étourdi) dans la capitale.

Et bien sûr, il est ravi d'avoir rencontré Xavier, _____¹¹ (qui / que) est rapidement devenu un ami. Yann, à _____¹² (qui / dont) sa famille manque beaucoup, est content d'avoir fait la connaissance d'un groupe d'amis avec _____[13] (dont / lequel) il s'entend aussi bien. _____[14] (C'est / Il est) une bonne chose qu'il ne soit pas seul, car il a une personnalité assez _____[15] (vaniteux / sensible), et ses amis lui permettent de trouver son équilibre dans cet environnement _____[16] (qui / lequel) peut être _____[17] (chaleureux / intimidant).

Étape 2: Comparer. Maintenant complétez les comparaisons suivantes en utilisant les informations de la première étape.

1. Yann est _____ (moins / plus) solitaire qu'avant, maintenant qu'il habite à Paris.
2. Vivre à Paris est _____ (mieux / pire) expérience qu'il ne pensait.
3. Il s'est rendu compte que les gens ne sont pas _____ (aussi / autant) _____ (froid / chauve) qu'ils en ont l'air.
4. Il s'est adapté à son nouvel environnement plus _____ (facilement / sérieusement) qu'Adama, qui ne connaissait personne quand il est arrivé.
5. Il s'entend _____ (meilleur / mieux) avec Xavier qu'avec Adama, et c'est pour cette raison qu'ils sont devenus colocataires.
6. De plus, comme Xavier n'est pas _____ (plus / aussi) sensible que Yann, il prend _____ (mieux / plus mal) les choses que le jeune Breton. C'est utile d'avoir des personnalités qui se complètent!
7. Cependant, Adama et Yann ont beaucoup en commun: Adama est _____ (aussi / autant) _____ (trompeur / sérieux) que lui en ce qui concerne ses études, et tous les deux sont célibataires—pour le moment!
8. Mais bien sûr, il peut rendre visite à sa famille _____ (plus / moins) _____ (fréquemment / rarement) qu'Adama.

Activités

Décrire

A. Le conseil en image (*Image consulting*).

Étape 1. Lisez l'article suivant qui offre des recommandations pour améliorer son apparence.

NOTRE MISSION: CRÉER L'IMAGE DONT VOTRE SUCCÈS DÉPEND

Tout le monde aujourd'hui fait appel au conseil en image: des stars de la télévision aux hommes ou femmes d'affaires, des politiciens aux avocats, tout le monde veut soigner son image. La pression sociale est forte de se présenter sous son meilleur jour.[1] Dans le domaine professionnel comme dans le domaine privé, l'apparence physique est souvent plus importante que les qualités humaines ou les compétences. Même les plus anciennes civilisations avaient recours au maquillage.[2] Votre look, c'est la carte de visite dont vous avez besoin pour faire connaissance, pour réussir un entretien, pour trouver les raccourcis[3] qui simplifient la vie.

Le conseil en image vous permet de faire ressortir vos qualités et de diminuer certains traits physiques peu flatteurs: des cheveux ternes,[4] quelques kilos en trop, un style sans style. Il existe plus de mille manières de réinventer votre look.

[1]sous… *in one's best light*   [2]avaient… *resorted to make-up*   [3]*shortcuts*   [4]*dull*

Voici quelques suggestions pour améliorer votre apparence:

Si votre visage est trop long: Pour les femmes, une frange[5] permettra de donner l'illusion d'un visage mieux proportionné. Pour les hommes, une moustache ou une barbe aura le même effet.

Si vos jambes sont trop courtes: Pour les femmes, créez une illusion de longueur en portant des jupes et des pantalons qui arrivent aux chaussures. Évitez les capris et pantacourts! Pour les hommes, créez une distraction en portant une chemise de couleur vive, ou avec des rayures.[6]

Si vos cheveux sont ternes: créez des effets de lumière avec des mèches.[7] Évitez un changement trop important. La couleur de vos cheveux devrait souligner la couleur de vos yeux.

Si votre peau est terne: Utilisez un fond de teint[8] plus clair que votre peau, et n'abusez pas du fard à joue![9] Il existe aussi des lignes de soin pour hommes: des produits à texture légère et au fini mat pour un teint plus hydraté et plus bronzé.

Pour finir, trouvez les couleurs qui vous vont. Les peaux claires ou ternes devraient éviter les pastels. Respectez les saisons et ne portez pas de couleurs foncées[10] en été! Évitez de ne porter que du noir en hiver. L'hiver n'a pas besoin d'être triste!

Votre métamorphose n'a pas besoin d'être radicale: votre apparence doit apparaître naturelle. Quoi que vous fassiez,[11] vous pouvez créer votre image tout en respectant votre personnalité. Vous pouvez être à la mode en restant vous-même!

[5]*bangs* [6]*stripes* [7]*highlights* [8]*fond… foundation* [9]*fard… blush* [10]*dark* [11]*Quoi… Whatever you do*

Étape 2. Êtes-vous d'accord? Indiquez si vous êtes d'accord (**vrai/faux**) avec les réactions suivantes concernant l'article. Si vous n'êtes pas d'accord, changez la phrase en utilisant une expression négative.

	VRAI	FAUX
1. Tous les conseils sont utiles.	☐	☑
2. Les hommes devraient souvent utiliser des produits de maquillage.	☐	☑
3. L'apparence physique est plus importante que les compétences.	☐	☑
4. Tout le monde devrait faire plus attention à son apparence qu'à ses qualités humaines.	☐	☐
5. Il est difficile de trouver des personnes «naturelles» et «authentiques» de nos jours.	☐	☑
6. Il vaut mieux porter des couleurs claires en été.	☑	☐
7. Il n'y a aucune raison pour que je change mon apparence. Je m'aime comme je suis.	☑	☐
8. Le sport est la façon la plus saine d'améliorer son apparence.	☑	☐

Étape 3. Avec votre partenaire, discutez les situations suivantes concernant l'apparence.

1. Connaissez-vous des personnes qui ont modifié leur apparence grâce à la chirurgie esthétique? Pour quelles raisons ces personnes ont-elles cherché à changer leur apparence? Est-ce que cela a été un succès?

2. Seriez-vous prêt(e) à modifier votre apparence pour plaire à quelqu'un dont vous êtes amoureux/-se? Que feriez-vous, et que ne feriez-vous jamais?

3. Est-ce que l'apparence et le style comptent, ou ne comptent pas du tout, dans votre façon de choisir vos ami(e)s?

B. **Les filles sont-elles plus sensibles aux apparences que les garçons?**

Étape 1. Complétez les paragraphes suivants avec les adjectifs proposés. Soyez logique et faites attention à l'accord et à la position des adjectifs.

bizarre, bon, cruel, sérieux

Les filles font plus attention aux apparences que les garçons. Pour elles, il est plus important de faire une _____ impression _____.[1] Pour les garçons, la mode et les apparences ne sont pas des _____ choses _____,[2] ou en tout cas, moins que pour les filles. De plus, les filles peuvent avoir une _____ attitude _____[3] envers ceux (*toward those*) qui ne sont pas à la mode, ou qui ont un _____ style _____.[4]

actif, chaleureux, cool, nouveau, principal, superficiel

Elles peuvent au contraire avoir un _____ comportement _____[5] avec une _____ personne _____[6] si cette personne a un _____ style _____.[7] Il est clair que la société et les médias sont les _____ responsables _____[8] de cette tendance. Les magazines féminins en particulier contribuent de (d') _____ façon _____[9] à encourager les _____ tendances _____[10] des femmes.

Étape 2. Avec un(e) partenaire, répondez aux questions suivantes sur les paragraphes précédents. Utilisez des adjectifs et le vocabulaire du chapitre.

1. Est-ce que vous êtes d'accord avec les idées exprimées dans l'Étape 1? Selon vous, est-ce qu'il s'agit de stéréotypes? Est-ce qu'il existe vraiment des différences de comportement et d'attitude entre les filles et les garçons concernant la mode?

2. Quels stéréotypes peuvent s'appliquer aux garçons?

3. Quel stéréotype trouvez-vous le plus irritant? Pourquoi?

C. **Comment suis-je?** Faites découvrir votre personnalité à votre partenaire. Pour les phrases 1 à 4, mettez dans le premier blanc la réponse qui vous convient (a, b ou c). Dans le deuxième blanc, mettez l'une des expressions entre parenthèses. Pour les phrases 5 à 8, c'est l'ordre inverse. Ensuite, expliquez en quelques phrases vos choix à votre partenaire.

Vous:

1. Pour moi, _____, _____ (c'est / elle est) l'horreur.
   a. la solitude   b. les autres   c. la politique

2. _____, _____ (c'est / il est) un accessoire de mode absolument nécessaire.
   a. Un bijou   b. Un tatouage   c. Un piercing

3. Pour moi, _____, _____ (c'est / il est) essentiel.
   a. voyager   b. finir mes études   c. profiter de la vie

4. Une personne _____, _____ (c'est / elle est) une personne qui a du culot.
   a. extravertie   b. impolie   c. motivée

(suite)

L'homme idéal / la femme idéale pour vous:

5. _____ (C'est / Il est / Elle est) _____.

    a. américain(e)   b. canadien(ne)   c. suédois(e)

6. _____ (C'est / Il est / Elle est) _____.

    a. un(e) artiste   b. un(e) informaticien(ne)
    c. un(e) conseiller/-ère juridique

7. Pendant ses heures libres, _____ (c'est / il est / elle est) _____.

    a. poète   b. bricoleur/-se   c. musicien(ne)

8. _____ (C'est / Il est / Elle est) _____.

    a. cultivé(e)   b. passionnant(e)   c. sensible

D. Qui suis-je? Décrivez une personne célèbre sans dire son nom à votre partenaire. Votre partenaire doit deviner (*guess*) de qui vous parlez. Utilisez **c'est / il est / elle est** et des pronoms relatifs pour décrire les caractéristiques suivantes:

- son métier
- son sexe
- son apparence physique
- sa nationalité
- ses qualités
- ses défauts
- d'autres détails...

Ensuite, inversez les rôles. Décrivez chacun deux personnes célèbres.

MODÈLE: É1: C'est une personnalité de la télévision qu'on peut voir tard tous les soirs... C'est une personne qui n'a pas sa langue dans sa poche... Il n'est ni renfermé, ni sérieux...

         É2: C'est Jon Stewart!

E. Qu'est-ce qui ne vous plaît pas dans la mode? Utilisez les expressions négatives du tableau pour dire ce qui ne vous plaît pas dans la liste suivante. Expliquez pourquoi cela vous déplaît en une ou deux phrases.

La mode en quelques mots:

la barbe	une mode sophistiquée	le style léopard
les bracelets en cuir	les piercings	les tatouages
les chemises à fleurs	les rayures	la tête rasée
les cravates	les sourcils colorés	les vêtements voyants
les jeans taille basse	un style classique	(*flashy*)

Expressions de négation

ne... aucun(e)	ne... personne
ne... jamais	ne... plus
ne... ni... ni...	ne... rien
ne... pas du tout	ne... que

MODÈLE: Je **n'**aime **pas du tout** les tatouages avec le nom d'une personne. Je trouve ça de mauvais goût.

F. Votre avis sur l'apparence et la société. Donnez votre opinion en complétant les phrases suivantes. Choisissez également le pronom relatif qui convient.

1. Une personne _____ (qui / que) se maquille pour faire du sport est...
2. _____ (*name*) est une personne _____ (que / dont) l'apparence me (dé)plaît parce que...
3. Je ne supporte pas les gens _____ (lequel / qui)...
4. Hollywood est l'endroit _____ (lequel / où)...
5. La chirurgie esthétique est quelque chose _____ (que / qui) je...
6. Les médias sont la raison pour _____ (que / laquelle)...
7. Nous vivons dans une société dans _____ (laquelle / lequel) les apparences...
8. Le look idéal _____ (que / dont) nous rêvons est...
9. La femme / l'homme _____ (que / dont) je serai amoureux/-se...
10. Ce sont les adolescents _____ (lesquels / qui) sont le plus...

Pierre-Auguste Renoir: *Le Déjeuner des Canotiers* (1881)

G. Pierre-Auguste Renoir.
On associe souvent Renoir (1841–1919), l'un des peintres français les plus célèbres, au mouvement impressionniste. *Le Déjeuner des Canotiers* est une de ses œuvres les plus connues. On retrouve d'ailleurs ce tableau dans *Le Fabuleux Destin d'Amélie Poulain*. C'est en effet dans ce film qu'un des personnages, M. Dufayel, le voisin d'Amélie, travaille infatigablement à reproduire la fameuse toile.

Étape 1. En groupes de trois, décrivez le tableau. Décrivez l'atmosphère qui semble régner et les relations entre les personnages. À votre avis, depuis combien de temps ces personnes se connaissent-elles? Décrivez ce que vous ressentez en regardant ce tableau.

Étape 2. Décrivez à un(e) partenaire un moment de détente autour d'une table, en famille (par exemple lors d'une réunion de famille) ou avec des amis. Combien de temps restez-vous à table et que mangez-vous? De quoi parlez-vous? Est-ce que l'atmosphère est détendue comme dans *Le Déjeuner des Canotiers* ou est-elle plus formelle? En général est-ce que vous conservez des souvenirs durables de ce genre de repas ou est-ce que vous avez tendance à les oublier rapidement? Pourquoi?

Comparer

A. Traits de famille. Expliquez à votre partenaire à qui vous ressemblez le plus dans votre famille. Utilisez le vocabulaire de **Pour parler de l'apparence** du **Vocabulaire thématique** pour comparer votre apparence avec celle des membres de votre famille.

MODÈLE: Je ressemble le plus à mon père. Nous avons tous les deux les cheveux bouclés, mais j'ai les yeux plus clairs que lui. J'ai la peau plus mate que ma mère. Mon père et moi avons le visage oval. J'ai un physique très différent de celui de ma sœur. Et nous avons aussi des styles différents. Elle aime plus être à la mode que moi. En plus, moi, j'ai le nez percé.

B. Vous et votre entourage. Faites des comparaisons à partir des situations proposées. Expliquez pourquoi en une ou deux phrases.

MODÈLES: (mon patron / mon [ma] petit[e] ami[e]) être sensible à mon apparence

→ Mon patron est **plus sensible** à mon apparence **que** mon/ma petit(e) ami(e). Mon/Ma petit(e) ami(e) aime que je sois moi-même! Mon patron veut que je fasse bonne impression sur les clients.

s'entendre bien (avec mon frère [ma sœur] / avec mon [ma] colocataire)

→ Je m'entends **mieux** avec ma sœur / mon frère **qu'**avec mon/ma colocataire. Ma sœur / mon frère et moi, nous sommes très proches. On se raconte tout. Mon/Ma colocataire est quelquefois déprimant(e).

1. (ma famille / mes profs) être concerné par mes études
2. (mon patron / mon [ma] colocataire) / avoir l'air intéressé par mes problèmes
3. (mes amis / ma famille) être chaleureux avec moi
4. mes projets / être passionnants / pour (mon [ma] meilleur[e] ami[e] / mon [ma] petit[e] ami[e])
5. (mes parents / mon [ma] petit[e] ami[e]) accepter mal mes erreurs
6. parler fréquemment (avec mes profs / mes parents)
7. (mon patron / mes profs) me connaître bien
8. (mes parents / mon patron) s'intéresser sérieusement à mon futur

C. La personne la plus... la moins... Répondez aux questions suivantes concernant les personnes de votre entourage et justifiez votre réponse en deux ou trois phrases.

MODÈLE: La personne **la plus chaleureuse** que je connaisse est ma cousine Jessica parce qu'elle est toujours enthousiaste et prête à aider les autres. En plus, elle s'entend généralement bien avec les gens.

1. Quelle est la personne la plus chaleureuse que vous connaissiez?
2. Quelle est la personne la plus radine que vous connaissiez?
3. Quelle est la personne la moins sensible que vous connaissiez?
4. Quelle est la personne la moins renfermée que vous connaissiez?

D. Faites-vous meilleure impression que votre meilleur(e) ami(e)? Complétez les comparaisons avec **plus, moins** ou **aussi** en transformant l'adjectif entre parenthèses en adverbe. Ensuite, justifiez-vous en une ou deux phrases.

1. Je me comporte _____ (raisonnable) que mon/ma meilleur(e) ami(e).

2. Je fais _____ (facile) bonne impression sur les gens que je rencontre pour la première fois que mon/ma meilleur(e) ami(e).

3. Je m'exprime _____ (poli) que mon/ma meilleur(e) ami(e).

4. À une soirée, mon/ma meilleur(e) ami(e) parle _____ (spontané) que moi aux gens qu'il/elle ne connaît pas.

5. En général, je me fais _____ (rapide) des amis que mon/ma meilleur(e) ami(e).

E. Vos tendances.

Étape 1. Faites des comparaisons avec les éléments proposés. Utilisez «je», et respectez l'ordre des éléments entre parenthèses.

MODÈLES: parler (avec mes parents / avec mon [ma] colocataire) (=)

→ Je parle **autant** avec mes parents **qu'**avec ma colocataire.

avoir de la chance (en sports / dans mes relations) (−)

→ J'ai **moins de** chance en sports **que** dans mes relations.

1. accorder de l'importance (à mes vêtements / à mes études) (=)

2. passer du temps (à lire *Le Monde* / à regarder la télé) (=)

3. aimer (les intellectuels / les sportifs) (−)

4. faire une gaffe (avec mon [ma] petit[e] ami[e] / avec mon [ma] patron[ne]) (−)

5. prendre les choses à cœur (en ce qui concerne les matchs de football / en ce qui concerne la politique) (+)

6. connaître (des gens généreux / des gens égoïstes) (+)

7. lire (des magazines à scandales / des romans) (−)

8. prendre des risques (dans ma vie personnelle / dans ma vie professionnelle) (+)

9. aimer (les qualités / les défauts) de mon/ma petit(e) ami(e) (=)

Étape 2. Maintenant, indiquez si vous êtes d'accord avec les phrases précédentes. Si vous n'êtes pas d'accord, expliquez pourquoi en donnant autant de détails que possible.

F. Mieux me connaître. Exprimez votre opinion avec des phrases au superlatif à partir des éléments proposés.

MODÈLE: (La discrétion / L'ambition / La curiosité) est une qualité importante dans la vie. (+)

→ La curiosité est la qualité **la plus importante** dans la vie.

1. (Mon appartement / Mon sport favori / Ma voiture) est un mauvais indicateur de ma personnalité. (+)

2. Lire (un magazine / un roman / de la poésie) est une bonne façon de me détendre. (+)

3. Pour moi, (le campus / une boîte de nuit / la plage) est un bon endroit où passer du temps. (−)

4. Selon moi, (les préjugés / les convictions religieuses / les mensonges [*lies*]) sont une question préoccupante en politique. (+)

5. (Les apparences / Les manières / Les goûts littéraires) sont une façon risquée de juger quelqu'un. (−)

6. (Un bar / Une salle de classe / Le cinéma), c'est un endroit approprié pour se faire des amis. (−)

G. La personnalité et l'argent. Pensez-vous qu'avoir plus d'argent pourrait affecter votre personnalité? Complétez les phrases suivantes en choisissant l'expression entre parenthèses qui est logique pour vous. Expliquez pourquoi en une ou deux phrases.

Quand j'aurai de l'argent,

1. j'aurai _____ (plus de / moins de) deux voitures.

2. je prendrai _____ (plus de / moins de) quatre semaines de vacances par an.

3. je visiterai _____ (plus de / moins de) deux pays par an.

4. j'utiliserai _____ (plus de / moins de) cinq cartes de crédit.

5. je donnerai _____ (plus de / moins de) mille dollars par an à une organisation humanitaire.

6. j'aurai _____ (plus de / moins de) deux maisons.

H. Les personnes les plus importantes dans votre vie.

Étape 1. Pour vous, sur qui est-il le plus important de faire bonne impression? Indiquez l'ordre d'importance en mettant devant chaque nom un chiffre de 1 (la personne la plus importante) à 6 (la personne la moins importante).

a. ____ votre patron(ne)   d. ____ vos profs

b. ____ votre petit(e) ami(e)   e. ____ votre meilleur(e) ami(e)

c. ____ vos parents   f. ____ votre colocataire

Étape 2. Utilisez des comparatifs et des superlatifs et les éléments qui suivent pour expliquer pourquoi l'opinion de certaines personnes compte plus pour vous que d'autres.

me comprendre bien	être proche de
être sensible à mes besoins	m'accepter bien
avoir des intérêts en commun	habiter loin de
ressembler à	m'écouter attentivement

MODÈLE: me comprendre bien

→ Mon père **me comprend mieux que** ma mère parce qu'il comprend que j'ai besoin d'être indépendant. Ma petite amie **me comprend le mieux,** parce que nous passons nos soirées à discuter.

Coin-culture

Destination
Paris

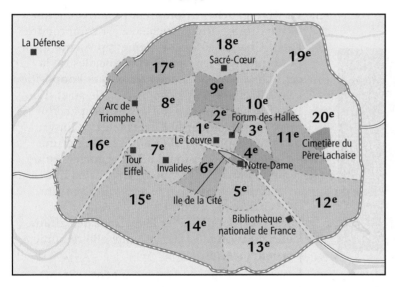

Les 20 arrondissements de Paris

Paris est la capitale politique, économique, intellectuelle et artistique de la France. Paris est aussi le centre du réseau[1] routier, des chemins de fer et des lignes aériennes. Paris est divisé en deux parties séparées par la Seine, la Rive droite au nord et la Rive gauche au sud.

Administrativement, Paris est divisé en vingt arrondissements, partant du centre de la ville vers l'extérieur en forme concentrique. Ils ont été créés sous Napoléon III en 1860 lorsque la ville de Paris a annexé des faubourgs avoisinants.[2]

Le Forum des Halles

1. **Le Forum des Halles:** Situé au centre de Paris, c'est un centre commercial souterrain très moderne sur quatre étages avec un parc en surface. Il y a 50 ans, c'était le marché principal de Paris. Zola l'évoque dans son roman *Le Ventre de Paris*, un ancien surnom pour l'endroit. Lorsque les marchés ont pris trop de place, ils ont été relocalisés en banlieue. En dessous du centre commercial se trouve l'une des stations de métro les plus importantes, Châtelet-Les Halles.

[1]*network* [2]faubourgs... *neighboring suburbs*

La cathédrale Notre-Dame de Paris

L'île de la Cité

2. **L'île de la Cité:** C'est littéralement le cœur de Paris. C'est en effet l'origine géographique de Paris, où ont vécu les premiers «Parisiens», la tribu des Parisii. Clovis, roi des Francs, en a fait sa capitale en 508. L'île de la Cité est une petite île située au milieu de la Seine et reliée au reste de la ville par des ponts. Le Pont-Neuf est l'un des plus beaux et des plus connus. Il offre une très belle vue sur les quais de la Seine. L'île de la Cité est un lieu plein de charme. On y trouve la Cathédrale Notre-Dame, la Conciergerie (qui a servi de prison pendant la Révolution) et la Sainte-Chapelle.

3. **La Rive gauche:** Comprendre la distinction «Rive droite—Rive gauche», c'est comprendre Paris. Chaque côté de la Seine représente métaphoriquement les complexités sociales de la capitale. Cela est tellement vrai que l'opposition «Rive droite—Rive gauche» a été le sujet d'un film (*Rive droite, Rive gauche*, réalisé par Philippe Labro, auteur que vous allez découvrir dans ce chapitre) et était aussi le titre d'une émission de télévision. La Rive gauche représente le Paris élégant, bourgeois, artistique et intellectuel et est aussi le nom d'un parfum d'Yves Saint-Laurent. La Rive droite, c'est le Paris plus populaire[3] et le quartier des affaires. Cette division n'est pas récente: elle remonte à plusieurs siècles.

4. **La Défense et la Grande Arche:** Conçue pendant les années soixante, la Défense est le quartier des affaires de Paris. C'est un immense ensemble de tours modernes, qui ressemble aux centres urbains des grandes villes américaines. Deux cent mille personnes y vont tous les jours pour

Le quartier de la Défense et la Grande Arche

[3]*working-class*

travailler. Pour humaniser le paysage, on a créé des lieux de loisirs: un centre commercial, un centre d'exposition et un cinéma à écran géant. La Grande Arche est un monument symbolique de la Défense. Cette œuvre architecturale a été conçue par l'architecte danois Otto von Spreckelsen. La Grande Arche a été inaugurée le 14 juillet 1989, jour de la fête nationale française et année du bicentenaire de la Révolution française. La Grande Arche a la forme d'un U renversé et contient de nombreux bureaux. Cet immeuble au style étonnant produit un effet spectaculaire avec les éclairages[4] nocturnes.

Le cimetière du Père-Lachaise

5. **Le cimetière du Père-Lachaise:** Fondé en 1804 et nommé en hommage à François d'Aix de la Chaise, confesseur de Louis XIV, le Père-Lachaise est l'un des cimetières les plus anciens, les plus grands et les plus célèbres du monde. Ce n'est pas un cimetière ordinaire et il ressemble plutôt à un grand parc plein de grands arbres, de fleurs, de sculptures et de monuments funéraires de tous les styles. Le Père-Lachaise attire deux millions de touristes chaque année et les Parisiens aiment s'y promener. Hommes et femmes de toutes religions, personnes célèbres ou inconnus, poètes, musiciens, peintres, hommes politiques et militaires, riches et pauvres y reposent ensemble. Marcel Proust, Frédéric Chopin, Jim Morrison, Molière, Honoré de Balzac, Édith Piaf, Oscar Wilde, Louis Visconti et Eugène Delacroix, entre autres, y sont enterrés.[5]

[4]*lighting* [5]*buried*

Activités

A. Situez les lieux décrits sur le plan de Paris et classez-les en mettant devant chaque lieu un chiffre de 1 (le plus intéressant) à 4 (le moins intéressant). Expliquez les raisons de votre sélection.

B. Avec un(e) partenaire, choisissez l'endroit à Paris que vous aimeriez visiter pendant un week-end. Expliquez les raisons de votre choix.

La vie des artistes
Jean-Pierre Jeunet, un cinéaste français

Audrey Tautou et Jean-Pierre Jeunet pendant le tournage du film historique *Un long dimanche de fiançailles*

Excellent

Le Fabuleux Destin d'Amélie Poulain (2001), réalisé par Jean-Pierre Jeunet, a été un phénomène du cinéma français et a remporté plusieurs Césars, l'équivalent français des Oscars. Le conte[1] surréaliste se passe à Paris et transforme l'univers ordinaire d'une jeune serveuse en épopée[2] fantastique.

Jeunet a commencé sa carrière de réalisateur dans les années quatre-vingt. Il a débuté en réalisant des publicités, des vidéos pour des

[1]*fairy tale* [2]*epic*

(suite)

chanteurs populaires, puis des films d'animation. Son premier film date de 1986, mais c'est *Délicatessen* en 1991 qui l'a rendu célèbre. Réalisé en collaboration avec Marc Caro, *Délicatessen* est une comédie noire sur les rigueurs de la guerre. Un boucher trouve des moyens indicibles[3] pour continuer à vendre de la viande, tandis que certains locataires de l'immeuble disparaissent... Ce projet lui a pris deux ans de travail, à raison de seize heures par jour. Ensuite, il y a eu *La Cité des enfants perdus* (1995), l'histoire d'un homme qui a perdu ses rêves et kidnappe des enfants pour voler leurs rêves, puis *Alien, la résurrection* (1997).

Comme beaucoup de réalisateurs de sa génération (Mathieu Kassovitz, Luc Besson), Jean-Pierre Jeunet reconnaît que ses films sont le produit de différentes influences: la bande dessinée, la science-fiction, les films d'animation et la culture du cinéma américain. Le monde de Jean-Pierre Jeunet hésite entre le réel et l'irréel et le cinéaste crée un univers unique et magique, bien que parfois sombre. Les films de Jeunet sont comme des contes pour adultes: sensibles, mais à regarder avec précaution. *Amélie*, avec Audrey Tautou, diffère des autres films, car il est beaucoup plus rose et optimiste. En 2004, Jeunet et Tautou se retrouvent pour filmer *Un long dimanche de fiançailles*, adapté du roman de Sébastien Japrisot, une histoire d'amour pas comme les autres pendant la première guerre mondiale. Le prochain film de Jeunet est une autre adaptation de roman: *L'Histoire de Pi*, de Yann Martel, est le récit surréaliste d'un jeune Indien en route pour le Canada, et qui fait naufrage[4] en compagnie d'un tigre, d'un orangoutang, d'une hyène et d'un zèbre. Les films de Jeunet sont avant tout des histoires extraordinaires qu'il imprègne[5] de magie.

[3]*unspeakable* [4]fait... *is shipwrecked* [5]*imbues*

Discussion

En petits groupes, discutez à partir des questions suivantes.

1. Qu'est-ce qui caractérise les films de Jean-Pierre Jeunet?

2. Avez-vous vu des films de Jean-Pierre Jeunet? Si oui, lesquels? Les avez-vous aimés? Pourquoi ou pourquoi pas? Si non, lesquels aimeriez-vous voir?

3. À quel cinéaste de votre pays pouvez-vous comparer Jean-Pierre Jeunet? En quoi sont-ils similaires?

4. Connaissez-vous d'autres réalisateurs ou films français? Lesquels? En général, aimez-vous le cinéma français? Quel est votre film français préféré?

www Activités Internet

En utilisant les mots clés et les moteurs de recherche sur le site Internet de *Pause-café* (www.mhhe.com/pausecafe), cherchez des informations sur Paris et l'activité cinématographique en France pour répondre aux questions suivantes.

1. Surfez sur des sites Internet français pour trouver d'autres endroits ou monuments parisiens. Trouvez des photos et décrivez l'endroit que vous trouvez le plus intéressant. Expliquez les raisons de votre choix.

2. Il existe des guides de Paris en ligne qui décrivent les activités touristiques, artistiques et autres événements culturels intéressants de la capitale. Trouvez un de ces magazines et décidez comment passer un week-end idéal à Paris.

3. Dans un guide de Paris, trouvez trois films français qui sont actuellement à l'affiche (*playing*) en France. De quels genres de films s'agit-il (comédie, drame, comédie romantique...)? Qui sont les réalisateurs et les acteurs?

Lecture

L'Étudiant étranger de Philippe Labro

Au sujet de l'auteur

Philippe Labro, né dans le sud-ouest de la France en 1936, est écrivain, journaliste et réalisateur. À l'âge de 18 ans, il est allé faire des études de journalisme en Virginie et à Washington, et a écrit deux romans à partir de son expérience américaine. Homme des médias, il a travaillé pour la radio, la télévision et plusieurs journaux et en 2005 a lancé une nouvelle chaîne de télévision. Il est l'auteur de 13 romans et le réalisateur de sept films, dont en particulier *Rive droite, Rive gauche* en 1984. *L'Étudiant étranger*, publié en 1986, a connu un grand succès en France parce que ce roman permettait aux Français de découvrir la culture américaine des années 50. Dans ce récit, un étudiant français passe un an dans une université de Virginie grâce à une bourse d'études. Il découvre la société américaine et la vie sur un campus.

Avant la lecture

A. À discuter.   En petits groupes, répondez aux questions suivantes.

1. Comment est-ce que les personnes âgées perçoivent les étudiants? Comment jugent-elles la façon dont les jeunes s'habillent, leurs habitudes et leurs goûts musicaux?

2. À votre avis, existe-t-il plus de différences ou de ressemblances entre des jeunes qui n'appartiennent pas à la même culture? Pourquoi?

3. Jusqu'à quel point doit-on s'adapter à un environnement étranger? Faut-il respecter les conventions sociales à tout prix?

4. Que feriez-vous si un comportement culturel vous choquait? Le montreriez-vous ou resteriez-vous silencieux/-se? Pourquoi?

B. Le passé simple.   Dans ce texte, l'étudiant raconte un événement passé. En littérature, on utilise souvent le passé simple au lieu du passé composé. Vous allez donc noter plusieurs verbes avec des terminaisons que vous n'avez probablement jamais vues. Par exemple, les verbes en **-er** ont une terminaison en **-a (penser: il pensa)** au passé simple, alors que les verbes réguliers en **-ir** et **-re** ont une terminaison en **-i (sentir: je sentis; répondre: je répondis)**. Les formes du verbe **être** et **avoir** sont **je fus** et **j'eus**. Ne vous préoccupez pas des formes que vous ne connaissez pas. Rappelez-vous simplement que le passé simple est l'équivalent littéraire du passé composé. Par exemple «**il répondit**» a la même signification que «**il a répondu**».

VOCABULAIRE

VISUALISER

L'Étudiant étranger [extrait]

Dans ce passage, trois étudiants américains tentent d'expliquer au jeune Français une règle sociale de l'université qu'il ne comprend pas.

La Règle de la Parole était l'une des deux traditions indestructibles de l'université, avec le port[1] obligatoire de la veste et de la cravate. Il s'agissait de[2] saluer verbalement («Hi!») toute personne que vous croisiez ou de répondre à celle qui vous croisait, si elle vous avait salué en premier. Au début, j'avais été surpris, pas tellement[3] par l'idée de dire bonjour à un inconnu qui traverse le campus, mais plutôt par la perspective d'avoir à le dire, et le dire et le redire, à longueur de journée,[4] quelle que soit mon humeur ou quelle que soit la tête de celui qui venait à ma hauteur.[5] Mais j'avais suivi la Règle. [...] 5

(Soon, the French student is asked to meet with three representatives of the Committee for Assimilation.) 10

Gordon Gotch était assis derrière une table en merisier luisant.[6] [...] Il avait une voix douce et basse, grave, dont il semblait jouer avec satisfaction,[7] une voix où il n'y avait aucune place pour le doute.

—Comment ça va? me demanda-t-il. 15
—Très bien, dis-je.
—Pas trop de difficultés dans tes études?
—Je ne crois pas, non, répondis-je. Et puis quand je prends du retard, je vais voir mon conseiller, ça m'aide beaucoup.
—C'est vrai, dit Gordon en se retournant vers ses deux adjoints,[8] les 20 conseillers se sont toujours révélés très utiles pour les étudiants étrangers.
[...] Il se pencha[9] vers moi.
—Tout va très bien, me dit-il, tout le monde est très content de ton comportement sur le campus, mais voilà... La Règle de la Parole, 25 nous avons reçu des informations selon lesquelles[10] tu ne t'y <u>conformais</u> pas. Pas vraiment.
—Mais ce n'est pas vrai, dis-je, c'est faux.
Gordon sourit. Il se redressa sur son siège, sûr de son fait.[11]
—Attends, s'il te plaît. Le Comité d'Assimilation n'a pas pour habitude de lancer des affirmations pareilles à la légère.[12] Nous vérifions toujours. 30
—Toujours, répéta le garçon roux.

---

[1]*wearing of* [2]*Il... It had to do with, It was about* [3]*pas... not so much* [4]*à... all day long* [5]*qui... who passed me* [6]*en... made of gleaming cherry wood* [7]*dont... which he seemed to use with satisfaction* [8]*assistants* [9]*leaned* [10]*selon... according to which* [11]*sûr... sure of his facts* [12]*de... to make such assertions lightly*

Le blond opina de la tête,[13] sans parler.

> —Mais je dis bonjour, protestai-je, je suis désolé, je salue tout le monde, et je réponds au salut des autres. 35

Pour la première fois depuis qu'il m'avait accueilli[14] dans la salle, Gordon eut l'air gêné.[15] Il cherchait ses mots. Ses gros sourcils bruns se fronçaient[16] sous l'effort.

> —Tu dis bonjour, c'est vrai, mais… 40

Il tâtonnait,[17] penchant sa lourde tête vers la table, comme pour éviter de faire face à mon indignation.

> —Mais quoi? dis-je. Quoi?

Gordon Gotch continua sur un ton de regret embarrassé.

> —Ça n'est pas que tu ne dises pas bonjour, ou que tu ne renvoies 45
> pas les saluts, ça n'est pas ça, nous avons vérifié. Nous sommes
> d'accord, ce n'est pas cela.

Il répéta:

> —Là n'est pas la question.

Puis il lâcha,[18] comme si c'était une notion énorme, et qu'il avait eu 50
quelque pudeur[19] à exprimer:

> —C'est que tu ne souris pas en le faisant.[20]

Il appuya[21] en répétant:

> —Tu ne souris pas en le faisant, ne laissant, cette fois, à aucun de ses
> adjoints le soin de répéter[22] la phrase essentielle. 55

Le blond et le roux eurent vers moi le même regard qui voulait dire: eh bien voilà, ce n'est pas compliqué, <u>tout de même</u>! Tout alla très vite, ensuite. Je ne savais pas quoi répondre et le Comité d'Assimilation, de son côté, semblait estimer qu'il avait rempli sa tâche.[23] Gordon se leva, me serra la main, je sentis monter en moi comme un immense soulage- 60
ment[24] et nous sortîmes tous les quatre.

[…] Lorsque je fus enfin parvenu[25] à me faire quelques vrais amis, il m'arriva de leur raconter[26] la séance du Comité d'Assimilation, […] et cela devint comme une énorme blague[27] entre nous, et il se trouva souvent quelqu'un, parmi ceux que j'aimais, pour me sortir la phrase 65
hésitante et solennelle de Gordon Gotch: «Ça n'est pas que tu ne dises pas bonjour, c'est que tu ne souris pas en le faisant.»

[13]opina… nodded [14]greeted [15]embarrassed [16]frowned [17]fumbled [18]blurted out [19]shame, embarrassment [20]en… while doing it [21]stressed [22]ne… not entrusting any of his assistants with the responsibility of repeating [23]il… it had fulfilled its task [24]relief [25]Lorsque… When I finally succeeded [26]il… I happened to tell them [27]joke

VISUALISER

VÉRIFIER ———— VOCABULAIRE
À vérifier

1. De quelle coutume est-il question dans ce passage?
2. Quelle atmosphère semble dominer la conversation?
3. Quel est le rôle du Comité d'Assimilation?
4. Résumez la conversation entre l'étudiant et Gordon avec vos propres mots.

From *L'Étudiant étranger* by Philippe LABRO, © Éditions Gallimard.

Après la lecture

A. Le point clé dans la lecture.

1. Avec un(e) partenaire, trouvez cinq pronoms relatifs différents. Expliquez, dans chaque cas, l'utilisation du pronom relatif par rapport au sens de la phrase.

2. Trouvez un exemple de négation avec «aucun». Expliquez la forme de «aucun» par rapport à son contexte d'utilisation.

3. Trouvez quelques noms féminins en **-tion, -té, -ude**. Trouvez également une exception à la règle des noms féminins en **-té!**

B. Compréhension. Répondez aux questions suivantes concernant la lecture.

1. Le comportement du jeune Français que Gordon essaie de corriger est-il choquant?

2. Pourquoi Gordon a-t-il du mal à expliquer le problème au Français?

3. L'histoire se situe dans les années 50. Pensez-vous que ce type d'interaction soit possible de nos jours? Pourquoi?

4. Quelle est votre réaction vis-à-vis de Gordon? Et vis-à-vis du jeune Français? Quel personnage vous est le plus sympathique? Pourquoi?

5. À votre avis, qui manque de délicatesse? Pourquoi?

C. À discuter. Discutez les situations suivantes en groupes de trois ou quatre.

1. Combien de temps faut-il pour comprendre une nouvelle culture? Quels sont les meilleurs moyens de découvrir les coutumes attachées à un pays et ses habitants?

2. Faites une comparaison entre les attitudes qui existent dans les différentes régions de votre pays (par exemple, entre le nord et le sud des États-Unis)? Les comportements culturels y sont-ils les mêmes? De quelle région ou population vous sentez-vous plus proche? Pourquoi?

3. À votre avis, quels événements de l'histoire des États-Unis ont particulièrement marqué la culture américaine jusqu'à nos jours?

4. Que doit faire un étudiant étranger pour comprendre et s'intégrer à la société américaine? Quelles traditions américaines sont importantes à connaître pour un étudiant étranger?

5. Quelle serait votre attitude si vous faisiez un séjour prolongé à l'étranger: voudriez-vous vivre dans une famille, partager un appartement avec un étudiant du pays, ou vivre seul(e)? Expliquez les raisons de votre choix.

6. Imaginez que vous rencontrez l'assistant(e) international(e) d'une université française. Quelles questions allez-vous lui poser pour être sûr(e) que vous choisissez la bonne université (et la bonne ville) pour votre séjour?

D. Correspondance. Écrivez une lettre au jeune Français dans laquelle vous lui expliquez comment les interactions sociales ont changé depuis les années 50. Expliquez-lui ce que vous avez pensé de Gordon et du Comité d'Assimilation. Donnez votre point de vue: un(e) étudiant(e) doit-il/elle s'adapter aux habitudes d'une université étrangère?

Pour écrire

La télévision et les stéréotypes culturels

Étape 1.   Répondez aux questions suivantes.

1. Faites une liste des adjectifs que les étudiants étrangers utiliseraient pour décrire la société américaine. Quels adjectifs utiliseraient-ils pour décrire les Américains? Et la famille américaine typique?

2. Faites une liste d'émissions (*TV shows*) et de séries américaines. Pour chacune, écrivez quelques adjectifs que vous associez avec cette émission ou cette série.

3. Selon vous, quelles sont les émissions et séries américaines les plus exportées à l'étranger?

Étape 2.   Imaginez que vous êtes originaire de Paris et que votre connaissance des États-Unis vous vient seulement des films et séries de télévision américains. Écrivez un article exprimant votre avis sur les États-Unis et les Américains. Utilisez des exemples de films ou de programmes télévisés pour justifier votre point de vue.

Étape 3.   Lisez l'article (Étape 2) d'une personne de la classe. Vous êtes un(e) journaliste américain(e) et vous devez écrire un article soit en faveur de, soit contre l'exportation des productions américaines. Votre article doit reprendre quelques-unes des opinions exprimées dans l'article de votre partenaire.

Autres thèmes pour discuter

Dans chaque chapitre de ce livre, vous allez préparer des fiches de vocabulaire qui vous serviront comme point de départ pour discuter de divers thèmes. Sur chaque fiche, vous devez écrire trois noms, trois verbes et trois adjectifs qui vous permettront d'écrire sur les thèmes proposés. À la fin du cours, vous aurez 24 fiches, chacune avec des mots nouveaux. Ce système vous permettra d'apprendre les mots par association, ce qui vous aidera à vous souvenir des mots beaucoup plus facilement.

Étape 1. Préparez une fiche sur chacun des thèmes proposés pour pouvoir discuter à partir des questions qui suivent. Les icônes indiquent de quels points clés vous aurez probablement besoin pour formuler vos réponses.

Voici un exemple de fiche:

Les talk-shows

l'invité(e)	exploiter	comique
l'humiliation (f.)	profiter de	dégradant(e)
le présentateur / la présentatrice	ridiculiser	déprimant(e)

Les talk-shows

- Décrivez un talk-show que vous connaissez.
- Que pouvez-vous suggérer à un présentateur (ou une présentatrice) afin qu'il/elle améliore son émission?
- Quelle est votre opinion concernant les talk-shows américains? Quelle image donnent-ils des États-Unis? Donnez des exemples.

Le patriotisme

- Quels sont les aspects de votre pays dont vous vous sentez fier/fière?
- Qu'est-ce que vous aimeriez changer?
- Selon vous, est-ce que votre pays est le meilleur pays dans lequel vivre? Expliquez votre réponse.

Traditions

- Que se passerait-il si un pays supprimait toutes les traditions d'une population?
- Croyez-vous que la société ait une responsabilité vis-à-vis du maintien des traditions? Expliquez.

L'apparence physique

- À quel(s) aspect(s) physique(s) prêtez-vous le plus attention (*pay more attention*) quand vous rencontrez une personne pour la première fois?
- Vous est-il arrivé de rencontrer quelqu'un et de vous apercevoir qu'il/elle était totalement différent(e) de l'idée que vous vous faisiez de lui / d'elle en fonction de son apparence physique?
- Que pensez-vous des gens qui suivent toujours la mode? Que pensez-vous de ceux qui ne s'habillent jamais en fonction des circonstances?

Étape 2. Préparez une question pour chaque fiche en utilisant les différents points clés. Ensuite, posez vos questions à un(e) partenaire.

MODÈLE: Si tu étais la présentatrice d'un talk-show, est-ce que tu exploiterais le manque d'intelligence de certains invités?

CHAPITRE 2

Passions et sentiments

Quelle est l'influence des autres sur notre vie?

Une relation durable ou passagère?

Points clés PASSÉ P
- Parler du passé

Thèmes principaux
- Les relations avec les autres
- Les passions

Destination
- La Provence

Dans ce chapitre, vous allez explorer le thème des relations sentimentales. Qu'est-ce qui nous attire? Quelles émotions les relations humaines provoquent-elles? Qu'est-ce qui fait qu'une relation est durable ou passagère (*fleeting*)? Vous allez discuter de ce thème et expliquer comment vos relations avec les autres vous ont marqué(e) et ont peut-être changé votre personnalité.

Vous allez aussi lire un conte africain sur les amours d'Andela et Biloa.

MULTIMÉDIA

WWW Quia
www.mhhe.com/pausecafe

45

Rencontres

Une soirée inoubliable

Julie et Xavier, une relation orageuse

Situation: Xavier est sorti avec Julie pendant presque deux ans mais leur relation était difficile. Ils s'aiment beaucoup mais ils ont décidé de se séparer parce qu'ils avaient souvent des difficultés à s'entendre. Dans ces conditions, il leur était difficile d'établir une relation solide. Mais le week-end dernier, ils se sont retrouvés à la Loco, une boîte de nuit parisienne. Ils étaient tous les deux de très bonne humeur, la musique était excellente et ils ont passé une soirée très agréable...

À présent, Xavier et Adama sont au Café des Arts et discutent. Xavier raconte à Adama ce qui s'est passé le samedi soir. Lisez le dialogue, puis répondez aux questions qui suivent. Faites particulièrement attention au nouveau vocabulaire **en caractères gras.**

XAVIER: Eh bien, après une soirée **merveilleuse** passée avec Julie à la Loco, j'ai l'impression d'être à nouveau **tombé amoureux d'elle.**

ADAMA: Ah bon! C'est pas vrai! Enfin, j'espère que ça ne va pas finir comme la dernière fois. Tu te souviens, non? Vous **vous disputiez** constamment et après **avoir rompu avec** elle, tu as été **déprimé** pendant un mois... Tu n'as vraiment pas besoin de ce genre de torture.

XAVIER: Je sais, je sais, mais malheureusement, je l'aime, cette fille, et elle **me manque** terriblement. Je ne sais pas quoi faire. De plus, il y a un autre problème... Julie m'a dit qu'elle avait commencé à **sortir avec** un autre garçon et ça me rend super **jaloux.**[1]

ADAMA: Mon pauvre, qu'est-ce que tu veux que je te dise? Je pense que tu dois bien réfléchir à la situation. Tu te rends compte des **risques** que tu prends si tu décides de sortir à nouveau avec elle?

XAVIER: Des risques? Si tu parles de ce garçon, elle m'a dit qu'il n'y avait rien de sérieux entre eux.

ADAMA: Ben, j'espère que tu as raison, mais s'il te plaît, sois **prudent.** Tu sais bien que pour vous, c'est difficile de maintenir une relation **durable.**

XAVIER: Mais non, ne t'inquiète pas, je vais prendre mon temps. J'ai vraiment l'impression que cette fois, ça va marcher[2] entre nous.

ADAMA: D'accord, on verra bien. Maintenant, parle-moi de cette soirée **inoubliable** avec Julie, qu'est-ce qui s'est passé?

XAVIER: Alors là, mon ami, prépare-toi parce que c'était comme dans un film...

[1]me... *makes me very jealous*   [2]ça... *it is going to work*

Activités

A. Compréhension. Répondez aux questions suivantes sur le dialogue.

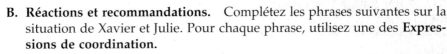

1. Qui est Julie? *Julie est l'amie d'Xavier*
2. Pourquoi Xavier et Julie ont-ils rompu? *J & X ont rompu*
3. Qu'est-ce qui s'est passé à la Loco le week-end dernier?
4. Pourquoi Adama est-il inquiet à l'idée que Xavier et Julie recommencent à sortir ensemble?
5. Que pense Xavier de cette situation?

RÉAGIR **R** RECOMMANDER

B. Réactions et recommandations. Complétez les phrases suivantes sur la situation de Xavier et Julie. Pour chaque phrase, utilisez une des **Expressions de coordination.**

MODÈLE: Adama ne veut pas que...

→ Adama ne veut pas que Xavier **sorte** à nouveau avec Julie **car** il a toujours beaucoup de problèmes avec elle.

Attention! Avec lesquelles des quatre phrases suivantes faut-il utiliser le subjonctif? Pourquoi?

1. Xavier est content que...
2. Adama a peur que...
3. Il est possible que Xavier et Julie...
4. Je pense que Xavier...

C. Dialogue. Avec un(e) partenaire, préparez un dialogue correspondant à l'une des situations suivantes, puis présentez-le à la classe.

1. Inventez la suite de la conversation entre Xavier et Adama. Utilisez votre imagination pour décrire la manière dont Xavier et Julie sont retombés amoureux.
2. Xavier décide de parler à Julie de ses sentiments. Il l'invite au restaurant.

Expressions de coordination

car
cependant
d'un côté... de l'autre côté
donc
parce que
pour que
(+ *subjonctif*)
pourtant
puisque

Vocabulaire thématique

Pour parler des relations sentimentales

avoir confiance en	to trust
se disputer	to argue
embrasser	to kiss
en avoir assez de	to be fed up with
être enceinte	to be pregnant
être en colère	to be angry
se fiancer	to get engaged
haïr	to hate
manquer	to miss

EX: **Elle me manque.**   I miss her.

mentir	to lie
poser un lapin à quelqu'un	to stand someone up
quitter qqn / un endroit	to leave s.o. / a place
rompre avec qqn	to break up with s.o.
sortir avec / voir	to date
tomber amoureux /-se de	to fall in love with

MOTS APPARENTÉS: consoler, divorcer, se marier avec, se réconcilier

...et des passions

avoir le coup de foudre pour quelqu'un / quelque chose	to fall in love with someone / something at first sight
se consacrer à	to devote oneself to
être passionné(e) de	to be passionate about
se passionner pour	to have a passion for

Pour décrire les relations sentimentales et les passions

amoureux fou / amoureuse folle	head over heels
doué(e) pour	gifted for
durable	lasting
inoubliable	unforgettable
(mal)sain(e)	(un)healthy

Mon amour, promets-moi que tu ne passeras plus jamais la commande en espagnol...

Décrivez la «soirée inoubliable» de ce couple.

merveilleux/-se	wonderful
passager/-ère	fleeting

MOT APPARENTÉ: excessif/-ve

Pour décrire les émotions

attristé(e)	pained, saddened
déprimé(e)	depressed
ému(e)	moved
exaspéré(e)	annoyed, irritated
prudent(e)	cautious

MOTS APPARENTÉS: embarrassé(e), flatté(e), furieux/-se, jaloux/-se, nostalgique, satisfait(e)

Autres mots utiles

l'âme sœur (*f.*)	soulmate
l'amitié (*f.*)	friendship
l'échec (*m.*)	failure
l'engagement (*m.*)	commitment
les fiançailles (*f. pl.*)	engagement

MOTS APPARENTÉS: le ressentiment, le risque

EXPANSION du vocabulaire
Familles de mots

Étape 1. Vous pouvez facilement élargir votre vocabulaire en connaissant la signification d'un seul mot. Dérivez les mots qui manquent.

Noms	Verbes	Adjectifs
le manque	manquer	manqué(e) ✓
_____	émouvoir	ému(e)
le ressentiment	_____	ressenti(e)
_____	_____	déprimé(e) ✓
le risque	risquer	_____ ✓
le mensonge	mentir	_____ ✓

Étape 2. Lisez les phrases suivantes sur les six amis. Choisissez l'un des mots de l'Étape 1 pour compléter les phrases de façon logique.

1. Xavier est assez heureux, mais il est toujours *déprimé* par sa rupture avec Julie.
2. Xavier sait que la situation est *risquée*, mais il espère que les choses vont s'améliorer avec Julie.
3. Xavier ne veut pas *mentir* à Julie. Il va lui dire la vérité sur ses sentiments pour elle.
4. Il va lui dire qu'elle lui *manque* beaucoup, et qu'il aimerait à nouveau passer du temps avec elle.
5. Xavier a du *ressentiment* vis-à-vis de l'homme avec qui Julie passe du temps. Il est jaloux.
6. Julie sera probablement *ému* *emue* quand Xavier lui parlera de ses sentiments.

Activités

A. Vocabulaire en contexte. Lisez les opinions suivantes. Avec un(e) partenaire, décidez si vous êtes d'accord ou non et expliquez pourquoi.

1. Si on sort avec une personne trop jalouse, il faut la quitter.
2. C'est normal d'être en colère quand un(e) ami(e) vous a posé un lapin.
3. Si votre petit(e) ami(e) vous ment une fois, vous ne pourrez plus avoir confiance en lui/elle.
4. Dans un couple, il n'est pas normal de se disputer.
5. L'âme sœur n'existe pas.
6. Pour avoir une relation saine, il faut respecter l'autre.
7. Ce serait vraiment compliqué de tomber amoureux/-se d'une personne d'un autre pays.
8. Pour avoir un mariage heureux, il est essentiel de savoir se réconcilier rapidement.

B. Questions personnelles. Avec un(e) partenaire, répondez aux questions suivantes. Utilisez le **Vocabulaire thématique** et les expressions de **Pour mieux discuter** pour réagir de façon appropriée aux commentaires de votre partenaire. Ensuite, partagez avec la classe ce que vous avez découvert sur votre partenaire.

Pour mieux discuter

Tu es sérieux/-se?	Are you serious?
C'est vrai?	Is that true?
C'est super / fantastique / génial!	It's great/fantastic/awesome!
C'est horrible / affreux!	It's horrible/terrible!
Je ne suis pas (du tout) d'accord.	I don't agree (at all).
À mon avis, ...	In my opinion, …
Absolument pas!	Absolutely not!
Tu as tout à fait raison.	You are absolutely right.
Je suis surpris(e) que tu penses ça.	I'm surprised that you think so.

1. Est-ce que vous avez été en colère récemment? Que s'est-il passé?
2. Est-ce que vous avez déjà rendu quelqu'un jaloux? Si oui, comment?
3. Est-ce que vous vous souvenez d'une situation de votre enfance où vous vous avez été embarrassé(e)?
4. Pour vous comment est le/la petit(e) ami(e) idéal(e)?
5. Chercheriez-vous votre partenaire sur Internet ou par petites annonces (*personals*)?
6. Pendant un premier rendez-vous, qu'est-ce qui vous dérangerait (*would bother*) le plus?
7. Est-ce que vous aimez les films romantiques? Pourquoi ou pourquoi pas?
8. Quels conseils donneriez-vous à un homme qui veut avoir une relation durable? Et à une femme?
9. Faites une comparaison entre le comportement d'un couple dont les relations sont harmonieuses et un couple dont les relations sont mauvaises.
10. Que recommanderiez-vous à ces deux couples?

C. Comment est-ce que vous vous sentiriez? Avec un(e) partenaire, répondez chacun à votre tour aux questions suivantes en utilisant les adjectifs proposés pour décrire vos sentiments. Pour chaque situation, expliquez votre réponse en utilisant les expressions de coordination suggérées.

Adjectifs: attristé(e), déprimé(e), embarrassé(e), ému(e), exaspéré(e), flatté(e), furieux/-se, jaloux/-se, nostalgique, satisfait(e)

MODÈLE: —Comment vous sentiriez-vous si vous voyiez votre copain embrasser une autre personne?

—Je serais furieuse si je voyais mon copain embrasser quelqu'un d'autre **parce qu'**une relation doit être basée sur la fidélité.

Expressions de coordination
bien que (+ *subjonctif*)
de sorte que
étant donné que
parce que
puisque

Comment vous sentiriez-vous si...

1. vous voyiez votre copain/copine embrasser une autre personne?
2. vos parents discutaient de votre relation avec les parents de votre petit(e) ami(e)?
3. un(e) ami(e) vous posait un lapin deux fois en une semaine?
4. votre meilleure amie vous annonçait qu'elle est enceinte?
5. on vous demandait en mariage?
6. vous tombiez amoureux fou / amoureuse folle?
7. vous décidiez de quitter votre pays pour être avec la personne que vous aimez?

D. Que signifie... ? Avec un(e) partenaire, imaginez que vous expliquez les expressions suivantes à Xavier. Utilisez les pronoms relatifs qui conviennent. **Attention!** Vous ne pouvez pas utiliser vos mains ou faire des gestes.

Pronoms relatifs: qui, que, dont, où, lequel

1. a blind date
2. a meat market
3. to go Dutch
4. to dump someone
5. an Internet dating service

E. Quel type d'ami(e) êtes-vous? Répondez avec un(e) partenaire aux questions suivantes en utilisant des pronoms d'objet direct ou indirect, ou bien **y** ou **en**. Pour réviser ces formes, vous pouvez consulter la section **Autres points de grammaire** dans les pages bleues (250–272) à la fin du livre.

1. Avez-vous beaucoup d'ami(e)s? Passez-vous beaucoup de temps avec eux/elles? Est-ce que vous allez souvent chez eux/elles? Est-ce que vous allez souvent au café ensemble? au restaurant? au cinéma?
2. Est-ce que vous vous souvenez toujours de l'anniversaire de vos ami(e)s? Est-ce que vous leur envoyez des cartes? Est-ce que vous leur offrez souvent des cadeaux?
3. Avez-vous un(e) meilleur(e) ami(e)? Où est-ce qu'il/elle habite? Est-ce que vous le/la voyez souvent? Si non, est-ce que vous lui parlez souvent? Est-ce que vous lui écrivez beaucoup de méls?

F. Les couples célèbres.

Étape 1. Le prince et la princesse de Monaco restent l'un des couples jugés les plus romantiques par les Français. Lisez le paragraphe suivant sur la relation entre Grace et Rainier de Monaco. Quels adjectifs utiliseriez-vous pour décrire leur relation?

Grace Kelly et Rainier de Monaco le jour de leur mariage

Grace et Rainier de Monaco: Le mariage en 1956 entre l'actrice américaine, star des films d'Alfred Hitchcock, et le prince de Monaco a été perçu comme l'un des plus romantiques de cette époque. Les Monégasques[1] ont immédiatement adopté Grace Kelly, qui a dû renoncer à sa carrière cinématographique pour devenir princesse de Monaco. S'adapter à son nouveau rôle public a certainement dû être difficile pour Grace, qui a donné naissance à sa fille Caroline l'année suivante. Sous l'influence de Grace, Monaco a beaucoup gagné en renommée internationale. Grace a été particulièrement active dans le domaine de l'action humanitaire. Elle a notamment fondé le Bal de la Croix Rouge, une tradition qui continue aujourd'hui malgré[2] sa mort tragique en 1982. Le couple que Grace et Rainier formaient reste un modèle dans bien des mémoires...

[1]inhabitants of Monaco   [2]in spite of

Étape 2. Distinguez, dans les couples suivants, ceux qui ont eu une relation durable et ceux qui ont eu une relation passagère. En utilisant le **Vocabulaire thématique**, discutez avec un(e) partenaire des caractéristiques qui distinguent les relations durables des relations passagères. À votre avis, pourquoi certains de ces couples ont-ils rompu?

Jessica Simpson et Nick Lachey
Ben Affleck et Jennifer Garner
Bill et Hillary Clinton
George W. et Laura Bush

Demi Moore et Bruce Willis
Brad Pitt et Jennifer Aniston
Charles et Diana, le prince et la
    princesse de Galles
Nicole Kidman et Tom Cruise

Caractéristiques d'une relation durable:

Caractéristiques d'une relation passagère:

Analyse d'une rupture:

MODÈLE: Nicole Kidman et Tom Cruise: Ils avaient tous les deux une forte personnalité et consacraient beaucoup de temps à leur carrière.

Note culturelle ◆ *Les relations sentimentales en France*

La vie sentimentale des Français a bien changé: l'image traditionnelle du jeune couple qui se marie à l'église ne correspond plus entièrement à la réalité. Ces dernières années, la France a adopté dans certains domaines une attitude libérale et a adopté des lois[1] relatives au couple et à la famille. Il existait déjà depuis plusieurs années un «certificat de concubinage» qui permettait aux couples non mariés de bénéficier de certains des mêmes avantages que les couples mariés. En 1999, une nouvelle loi a été passée, le Pacs,[2] qui accorde les mêmes droits sociaux aux couples homosexuels qu'aux couples hétérosexuels. En réalité, cette loi accorde les mêmes droits à tous les couples qui décident de «se pacser» et pas seulement aux homosexuels. Cela leur permet, par exemple, de bénéficier d'avantages en ce qui concerne la sécurité sociale ou les impôts.[3] Les médias ont beaucoup discuté cette loi car l'innovation sociale se heurte souvent à[4] des attitudes plus traditionalistes. Il est vrai que la France est aussi caractérisée par son attachement aux coutumes et la famille en est le lieu privilégié.

Comment les couples français se rencontrent-ils? Souvent, ils font partie du même groupe social. Par exemple, les filles de cadres[5] épousent souvent des cadres (dans environ 50% des cas), tandis que les filles d'ouvriers[6] se marient avec des ouvriers... Les lieux de rencontre sont le lieu de travail et les lieux publics, comme les cafés. Les Français trouvent aussi l'âme sœur pendant leurs études ou chez des amis à l'occasion d'une soirée. Les clubs de vacances, les boîtes de nuit et les cafés jouent un rôle de plus en plus important dans les histoires d'amour françaises... Mais trouver l'amour ne veut pas dire que l'on se marie. Environ 15% des couples vivent ensemble sans être mariés, un phénomène qui a reçu un nom particulier: «l'union libre».

Les relations du couple sont également influencées par des aspects économiques. Aujourd'hui, plus de 75% des femmes de 25 à 54 ans travaillent. Le modèle de la femme au foyer[7] est donc de plus en plus une image du passé. Mais les couples doivent souvent faire face à des problèmes relationnels liés à l'argent. Pour beaucoup de couples, l'argent est un sujet de discussion qu'ils évitent.

[1]*laws* [2]acronym for *Pacte civil de solidarité*, pronounced "pax"
[3]*taxes* [4]*se... often clashes with* [5]*executives* [6]*(factory) workers*
[7]*femme... housewife*

Discussion

1. Que pensez-vous du Pacs? Quels en sont les aspects positifs et négatifs?
2. Est-ce que les lieux de rencontre en France sont les mêmes que dans votre pays? Dans votre ville, y a-t-il des lieux de rencontre populaires? Et vous, où aimez-vous rencontrer des gens?
3. Que pensez-vous de l'union libre? Est-ce aussi un phénomène populaire dans votre pays?
4. Pensez-vous que la description des couples français s'applique aux couples américains? À votre avis, quelles sont les similarités et les différences?

Points clés

 ## Parler du passé

Dans cette partie du chapitre, vous allez utiliser la fonction communicative **Parler du passé.** Avant de commencer, étudiez dans les pages bleues (204–216) à la fin du livre les explications et les exemples sur la façon de former et d'utiliser le passé composé et l'imparfait. Étudiez aussi les formes du plus-que-parfait, que vous découvrez peut-être pour la première fois.

LA FONCTION COMMUNICATIVE DE CE CHAPITRE		
ICÔNE	FONCTION COMMUNICATIVE	POINTS CLÉS
PASSÉ P	Parler du passé	1. Formation of the **passé composé** 2. Formation of the **imparfait** 3. Using the **passé composé** and the **imparfait** 4. Verbs with different meanings in the **imparfait** and the **passé composé** 5. **Plus-que-parfait** 6. **Passé simple**

Faites votre diagnostic!

A. Une décision difficile. Lisez le récit suivant, puis mettez les verbes entre parenthèses au passé composé ou à l'imparfait selon la situation. Quand Sandra _____ [1] (commencer) à étudier la peinture dans une école privée en Martinique, elle ne _____ [2] (penser) pas qu'elle _____ [3] (aller) tomber amoureuse. En fait, quand elle _____ [4] (s'inscrire) dans le programme, elle _____ [5] (avoir) l'intention de se consacrer à sa passion. Mais lorsqu'elle _____ [6] (rencontrer) Ludovic dans son cours d'arts plastiques, leur amitié _____ [7] (se transformer) en une relation plus sérieuse très rapidement. Les deux jeunes gens _____ [8] (croire) immédiatement que cette merveilleuse relation serait durable.

Après deux ans, Sandra _____ [9] (réaliser) que des études à Paris _____ [10] (être) une étape indispensable si elle voulait poursuivre une carrière artistique. Prendre la décision de quitter la Martinique _____ [11] (ne pas être) facile, et Sandra _____ [12] (se sentir) coupable pendant plusieurs mois. Mais en même temps, elle _____ [13] (savoir) qu'elle s'en voudrait* de ne pas aller à Paris.

*s'en... *would be angry at herself*

Le dernier jour en Martinique, Sandra _____ [14] (être) très déprimée, et c'est Ludovic qui[15] l' _____ (consoler). À l'aéroport, ils _____ [16] (s'embrasser) une dernière fois. Ludovic _____ [17] (être) très ému quand il lui _____ [18] (souhaiter) bonne chance.

B. Ludovic n'abandonne pas. Lisez ce qui s'est passé par la suite entre Sandra et Ludovic. Puis mettez les verbes entre parenthèses au plus-que-parfait.

Ce que Sandra ne savait pas, c'est que Ludovic _____ [1] (décider) de la demander en mariage quand elle lui a annoncé sa décision de partir à Paris. Elle _____ [2] (ne jamais rompre) avec quelqu'un dont elle était toujours amoureuse, et cela _____ [3] (être) un moment douloureux pour tous les deux.

Sandra _____ [4] (s'installer) à Paris deux mois auparavant quand elle a reçu un coup de téléphone de Ludovic. Sandra lui manquait beaucoup et il _____ [5] (ne pas accepter) la fin de leur relation. Il _____ [6] (savoir) par les parents de Sandra que la jeune fille n' _____ [7] (sortir) avec personne depuis son arrivée à Paris. Il _____ [8] (garder) espoir que tout n'était pas terminé entre eux. Sandra lui a avoué qu'elle _____ [9] (essayer) de voir quelqu'un, mais que cela _____ [10] (être) une relation passagère. Les deux jeunes gens ont parlé très longtemps au téléphone. Finalement, Ludovic a parlé de rendre visite à la jeune fille...

Expressions utiles

Les expressions suivantes peuvent vous servir pour parler du passé.

Pour raconter une histoire

après	after
au même moment	at the same time
de plus	furthermore, moreover
ensuite	then, next
finalement	finally
pendant ce temps	during that time, meanwhile
pour finir	to conclude
(tout) d'abord	first (of all)

Pour intensifier votre histoire

Je vais te raconter une chose incroyable (ridicule, horrible) qui est arrivée à...	I'm going to tell you something unbelievable (ridiculous, horrible) that happened to . . .
Écoute ce qui est arrivé à...	Listen to what happened to . . .
Mais ce n'est pas encore le pire.	But that's not the worst yet.
Le pire, c'était quand...	The worst was when . . .
Il/Elle s'est rendu(e) compte que...	He/She realized that . . .
tout d'un coup	all at once, all of a sudden

(suite)

Pour réagir à une histoire	
C'est fou! / C'est incroyable!	That's crazy! / That's incredible!
Le/La pauvre!	Poor thing!
Quelle histoire!	What a mess!
Tu plaisantes!	You're joking!

Activités

A. Une soirée inoubliable.

Étape 1.   Avec un(e) partenaire, regardez les images suivantes et racontez ce qui est arrivé à Xavier et Julie la semaine dernière.

Étape 2.   Que va dire Julie à Xavier le lendemain? Avec votre partenaire, écrivez la conversation entre Xavier et Julie.

B. Qu'as-tu ressenti... ?   Demandez à un(e) partenaire comment il/elle a réagi dans les circonstances suivantes et pourquoi.

MODÈLE: Qu'as-tu ressenti quand tu as réussi le bac?

> → J'étais heureux/-se, mais je ne voulais pas quitter mes amis du lycée.

Qu'as-tu ressenti...

1. quand tu as fini tes études au lycée?
2. quand tu es sorti(e) avec un garçon / une fille pour la première fois?
3. quand tu as su que tu étais accepté(e) dans cette université?
4. quand tu as réussi ton permis de conduire?
5. la dernière fois que quelqu'un t'a posé un lapin?

C. Le regrettez-vous?

Étape 1. Tout le monde a des regrets sur son passé. Lisez les questions suivantes et indiquez si vous avez fait les choses suivantes.

Est-ce que...

	OUI	NON
1. vous avez déjà trop bu?	☐	☐
2. vous avez menti à votre meilleur(e) ami(e)?	☐	☐
3. vous vous êtes mis(e) en colère contre quelqu'un pour découvrir plus tard que vous aviez tort?	☐	☐
4. vous avez rompu vos fiançailles?	☐	☐
5. vous êtes allé(e) chez une personne qui vous plaisait sous un faux prétexte (*under false pretenses*)?	☐	☐
6. vous avez fait confiance à quelqu'un qui ne le méritait pas?	☐	☐
7. vous êtes déjà sorti(e) avec le/la petit(e) ami(e) de votre meilleur(e) ami(e)?	☐	☐

Étape 2. Faites une enquête dans votre classe. Combien de personnes ont répondu «oui» à chaque question? Choisissez quelqu'un pour noter au tableau les résultats à toutes les questions.

Étape 3. En groupes de deux ou trois, parlez d'une des situations de l'Étape 1. Expliquez les raisons de votre comportement, les conséquences et ce que cela vous a appris.

D. Mais que s'est-il donc passé?
Les six amis ont tous fait face à des situations imprévues (*unexpected*). Utilisez les expressions proposées entre parenthèses pour expliquer ce qui s'est passé. Faites attention à bien choisir le temps du passé (passé composé ou imparfait).

MODÈLE: Julie est en colère avec Xavier depuis une semaine. Elle dit qu'elle en a vraiment assez de lui. (avoir beaucoup de travail/devoir oublier/devoir lui téléphoner)

→ Xavier **devait** lui téléphoner mardi soir. Mais il **avait** beaucoup de travail et il **a dû** oublier.

1. Julie n'a plus confiance en Xavier. C'est pour cela qu'elle a commencé à voir quelqu'un d'autre. (rencontrer Matthias / ne pas être sûre de sa décision / être charmée par les attentions du jeune homme)

2. Xavier pensait être passionné par la médecine, mais il a été très déprimé pendant sa première année de fac. Quand il a décidé d'interrompre ses études, ses parents ont d'abord été attristés. (ne pas vouloir insister / vouloir pousser leur fils à continuer ses études / voir que Xavier était stressé)

3. La cousine de Nathalie, Élodie, s'est mariée le mois dernier. Elle sortait avec le jeune homme depuis quelques mois seulement. (ne pas savoir que la relation entre Élodie et son ami était sérieuse / être très surprise / savoir qu'ils s'étaient mariés la semaine précédente)

(suite)

4. Élodie a demandé à Nathalie d'être sa demoiselle d'honneur (*bridesmaid*). ([une amie] devoir être sa demoiselle d'honneur / avoir un empêchement (*obstacle*) / [Nathalie] devoir trouver une robe à la dernière minute)

5. Peu de temps après le mariage, Élodie a annoncé à Nathalie qu'elle était enceinte. ([Nathalie] avoir une excellente idée / [Élodie] avoir l'air émue / organiser une soirée entre filles)

6. Après le coup de téléphone de Ludovic, Sandra a annulé son projet de rendre visite à ses parents pendant les vacances. ([Ses parents] vouloir savoir pourquoi / [Sandra] téléphoner à ses parents pour leur annoncer sa décision / ne pas vouloir leur parler de cette relation)

7. Adama repousse tout engagement sentimental. Pour le moment, il se consacre à sa carrière. Mais cela ne l'empêche pas de voir des filles! (connaître une jeune américaine il y a trois ans / être très amoureux d'elle / ne pas connaître de fille aussi dynamique et séduisante depuis)

E. **Je te l'avais bien dit!**   Imaginez que vos amis vous parlent de ce qui vient de leur arriver. Bien sûr, vous n'êtes pas surpris(e)! Expliquez pourquoi en mettant le verbe entre parenthèses au plus-que-parfait, et en ajoutant des détails. Faites preuve d'imagination!

MODÈLE: Sophie m'a quitté. (dire)

→ Je t'**avais dit** que je n'avais pas confiance en elle! Je trouvais qu'elle ne prenait pas votre relation au sérieux. J'**avais** bien **vu** qu'elle arrivait toujours en retard à vos rendez-vous...

1. Suzanne a menti à mes parents et leur a dit que nous avions l'intention de nous marier. (recommander)

2. Mon cousin et sa femme ont divorcé. (dire)

3. Alex est furieux parce que je vais passer le week-end avec des amis. (conseiller)

4. Depuis que Béatrice a découvert qu'elle était douée pour la sculpture, elle y consacre tout son temps libre, et je ne la vois plus. (entendre)

5. Lisa vient de m'annoncer qu'elle était enceinte! (deviner)

6. Stéphane m'a lancé un ultimatum: soit j'arrête de fumer, soit il me quitte! (prévenir [*to warn*])

F. **Parler de ma vie.**

Étape 1.   Choisissez l'un des thèmes suivants et écrivez un paragraphe sur ce qui vous est arrivé. Utilisez les temps du passé qui conviennent (passé composé, imparfait et plus-que-parfait) pour décrire les événements et les circonstances.

1. le moment le plus embarrassant de ma vie

2. un jour où j'ai eu très peur

3. la décision la plus importante que j'aie prise

4. le moment le plus heureux de ma vie

Étape 2. Maintenant, en groupes de trois ou quatre, répétez ce que vous avez écrit sans regarder votre paragraphe. Votre groupe va choisir le meilleur récit et le lire au reste de la classe.

G. **«Se pacser, est-ce romantique?»**   L'article de magazine suivant est un entretien avec un sociologue français concernant le Pacs.

Étape 1.   Lisez l'entretien avec un(e) partenaire.

SE PACSER, EST-CE ROMANTIQUE?

On se marie moins aujourd'hui qu'il y a dix ou quinze ans. Comment expliquez-vous le déclin du mariage?

Aujourd'hui, l'individualisme a pris de l'importance chez les Français et c'est en fait une évolution globale. On veut être soi avant d'être un couple et on rejette la notion de «mariage contrat». Les jeunes veulent de moins en moins se marier par obligation, pour faire plaisir aux parents.

Certains continuent pourtant à se marier.

C'est souvent lié à la naissance[1] du premier enfant. Les parents, ou futurs parents, veulent que leur enfant fasse officiellement partie d'une famille. Le mariage établit cette famille aux yeux de la société. Avant l'apparition de l'enfant, chacun reste avant tout un individu. La naissance de l'enfant, c'est aussi d'une certaine façon la naissance du couple.

Le nombre de divorces continue d'augmenter...

Les gens ne se sentent plus obligés de rester à l'intérieur d'une relation qui ne marche pas.[2] Si l'individu n'est plus heureux, ou ne se sent plus dans un rapport où son partenaire le soutient,[3] il ne va pas chercher à maintenir une relation «à cause des enfants». Le divorce est moins synonyme de l'échec[4] d'une relation qu'avant. Au contraire, il représente la possibilité d'établir une nouvelle relation qui marchera mieux.

Le Pacs et le mariage sont-ils en compétition?

Le mariage, une institution qui évolue avec le temps

Non, le Pacs et le mariage sont la réponse à des besoins et des désirs différents. Le mariage a sans doute perdu beaucoup de son aspect sacré ou de son obligation de fidélité. Mais il reste tout de même la façon d'annoncer le désir de deux individus d'être considérés comme un couple aux yeux de tous. C'est l'occasion de réunir famille et amis au cours d'une célébration unique. Pour beaucoup, la soirée qui suit le mariage est plus importante que la cérémonie elle-même! Par contre, le Pacs est plus confidentiel. C'est un simple papier que l'on signe en présence de quelques personnes seulement. Le couple qui le signe n'est sous aucune obligation de l'annoncer. C'est une simple procédure légale. Alors que le mariage est une cérémonie très personnelle, le Pacs ne l'est pas du tout. C'est pour cela que le mariage continue d'être une institution importante aujourd'hui.

---

[1]*birth*   [2]*ne... doesn't work*   [3]*supports*   [4]*failure*

Étape 2. Indiquez si les affirmations suivantes sont vraies ou fausses en fonction des informations que vous venez de lire.

	VRAI	FAUX
1. Se marier est plus simple que se pacser.	☐	☐
2. Les Français sont de plus en plus individualistes.	☐	☐
3. Le mariage fait peur à certains Français parce qu'ils ont peur de perdre leur identité individuelle. C'est pour cela que le Pacs est populaire.	☐	☐
4. Beaucoup se marient quand ils ont des enfants.	☐	☐
5. Une fois qu'ils ont des enfants, les couples restent mariés.	☐	☐
6. Le mariage est aujourd'hui complètement démodé.	☐	☐
7. Quand on se pacse, beaucoup de gens assistent à la cérémonie.	☐	☐
8. Le Pacs est très impersonnel.	☐	☐
9. La cérémonie de mariage est souvent considérée plus importante que la célébration qui suit.	☐	☐
10. Le divorce est considéré comme un échec.	☐	☐

Étape 3. À présent, votre groupe va écrire un paragraphe pour résumer les idées du groupe et les présenter au reste de la classe. Utilisez les catégories suivantes pour organiser votre paragraphe. Pour chaque catégorie, écrivez deux ou trois phrases.

1. les avantages et les inconvénients du mariage
2. les avantages et les inconvénients du Pacs
3. les femmes et le mariage
4. les hommes et le mariage
5. l'influence des parents et le mariage

Étape 4. En petits groupes, discutez à partir des questions suivantes.

1. Avez-vous assisté à beaucoup de mariages? Comment était la dernière cérémonie (émouvante, chaleureuse, sympathique, sophistiquée...)?
2. Pensez-vous que ces couples vont rester mariés? Pourquoi?
3. Préférez-vous le mariage traditionnel ou le Pacs? Pourquoi? Pensez-vous qu'en général les femmes donnent plus d'importance au mariage que les hommes?
4. Pensez-vous que certains couples se pacsent parce que la notion d'engagement leur fait peur ou parce qu'ils ont peur de prendre des risques?
5. Imaginez un couple français qui considère la vie en commun. Le jeune homme veut se marier à l'église, mais la jeune fille veut simplement se pacser. Quels conseils pouvez-vous leur donner pour qu'ils parviennent à (*reach*) un accord?

6. Pensez-vous que les parents aient une influence importante sur les choix que leurs enfants font en ce qui concerne leur vie sentimentale? Pourquoi?

7. Avez-vous eu une relation dans laquelle vous avez pris des risques? L'avez-vous regrettée? Que s'est-il passé?

8. Quelles questions poseriez-vous à votre petit(e) ami(e) pour savoir s'il/elle est vraiment sincère et si ses sentiments pour vous ne sont pas passagers?

9. Que feriez-vous si, le jour de votre mariage, votre fiancé(e) vous annonçait qu'il/elle ne voulait plus se marier?

Coin-culture

Destination
La Provence

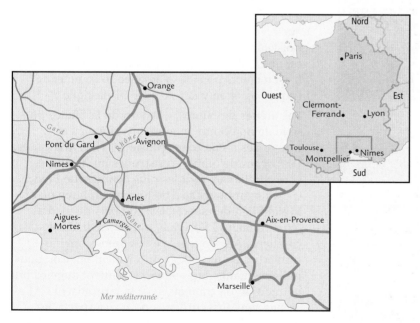

Chaque région française a ses particularités, et la Provence ne fait pas exception. Située au sud-est de la France, cette région est influencée par sa proximité de la mer Méditerranée tant au niveau du climat (ensoleillé, chaud et sec) qu'au niveau de la culture. C'est une région qui a brassé (*blended*) des populations d'origines diverses, notamment les Romains dont l'héritage architectural est encore très visible aujourd'hui.

La Provence et ses villes principales

Le palais des Papes, à Avignon

1. **Le palais des Papes, Avignon:** Rome n'a pas toujours été le seul siège de la papauté: au 14e siècle, suite à une dispute politique, le Pape s'est installé à Avignon.[1] Neuf papes ont résidé à Avignon et ont fait construire, puis embellir[2] le palais des Papes. Initialement, le palais a été conçu comme une forteresse, avec de hautes murailles[3] et des tours carrées.[4] Il domine la ville et le fleuve qui la traverse, le Rhône. Le plus important palais gothique du monde par sa taille, le monument a été classé «patrimoine mondial de l'humanité» par l'UNESCO. L'Italien Matteo Giovanetti a réalisé les fresques des appartements privés du pape. Tout au long de l'année, le palais est le site de concerts et d'expositions culturelles. En été, on peut découvrir le palais en nocturne.[5] C'est aussi là que se tient tous les étés le Festival d'Avignon, le plus ancien festival de théâtre de France (créé en 1947), qui s'est élargi pour inclure aujourd'hui d'autres formes artistiques telles que l'opéra, la danse et la musique. C'est un festival qui a tout pour plaire: culture, gastronomie provençale et un climat exceptionnel.

Le pont du Gard, près de Nîmes

2. **Le pont du Gard:** Non loin d'Avignon, le pont du Gard fait partie de l'aqueduc construit par les Romains il y a plus de 2 000 ans pour approvisionner[6] Nîmes en eau. Le pont fait 275 mètres[7] pour passer la petite rivière du Gardon. L'aqueduc lui-même mesure une cinquantaine de kilomètres![8] Le pont a trois niveaux,[9] et le canal couvert se trouve tout en haut, à 48 mètres[10] au-dessus du sol. Chaque niveau est une série d'arches, mais celles du troisième sont beaucoup plus petites. L'ensemble est une réalisation technique et artistique fabuleuse. Il est toujours possible d'accéder au sommet de l'aqueduc, et on y fait du saut à l'élastique.[11]

3. **Les arènes de Nîmes:** Le sud de la France possède de nombreux monuments romains et on trouve des arènes dans plusieurs villes françaises. Les arènes de Nîmes, construites au début de l'ère chrétienne, sont les plus connues de France. C'est un amphithéâtre de forme elliptique où avaient lieu des spectacles: combats de gladiateurs romains à l'origine, puis entre lions et chrétiens. Au Moyen-Âge, les arènes ont été converties en un village où vivaient environ deux mille habitants. Les arènes continuent aujourd'hui la tradition de combats avec la tauromachie.[12] Les arènes sont aussi utilisées pour des spectacles moins violents: chanteurs français et internationaux y donnent des concerts.

Les arènes de Nîmes

[1]*Historically, one said* **en Avignon**, *an exception to the usual rule* **à** + *city. Nowadays, it is common to hear* **à Avignon.** [2]*embellish* [3]*hautes... high stone walls* [4]*tours... square towers* [5]*en... by night* [6]*supply* [7]*902 feet* [8]*31 miles* [9]*levels* [10]*157 feet* [11]*saut... bungee jumping* [12]*bull-fighting*

Un gardien camarguais et des taureaux

4. **La Camargue:** C'est la région du delta du Rhône qui s'étend sur 145 000 hectares[13] entre le golfe d'Aigues-Mortes, Arles, le golfe de Fos et la mer. Le fleuve, avant de se jeter dans[14] la mer Méditerranée, crée une zone écologique unique avec une faune et une flore très riches. La Camargue est connue pour ses élevages[15] de taureaux et de chevaux gris d'origine sauvage, et pour l'exploitation salinière[16] qui existe depuis des centaines d'années. La Camargue est aussi un sanctuaire pour les oiseaux migrateurs. La Camargue a été habitée depuis le septième siècle avant J.C., d'abord par les Étrusques, puis les Phéniciens, les Grecs (fondateurs de Marseille), les Romains et les Arabes. Ces différentes populations ont fait de la Camargue une véritable mosaïque humaine, dont la diversité culturelle fait la richesse. On peut découvrir la Camargue de diverses façons: à cheval, en canöé-kayak, en V.T.T.[17] ou même en pénichette.[18]

Aigues-Mortes, village médiéval en Carmargue

5. **Aigues-Mortes:** Située dans la partie est de la Camargue, cette ville est surtout connue comme le point de départ des croisades sous Louis IX, aussi appelé Saint Louis. Aigues-Mortes signifie «eaux mortes» en vieux français, car la ville était au bord de la Méditerranée avant que les eaux ne reculent.[19] Louix IX y a fait construire un port et des remparts qui entourent la ville. Ces remparts ont des murs de trois mètres d'épaisseur et vingt tours de guet.[20] La Tour de Constance est particulièrement célèbre, car elle fonctionnait aussi comme phare,[21] permettant de communiquer avec la Tour Magne à Nîmes. Trois croisades ont pris leur départ d'Aigues-Mortes. Pendant les guerres de religion entre catholiques et protestants, Aigues-Mortes a aussi été une prison pour les protestants. D'autres monuments intéressants à visiter sont l'Hôtel du Gouverneur, l'église du 13e siècle Notre-Dame des Sablons ainsi que deux chapelles.

---

[13]*close to 359,000 acres*   [14]se... *flowing into the sea*   [15]*farms*   [16]l'exploitation... *salt farming*   [17]vélo tout terrain *mountain bike*   [18]petite péniche *small barge*   [19]*recede*   [20]tours... *watch towers*   [21]*lighthouse*

Activités

A. Pour commencer, situez les lieux décrits sur la carte de la Provence et classez-les en mettant devant chaque endroit un chiffre de 1 (le plus intéressant) à 5 (le moins intéressant). Expliquez les raisons de votre sélection.

B. Avec un(e) partenaire, répondez aux questions suivantes: Pensez-vous que vous aimeriez découvrir la Provence si vous en aviez la possibilité? Quelles activités aimeriez-vous faire si vous visitiez la Provence? Qui serait le compagnon de voyage idéal pour découvrir la Provence avec vous? Pourquoi?

La vie des artistes

Les santons de Provence

Deux santons peints

On connait la Provence pour ses herbes parfumées comme le thym, le basilic et le romarin, utilisées en cuisine, et ses fleurs comme le jasmin, les œillets[1] et la lavande, utilisées par les créateurs de parfums. Mais il existe une autre tradition artistique provençale: les santons de Provence.

Ce sont de petits personnages en terre cuite[2] que l'on place dans la crèche de Noël.[3] D'origine marseillaise, les premiers santons ont été créés au 13e siècle. Sous la Révolution, la messe de minuit et les crèches d'églises ont été interdites. Cet interdit n'a pas été efficace, puisque c'est à cette époque que les santons se sont répandus.[4] Certains Marseillais ont créé des crèches privées qu'ils faisaient visiter. Puis chaque famille a commencé à avoir sa propre crèche.

À la fin du 18e siècle, une innovation a révolutionné la production des figurines en argile,[5] avec l'invention du moule de plâtre[6] par Louis Lagnel. D'une industrie artisanale, on est subitement passé à une production de masse.

Avec le temps, des personnages locaux ont été créés, comme la fileuse,[7] le pêcheur[8] ou le vendeur de fougasses.[9] Il existe deux types de santons: ceux qui sont peints (en général de 2 à 15 cm de hauteur[10]), et ceux qui sont habillés de tissus[11] provençaux (entre 15 et 30 cm[12] à peu près). Quel que soit le type, les couleurs sont toujours vibrantes.

L'art santonnier a aujourd'hui une renommée[13] internationale: les santons s'exportent jusqu'au Japon et Arles accueille le Salon[14] International des Santonniers. Au Québec, les premiers santons ont été réalisés en cire[15] par les congrégations religieuses.

[1]carnations [2]earthenware [3]crèche... Nativity scene [4]se... became popular [5]clay [6]moule... plaster cast [7]woman who spins wool [8]fisherman [9]a sort of bread, typical of the region [10]2... 0.79 inches to 5.9 inches tall [11]fabric [12]30 cm = 11.8 inches [13]renown [14]Convention [15]wax

Activité de compréhension

Indiquez si les affirmations suivantes sont vraies ou fausses. Si elles sont fausses, corrigez-les.

	VRAI	FAUX
1. Les santons sont une tradition qui a été importée à Marseille.	☐	☐
2. La Révolution française a encouragé la tradition des crèches.	☐	☐
3. À Marseille, les gens faisaient visiter leur crèche.	☐	☐
4. La fabrication du santon est restée artisanale jusqu'au 20e siècle.	☐	☐
5. Tous les santons provençaux sont peints.	☐	☐
6. Aujourd'hui, on fabrique aussi des santons au Japon.		

Activités Internet

En utilisant les mots clés et les moteurs de recherche sur le site Internet de *Pause-café* (www.mhhe.com/pausecafe), cherchez des informations sur la Provence et les santons de Provence pour répondre aux questions suivantes.

1. Trouvez des sites web sur un endroit en Provence qui vous intéresse. Trouvez des informations sur l'histoire, la population, les événements culturels et les activités touristiques de cet endroit et écrivez une petite description.

2. Cherchez des sites web sur les santons de Provence. Choisissez deux ou trois personnages de la crèche qui vous plaisent le plus et décrivez-les. Quelles sont les activités représentées par ces personnages? En quoi sont-ils provençaux?

Lecture

Comment cuisiner son mari à l'africaine de Calixthe Belaya

Au sujet de l'auteur

Calixthe Beyala est une romancière célèbre née au Cameroun en 1961. Abandonnée par ses parents, elle a grandi seule avec sa sœur aînée* et a vécu une enfance très pauvre. Calixthe Beyala a d'abord étudié dans un lycée à Bangui en République Centrafricaine, puis dans un autre à Douala au Cameroun. À 17 ans, elle a obtenu une bourse d'études pour venir en France, où elle a passé son bac. Là, elle s'est mariée et a fait plusieurs métiers (mannequin, vendeuse et fleuriste) avant de commencer à écrire. Elle a beaucoup voyagé en Afrique et en Europe. En 1996, elle a reçu le prestigieux Grand Prix du Roman de l'Académie française pour son roman *Les Honneurs perdus*. Dans *Comment cuisiner son mari à l'africaine,* publié en 2000, Calixthe Beyala raconte avec humour et poésie l'histoire d'Aïssatou, une jeune femme africaine qui utilise ses talents de cuisinière pour séduire l'homme qu'elle aime.

Avant la lecture

À discuter. Avec un(e) partenaire, répondez aux questions suivantes.

1. Aimez-vous les contes (*fairy tales*)? Pourquoi ou pourquoi pas? Quels sont les thèmes les plus fréquents dans les contes que vous connaissez?

2. Quelles sont les qualités d'un bon conte? Identifiez cinq éléments qui définissent un conte réussi.

_____
*elder

(suite)

3. Y a-t-il eu des moments dans votre vie où vous avez préféré la tranquillité et la solitude plutôt que les complications de la vie à deux? Pourquoi?

4. Qu'est-ce qui vous attire le plus chez une personne? Qu'est-ce qu'une personne doit faire pour vous séduire?

5. À votre avis, «cuisiner son mari à l'africaine» signifie:
   a. préparer des plats africains pour son mari.
   b. utiliser la cuisine africaine pour séduire son mari.
   c. cuisiner son mari en utilisant une recette africaine.

Comment cuisiner son mari à l'africaine
[extrait]

Le passage que vous allez lire est un petit conte qui sert de préface au roman. Une jeune femme, Andela, essaie de convaincre le solitaire Biloa qu'il est son mari.

 VISUALISER

Il était une fois, un homme qui vivait dans les montagnes dans la société des bêtes. Les vaches[1] lui donnaient leur lait, les moutons[2] lui tenaient compagnie, les oiseaux l'éventaient de leurs ailes[3] colorées, les chats le caressaient et, par les nuits froides, les lapins le réchauffaient.[4] Il était si heureux dans ces montagnes qu'il ne supportait[5] pas la vue d'un humain. Un jour, lorsque le soleil se leva, il trouva une femme accroupie[6] sous sa véranda. Elle observait les 5
 VOCABULAIRE
rosiers plantés dans sa cour. Les rosiers étaient en fleur et les fleurs étaient noires.

—C'est toi Biloa? lui demanda-t-elle. 10
—Je n'ai aucun nom pour la race des hommes, dit-il.
—Pourtant, on m'a indiqué qu'en traversant la rivière, en grimpant[7] cette montagne, j'arriverais chez Biloa.

L'homme déplaça son regard et contempla la femme. Ses yeux étaient noirs comme minuit. Ses dents étaient écartées[8] et dans sa bouche 15 rouge elle portait un papillon.[9]
—Je n'ai besoin de personne pour partager mon avenir, dit-il. Ce n'est pas moi.
—Je l'aurais parié,[10] rétorqua-t-elle.

Puis, elle lui expliqua son affaire. 20

Depuis qu'elle était toute petite, un homme venait la rejoindre[11] sur sa couche.[12] Il s'appelait Biloa. Il la chevauchait[13] et lui disait que c'était elle sa femme, et personne d'autre. Il lui avait montré une tache de naissance[14] sur sa fesse gauche. «Ainsi tu me reconnaîtras», lui avait-il dit. 25
—Ce n'est pas moi.

1. Qui est Biloa? VOCABULAIRE Pourquoi est-il si heureux avant de rencontrer Andela? Quels adjectifs peuvent décrire Biloa et sa vie?

2. Qui est Andela? VOCABULAIRE Qu'est-ce qu'elle veut de Biloa? Quels adjectifs pouvez-vous utiliser pour décrire Andela?

3. Comment Andela a-t-elle rencontré Biloa la première fois?

[1]cows [2]sheep [3]les... the birds would fan him with their wings [4]les... the rabbits would keep him warm [5]couldn't stand [6]crouching [7]en... by climbing [8]Ses... She had a gap between her teeth [9]butterfly [10]Je... I would have bet on it [11]meet [12]bed [13]literally: was astride, here: had sex with her [14]tache... birthmark

4. Quelle est la réaction de Biloa quand Andela lui explique la raison de sa visite? Est-ce qu'Andela est surprise par sa réaction?
5. Comment Andela réussit-elle à séduire Biloa? Quelle est la réaction de Biloa après avoir senti la nourriture?
6. Est-ce que Biloa admet être l'homme qu'Andela cherche?
7. Quels sont les éléments surnaturels dans ce conte?
8. Quels sont les éléments surprenants? Expliquez.

Mais à l'époque, continua la femme, elle était occupée à élever[15] ses petits frères, à traire les vaches[16] et à nourrir les cochons. Elle lui avait dit qu'elle s'appelait Andela.

—Ce n'est pas moi. 30

Elle savait où le retrouver puisqu'elle avait vu sa maison dans ses rêves. Elle aimait cet homme. Jamais elle ne pourrait vivre sans lui, elle était certaine de lui appartenir[17] pour l'éternité.

—Ce n'est pas moi.

Elle savait qu'il aimait le poisson fumé,[18] le lièvre boucané,[19] mais 35 aussi le dolé,[20] d'ailleurs elle en avait apporté au cas où elle l'aurait rencontré.

Sur ce, ils restèrent longtemps silencieux. Puis, à douces glissades,[21] Andela souleva le couvercle de son panier.[22] L'odeur du dolé à la viande et aux crevettes submergea l'espace. Elle s'inséra dans les 40 narines[23] de Biloa, perturba ses pensées, modifia ses sens et troubla son corps.

—C'est peut-être moi, dit-il.

Il se pencha,[24] souleva la femme,[25] l'emporta dans sa chambre et ferma la porte derrière lui. 45

C'est ainsi que Biloa entra dans l'humanité ordonnée[26] des hommes, avec ses lois, ses justices, ses iniquités, ses joies et ses peurs.

[15]*raising* [16]*traire... milking the cows* [17]*to belong* [18]*smoked* [19]*le... cured hare* [20]*West African dish with meat and shrimp* [21]*à... slowly* [22]*souleva... raised the lid of her basket* [23]*nostrils* [24]*leaned forward* [25]*souleva... picked the woman up* [26]*organized*

Après la lecture

A. Les points clés dans la lecture. Trouvez dans le texte cinq exemples de verbes aux temps du passé suivants.

imparfait **plus-que-parfait** **passé simple**

B. À discuter. En petits groupes, discutez à partir des questions suivantes.

1. Est-ce que c'est une chance ou un malheur pour Biloa d'avoir rencontré Andela? A-t-il perdu le bonheur en trouvant l'amour? À votre avis, est-ce que le résultat de la rencontre entre Andela et Biloa aura des conséquences heureuses?

2. Comment est-ce que la dernière phrase contraste avec le reste de l'histoire? Selon cette phrase, quelles pourraient être les implications de la décision de Biloa?

3. Quels conseils pouvez-vous donner à Biloa pour qu'il soit heureux avec Andela? Et à Andela?

4. En quoi ce conte africain est-il différent des contes européens? Est-ce que l'histoire d'Andela et Biloa vous fait penser à une autre histoire? Laquelle? Quelles sont les similarités et les différences entre ces histoires?

5. Est-ce que vous aimez ce conte? Pourquoi ou pourquoi pas?

(suite)

6. Dans ce conte, l'art de la cuisine et l'amour sont mis en relation. Connaissez-vous d'autres contes, livres ou films dans lesquels ces deux thèmes sont liés de la même manière? Pensez-vous que la cuisine et la nourriture soient des éléments très importants dans la vie d'un couple? Et dans la vie familiale?

C. **Devenez auteur.** Inventez un petit conte mythique: choisissez deux héros, une situation (par exemple, comment les hommes ont découvert l'amitié, le feu, l'écriture, les premières graines...) et un lieu pour situer le conte. Pour rendre votre conte vivant, imaginez un ou deux courts dialogues entre les personnages.

Pour écrire

Les relations sentimentales

Étape 1.   Par petits groupes, répondez aux questions suivantes.

1. Faites une liste d'expressions qui s'utilisent pour exprimer une opinion.
2. Faites une liste d'expressions qui s'utilisent pour exprimer une opinion contraire.
3. Dans la deuxième liste, quelles sont les expressions les plus fortes et quelles sont les expressions les plus polies?

Étape 2.   Maintenant, imaginez que vous écrivez un article pour un magazine sur les relations sentimentales au 21e siècle. Écrivez un petit essai dans lequel vous donnez votre opinion sur les trois déclarations suivantes. Justifiez votre opinion en donnant des exemples précis.

1. Dans cinquante ans, le mariage sera complètement démodé.
2. Le mariage de deux personnes venant de classes sociales différentes est souvent un échec.
3. Le romantisme a disparu dans la société moderne.

Étape 3.   Échangez votre article avec celui d'une personne de la classe. Après avoir lu l'article de votre partenaire, réagissez à ce que vous avez lu et écrivez une réponse. Commencez par résumer les idées exprimées par votre partenaire, puis expliquez avec quoi vous n'êtes pas d'accord et pourquoi. Donnez des exemples précis et utilisez les expressions de coordination que vous connaissez. Pour finir, écrivez une conclusion convaincante.

Autres thèmes pour discuter

Étape 1. Préparez une fiche sur chacun des thèmes proposés pour pouvoir discuter à partir des questions qui suivent. Les icônes indiquent de quels points clés vous aurez probablement besoin pour formuler vos réponses.

Les amitiés intimes
- Décrivez une des relations amicales les plus intimes que vous ayez. Quels points communs avez-vous avec cet/cette ami(e)?
- Comment vous êtes-vous rencontré(e)s?
- Qu'est-ce qu'il faut que deux amis fassent ou ne fassent pas pour établir une amitié intime et durable?

Les couples mixtes
- Quels problèmes peut-on rencontrer lorsqu'on a une relation avec une personne d'une autre culture?
- Quels sont les avantages et les inconvénients de se marier avec une personne d'une autre culture?

L'expression des sentiments amoureux
- Le téléphone portable est un objet individuel. Quel rôle joue-t-il dans les relations sentimentales?
- À votre avis, comment le courrier électronique influence-t-il l'art d'écrire des lettres d'amour?
- Quelle serait votre réaction si vous receviez des fleurs ou une carte de la Saint-Valentin «virtuelles» par Internet, au lieu de fleurs ou d'une carte «réelles»?

Les relations difficiles
- Décrivez une relation malsaine et comparez-la avec une relation harmonieuse.
- Imaginez que vous avez un(e) ami(e) qui est impliqué(e) dans une relation sentimentale malsaine. Essayez de le/la convaincre de rompre.
- Que feriez-vous si vous vous trouviez dans une relation malsaine?
- Est-ce que vous essayeriez de changer votre partenaire? Combien de temps est-ce que vous toléreriez la situation? Est-ce que vous souhaiteriez que votre famille intervienne?

Étape 2. Préparez une question pour chaque fiche en utilisant les différents points clés. Ensuite, posez vos questions à un(e) partenaire.

CHAPITRE 3

Les relations familiales

Quelle est l'importance de nos racines?

Une grande famille française. Qu'est-ce qui caractérise les membres de votre famille? En quoi ressemblez-vous à vos parents?

Points clés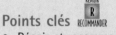
- Réagir et recommander

Thèmes principaux
- Les relations familiales
- Les rapports entre générations

Destination
- Les Caraïbes francophones

Dans ce chapitre, vous allez explorer le thème des relations familiales et des racines culturelles. Quelle est l'importance de vos racines? Ressemblez-vous à vos parents ou êtes-vous différent(e)? Qu'est-ce qui caractérise les relations entre les parents et leurs enfants devenus adultes? Comment pouvons-nous maintenir des relations avec notre famille et nos racines dans le monde moderne?

Vous allez aussi lire un poème que Victor Hugo a écrit sur sa fille Léopoldine.

MULTIMÉDIA

www.mhhe.com/pausecafe

Rencontres

Maman vient me rendre visite. Que faire?

Quels conseils Nathalie peut-elle offrir à Sandra?

Situation: Sandra et Nathalie sont au Café des Arts. Sandra parle à Nathalie de la visite prochaine de sa mère. Lisez le dialogue et répondez aux questions qui suivent. Faites particulièrement attention au nouveau vocabulaire **en caractères gras.**

SANDRA: Alors, ma mère arrive dans trois jours, et je sais parfaitement qu'elle veut que je rentre en Martinique.

NATHALIE: Ne t'inquiète pas, Sandra. C'est sûr que tu lui manques beaucoup. C'est normal que les parents veuillent que leurs enfants habitent près d'eux. Avec mon père, c'est pire. Il **se mêle** toujours de tout et veut souvent me dire comment **mener ma vie.** En plus, il est assez **autoritaire** et pas très **compréhensif.** À cause de ça,[1] on n'est pas très **proches,** lui et moi.

SANDRA: C'est vrai? Quel dommage! Moi, en général, ma mère me **soutient** dans mes choix. Mais depuis que Bruno, mon frère **jumeau,** a décidé de **s'installer** à Lyon, c'est différent.

NATHALIE: Quoi? Tu plaisantes? Lui qui a toujours été le plus **casanier** de la famille! Je croyais qu'il voulait rester en Martinique pour reprendre l'affaire de ton père?[2]

SANDRA: C'est ce qui était prévu,[3] et puis je ne sais pas ce qui s'est passé, mais le mois dernier, il nous a annoncé sa décision. Du coup, ma mère insiste pour que je retourne en Martinique et que je m'y marie.

NATHALIE: Ah oui, je te vois bien en mère de famille avec quatre bambins dans les jupes![4] Moi qui te prenais pour une artiste **fière** de son indépendance, célibataire à vie...

SANDRA: Arrête tes bêtises![5] Je n'ai aucune intention de perdre mon indépendance. Il faut que je lui parle franchement. Mais ce serait sympa si toi et les autres, vous m'aidiez à lui montrer que Paris est l'endroit idéal pour moi. Il est essentiel de la **convaincre** que faire les Beaux-Arts, c'est une occasion unique!

NATHALIE: Moi, je crois que tout va bien se passer. Tu peux **compter sur nous,** on va lui faire découvrir Paris et elle ne voudra plus repartir!

[1]À... *Because of that* [2]reprendre... *take over your father's business* [3]*planned* [4]bambins... *rugrats underfoot*
[5]Arrête... *Stop your nonsense!*

Activités

A. Compréhension. Répondez aux questions suivantes sur le dialogue.

1. Pourquoi Sandra est-elle inquiète de l'arrivée de sa mère?
2. Pourquoi Sandra est-elle surprise que son frère ait l'intention de quitter la Martinique?
3. Pourquoi la mère de Sandra souhaite-t-elle que sa fille retourne en Martinique?
4. Quelle est la réaction de Nathalie par rapport à la situation de Sandra?
5. Comment les amis de Sandra peuvent-ils l'aider?

RÉAGIR
R
RECOMMANDER

B. Réactions et recommandations. Complétez les phrases suivantes sur la conversation entre Sandra et Nathalie en utilisant pour chaque phrase une des **Expressions de coordination.**

MODÈLE: La mère de Sandra ne souhaite pas que...

→ La mère de Sandra ne souhaite pas que Sandra **reste** à Paris **étant donné que** son fils Bruno veut s'installer à Lyon.

Attention! Avec lesquelles des cinq phrases suivantes faut-il utiliser le subjonctif? Pourquoi?

1. La mère de Sandra souhaite que...
2. Sandra a peur que sa mère...
3. Je pense que Sandra...
4. Il est regrettable que Bruno...
5. Je trouve que les amis de Sandra...

Expressions de coordination

cependant *however*
de plus *in addition*
donc *so, then*
d'un côté... de l'autre côté... *on the one hand...*
étant donné que *given that*
✱pour que *so that*
  (+ *subjonctif*)
pourtant *however*
puisque *since, seeing that*

C. Dialogue. Avec un(e) partenaire, préparez un dialogue correspondant à l'une des situations suivantes, puis présentez-le à la classe.

1. Recréez la conversation entre Sandra et Nathalie, en vous aidant seulement de votre mémoire et de vos propres mots.
2. Imaginez une conversation téléphonique entre Sandra et son frère jumeau, Bruno. Sandra essaie de savoir pourquoi Bruno a décidé de s'installer à Lyon...
3. La mère de Xavier passe au café. Inventez une conversation entre elle et les deux jeunes filles (Sandra et Nathalie) dans laquelle la mère de Xavier donne son point de vue en tant que mère. Elle fait peut-être des suggestions d'activités à faire avec Mme Éliazord, ou donne des conseils sur la façon dont Sandra devrait expliquer son point de vue à sa mère.

Vocabulaire thématique

Pour décrire les gens

affectueux/-se	loving, affectionate
autoritaire	authoritative
casanier/-ère	homebody
compréhensif/-ve	understanding
déçu(e)	disapppointed
énervant(e)	irritating
exigeant(e)	demanding
fier/fière	proud
gâté(e)	spoiled
soumis(e)	submissive

MOTS APPARENTÉS: impatient(e), indépendant(e), possessif/-ve, rebelle

Pour décrire les relations familiales

insupportable	unbearable
proche	close

MOTS APPARENTÉS: distant(e), protecteur/-trice, stable

Les membres de la famille

le beau-frère / la belle-sœur	brother-in-law / sister-in-law
le beau-père	stepfather; father-in-law
la belle-mère	stepmother; mother-in-law
le demi-frère / la demi-sœur	half brother / half sister
le fils / la fille adoptif/-ve	adopted son / daughter
le fils / la fille unique	only son / daughter
le(s) jumeau(x)* / la jumelle	twin(s)

MOT APPARENTÉ: l'ancêtre (*m.*)

Les époques de la vie

l'enfance (*f.*)	childhood
la jeunesse	youth
la mort	death

C'est la dame qui occupait la chambre à côté de la mienne à la maternité.

la naissance	birth
la vieillesse	old age

MOTS APPARENTÉS: l'adolescence (*f.*), un(e) adulte

Pour parler de la vie familiale

le fossé des générations	generation gap
les racines (*f. pl.*)	roots
le surnom	nickname

MOTS APPARENTÉS: l'harmonie (*f.*), la stabilité

Verbes d'influence

convaincre (qqn de + *infinitif*)	to convince (s.o. + *infinitive*)
conseiller (à qqn de + *infinitif*)	to advise (s.o. + *infinitive*)
supplier (qqn de + *infinitif*)	to beg (s.o + *infinitive*)

MOTS APPARENTÉS: recommander (à qqn de + *infinitif*), suggérer (à qqn de + *infinitif*)

---

*Note that **les jumeaux** can designate two twin brothers or a twin brother and sister.

(suite)

Pour parler des relations familiales

s'adapter à	to adjust to
avoir le mal du pays	to be homesick
compter sur	to count on
consoler	to comfort
déménager	to move (out)
élever	to bring up, to raise
s'installer	to settle
se mêler de	to meddle with

mener sa vie	to lead one's life
s'occuper de	to take care of
partager	to share
se plaindre de	to complain about
reprocher (qqch à qqn)	to blame (s.o. for s.t.)
en vouloir à qqn	to be mad at s.o., to resent s.o.
soutenir	to support

MOTS APPARENTÉS: adopter, punir, regretter

EXPANSION du vocabulaire
Familles de mots

Étape 1. Vous pouvez facilement élargir votre vocabulaire en connaissant la signification d'un seul mot. Dérivez les mots qui manquent.

Noms	Verbes	Adjectifs
l'exigence	_____	exigeant(e)
_____	_____	vieux/vieille
_____	punir	puni(e)
le soutien	soutenir	_____
l'harmonie	_____	_____
_____	_____	compréhensif/-ve

Étape 2. Lisez les phrases suivantes sur les six amis. Choisissez l'un des mots de l'Étape 1 pour compléter les phrases de façon logique.

1. Quand mes parents seront _____, j'espère qu'ils seront en bonne santé.
2. Sandra souhaite obtenir _____ de sa mère en ce qui concerne son choix de carrière.
3. _____ est fondamentale entre les membres d'une famille. Le manque de _____ d'une génération à l'autre est un phénomène très fréquent, et difficile à éviter.
4. Nathalie regrette de ne pas avoir une relation _____ avec son père.
5. On _____ souvent les enfants indisciplinés.
6. Le père de Nathalie est autoritaire et _____ souvent que sa fille lui obéisse.

Activités

A. Vocabulaire en contexte. Complétez les phrases suivantes avec le mot le plus approprié. Faites les changements nécessaires.

1. Il est possible qu'une fille unique soit _____ (casanier / jaloux) quand arrive un nouveau petit frère.

2. Cette enfant est _____ (gâté / possessif); ses parents lui font beaucoup de cadeaux.

3. Il est normal que les adolescents soient un peu _____ (rebelle / soumis).

4. Sékou est le _____ (beau-frère / demi-frère) d'Adama. Ils ont le même père mais pas la même mère.

5. Une personne qui a été élevée d'une manière stricte pendant son _____ (enfance / vieillesse) peut se rebeller pendant son adolescence.

6. Les enfants n'aiment pas que leurs parents _____ (s'installer / se mêler) de leurs affaires.

7. Les psychologues suggèrent que les parents _____ (supplier / soutenir) leurs enfants quand ils ont des problèmes.

B. Qu'est-ce qui vous manque?

Étape 1.   Si vous avez déménagé pour faire des études, il y a sûrement des choses qui vous manquent. Indiquez lesquelles des choses ou des personnes suivantes vous manquent et choisissez la forme verbale appropriée.

Ma chambre
Mes amis du lycée
Mes grands-parents   me manque.
Mon ancienne école   me manquent.
Mon club (de sport, de musique...)
Quoi d'autre?

Étape 2.   Imaginez que vous ou des membres de votre famille soient bloqués sur une île déserte. À qui les choses suivantes manqueraient-elles? Utilisez le conditionnel présent dans vos réponses.

Votre famille

1. votre père
2. votre mère
3. vos grands-parents
4. vous
5. une autre personne de votre famille (votre sœur, oncle, beau-frère...)

Les choses

le beurre de cacahuète
le café
les centres commerciaux
les hamburgers
les matchs de football américain
l'ordinateur
le téléphone
la télévision
la voiture

MODÈLE: Votre père: La télévision manquerait à mon père. Les matchs de football américain lui manqueraient beaucoup. L'ordinateur ne lui manquerait pas du tout.

C. Que signifie... ?   Avec un(e) partenaire, expliquez les expressions suivantes. Utilisez les pronoms relatifs qui conviennent. **Attention!** Vous ne pouvez pas utiliser vos mains ou faire des gestes.

Les pronoms relatifs: qui, que, dont, où, *préposition* + lequel

1. la vieillesse
2. le fossé des générations
3. le surnom
4. soumis(e)
5. un fils adoptif

D. Questions personnelles. Avec un(e) partenaire, répondez aux questions suivantes en utilisant le **Vocabulaire thématique** et les expressions de **Pour mieux discuter** pour réagir de façon appropriée aux commentaires de votre partenaire. Ensuite, partagez avec la classe ce que vous avez découvert sur votre partenaire.

Pour mieux discuter

Ça, c'est bien vrai!	You got that right!
C'est dommage!	That's too bad!
C'est vrai?	Is that true? / Really?
Quelle horreur!	How horrible!
Je ne peux pas le croire.	I can't believe it.
Je (ne) suis (pas) d'accord.	I (don't) agree.
Tu as raison!	You are right!

---

1. Quelles caractéristiques est-ce que vous avez héritées de votre mère et de votre père? Comment étiez-vous quand vous étiez enfant? Et adolescent(e)? Avez-vous beaucoup changé depuis? De quoi vos parents sont-ils fiers en ce qui vous concerne? De quoi se plaignent-ils?

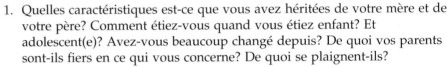

2. Dans votre famille, les filles et les garçons sont-ils traités différemment? Quels conseils faut-il donner à des parents qui veulent traiter leurs enfants de manière équitable?

3. Que peuvent faire des parents divorcés pour maintenir une bonne relation avec leurs enfants? Quels sont les problèmes les plus fréquents dans les familles où les parents sont divorcés?

4. Votre famille a-t-elle souvent déménagé quand vous étiez enfant? Aimiez-vous déménager ou auriez-vous préféré rester au même endroit? Quelles différences existent entre une personne qui a grandi au même endroit et une personne qui a souvent déménagé?

E. Votre famille et vous. Avec un(e) partenaire, répondez aux questions suivantes en utilisant des pronoms d'objet direct ou indirect, **y** ou **en,** ou bien des pronoms disjoints. Pour réviser ces formes, vous pouvez consulter la section **Autres points de grammaire** dans les pages bleues (250–272) à la fin du livre.

1. Avez-vous des frères et sœurs? Combien? Est-ce que vous les voyez souvent? Passez-vous beaucoup de temps avec eux?

2. Est-ce que vous vous entendez bien ou mal avec vos parents? Est-ce que vous allez souvent chez eux? Est-ce que vous leur téléphonez régulièrement? Et vos grands-parents? De quelle personne dans votre famille êtes-vous le/la plus proche? Pourquoi êtes-vous proche d'elle?

3. Allez-vous souvent en vacances avec des membres de votre famille? Lesquels?

4. Avez-vous envie de vous marier un jour? Combien d'enfants souhaitez-vous avoir?

Note culturelle ◆ *La famille en France*

La famille française est par beaucoup d'aspects semblable à la famille américaine. Mais il existe également des différences importantes, qui rapprochent plus la famille française d'un modèle traditionnel.

Par exemple, les repas restent un moment privilégié pour la famille. Les repas-télé et les «fast-foods», bien que plus fréquents aujourd'hui chez les célibataires, sont toujours des phénomènes américains. Le repas de dimanche midi, en particulier, est le repas que la famille au sens large (grands-parents, parents et petits-enfants) partage, et il peut durer plusieurs heures. Le week-end, on rend fréquemment visite aux parents ou grands-parents. Dans l'ensemble cependant, les enfants voient moins souvent leurs grands-parents que dans le passé. Pourtant, par rapport aux familles américaines, les membres d'une famille française n'habitent en général pas très loin les uns des autres. En fait, il est fréquent que des frères et sœurs vivent et travaillent dans la même ville que leurs parents. Cependant, ce modèle familial est en train d'évoluer sous l'influence de la situation économique et de l'ouverture de l'Europe, encourageant une plus grande mobilité professionnelle. Les enfants habitent chez leurs parents en moyenne jusqu'à l'âge de 22 ans. Il n'est donc pas rare qu'ils restent à la maison pendant leurs études universitaires.

En même temps, le nombre de familles nombreuses, qui étaient un symbole de la famille française, diminue. La nouvelle tendance est d'avoir deux enfants dans une famille. Cela est sans doute dû à la contraception, au fait que beaucoup de femmes travaillent et à l'augmentation des divorces. D'ailleurs, les femmes ont leur premier enfant plus tardivement aujourd'hui, autour de 29 ans en moyenne.

La famille française conserve certains de ses traits traditionnels, mais la pression économique et les changements sociaux font que, de plus en plus, il existe des modèles familiaux (phénomène des familles «recomposées» par exemple), et non pas un unique modèle familial. La famille est une valeur importante pour les Français, pour qui réussir sa vie de famille reste une priorité pour être heureux.

Discussion

1. Que pensez-vous de la famille française traditionnelle? Croyez-vous que le modèle familial traditionnel puisse survivre en France? Et dans votre pays? Pourquoi?

2. En quoi votre famille est-elle traditionnelle? En quoi est-elle moderne?

3. Quel modèle familial souhaitez-vous pour votre future famille, le modèle traditionnel ou moderne? Pourquoi?

Points clés

Réagir et recommander

Dans cette partie du chapitre, vous allez utiliser la fonction communicative **Réagir et recommander**. Pour cela, vous aurez besoin d'utiliser les points clés indiqués dans le tableau suivant. Avant de poursuivre, étudiez les explications sur ces structures dans les pages bleues (217–233) à la fin du livre.

LES FONCTIONS COMMUNICATIVES DE CE CHAPITRE		
ICÔNE	FONCTION COMMUNICATIVE	POINTS CLÉS
RÉAGIR R RECOMMANDER	Réagir et recommander	1. Present subjunctive 2. Using the subjunctive 3. Conjunctions that require the subjunctive 4. Past subjunctive 5. Imperative mood (Commands)

Faites votre diagnostic!

A. Le point de vue de Mme Éliazord.   Mme Éliazord et Sandra ont deux perspectives bien différentes. Complétez le paragraphe suivant avec la forme correcte (présent du subjonctif ou de l'indicatif) des verbes entre parenthèses.

La mère de Sandra n'est pas aussi possessive qu'elle le paraît. Simplement, elle craint que sa fille ne _____ ¹ (se rendre) pas compte de l'importance de ses choix. Elle comprend les rêves de Sandra, mais elle a peur que la jeune fille _____ ² (finir) par regretter un jour sa décision, et qu'il _____ ³ (être) trop tard à ce moment-là. Bien qu'elle _____ ⁴ (avoir) confiance en sa fille, elle souhaite que ses enfants _____ ⁵ (rester) proches de leurs parents—émotionnellement et physiquement. Il serait dommage qu'en s'installant à Paris, Sandra _____ ⁶ (devenir) plus distante. Mme Éliazord pense que ce/c'_____ ⁷ (être) son devoir de partager son opinion avec Sandra.

B. Le fossé des générations entre Sandra et ses parents.   La dernière fois qu'ils se sont parlé au téléphone, la conversation entre Sandra et ses parents a été difficile. Complétez le paragraphe suivant en mettant les verbes entre parenthèses à l'impératif.

MME ÉLIAZORD: Ne _____¹ (être) pas aussi impatiente avec nous, Sandra. Tu sais que nous ne voulons que ton bien. Mais _____² (réfléchir) aux conséquences de tes actes: on ne peut pas revenir sur le passé. Tu penses que je suis autoritaire. Eh bien, _____³ (me laisser) te dire une bonne chose: je suis peut-être énervante, mais j'ai plus d'expérience de la vie que toi.

M. ÉLIAZORD: _____⁴ (écouter) un peu tes parents de temps en temps! _____⁵ (savoir) que nous sommes fiers de toi. _____⁶ (se rappeler) aussi que nous t'avons toujours encouragée à développer tes talents artistiques. Mais _____⁷ (comprendre) bien qu'une carrière, même réussie, ne remplace pas une famille!

SANDRA: Papa et maman, ne _____⁸ (se comporter) pas de façon aussi autoritaire! C'est vraiment insupportable! J'ai toujours écouté vos conseils pendant mon enfance, mais maintenant je suis indépendante. Ne _____⁹ (me reprocher) pas de me consacrer à ma carrière, vous savez que ça a toujours été une priorité pour moi. _____¹⁰ (me soutenir) plus! Il est normal que les enfants quittent la maison de leurs parents une fois devenus adultes.

Activités

RÉAGIR

R

RECOMMANDER

Rappel!

Quand vous exprimez une opinion, le verbe de la subordonnée requiert le subjonctif. Vous connaissez déjà des expressions telles que **il vaut mieux que, il est indispensable que** (expressions impersonnelles), ou bien **je suis ravi(e) que, je regrette que** (expressions d'émotion). Le subjonctif s'emploie également avec les expressions comme **c'est horrible que, c'est étonnant que, c'est surprenant que,** etc.

A. Déracinés (*Uprooted*). Sandra n'est pas la seule à vivre une situation difficile. Avec un(e) partenaire, lisez les situations suivantes concernant les six amis. Ensuite, réagissez aux situations: (a) exprimez votre compréhension, puis (b) donnez un conseil à chaque personne. Variez les verbes et les expressions que vous utilisez.

MODÈLE: Sandra parle parfois trop brusquement à sa mère et regrette aussitôt son impatience.

→ (a) C'est normal que tu sois quelquefois impatiente. Cela arrive à tout le monde.

(b) Ne t'énerve pas et prépare des activités que ta mère et toi pourrez faire ensemble quand elle viendra à Paris.

1. Le fiancé de Fabienne est resté au Québec et il lui manque beaucoup.

2. Les parents de Nathalie ne sont pas contents qu'elle ne leur téléphone pas plus régulièrement. Ils trouvent la jeune fille plus distante depuis qu'elle a déménagé à Paris.

3. Yann est passionné par la médecine, mais il a souvent le mal du pays.

4. Adama est né au Sénégal et il ne se sent pas encore complètement adapté. Sa famille lui manque, ainsi que certaines traditions de son pays.

5. Xavier voit à nouveau Julie, mais il n'est pas sûr que leur relation soit stable. Il a aussi peur de faire une erreur en étant avec elle.

6. La mère de Sandra insiste pour que sa fille rentre à la Martinique et épouse un Martiniquais.

Albin, le choix de la mère de Sandra!

B. Albin, un jeune Martiniquais. Sandra vient de recevoir une lettre d'un jeune Martiniquais, Albin, accompagnée d'une photo du jeune homme. Il lui explique que la mère de Sandra l'a encouragé à contacter la jeune fille. Sandra est furieuse que sa mère se mêle de ses affaires.

Étape 1. Sandra veut dire les choses suivantes à sa mère, mais elle est très énervée et n'a pas réfléchi à la façon la plus diplomatique de s'exprimer. Aidez-la à reformuler ses commentaires de façon moins brusque, en ajoutant des explications.

MODÈLE: Ne sois pas aussi possessive!

→ J'aimerais que tu sois un peu moins possessive. Tu sais, je suis une adulte maintenant.

1. Cesse de te mêler de mes affaires!
2. Ne donne plus jamais mon adresse à quelqu'un sans m'en parler avant!
3. Respecte ma vie privée!
4. Fais-moi plus confiance!
5. Ne sois pas si protectrice!

Étape 2. Sandra a envoyé une lettre polie mais froide à Albin. Le jeune homme n'abandonne pas tout espoir. Préparez trois conseils pour Albin en utilisant (a) un des verbes d'influence du **Vocabulaire thématique**, (b) un subjonctif et (c) un impératif.

MODÈLE: Je **te conseille** d'être patient avec Sandra. Il est essentiel que tu **t'intéresses** à l'art et à sa peinture. Ne lui **parle** surtout pas de sa mère!

C. C'est vraiment insupportable! Sandra suggère à sa mère de discuter de leurs problèmes de communication avec un(e) psychologue. Avec deux partenaires, vous allez imaginer la conversation entre le/la psychologue, Sandra et sa mère.

Étape 1. Tout d'abord, faites une liste de cinq expressions que le/la psychologue va probablement utiliser pour faire ses suggestions. Ensuite, faites une liste de 10 expressions que Sandra et sa mère vont utiliser pour présenter leurs points de vue.

Étape 2. Maintenant, écrivez une conversation entre le/la psychologue, Sandra et sa mère en utilisant les expressions de l'Étape 1. Quels sont les problèmes? Quelles solutions le/la psychologue peut-il/elle offrir à Sandra et sa mère?

D. Des situations délicates. Tout le monde a des problèmes familiaux. Avec un(e) partenaire, lisez les descriptions des situations aux pages 81–82 et excusez-vous (situations 1–3) ou plaignez-vous (situations 4–6) selon le contexte. Utilisez les **Expressions utiles** quand vous le pouvez. Votre réponse doit comporter trois parties.

a. se plaindre / s'excuser b. expliquer la situation c. proposer une solution

MODÈLE: Votre sœur vous en veut parce que vous ne lui téléphonez plus depuis que vous êtes à l'université.

   a. Je suis désolée de ne pas te téléphoner plus souvent. Je comprends que tu sois déçue.

   b. Mais j'ai énormément de travail depuis que les cours ont commencé. En plus, tu sais bien que je travaille comme serveuse tous les week-ends.

   c. Viens donc me rendre visite! Je voudrais vraiment qu'on passe plus de temps ensemble!

1. Vous avez complètement oublié d'acheter un cadeau pour l'anniversaire de votre belle-sœur.

2. Vous partagez un appartement avec votre frère aîné depuis six mois et vous n'avez jamais payé la facture de téléphone.

3. Vos parents vous reprochent de ne pas être assez affectueux/-se avec vos grands-parents.

(*suite*)

4. Vos parents veulent vous convaincre de déménager dans une toute petite ville.

5. Votre beau-père compte sur vous pour l'aider à laver sa voiture tous les mois parce que vous l'empruntez quelquefois.

6. Votre mère insiste pour vous appeler par un surnom que vous trouvez énervant.

E. Qu'en dites-vous? Quelle serait votre réaction dans les situations suivantes? Utilisez les **Expressions utiles** à la page précédente pour répondre à chaque personne décrite ci-dessous.

1. Votre colocataire a utilisé votre ordinateur portable sans vous demander la permission.

2. Votre colocataire voudrait emprunter votre voiture pour aller à une soirée.

3. Une camarade de classe vous propose de faire partie du groupe d'études qu'elle organise pour votre cours de maths.

4. Votre belle-mère vous demande de vous occuper de votre demi-sœur, qui a six ans, toute la journée de samedi—sans offrir de vous payer.

5. Votre jumeau/jumelle s'est fait passer pour vous et est sorti(e) avec votre petit(e) ami(e).

6. Votre meilleur(e) ami(e) vient d'adopter un enfant et vous demande d'être le parrain / la marraine (*godfather/godmother*) de son fils adoptif.

F. S'adapter à un nouvel environnement. Tania est originaire de la Guadeloupe. C'est sa première année aux États-Unis et malheureusement, elle ne parle pas très bien l'anglais. Elle a beaucoup de mal à s'adapter à son nouvel environnement et elle a le mal du pays. Utilisez la liste d'activités qui suit ou ajoutez vos propres suggestions, pour lui dire ce qu'il faut qu'elle ait accompli avant la fin du semestre pour se sentir plus heureuse.

aller à des soirées	faire du bénévolat	trouver un travail
se faire des amis	s'inscrire à un club de gym	visiter la région

MODÈLE: prendre part à une activité sociale

→ Tania, avant la fin du semestre, il faut que tu **aies pris** part à une activité sociale qui te plaise.

G. Choisir un prénom pour son enfant.

Étape 1. Lisez le texte sur l'importance du prénom à la page suivante, puis répondez aux questions ci-dessous.

1. Selon l'article, est-ce que choisir le prénom d'un enfant est une décision que l'on peut prendre à la légère (*lightly*)? Pour quelles raisons?

2. Trouvez-vous que la position exprimée dans l'article soit justifiée?

3. Connaissez-vous des personnes dont le prénom est original, étrange ou difficile à porter? Quels sont ces prénoms? Que pensez-vous de ces prénoms?

4. Que peut faire une personne dont le nom est difficile à porter?

5. Entre un prénom commun et un prénom original, quelle est votre préférence? Quels sont vos critères pour faire ce choix?

Qu'est-ce qu'un prénom?

Le prénom est l'élément qui complète le nom de famille pour identifier l'individu. Mais alors que le nom de famille est imposé, le prénom est choisi. Pour l'enfant, le résultat est le même; il n'a pas voix au chapitre[1] et devra accepter cet héritage, quitte à[2] changer plus tard par l'usage d'un pseudonyme ou d'un surnom, ou encore en entamant[3] une procédure légale.

Il n'est pas sûr que nous prêtions assez d'attention à cet acte fondamental. Ce bébé de quelques heures va recevoir comme un capital spécifique,[4] en même temps que les gènes dont il hérite à travers nous, quelques syllabes qu'il entendra tout au long de sa vie pour désigner et résumer l'être complexe et singulier qui est sa propre personne. Il ou elle dira «moi», «je», et les autres diront «Pierre», «Céline» ou «Juliette».

De manière mystérieuse, indéfinissable, le prénom agit nécessairement au plus profond de chacun, sorte de miroir verbal qui reflètera en même temps que le visage d'un être humain quelque chose de son histoire intime, de sa mémoire et de son destin.

Avant de le choisir pour son enfant—sachant qu'il aura à le porter tout au long de son existence—il est bon de prendre conscience qu'en accomplissant cet acte obligatoire et émouvant—donner pour la vie entière un nom à l'être auquel on a donné la vie—nous faisons intervenir, bon gré mal gré,[5] quelque chose qui ressemble à de la magie.

[1]n'a... *has no say*   [2]quitte... *even if it means having to*   [3]en... *by initiating*
[4]comme... *as a unique asset*   [5]*willingly or not*

Étape 2. Répondez aux questions suivantes à partir de votre propre expérience.

1. Comment vos parents ont-ils choisi votre prénom? Savez-vous ce que signifie ce prénom? Est-ce que vous l'aimez?

2. Est-ce que vos parents ou vos amis intimes ont un surnom pour vous? Quel est ce surnom?

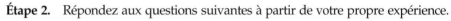

3. Si vous pouviez changer votre prénom, lequel choisiriez-vous?

4. Quand vous aurez des enfants, quels prénoms leur donnerez-vous? Pourquoi? Si vous avez déjà des enfants, quels sont leurs prénoms? Comment les avez-vous choisis?

5. De toutes les personnes que vous connaissez, qui possède le prénom le plus intéressant? Le plus joli? Le plus étrange?

6. Quelle(s) question(s) poseriez-vous à Gwyneth Paltrow, dont la fille s'appelle Apple, et à Brad Pitt et Angelina Jolie, dont la fille s'appelle Shiloh Nouvel?

Étape 3. Imaginez que vous êtes français(e) marié(e) avec un(e) Antillais(e) et que vous allez avoir un bébé. Votre belle-mère vous suggère des prénoms, inscrits dans la liste suivante. En tenant compte du fait que le bébé va grandir dans un environnement multiculturel, indiquez les noms qui sont les plus acceptables et ceux qui sont les moins acceptables selon vous. Donnez des raisons pour convaincre votre belle-mère de votre décision.

Prénoms masculins	Prénoms féminins
Almond	Antoline
Biencontent	Colette
Félismond	Eulélia
Jean-François	Jocelyne
Freddy	Pétronelle
Néré	Rosilia
Sébasty	Télisma
Théus	Zobéïde

H. Le fossé des générations.

Étape 1. En groupes de trois, réagissez à l'affirmation suivante: «Il est impossible de définir la jeunesse actuelle, parce qu'elle ne possède ni direction, ni rêves, ni personnalité. Elle n'a même pas un nom approprié». Êtes-vous d'accord avec cette opinion? Pourquoi? Quelle est votre définition de la jeunesse actuelle? Pensez aux jeunes autour de vous (et à vous-même!): quels sont leurs rêves? Quels sont les vôtres?

Étape 2. Écrivez un résumé de votre discussion afin de le partager avec le reste de la classe. Utilisez des expressions comme «il est évident que... », «nous ne croyons pas que... ».

Coin-culture

Destination
Les Caraïbes francophones

Il existe tout un ensemble d'îles (ou archipel) situées entre l'Amérique du Nord et l'Amérique du Sud. Les Antilles françaises regroupent la Martinique et les îles de la Guadeloupe. Haïti est devenue indépendante en 1804, tandis que la Martinique, la Guadeloupe et, sur le continent sud-américain, la Guyane, sont sous contrôle français. Historiquement, cet ensemble partage un héritage culturel

commun basé sur la colonisation et l'esclavage qui a officiellement pris fin en 1848. Les habitants de ces îles parlent des langues créoles, issues du mélange de la langue du pays colonisateur (la France, l'Espagne, le Portugal, ou l'Angleterre selon les endroits) avec la langue des populations indigènes.

LES CARAÏBES FRANCOPHONES				
	LA MARTINIQUE	LA GUADELOUPE	LA GUYANE	HAÏTI
Gouvernement	république	république	république	république
Capitale	Fort-de-France	Pointe-à-Pitre	Cayenne	Port-au-Prince
Langue(s)	français, créole	français, créole	français, créole, dialectes amérindiens	français, créole
Monnaie	l'euro	l'euro	l'euro	la gourde

La bibliothèque Schœlcher à Fort-de-France

1. **La Martinique:** Département français d'outre-mer (DOM), la Martinique a été découverte par Christophe Colomb en 1502, mais un Français y a organisé la première colonie. La Martinique, nommée «Madinia» ou «l'île aux fleurs» par les populations locales, offre une multitude de plaisirs touristiques, du volcan de la montagne Pelée, à la forêt tropicale, et aux plages de sable fin comme la plage du Diamant, qui s'étend sur 4 km.[1] Sur terre comme dans la mer, la nature est aussi diverse que colorée: fleurs (bougainvilliers, hibiscus...), arbres à bois (acajou[2]), fruits exotiques (ananas, goyave et noix de coco) et

[1] almost 2.5 miles   [2] *mahogany*

légumes (patate douce)—des produits offerts sur le marché du centre-ville de Fort-de-France, que l'on appelle aussi «Petit Paris». Découvrez la vie aquatique (corails, étoiles de mer, poissons divers) en faisant de la plongée sous-marine[3] ou à bord de bateaux à fond de verre. À Fort-de-France, visitez aussi la cathédrale Saint-Louis et ses grandes orgues,[4] le musée départemental d'Archéologie et de la Préhistoire qui retrace l'histoire des peuples indiens Arawaks et Caraïbes sur l'île, et la bibliothèque Schœlcher, un monument à l'architecture romano-byzantine, nommée après Victor Schœlcher, qui s'opposa très activement à l'esclavage. Côté cuisine, goûtez les accras de morue (des beignets[5] de poisson), le boudin créole ou la soupe zabitan, faite à partir de crevettes.[6]

2. **La Guadeloupe:** La Guadeloupe elle-même est formée de deux îles, Grande Terre et Basse Terre, reliées entre elles par deux ponts. À cause de la forme de ces deux îles, très proches l'une de l'autre, on appelle la Guadeloupe «l'île papillon». À ces deux îles s'ajoutent plusieurs petites îles: la Désirade, Marie-Galante, les Saintes et, plus au nord, les îles de Saint-Barthélemy et de Saint-Martin. Les deux îles principales sont bien distinctes l'une de l'autre. À l'est, Grande Terre, aux grandes plantations de canne à sucre, abrite de nombreux hôtels sur son littoral sud («la Riviera»), bordé de plages de sable blanc entre les récifs de corail. À Pointe-à-Pitre, visitez les marchés aux fleurs, la basilique Saint-Pierre et Saint-Paul du Sacré Cœur, ainsi que le musée Schœlcher consacré à la culture antillaise et situé dans une très belle

Les chutes du Carbet en Guadeloupe

maison coloniale. À l'ouest, Basse Terre est marquée par la présence de plantations de bananes et surtout par le volcan (toujours actif) de la Soufrière. De nombreuses randonnées sont possibles dans le grand parc national, et vous pourrez y admirer les magnifiques chutes[7] du Carbet. N'oubliez pas le parc des orchidées, le musée du rhum à Sainte-Rose et le superbe aquarium.

3. **La Guyane française:** Situé entre le Brésil et le Surinam, c'est le seul territoire français en Amérique du Sud. Plus des trois quarts du pays sont recouverts de forêt vierge,[8] la forêt amazonienne. Les origines des habitants de la Guyane sont très diverses: Amerindiens, «Noirs marrons» (descendants d'esclaves en fuite), Créoles, Français, Martiniquais, Haïtiens, Brésiliens, Libanais, Hmongs (réfugiés laotiens) et Chinois. Les populations indigènes ont apporté avec elles un artisanat reposant sur la poterie, la vannerie,[9] et le travail de la perle. Cayenne, la préfecture,[10] était ainsi le nom du fils d'un grand chef indien. La recherche de l'or a aussi attiré beaucoup de clandestins. Dans le passé, la Guyane a été connue pour le célèbre bagne[11] de Saint-Laurent-du-Maroni (fermé en 1947) où fut

Le Carnaval à Cayenne en Guyane

[3]plongée... *scuba diving* [4]*organs* [5]*fritters* [6]*shrimp* [7]*falls* [8]forêt... *rain forest* [9]*wickerwork* [10]*regional governing authority* [11]*penal colony*

enfermé Henri Charrière pendant treize années—il raconta son histoire dans *Papillon,* à partir duquel est basé le célèbre film avec Steve McQueen. Le Carnaval de Guyane a lieu tous les ans de janvier à la mi-février: dans les rues de Cayenne prennent place des bals masqués, des défilés et les mariages burlesques, où l'homme porte la robe de mariée tandis que la femme porte le smoking.[12] De nos jours, la Guyane est aussi le lieu de lancement[13] de la fusée[14] Ariane.

Une rue de Port-au-Prince à Haïti

4. **Haïti:** À l'est de Cuba, Haïti est un pays francophone situé sur la partie ouest de l'île d'Hispaniola (ainsi nommée par Christophe Colomb en 1492), la partie est de l'île formant la République Dominicaine. Deux petites îles, l'île de la Tortue (célèbre repaire[15] de pirates au 16e siècle), et l'île de la Gonave, font aussi partie d'Haïti. Dominé par les montagnes, Haïti signifie «terre haute» en langue indienne. La capitale, Port-au-Prince, est une ville animée avec ses ruelles,[16] ses «tap-tap» (taxis collectifs) et ses marchés bruyants. Vous pourrez notamment y visiter la cathédrale de Port-au-Prince, le musée d'Art Haïtien, les maisons *gingerbread* (maisons coloniales en dentelle de bois[17]), et le marché Vallières, un bâtiment d'architecture mauresque[18] où toutes sortes de marchandises (sculptures en bois, paniers, tableaux) sont vendues dans une ambiance animée. À Cap-Haïtien, il faut voir le Cap, centre historique d'Haïti, les ruines du Palais Sans-Souci, et la Citadelle, une formidable forteresse. Au sud de l'île, Jacmel est surtout connue pour son carnaval. Haïti est aussi connu pour le culte du vaudou. La grande cascade de Saut d'Eau, lieu de pélerinage[19] vaudou, attire une grande foule:[20] le culte est encore bien vivant.

[12]*tuxedo* [13]*launching* [14]*rocket* [15]*base, den* [16]*small, narrow streets* [17]dentelle... *lace woodwork* [18]*Moorish* [19]*pilgrimage* [20]*crowd*

Activités

A. Pour commencer, situez les lieux décrits sur la carte des Caraïbes et classez-les en mettant devant chaque endroit un chiffre de 1 (le plus intéressant) à 4 (le moins intéressant). Expliquez les raisons de votre sélection.

B. Avec un(e) partenaire, choisissez l'endroit dans les Caraïbes francophones que vous aimeriez visiter pendant vos prochaines vacances. Expliquez les raisons de votre choix.

La vie des artistes
Kassav',* créateur du zouk

Kassav' représente une aventure musicale unique qui a commencé dans les Antilles et s'est répandue dans le monde entier. Le succès de ce groupe fondé en 1979 par Pierre-Édouard Decimus et Freddy Marshall, auxquels vont s'ajouter plusieurs autres musiciens de la Martinique et de la Guadeloupe, vient de la

---

* *La kassave désigne une galette de manioc mélangée à la noix de coco. Le manioc (ou yucca en Amérique du Sud) est une plante dont on consomme surtout la racine cuisinée de la même façon que la pomme de terre, entre autres.*

Kassav' en concert

vitalité extraordinaire du style de musique qu'ils ont inventé, le zouk. À l'origine, les «zouks» sont des soirées dansantes aux Antilles, et très rapidement, ces soirées ont été dominées par la musique de Kassav'. C'est ainsi que leur musique a été appelée le «zouk». Le zouk est un mélange d'influences musicales caribéennes (en particulier la musique des carnavals) et de rythmes africains et latins, joués sur des instruments modernes. Le résultat est une musique qui donne envie de faire la fête et de danser. Au cours des années, Kassav' a enregistré une douzaine d'albums, sans compter les quelques 20 albums solos enregistrés par ses membres (dont Patrick Saint-Éloi, Jocelyne Beroard, et Jean-Philippe Marthely). Individuellement ou en groupe, les membres de Kassav' ont reçu de multiples récompenses pour leur musique et ont joué partout dans le monde: des pays d'Afrique aux États-Unis, en passant par le Japon et la Russie.

Par son succès mondial, Kassav' a prouvé la valeur de la musique antillaise, encourageant ainsi une nouvelle génération de musiciens antillais dans les Caraïbes et en France. Au-delà de la musique, le groupe a aussi permis à beaucoup de jeunes Guadeloupéens et Martiniquais déracinés de pouvoir s'identifier à une musique et à une culture.

Discussion. En petits groupes, discutez à partir des questions suivantes.

1. Selon l'article, quelles sont les caractéristiques les plus importantes du zouk? Kassav' a créé le zouk et est associé à cette musique. Connaissez-vous un(e) musicien(ne) ou un groupe qui ait créé un style de musique particulier et y soit associé?

2. Avez-vous déjà écouté du zouk? Et d'autres musiques des Caraïbes? Aimez-vous ces types de musique? Pourquoi ou pourquoi pas?

3. De nombreux jeunes Antillais se sont identifiés au zouk. À quelle musique est-ce que vos amis et vous vous identifiez? Vos parents partagent-ils les mêmes goûts que vous? Que pensent-ils de la musique que vous écoutez? Quelles sortes de musique aiment-ils? Partagez-vous leurs goûts?

www Activités Internet

En utilisant les mots clés et les moteurs de recherche sur le site Internet de *Pause-café* (www.mhhe.com/pausecafe), cherchez des informations sur les Caraïbes francophones et le zouk pour répondre aux questions suivantes:

1. Trouvez des sites web sur deux endroits des Caraïbes francophones qui vous intéressent. Trouvez des informations supplémentaires sur l'histoire, la population, la situation politique, la langue créole, les événements culturels et les activités touristiques de ces régions et écrivez une petite description.

2. Cherchez et nommez un chanteur, une chanteuse ou un groupe de zouk qui soit populaire aujourd'hui. Comment s'appelle son/leur dernier CD?

3. Écoutez une des chansons. Est-ce que vous l'aimez? Pourquoi?

Lecture

«Elle avait pris ce pli...°»
de Victor Hugo

°avait ... *got into the habit*

Au sujet de l'auteur

Victor Hugo (1802–1885) a profondément marqué son siècle. Passionné par l'écriture et la politique, il a beaucoup écrit pour exprimer son opinion sur la situation sociale et politique de son époque. Sa mère, séparée de son père, l'a élevé assez libéralement à Paris, où il a découvert la littérature. Il a commencé à écrire dès son adolescence. Il s'est marié à l'âge de 20 ans avec une amie d'enfance, mais il a aussi eu une maîtresse pendant 50 ans. Bien qu'il soit connu pour ses romans *Notre-Dame de Paris* (1831) et *Les Misérables* (1862), il a aussi écrit des pièces de théâtre, des poèmes, une étude sur Shakespeare et des pamphlets politiques. En 1841, il a été élu à l'Académie française,[1] honneur suprême pour un écrivain. Actif en politique, il a été élu député[2] et considérait même la présidence de la République. Alors que sa mère était farouchement royaliste, Victor Hugo développe peu à peu des idéaux démocratiques. Il s'oppose par exemple à la peine de mort,[3] soutient la liberté de la presse, et avait pour projet politique la défense des droits de la femme. Suite au coup d'état de Louis Napoléon,[4] et à son régime autoritaire, Victor Hugo s'est exilé tout d'abord en Belgique, puis dans les îles anglo-normandes de Jersey et Guernesey. Il n'a pu rentrer en France qu'en 1870, avec la proclamation de la nouvelle République. Il a écrit jusqu'à sa mort, qui a bouleversé toute la France. Son corps a été inhumé[5] au Panthéon,[6] honneur réservé aux grands hommes de France. Ses funérailles ont été un événement national.

[1]*L'Académie française is a prestigious institution founded in 1635 in charge of defining and maintaining the usage of the French language.* [2]*A «député» is a representative elected directly by the people who sits at the Assemblée Nationale.* [3]*peine... death penalty* [4]*Nephew of Napoléon I, he was the first president of the French Republic. In 1870, he became Emperor and took the name of Napoléon III.* [5]*buried* [6]*mausoleum in Paris for the remains of great Frenchmen*

Avant la lecture

A. Le romantisme.

> **Étape 1.** Lisez la description à la page suivante du mouvement romantique.

Le romantisme a émergé au 19ᵉ siècle en réaction contre l'école classique, jugée trop contraignante[1] pour stimuler la créativité de l'artiste. Les précurseurs du mouvement romantique sont Goethe et Schiller en Allemagne, Shelley, Keats et Byron en Angleterre, et Rousseau, puis Chateaubriand en France. Mais c'est Hugo qui est reconnu comme le chef de file[2] du romantisme en France.

Les romantiques exaltent la sensibilité, la passion et l'imagination. L'homme et la nature sont des thèmes privilégiés. L'homme cherche à échapper aux contraintes sociales, à la médiocrité, et tente de s'élever[3] au-dessus de sa condition humaine. La nature est perçue comme la perfection et une source de bonheur et de paix.[4] La nature évoque aussi, par sa perfection, l'existence du divin. En même temps, les forces de la nature servent aussi à établir un parallèle avec l'âme[5] tourmentée du héros ou du poète.

Les romantiques parlent à la première personne («je»), ce qui ne se faisait pas sous le classicisme. Ils expriment leurs émotions ou celles de leurs héros. Une caractéristique essentielle du romantisme est donc le lyrisme. Le héros romantique est solitaire et sa solitude est renforcée par son sentiment de vivre dans une société matérialiste et conformiste. Cette solitude est aussi la supériorité de l'homme romantique qui cherche à s'élever au-dessus du commun et de la banalité.

[1]*limiting*   [2]*leader, for an artistic movement*   [3]*to rise*   [4]*peace*   [5]*soul*

Étape 2.   Avec un(e) partenaire, répondez aux questions suivantes.

1. Connaissez-vous ou avez-vous lu des œuvres romantiques? Si oui, lesquelles?

2. Y a-t-il des aspects du romantisme qui vous plaisent ou au contraire qui vous déplaisent? Lesquels et pourquoi?

3. Avez-vous lu des œuvres d'Edgar Allan Poe, de James Fenimore Cooper ou de Henry David Thoreau? En quoi leurs œuvres se rapprochent-elles du mouvement romantique? En quoi pensez-vous qu'elles s'en éloignent?

B. Anticiper la lecture.   Avec un(e) partenaire, dites si vous êtes d'accord avec les affirmations suivantes, et expliquez pourquoi.

1. Les poètes sont particulièrement sensibles et leurs émotions sont souvent exagérées.

2. Perdre son enfant lorsqu'il/elle est encore jeune est un traumatisme difficile à surmonter (*overcome*).

3. Un père a souvent une relation privilégiée avec sa fille.

4. Peu d'hommes aiment écrire des lettres, mais il y a plus de poètes hommes que de poètes femmes.

5. La meilleure façon de surmonter un grand chagrin (*great sorrow*) est de rester occupé(e).

«Elle avait pris ce pli... »

Dans le poème que vous allez lire, Victor Hugo évoque les souvenirs qu'il a de sa fille Léopoldine, noyée (drowned) au cours d'un accident de bateau trois ans plus tôt. Victor Hugo a eu cinq enfants (dont un mort peu de temps après sa naissance) et la famille était très importante pour lui. Mais il avait un attachement particulier pour Léopoldine. La nouvelle de sa mort a été un choc énorme pour Hugo car il l'a apprise en lisant le journal. Très déprimé, il a arrêté d'écrire pendant trois ans. Le poème fait partie du recueil de poèmes intitulé Les Contemplations, *publié en 1856.*

Elle avait pris ce pli dans son âge enfantin[1]
De venir dans ma chambre un peu chaque matin;
Je l'attendais ainsi qu'un rayon[2] qu'on espère;
Elle entrait, et disait: Bonjour, mon petit père;
Prenait ma plume,[3] ouvrait mes livres, s'asseyait   5
Sur mon lit, dérangeait[4] mes papiers, et riait,
Puis soudain s'en allait comme un oiseau qui passe.
Alors, je reprenais, la tête un peu moins lasse,[5]
Mon œuvre interrompue, et, tout en écrivant,
Parmi mes manuscrits je rencontrais souvent   10
Quelque arabesque[6] folle et qu'elle avait tracée,
Et mainte[7] page blanche entre ses mains froissée[8]
Où, je ne sais comment, venaient mes plus doux vers.[9]

Elle aimait Dieu, les fleurs, les astres,[10] les prés[11] verts,
Et c'était un esprit avant d'être une femme.   15
Son regard reflétait la clarté de son âme,
Elle me consultait sur tout à tous moments.
Oh! que de[12] soirs d'hiver radieux et charmants
Passés à raisonner langue, histoire et grammaire,
Mes quatre enfants groupés sur mes genoux,[13] leur mère   20
Tout près, quelques amis causant au coin du feu![14]
J'appelais cette vie être content de peu!

Et dire qu'elle est morte! Hélas! que Dieu m'assiste!
Je n'étais jamais gai quand je la sentais triste;
J'étais morne[15] au milieu du bal le plus joyeux   25
Si j'avais, en partant, vu quelque ombre[16] en ses yeux.

[1]dans... *during her childhood*   [2]ainsi... *like a ray of light*   [3]*quill pen*   [4]*disturbed*   [5]*weary*
[6]*intricate drawing*   [7]*many a*   [8]*crumpled*   [9]*lines, in poetry*   [10]*stars*   [11]*meadows*   [12]que... *so many*   [13]sur... *on my lap (lit., my knees)*   [14]causant... *chatting by the fireplace*   [15]*sorrowful*
[16]*shadow*

VISUALISER

VOCABULAIRE

VOCABULAIRE

À vérifier

VISUALISER

1. Quels adjectifs utiliseriez-vous pour décrire la personnalité de Léopoldine?
2. Pourquoi Victor Hugo compare-t-il Léopoldine à un oiseau?
3. Quel est le ton de Victor Hugo au début du poème? À la fin du poème?
4. À quel vers le ton du poème change-t-il?
5. La vie de famille de Victor Hugo était-elle heureuse?

Après la lecture

A. Le point clé dans la lecture. Il n'existe qu'une forme de subjonctif dans ce poème. Avec un(e) partenaire, identifiez cette forme particulière et réfléchissez à son équivalent anglais.

B. Compréhension.

1. Quel est le sentiment dominant de ce poème?
2. Pourquoi Victor Hugo parle-t-il de sa fille comme d'un esprit?
3. Comment le poète exprime-t-il sa tristesse?
4. Dans le vers suivant «J'appelais cette vie être content de peu!», que cherche à exprimer le poète? (Remarquez le point d'exclamation à la fin du vers, et si nécessaire relisez la strophe qui le précède.)
5. Quand le poète ne donne pas de titre à son poème, on utilise souvent la première ligne du poème comme titre. Quel titre donneriez-vous à ce poème?

C. L'organisation du poème.

1. Identifiez les cinq moments du poème et donnez-leur un titre explicatif.
2. Le poème est écrit en alexandrins, c'est-à-dire, des vers de 12 pieds (ou syllabes). Choisissez quelques vers et exercez-vous à en compter les 12 pieds.
3. À partir de l'explication que vous avez lue sur le romantisme, expliquez en quoi ce poème est un poème romantique.

D. La poésie et vous. Avec un(e) partenaire, réagissez aux questions personnelles suivantes.

1. Si vous étiez poète, de quels thèmes aimeriez-vous parler? Quels sentiments aimeriez-vous explorer dans votre poésie?
2. Pensez-vous que la poésie vous aiderait à faire face à des situations difficiles et à gérer (*control*) vos émotions?
3. Partageriez-vous vos poèmes avec vos ami(e)s?
4. Si vos poèmes s'adressaient à une personne en particulier, lui liriez-vous vos poèmes? Pourquoi?

E. Correspondance. Écrivez une lettre à Victor Hugo pour l'aider à surmonter son chagrin. Réagissez à son poème pour parler de son drame et de ses sentiments. Que pouvez-vous lui suggérer? Si vous le souhaitez, parlez d'une situation personnelle pour faire comprendre à Victor Hugo qu'il n'est pas seul et pour lui montrer comment continuer à vivre.

Pour écrire

Le fossé des générations

Étape 1. Faites une liste des adjectifs que vos grands-parents utilisent pour parler de la génération de leurs petits-enfants (votre génération!). Quelles sont les activités et les comportements de votre génération qui dérangent le plus les personnes âgées? Quand vos grands-parents se plaignent, que disent-ils? Ont-ils des thèmes particuliers sur lesquels ils reviennent souvent?

Étape 2. Imaginez que vous êtes une personne âgée de 70 ans. Écrivez une lettre à l'éditeur ou à l'éditrice d'un journal local au sujet de la jeune génération actuelle. Vous pouvez vous plaindre mais vous pouvez également faire des commentaires positifs. Utilisez les idées que vous avez notées dans l'Étape 1.

Étape 3. Lisez la lettre d'une autre personne dans la classe, prenez le rôle de l'éditeur ou de l'éditrice du journal et écrivez une autre lettre dans laquelle vous réagissez aux commentaires de cette personne âgée.

Autres thèmes pour discuter

Étape 1. Préparez une fiche sur chacun des thèmes proposés, afin de pouvoir discuter à partir des questions qui suivent. Les icônes indiquent de quels points clés vous aurez probablement besoin pour formuler vos réponses.

Les grandes familles
- Discutez des avantages et inconvénients de grandir dans une famille nombreuse, comprenant plusieurs générations.
- Que suggérez-vous pour que les enfants issus d'un premier mariage s'entendent bien avec leurs beaux-parents?

Le fossé des générations

- Quels sont les goûts et les préférences des membres de votre génération qui ne plaisent pas à vos parents?
- Comparez «les hippies» des années 60 avec les membres de votre propre génération.
- Pensez-vous que le fossé des générations crée nécessairement des problèmes entre les parents et les enfants? Expliquez.

L'exil

- Comment votre éducation familiale a-t-elle influencé votre perception du monde?
- Que ressentiriez-vous si vous ne pouviez jamais retourner dans votre pays d'origine?

Liens familiaux

- Pensez-vous que la famille soit plus ou moins importante aujourd'hui qu'il y a 20 ans?
- Comment pouvons-nous maintenir les liens avec notre famille et nos origines dans le monde moderne?

Étape 2. Préparez une question pour chaque fiche en utilisant les points clés. Ensuite, posez vos questions à un(e) camarade de classe.

CHAPITRE 4

Travail et loisirs

Comment vous détendez-vous?

Une célébration dans un village en Côte d'Ivoire

Points clés
- Poser des questions

Thèmes principaux
- Le travail
- Les loisirs

Destination
- L'Afrique francophone

Dans ce chapitre, vous allez explorer le thème du travail et des loisirs. Quelles sont vos priorités? Travaillez-vous trop ou faites-vous toujours la fête? Que faites-vous pour être moins stressé(e)? Quelles activités vous aident à vous détendre?

Vous allez aussi lire un texte concernant une grève (*strike*) pas comme les autres en Afrique.

MULTIMÉDIA

WWW Quia

www.mhhe.com/pausecafe

Rencontres

Il faut bien vivre!

Qu'est-ce qu'on fait ce week-end?

Situation: Fabienne, Yann et Xavier discutent de leurs projets de fin de semaine. Yann a l'intention d'aller faire de <u>la varappe</u> au club de gym parisien dont il est membre. Lisez le dialogue et répondez aux questions qui suivent. Faites particulièrement attention au nouveau vocabulaire **en caractères gras.**

YANN: Comme il fait mauvais, je vais retrouver des amis au club pour faire de la varappe. Si vous en avez envie, venez avec moi. Xavier, je suis sûr que tu vas aimer ça, et on a tous besoin de **se détendre.**

XAVIER: Ça me <u>tente</u> bien, mon vieux,[1] mais je suis **débordé** de travail ce week-end. J'ai passé pas mal de temps avec Julie, et maintenant il faut que je **rattrape mon retard** dans mes cours. J'ai <u>repoussé</u> certains projets et mes profs vont trouver que j'abuse un peu trop[2]...

FABIENNE: Tout de même![3] Tu ne vas pas travailler tout le week-end, non? Il faut bien que tu t'amuses aussi de temps en temps, tu ne crois pas? Tu vas être **épuisé** si tu **ne fais pas de pause,** tu sais.

XAVIER: Je sais, je sais, mais qu'est-ce que tu veux, le week-end dernier, j'**ai** un peu trop **fait la fête!**

FABIENNE: Oh là là, qu'est-il arrivé au Xavier que je connaissais, celui qui <u>bavardait</u> avec ses amis jusqu'à quatre heures du matin et qui était toujours prêt à **faire des blagues** aux autres? C'est bien, **l'ambition,** mais il faut savoir vivre aussi!

YANN: Oui, et puis Adama a promis de nous faire découvrir un bon restaurant sénégalais. Nathalie et Sandra ont dit qu'elles étaient libres ce soir, alors ce serait une bonne façon de **te changer les idées...**

FABIENNE: Si tu veux, Xavier, je peux appeler Julie et lui proposer de passer la soirée avec nous. Qui sait, peut-être que **passer un bon moment** entre copains vous fera du bien.

XAVIER: Ah, je vois, maintenant tu veux jouer les entremetteuses![4] Merci bien! Hmm... mais après tout... ça ne me ferait pas de mal de **profiter de** mon week-end.

YANN: Ah, voilà une attitude un peu plus **saine!** Nous sommes fiers de toi! Sérieusement, est-ce que vous avez déjà fait de la varappe? Vous allez voir, rien de tel qu'un mur[5] pour se changer les idées!

[1]Ça... *It's tempting, buddy* [2]j'abuse... *I'm pushing it a little too far!* [3]Tout... *C'mon!* [4]jouer... *play matchmaker* [5]rien... *(there is) nothing like a wall*

Activités

A. Compréhension. Répondez aux questions suivantes sur le dialogue.

1. Pensez-vous que Xavier soit bien organisé? Pourquoi?
2. Pensez-vous que Yann sache mieux se détendre que Xavier?
3. Quel argument Fabienne utilise-t-elle pour convaincre Xavier de sortir avec eux?
4. Pourquoi Xavier décide-t-il d'accepter la proposition des deux amis?

RÉAGIR
R
RECOMMANDER

B. Réactions et recommandations. Complétez les phrases suivantes sur la conversation des trois amis. Pour chaque phrase, utilisez une des **Expressions de coordination**.

MODÈLE: Yann voudrait que...

→ Yann voudrait que Xavier et Fabienne **aillent** faire de la varappe avec lui **puisqu**'il aime partager ses passions avec ses amis.

Expressions de coordination

alors *So, then*
cependant *however*.
de plus *In addition*
donc *Where*.
étant donné que *given*
pour que *that*
(+ *subjonctif*) *so that*
pourtant *however, still*
puisque *Since*

Seeing that

Attention! Avec lesquelles des quatre phrases suivantes faut-il utiliser le subjonctif? Pourquoi?

1. Il est clair que Xavier...
2. Fabienne doute que...
3. Yann voudrait que...
4. Il est évident que Yann...

C. Dialogue. Avec un(e) partenaire, préparez un dialogue correspondant à l'une des situations suivantes, puis présentez-le à la classe.

1. Yann pense que Xavier est trop obsédé par son travail. Sandra soutient Xavier, parce qu'il est passionné par l'architecture.
2. Xavier et Julie se sont un peu disputés et Fabienne voudrait les réconcilier. Elle téléphone à Julie et essaie de la convaincre de les retrouver au club de sport. Julie n'est pas sûre de vouloir y aller.
3. La mère de Xavier téléphone à son fils pour lui dire qu'elle est préoccupée parce qu'il est débordé de travail et stressé. Xavier lui parle de ses ambitions.

Vocabulaire thématique

Pour parler du travail

améliorer	to improve
attendre la dernière minute pour	to procrastinate
embaucher	to hire
éviter	to avoid
faire une nuit blanche	to stay up all night
licencier	to lay off, to fire
poser sa candidature pour un poste	to apply for a job
profiter de	to take advantage of, to make the most of
rattraper (son retard)	to catch up
réaliser	to accomplish, to achieve
repousser	to postpone
travailler dur	to work hard
travailler à plein temps	to work full time
travailler à temps partiel	to work part time

Pour décrire l'atmosphère au travail

l'augmentation (*f.*) **de salaire**	pay raise
le but	goal
la carrière	career
le chômage	unemployment
le chômeur / la chômeuse	unemployed worker
les congés payés	paid vacation
l'entretien (*m.*)	interview
la formation	training
la grève	strike
le patron / la patronne	boss
le PDG (Président-Directeur Général)	CEO

Est-ce que votre famille ressemble à celle du dessin?

le poste	(professional) position
le stagiaire	intern

MOTS APPARENTÉS: l'ambition (*f.*), l'assistant(e), le/la collègue, l'expérience professionnelle, le salaire, le stress

débordé(e)	overwhelmed, overworked
disposé(e) à	willing to
disponible	available
efficace	efficient
épuisé(e)	exhausted

MOTS APPARENTÉS: ambitieux/-se, capable, stressé(e), stressant(e)

Pour parler des distractions

la fête, la soirée	party
la plaisanterie	joke
le sourire	smile
le spectacle	show, performance
le temps libre	free time

animé(e)	lively	se détendre	to relax
fêtard(e)*	party-goer	être de bonne/	to be in a good/bad
pantouflard(e)*	home body	mauvaise	mood
relaxant(e)	relaxing	humeur	
sain(e)	healthy	faire la fête	to party
		faire une blague	to play a trick

Pour parler des loisirs

se changer les idées	to take one's mind off things		

se détendre — to relax
être de bonne/ mauvaise humeur — to be in a good/bad mood
faire la fête — to party
faire une blague — to play a trick
passer un bon/ mauvais moment — to have a good/bad time
faire une pause — to take a break

EXPANSION du vocabulaire

Familles de mots

Étape 1. Vous pouvez facilement élargir votre vocabulaire en connaissant la signification d'un seul mot. Dérivez les mots qui manquent.

Noms	Verbes	Adjectifs
l'augmentation	augmenter	augmenté(e)
la formation	_____	formé(e)
la fête	_____	fêtard(e)
_____	animer	_____
le licenciement	licencier	_____
_____	_____	disposé(e)
l'entretien	_____	entretenu(e)

Étape 2. Avec un(e) partenaire, choisissez un mot dans chaque catégorie (noms, verbes, adjectifs) et écrivez trois phrases personnelles.

Activités

A. Descriptions. Utilisez les mots et expressions du **Vocabulaire thématique** pour décrire les personnes et choses suivantes.

1. un patron / une patronne désagréable
2. un chômeur / une chômeuse
3. un(e) étudiant(e) de première année
4. la dernière fête où vous êtes allé(e)
5. la vie nocturne de votre ville
6. votre dernier emploi
7. un employé modèle

Both of these adjectives may also be used as nouns in French.

B. Vocabulaire en contexte.

Étape 1. Regardez les images et mettez les actions suivantes en ordre chronologique. Numérotez-les de 1 à 9.

_____ travailler à plein temps
_____ le patron / la patronne se mettre en colère (*to get upset*)
_____ obtenir son diplôme
_____ attendre la dernière minute pour finir un projet
_____ le patron / la patronne embaucher
_____ poser sa candidature pour un poste
_____ le patron / la patronne licencier
_____ être stressé(e)
_____ passer un entretien

Étape 2. À présent, utilisez les expressions et les images de l'Étape 1 pour raconter la mésaventure de Gregory, le cousin de Nathalie. Utilisez des temps du passé.

C. Décisions

Étape 1. Imaginez ce que vous feriez dans les situations suivantes et expliquez vos réponses à votre partenaire.

	OUI	NON
1. Passeriez-vous la soirée avec votre petit(e) ami(e) si vous aviez un examen important le lendemain?	☐	☐
2. Après avoir fait la fête toute la nuit, vous lèveriez-vous tôt le matin suivant pour aller en cours ou au travail?	☐	☐
3. Est-ce que vous iriez faire du sport avec des amis si vous étiez débordé(e) de travail?	☐	☐

4. Est-ce que vous repousseriez un entretien pour un poste important si vous aviez la possibilité de voir votre groupe préféré en concert? ☐ ☐

5. Feriez-vous une nuit blanche pour rattraper votre retard dans un projet? ☐ ☐

Étape 2. En fonction de ses réponses et explications de l'Étape 1, décidez si votre partenaire est plutôt fêtard(e) comme Yann ou plutôt sérieux/-se comme Xavier. Expliquez pourquoi.

D. Questions personnelles. Avec un(e) partenaire, répondez aux questions suivantes. Utilisez les expressions de **Pour mieux discuter** pour réagir de façon appropriée aux commentaires de votre partenaire. Ensuite, partagez avec la classe ce que vous avez découvert sur votre partenaire.

Pour mieux discuter

Tu t'es bien amusé(e)?	Did you have a good time? Did you have fun?
Ça s'est bien passé?	Did everything go well?
Comment ça s'est passé?	How was it? How did it go?
C'était super / génial / nul / barbant.	It was great / awesome / lousy / boring.
J'ai passé une très bonne / excellente soirée.	I had a very nice/great evening.
J'ai passé une soirée horrible.	I had a terrible evening.
Ah bon?	Really?
C'est vrai?	Is that true?
Vraiment?	Really?
C'est dommage!	That's too bad!
C'est super! / C'est cool!	That's great!
Quelle chance!	What good luck!

---

1. Décrivez la personne la plus «fêtarde» que vous connaissez.
2. Que faisiez-vous pour vous détendre quand vous étiez au lycée?
3. Comparez vos loisirs actuels et vos loisirs idéaux. Êtes-vous satisfait(e) de la façon dont vous passez votre temps libre?

4. Est-ce que vous organisez souvent des fêtes chez vous? Que faites-vous pour que vos amis passent un bon moment chez vous?
5. Qu'avez-vous fait la dernière fois que vous avez organisé une soirée?
6. La prochaine fois que vous ferez une soirée, que ferez-vous de différent?
7. Qu'aimez-vous faire pour être moins stressé(e)?
8. Si vous étiez responsable des activités pour les étudiants ou pour vos collègues de bureau, quelles solutions proposeriez-vous pour aider les étudiants / vos collègues à être moins stressés?

(suite)

9. Que ferez-vous pour vous détendre pendant vos prochaines vacances?

10. Est-ce que l'idée de passer une partie de votre temps libre dans une librairie vous plaît ou vous déplaît? Pourquoi?

11. Quel est l'endroit le plus relaxant pour vous? Pourquoi?

E. Que signifie? Choisissez une des expressions de la liste suivante et expliquez à votre partenaire ce que cette expression veut dire. Votre partenaire doit deviner (*guess*) quelle expression vous définissez. Ensuite, c'est à votre partenaire de choisir une expression, et à vous de deviner. **Attention!** Vous ne pouvez pas utiliser vos mains ou faire des gestes.

1. a wallflower
2. a party pooper
3. a workaholic
4. un spectacle
5. une augmentation de salaire
6. une plaisanterie

F. Êtes-vous plutôt actif/-ve ou pantouflard(e)? Répondez avec un(e) partenaire aux questions suivantes en utilisant des pronoms d'objet direct ou indirect, **y, en** ou bien des pronoms disjoints. Pour réviser ces formes, vous pouvez consulter la section **Autres points de grammaire** dans les pages bleues (250–272) à la fin du livre.

1. Est-ce que vous faites beaucoup d'activités en dehors de vos études (*extra-curricular*)? Est-ce que ces activités vous prennent beaucoup de temps? Faites-vous beaucoup de sports? Lesquels? Quelle(s) activité(s) vous passionne(nt) le plus? Aimez-vous les sports extrêmes? Si oui, lesquels?

2. Est-ce que vous faites parfois des promenades ou des randonnées pour vous détendre? Est-ce que vous allez souvent dans des parcs? Est-ce que vous aimez lire dans des cafés? Est-ce que vous regardez la télévision plus de deux heures par jour? Est-ce que vous surfez sur Internet pendant des heures?

3. Est-ce que vous profitez de votre temps libre pour voir des amis? Est-ce que vous proposez souvent des activités ou des sorties à vos amis? Si oui, que leur proposez-vous de faire? En général, qu'est-ce que vous préférez faire avec vos amis: regarder un DVD à la maison ou sortir en boîte?

G. Le travail en France. En France, la défense des droits des travailleurs est traditionnellement importante. Voici trois particularités du travail en France. Avec un(e) partenaire, décidez quel aspect vous plaît le plus. Expliquez pourquoi.

1. La semaine de 35 heures: Pour créer plus d'emplois, entre 1998 et 2000, deux nouvelles lois ont réduit la durée légale du travail des salariés à 35 heures par semaine.

2. Les congés payés: Ils existent depuis 1936. Aujourd'hui, la plupart des Français ont droit à cinq semaines de congés payés par an.

3. Faire le pont: Si jeudi est un jour férié, beaucoup de Français choisissent de ne pas travailler le vendredi. Ainsi, ils «font le pont»* de jeudi à samedi.

*literally: *make the bridge.*

Note culturelle ◆ *Comment éviter les faux pas culturels: le savoir-vivre° en France*

°*social etiquette*

Lorsque Fabienne est allée pour la première fois à une soirée, elle a été très surprise d'apprendre que la soirée commençait vers 10 heures du soir. En fait, la plupart des gens sont arrivés après 10 h 30, et c'est vers 11 heures que la soirée a commencé à être vraiment animée. Elle pensait rentrer chez elle vers minuit, mais lorsqu'elle a voulu partir, son ami était très surpris et lui a dit qu'il pensait rester jusqu'à deux heures. En France, les soirées commencent tard et peuvent durer aussi très tard, jusqu'à l'aube[1] parfois. Il serait choquant de préciser à quelle heure la soirée se finit. Ce serait un peu comme mettre les gens dehors, après les avoir invités! En fait, ce sont les invités qui décident à quelle heure la fête doit finir!

Si vous êtes invité(e) à dîner chez des amis français, n'arrivez pas à l'heure exacte! Aux États-Unis, il est considéré comme impoli d'arriver en retard; en France, on considère qu'arriver à l'heure exacte ne donne pas le temps à l'hôte ou l'hôtesse, forcément[2] débordé(e), de se préparer. Le mieux est d'arriver à peu près 15 minutes après l'heure convenue.[3] Ne venez jamais les mains vides.[4] Vous pouvez apporter des chocolats ou des fleurs par exemple. Mais notez que les chrysanthèmes sont reservés aux funérailles[5] et les roses rouges aux amoureux. De plus, les œillets[6] sont perçus comme portant malheur.[7] Ne pensez pas non plus qu'un dîner finira tôt: si vous arrivez vers sept heures, le dîner se terminera probablement vers minuit. La soirée commence avec un apéritif qui peut durer une heure. À l'apéritif, ne demandez pas de vin. Les vins sont servis uniquement pendant le dîner. Pendant le repas, on sert traditionnellement une entrée, un plat principal, un plateau de fromages, le dessert et du café ou du thé. La nourriture est importante dans la culture française, mais l'élément essentiel du repas, c'est la conversation. On peut donc rester à table pendant plusieurs heures.

Si vous allez au restaurant avec des amis français, l'addition sera en général divisée par le nombre de personnes présentes. N'insistez jamais pour calculer votre propre part: vous apparaîtriez très impoli ou très radin.[8] Le concept du «doggy bag» n'existe pas en France, n'en demandez donc pas. Étant donné que les portions servies dans les restaurants français sont bien plus petites qu'aux États-Unis, vous n'aurez en général aucun problème à finir votre assiette. On ne boit jamais de café pendant le repas, mais toujours après le dessert. Là aussi, attendez-vous à ce que le dîner dure toute la soirée et que vos amis français continuent la conversation longtemps après la fin du repas.

[1]*dawn*   [2]*inevitably*   [3]*agreed upon*   [4]*mains... empty-handed*
[5]*funerals*   [6]*carnations*   [7]*portant... bringing bad luck*   [8]*cheap, miserly*

Discussion

1. Quelles règles du savoir-vivre français vous surprennent particulièrement? Quelles règles appréciez-vous?

2. Trouvez-vous certains conseils difficiles à suivre? Pourquoi?

3. Avez-vous fait un faux pas culturel pendant un séjour en France ou dans un autre pays? Décrivez votre faux pas et expliquez les conséquences.

Points clés

 ## Poser des questions

Dans cette partie du chapitre, vous allez utiliser la fonction communicative **Poser des questions**. Pour cela, vous aurez besoin d'utiliser les points clés indiqués dans le tableau suivant. Avant de continuer, étudiez les explications sur ces structures grammaticales dans les pages bleues (234–240) à la fin du livre.

LA FONCTION COMMUNICATIVE DE CE CHAPITRE		
ICÔNE	FONCTION COMMUNICATIVE	POINTS CLÉS
	Poser des questions	1. *Yes/No* questions 2. Information questions 3. Interrogative pronouns **qui** and **que** 4. Adjective **quel** 5. Interrogative pronoun **lequel**

Faites votre diagnostic!

A. Et si on sortait? Nathalie essaie de convaincre Xavier de se changer les idées ce week-end. Complétez ses questions avec l'une des expressions interrogatives suivantes: **est-ce que/qu', n'est-ce pas, qu'est-ce que/qu', qui est-ce que/qu', qu'est-ce qui, qui.**

_____¹ tu veux faire ce soir, Xavier? Tu ne vas pas rester chez toi un samedi soir, _____²? Ou _____³ tu es trop épuisé? Si tu en as envie, on pourrait aller voir un film... _____⁴ t'intéresse le plus, aller au cinéma ou à une soirée? Voyons, _____⁵ m'a dit qu'il y avait un bon spectacle à l'Opéra Bastille? Ah oui, c'est Fabienne bien sûr. Elle sait toujours comment passer une bonne soirée. _____⁶ tu en penses? Et je me demandais: _____⁷ tu as du temps libre dimanche? Ce serait vraiment relaxant d'aller au jardin du Luxembourg, _____⁸? J'adore cet endroit, pas toi? Hum... À _____⁹ on pourrait suggérer de venir? Peut-être à Julie...

B. Tu as besoin de faire une pause! La mère de Xavier téléphone au jeune homme pour savoir comment se passent ses cours, maintenant qu'il étudie l'architecture. Elle est très surprise d'entendre que le jeune homme est stressé. Complétez les questions de Mme Fontan avec l'une des expressions interrogatives de la liste qui suit. **Attention!** Vous ne pouvez utiliser chaque expression qu'une seule fois, et trois des expressions proposées ne sont pas nécessaires.

à quelle heure	**depuis quand**	**pourquoi**
comment	**laquelle**	**quand**
combien de	**lequel**	**quelle**
depuis combien de temps	**où**	**quels**

_____¹ est-ce que tu es si stressé? Tu devrais peut-être en discuter avec tes profs? Avec _____² d'entre eux est-ce que tu t'entends le mieux? J'espère que tu dors suffisamment, au moins. _____³ est-ce que tu te couches? Faire une nuit blanche n'est pas la solution, et ce n'est vraiment pas sain. Tu sais ce que tu devrais faire? Tu devrais passer le week-end à la maison. _____⁴ est-ce que tu peux venir? Cela te changerait les idées, et tu nous manques tellement. Nous pourrions en profiter pour aller nous promener quelque part (*somewhere*). _____⁵ aimerais-tu aller? C'est bien de penser à ta carrière, mais ne te rends pas malade. Dans _____⁷ temps penses-tu finir tes études? Tu ne vas pas passer les deux prochaines années débordé comme ça! _____⁸ est-ce que cette situation dure? Depuis trois mois? Et dis-moi, _____⁹ carrière vaut la peine que tu t'épuises? Eh bien, je vais te le dire, moi: aucune! Écoute, c'est tout vu (*it's all set*): il y a trois places de train disponibles pour ce vendredi: une à 15 h, une à 17 h 30, et une à 21 h. Pour _____¹⁰ est-ce que je te fais une réservation? Papa viendra te chercher. Appelle-moi dès que tu auras choisi un horaire. À bientôt mon chéri!

Activités

A. De quel métier s'agit-il? Voici une liste de métiers. Votre partenaire va choisir un des métiers de la liste qui suit (sans vous dire lequel). Vous pouvez poser seulement cinq questions à votre partenaire pour deviner de quel métier il s'agit. Variez les formes de questions: **est-ce que**, inversion et **n'est-ce pas**. Votre partenaire ne peut répondre que par **oui** ou **non**.

Métiers:

agent artistique	conseiller conjugal et	hôtesse de l'air /
analyste financier	familial	steward
archéologue	décorateur	ingénieur
caissier/-ère	dessinateur de BD	pompier (*firefighter*)
chef du personnel	(*comics*)	réalisateur
conducteur routier	fleuriste	vétérinaire

MODÈLE: É1: Est-ce que c'est un métier dangereux?

É2: Oui.

É1: Les horaires de travail sont-ils réguliers?

É2: Non.

É1: C'est le métier de pompier, n'est-ce pas?

É2: Oui!

B. L'entretien.

Étape 1. Lisez le C.V. (du Latin *curriculum vitæ*, prononcé « *sévé* ») d'Olivier, un ami de Nathalie qui fait des études de philosophie.

OLIVIER PARDIN

11, rue Pierre Labée, Lyon 69007
☎ 04-78-71-28-34
✆ 06-99-00-23-46
pardinolivier@wanadoo.fr
Né le 5 octobre 1983
célibataire

Formation
2007-2008: Première année de doctorat
2006-2007: DEA[1] de philosophie
2005-2006: Préparation du CAPES[2] de philosophie
2004: Maîtrise[3] de lettres et sciences humaines, option philosophie
2000: Baccalauréat[4] lettres et philosophie

Expérience professionnelle
Sept.–Déc. 2006-2007: Institut privé de préparation au baccalauréat. Cours privés en philosophie.
Sept.–Déc. 2006: Lycée Ampère Saxe: Surveillant d'externat,[5] temps partiel.
Janv.–Août 2006: Bibliothèque municipale de Laval: Responsable de l'inventaire des archives. Temps partiel.
Oct. 2004–Mai 2005: Lycée Paul Valéry: Maintenance salle informatique. CDD[6] de 5 heures par semaine.
Janv. 2003–Juill. 2004: Cours privés en philosophie, littérature et espagnol. Plus de 25 élèves.

Autres expériences
Oct. 2004: Centre commercial les Halles (Paris): Études de marché, analyse.
Juin-Août 2002: Service après vente Darty.[7]
Déc. 2001: Centre commercial la Part-Dieu (Lyon). Agent d'accueil.[8] CDI[9] de 20 heures par semaine.

Divers
Formation informatique: Windows, Excel
Langues: espagnol, anglais (bon niveau).
Loisirs: coureur longue distance (3 marathons), trompette, théâtre.
Dégagé des obligations militaires.[10]
Permis de conduire B (obtenu en 2003).[11]

[1]*Diplôme d'Études Approfondies*, graduate degree obtainable five years after the **baccalauréat**   [2]competitive exam required to teach at the high-school level   [3]equivalent to the Master's degree   [4]college entrance exam, taken at the end of high school   [5]Surveillant... *Non-resident supervisor of students*   [6]*Contrat à durée déterminée*, contract with specific dates of employment   [7]well-known electronics store   [8]Agent... *Public relations representative*   [9]*Contrat à durée indéterminée*, contract in which the end of employment is not specified   [10]Dégagé... *Released from military duties*   [11]Permis... *Driver's license for cars and small vans*

Étape 2. À partir des informations contenues dans le C.V. d'Olivier Pardin, répondez aux questions suivantes.

1. Depuis quand Olivier a-t-il son permis de conduire?

2. Depuis combien de temps Olivier est-il en doctorat?

3. Quand Olivier a-t-il passé son bac?

4. Pendant combien de temps Olivier a-t-il été surveillant d'externat?

5. Quand a-t-il commencé à donner des cours privés?

Étape 3. Maintenant, préparez quatre questions supplémentaires sur le C.V. d'Olivier que vous allez poser à votre partenaire. Utilisez **combien de temps, depuis** et **quand** dans vos questions. Vérifiez la réponse de votre partenaire. Est-ce que c'est une question sur la durée ou le début d'un événement?

Étape 4. Avec un(e) partenaire, discutez les aspects du C.V. français que vous trouvez intéressants ou surprenants. Comment ce C.V. diffère-t-il d'un C.V. américain?

C. Votre curriculum vitæ.

Étape 1. Vous avez rendez-vous avec votre conseiller académique qui va vous aider à choisir une carrière et la formation adéquate. Pour commencer, écrivez votre propre C.V. sur une feuille de papier. Suivez le modèle précédent, en donnant des informations sur les catégories suivantes.

Catégories:

- Formation
- Expérience professionnelle
- Autres informations appropriées

Étape 2. Avec votre partenaire, anticipez les questions de votre conseiller académique à partir des suggestions suivantes, puis répondez aux questions en utilisant le **Vocabulaire thématique.**

- ce que vous faites pendant votre temps libre
- ce que vous voulez étudier
- avoir un travail à temps partiel
- ce que vous faites pour vous détendre

- votre âge
- votre carrière idéale
- être disposé(e) à travailler dur

MODÈLE: ce que vous faites pendant votre temps libre

→ Qu'est-ce que vous faites pendant votre temps libre?
—J'aime les animaux, alors je profite de mon temps libre pour travailler comme bénévole avec la Société Protectrice des Animaux.

Étape 3. Vous êtes le conseiller/la conseillère académique et vous écrivez votre recommandation pour l'étudiant(e) avec qui vous venez de parler.

MODÈLE: D'après votre profil, je vous suggère une carrière de vétérinaire pour les raisons suivantes. Vous semblez motivé(e) et vous aimez les animaux. De plus,...

D. Êtes-vous fêtard(e) ou travailleur/-euse?

Étape 1. Utilisez les éléments interrogatifs suivants pour compléter les questions du sondage suivant, puis choisissez la réponse la plus appropriée pour déterminer votre profil professionnel.

Qu'	est-ce que (qu')	À	qui est-ce que (qu')
Qui	est-ce qui	Avec	quoi est-ce que (qu')
		De	

Êtes-vous fêtard(e) ou travailleur/-euse?

1. _____ vous aimez vous détendre?
   a. Avec vos amis.
   b. Avec votre patron(ne).
   c. Avec vos parents.
2. _____ vous intéresse dans la vie?
   a. Profiter de la vie.
   b. Améliorer le monde dans lequel vous vivez.
   c. Faire une pause.
3. _____ vous faites une blague?
   a. À votre collègue.
   b. À personne.
   c. À votre petit(e) ami(e).
4. _____ vous stresse?
   a. Les week-ends sans fêtes.
   b. Le chômage.
   c. Les entretiens.
5. _____ vous évitez?
   a. De travailler dur.
   b. D'attendre la dernière minute pour finir votre travail.
   c. De faire des heures supplémentaires.

6. _____ vous repoussez?
   a. Un entretien avec votre patron(ne) pour une augmentation de salaire.
   b. Deux semaines de vacances à Tahiti, parce que vous avez trop de travail.
   c. La date à laquelle vous devez faire une présentation. Vous avez des projets ce week-end.
7. Vous rencontrez un(e) collègue séduisant(e) dans les couloirs du bureau. _____ vous lui parlez?
   a. De la super soirée où vous allez samedi.
   b. De votre travail.
   c. De la pluie et du beau temps.
8. _____ vous embauchez?
   a. La jolie blonde / Le beau brun qui semble totalement inefficace et qui est au chômage depuis deux ans.
   b. Un(e) jeune stagiaire sans expérience mais disposé(e) à travailler dur.
   c. Votre cousine.

Étape 2. À présent, comptez le nombre de réponses pour lesquelles vous avez choisi «a» ou «b», ainsi que le nombre de réponses pour lesquelles vous avez choisi «c». Ensuite, lisez le profil qui vous correspond. Écrivez une suggestion sous forme de question pour compléter la dernière section «Recommandation».

---

5 « a » et plus: Vous êtes de toute évidence un(e) fêtard(e)! Vos priorités: passer un bon moment en bonne compagnie… Pour vous, faire une nuit blanche veut dire qu'une soirée entre amis se finit à l'heure du petit déjeuner.
Recommandation: Est-ce que votre entourage est bien choisi? N'oubliez pas votre carrière! Vous ne voulez quand même pas vous retrouver au chômage, n'est-ce pas?

5 « b » et plus: Vous êtes l'employé(e) idéal(e): toujours disposé(e) à en faire plus, vous ne refusez jamais les demandes de votre patron. Pour vous, se changer les idées veut dire travailler sur un projet différent.
Recommandation: Vous méritez certainement une promotion, mais ne croyez-vous pas que vous en faites un peu trop? Il est temps que vous vous détendiez. Et si vous preniez une semaine de vacances?

4 « c » et plus: Vous, vous avez besoin d'un peu plus de passion dans la vie! Vous ne profitez pas assez des bonnes choses de la vie, et est-ce que vous n'auriez pas une petite tendance à être pantouflard(e) par hasard?
Recommandation: Que ce soit pour le travail ou les loisirs, fixez-vous des objectifs. Travaillez dur, mais sachez aussi vous détendre entre amis. Après tout, on ne vit qu'une fois, non?

4 « a » et 4 « b »: Félicitations! C'est l'équilibre parfait entre le travail et les loisirs… Vous aimez passer un bon moment, mais vous savez aussi vous détendre.
Recommandation: (Ajoutez votre propre recommandation.)

E. **Job d'été.** Cet été, vous aimeriez travailler comme animateur pour le Club Med en Corse. Lisez la description de cet emploi. Avec votre partenaire, imaginez les questions (au moins sept) du recruteur. Utilisez l'inversion dans vos questions.

MODÈLE: Êtes-vous capable d'organiser des jeux?

ANIMATEUR

Votre mission: Organiser et animer des jeux au micro; faire participer les spectateurs; organiser des fêtes à thèmes.

Votre profil: 21 ans minimum, disposé(e) à se déplacer, disponible de mai à septembre. Expérience en animation de soirée et de spectacles en tous genres (magicien, chanteur, imitateur...). Anglais souhaité.

Vos atouts (*assets*): Animé(e), enthousiaste, souriant(e) et toujours de bonne humeur. Toujours prêt(e) à faire la fête.

F. **Il n'y a pas que le travail dans la vie!**

Étape 1. Vous êtes invité(e) à une soirée chez des amis. Vous allez rencontrer des personnes que vous ne connaissez pas, mais qui semblent intéressantes. Écrivez au moins cinq questions que vous allez leur poser. Les catégories suivantes peuvent vous donner des idées de questions.

• **Les activités que l'on fait chez soi**

écrire un journal, envoyer des messages par courrier électronique, lire un magazine / un roman, surfer sur Internet...

• **Les activités de détente**

écouter de la musique, faire de la méditation / du yoga, faire la sieste, regarder la télévision...

• **Les activités en groupe**

aller au cinéma, aller à une soirée, danser, faire du shopping, jouer à des jeux vidéo...

• **Les activités sportives**

courir, faire de l'aérobic, faire de l'escalade (*rock climbing*), faire de la musculation, jouer au foot...

MODÈLES: Qu'est-ce que vous faites comme sport?
Depuis quand est-ce que vous faites du yoga?

Expressions utiles

Les questions suivantes peuvent vous servir pour mieux connaître une personne et suggérer des activités.

Attention!: «ça» correspond au style parlé (familier) et doit être remplacé par «cela» dans des situations formelles.

Pour mieux connaître une personne

Qu'est-ce que tu fais dans la vie?	What do you do for a living?
Qu'est-ce que tu fais comme études?	What is your major?
Tu vas souvent au cinéma?*	Do you go to the movies often?
(Et) la politique, ça t'intéresse?	Are you interested in politics?
(Et) la musique rock, ça te plaît?**	Do you like rock music?
Ça fait combien de temps que tu travailles ici?	How long have you been working here?

Pour suggérer une activité

Qu'est-ce que tu en penses?	What do you think?
(Et) si on allait au ciné?	How about we go see a movie?
Ça te dirait de prendre un café?**	Would you like to go for a cup of coffee?
Ça te plairait de visiter ce musée?**	Would you like to visit this museum?

Pour répondre à des questions

Ça m'est égal.**	I don't care, whatever.
C'est comme tu veux / préfères.	As you like / prefer.
Ça m'intéresse un peu / beaucoup.	It interests me a little / a lot.
Ça (ne) me plaît (pas).**	I like / don't like it.
Ça fait deux mois que je travaille ici.	I've been working here for (the past) two months.

---

*There is no direct equivalent of *how often* in French. Use **souvent** to ask a frequency question.

** **plaire, dire,** and **être égal** take an indirect object pronoun:

—Les ballets ne plaisent pas du tout **à** Adama. —Ah bon? Ça ne **lui** plaît pas? / Ça ne **lui** dit rien?

—Et Yann et Sandra? Oh eux, ça **leur** est égal!

Étape 2. Posez vos questions à un(e) autre invité(e) (votre partenaire). Vous pouvez aussi utiliser les **Expressions utiles.** En fonction de ses réponses, décidez si vous avez envie d'en savoir plus sur cette personne.

G. Loisirs: Le Théâtre en Afrique francophone.

Étape 1. Lisez l'article suivant sur les activités théâtrales en Afrique francophone.

L'actualité théâtrale en Afrique

Au Bénin: Festival Kaletas
Les élèves des lycées et collèges interprèteront chaque jour une sélection de pièces de théâtre. L'objectif est de transmettre le théâtre aux jeunes par l'intermédiaire des artistes eux-mêmes. Les arts ne doivent pas être réservés à une élite et l'école doit permettre la découverte des diverses formes artistiques.

Au Cameroun: Festival de la Caricature et de l'Humour de Yaoundé[1]
Une cinquantaine de caricaturistes se retrouvent dans la capitale camerounaise pour ce rendez-vous annuel satirique.

Les participants viennent de France, d'Afrique du Sud, de Côte d'Ivoire, du Sénégal, du Nigéria, de la République du Congo, du Bénin, de Madagascar, du Zimbabwe, de la Guinée équatoriale, du Tchad, du Gabon, du Burkina Faso, du Congo et du Cameroun.

Au Sénégal: L'École franco-sénégalaise de Fann et l'Atelier[2] Théâtre du Point E
Deux tragi-comédies seront interprétées par les élèves sur les thèmes de la tolérance, du respect de la différence et de l'exploitation de l'homme par l'homme.

En Guinée: Festival de Théâtre de Guinée
Le festival réunit pendant cinq jours les meilleures créations dramatiques nationales. Ce sont des pièces modernes et créatives qui témoignent de la vitalité de l'Afrique et des changements qui s'y produisent. Les thèmes sont issus du patrimoine culturel et des réalités sociales.

[1]capitale du Cameroun   [2]*Workshop*

Étape 2. Complétez de façon logique les questions sur l'article que vous venez de lire.

1. _____ vous pensez de l'objectif du Festival Kaletas?
2. _____ il y a de différent entre le festival du Cameroun et les autres festivals?
3. _____ sont les thèmes communs dans les pièces interprétées à l'atelier sénégalais?
4. Pendant _____ le Festival de Théâtre de Guinée a-t-il lieu (*takes place*)?
5. _____ la popularité du théâtre augmente ou diminue dans ces pays?
6. _____ croyez-vous que le théâtre plaise aux Africains en général?
7. Parmi ces festivals, _____ aimeriez-vous le plus? Pourquoi?
8. _____ êtes-vous allé(e) au théâtre la dernière fois?
9. _____ pièce y avez-vous vue? _____ elle vous a plu?
10. Si vous étiez caricaturiste, _____ personne choisiriez-vous de dessiner?

Étape 3. Avec un(e) partenaire, répondez à chaque question de l'Étape 2 en une ou deux phrases.

Coin-culture

Destination
L'Afrique francophone

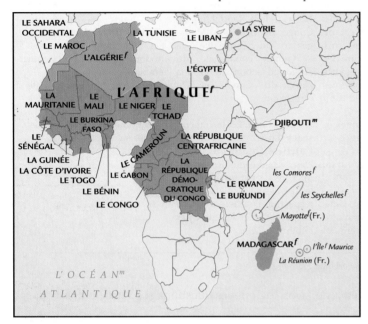

L'Afrique francophone

L'Afrique francophone est composée d'un groupe de pays où le français, héritage de la colonisation, reste très utilisé. Dans certains pays (comme le Sénégal et le Mali), c'est la seule langue officielle, tandis que dans d'autres pays (au Cameroun et au Rwanda, par exemple), le français partage le statut de langue officielle avec d'autres langues. Le français est aussi parlé à Madagascar et dans les îles alentour. En Afrique du Nord, le français continue à être parlé mais c'est l'arabe qui est la langue officielle.

En Afrique du Nord se trouvent le Maroc, l'Algérie et la Tunisie. En Afrique de l'Ouest, il y a le Sénégal, la Mauritanie, le Mali, la Guinée, la Côte d'Ivoire, le Burkina Faso, le Togo, le Bénin et le Niger. En Afrique centrale se trouvent le Cameroun, le Tchad, la République Centrafricaine, le Gabon, le Congo, la République démocratique du Congo (ancien Zaïre), le Rwanda et le Burundi. Tous ces pays étaient des colonies françaises ou belges jusqu'en 1960. Après leur indépendance, ces pays ont gardé le français comme langue administrative et commerciale. Comme la population de ces pays est constituée de très nombreuses ethnies[1] qui ont chacune leur propre langue, la langue française joue un rôle important.

[1]ethnic group composed of several tribes

QUELQUES PAYS FRANCOPHONES EN AFRIQUE			
	LE SÉNÉGAL	LE MALI	LA RÉPUBLIQUE DÉMOCRATIQUE DU CONGO
Superficie	196 151 km[1]	1 240 000 km[2]	2 345 410 km[3]
Capitale	Dakar	Bamako	Kinshasa
Population	12 millions	11,7 millions	62,7 millions
Groupes ethniques	20 ethnies: Wolof (35 %), Pulaar (20 %), Diola (10 %), etc.	Sahéliens (Maures, Touareg), Bambara	250 ethnies: Bantou, Luba, Kanjo Anamongo, etc.
Religions	islam (94 %) christianisme (5 %) animisme (1 %)	islam (90 %) animisme (9 %) christianisme (1 %)	christianisme (80 %) animisme (10 %) islam (10 %)
Régime	république	république	république (gouvernement de transition)
Langues	français (officielle) wolof, peul, etc	français (officielle) bambara, peul, etc	français (officielle) lingala, swahili, etc
Monnaie	le franc CFA[4]	le franc CFA	le franc congolais

[1]*75,734 square miles*   [2]*478,766 square miles*   [3]*905,567 square miles*   [4]franc de la Communauté Financière Africaine

Un repas traditionnel au Sénégal

1. Le Sénégal: Le Sénégal est situé sur la côte ouest du continent africain. La religion principale est l'islam, mais il y a aussi des chrétiens et des animistes. L'animisme est la religion traditionnelle de l'Afrique noire. Cette religion considère que toute chose a une âme:[2] les plantes, les animaux et toutes les forces de la nature. Les animistes pratiquent aussi le culte des ancêtres avec qui ils communiquent et qui ont une influence positive ou négative sur la vie quotidienne des vivants.[3]

Le Sénégal a des coutumes[4] particulières. Les salutations, souvent faites en arabe, sont de très grande importance car les Sénégalais aiment se saluer même s'ils ne se connaissent pas. «Salaam aleikoum» (Que la paix soit avec vous[5]) est l'expression la plus courante. Au début d'une conversation, il faut aussi toujours demander des nouvelles de la

[2] *soul*   [3]*vie... daily life of the living*   [4]*customs*   [5]Que... *May peace be with you*

famille[6] même si vous ne l'avez jamais rencontrée. Traditionnellement, on prend souvent les repas assis par terre[7] et tout le monde mange avec la main dans un plat commun.[8] Il faut bien se laver les mains avant le repas et utiliser seulement la main droite. Les mendiants,[9] très nombreux dans les villes, remplissent une fonction très importante dans la société sénégalaise. Les musulmans[10] ont le devoir religieux de faire l'aumône[11] tous les jours et sont supposés donner de l'argent ou de la nourriture aux plus pauvres.

La tradition orale est toujours importante au Mali

2. **Le Mali:** Le Mali est le plus grand pays de l'Afrique de l'Ouest. L'histoire du Mali est marquée par la fondation de l'empire du Mali au 11e siècle. Entre les 13e et 15e siècles, cet empire est devenu l'une des grandes puissances[12] musulmanes de l'époque. Sa richesse venait du contrôle des routes et des échanges commerciaux entre le Nord et le Sud. La colonisation française date de 1900 et s'est terminée en 1960. L'histoire du Mali s'est transmise[13] de génération en génération grâce à[14] la tradition orale exercée par les griots.[15] Depuis des siècles, les griots occupent des fonctions variées et font partie d'une classe sociale distincte. Dans le passé, ils ont été les conseillers des rois.[16] Comme la plupart des langues africaines n'ont pas d'écriture, les griots, qui sont musiciens et poètes, ont joué et jouent encore un rôle très important dans la transmission de l'histoire dans les pays musulmans de l'Afrique de l'Ouest. En plus d'être la mémoire vivante d'un peuple—la bibliothèque orale—le griot a aussi un rôle social important et il assiste à toutes les fêtes et cérémonies. Craint[17] et respecté en même temps, le griot reçoit de l'argent pour déclamer[18] des poèmes et ballades qui font l'éloge[19] des familles présentes. Par contre, si quelqu'un a provoqué sa colère,[20] il peut décider de révéler des secrets embarrassants.

3. **La République démocratique du Congo (RDC):** Ancienne colonie belge, la RDC (ancien Zaïre) est le plus grand pays d'Afrique. Depuis son indépendance en 1960, ce pays a connu une succession de coups d'état et de guerres civiles qui ont causé une grande instabilité politique qui dure encore aujourd'hui. La diversité du climat, la beauté et la richesse des paysages font de la RDC une destination touristique privilégiée. On y trouve d'immenses forêts vierges,[21] de la savane,[22] des fleuves et rivières, de hautes chaînes de montagnes, des volcans, des lacs, des chutes d'eau[23] impressionnantes, de nombreuses grottes[24] et de magnifiques parcs nationaux. La conservation de la nature a toujours été une priorité en RDC et on peut y voir des animaux rares vivre dans leur milieu naturel. Dans le Parc National des Kundelungu, par exemple, on peut

Des éléphants dans le parc des Virunga en RDC

[6]demander... *ask about the family* [7]assis... *seated on the floor* [8]dans... *in one shared dish* [9]*beggars*
[10]*Muslims* [11]faire... *to give alms* [12]*powers* [13]s'est... *has been passed on* [14]grâce... *thanks to*
[15]*storytellers who keep the oral tradition alive in West Africa* [16]*kings* [17]*Feared* [18]*reciting* [19]font...
praise [20]*anger* [21]forêts... *virgin forests* [22]*savannahs* [23]chutes... *waterfalls* [24]*caves*

admirer les chutes d'eau les plus hautes d'Afrique, les chutes de la Lofoï (347 m[25]), et y trouver des espèces[26] en danger comme le guépard.[27] À l'est du pays, Le Parc des Virunga, créé en 1925, est unique au monde. Fondé sur le principe de «réserve intégrale»[28] (la faune et la flore évolue sans intervention humaine), il fait 300 km de longueur et 150 km de largeur,[29] et contient une biodiversité très riche. On peut y voir de nombreux animaux: des hippopotames, des lions, des gorilles, des léopards, des éléphants, des buffles, des antilopes, des rhinocéros, des girafes et des milliers d'espèces d'oiseaux.

[25]*1,138 feet* [26]*species* [27]*cheetah* [28]réserve... *natural reserve* [29]300 km... *186 miles long and 93 miles wide*

Activités

A. Pour commencer, situez les lieux décrits sur la carte de l'Afrique et classez-les en mettant devant chaque endroit un chiffre de 1 (le plus intéressant) à 3 (le moins intéressant). Expliquez les raisons de votre sélection.

B. En petits groupes, discutez des coutumes et traditions africaines suivantes.

    1. Les coutumes du Sénégal. Quelle(s) coutumes trouveriez-vous facile(s) et difficile(s) à suivre? Quelles coutumes trouvez-vous les plus surprenantes? Quelles sont les coutumes de votre pays qui vous semblent les plus importantes? Pourraient-elles être difficiles à suivre pour un(e) touriste sénégalais(e)? Pourquoi?

    2. Le rôle du griot en Afrique. Quelle est la fonction du griot? Existe-t-il des personnes qui ont un rôle similaire en Amérique du Nord ou en Europe? Qui sont ces personnes?

    3. La nature en RDC. Quels types de paysages et quels animaux peut-on admirer en RDC? La description de la nature dans ce pays vous rappelle-t-elle une région ou un parc national de votre pays? Si oui, quels aspects de cette région ou de ce parc sont similaires à ceux de la RDC? Avez-vous déjà visité des parcs naturels? Lesquels? Pensez-vous qu'il soit important de protéger des espaces naturels contre les interventions humaines?

Ousmane Sembène reçoit le prix du jury au Festival International du Film de Marrakech pour son film *Moolaadé*

La vie des artistes
Ousmane Sembène, un réalisateur sénégalais

L'écrivain et réalisateur sénégalais Ousmane Sembène est considéré par beaucoup comme le père du cinéma africain. Né en 1923 en Casamance[1] au Sénégal, à cette époque colonie française, il quitte l'école à l'âge de 13 ans, sert dans l'armée française pendant la Deuxième Guerre mondiale et s'installe à Marseille après la guerre. Autodidacte,[2] il apprend seul à lire et à écrire le français et découvre ainsi sa première passion, l'écriture. Il publie son premier roman *Le Docker*[3] *noir* en 1956.

Sembène comprend rapidement que le cinéma est un média plus efficace que l'écriture pour toucher un public de masse, notamment les ouvriers[4] et les

[1]*region in the southern part of Senegal* [2]*Self-taught* [3]*dock worker* [4]ouvriers *blue-collar workers*

paysans[5] africains souvent illettrés.[6] Après avoir étudié le cinéma à Moscou, il retourne au Sénégal, devenu indépendant, et commence sa carrière cinématographique.

Ses films sont principalement des critiques sociales et politiques. Son premier court métrage,[7] *Borom Saret* (1963), sur la vie d'un pauvre charretier[8] à Dakar, est le premier film de fiction tourné par un Africain dans son propre pays. Son film *La Noire de...* (1966) est le premier long métrage[9] réalisé par un Africain; il reçoit un prix au Festival de Cannes en 1967. Filmé dans un style très simple, ce film raconte l'histoire tragique de Diouana, une jeune servante sénégalaise qui travaille pour une riche famille française sur la Côte d'Azur. Exploitée et maltraitée, Diouana finit par se suicider.

Par la suite, Sembène produit ses films en plusieurs langues: français, wolof (langue nationale du Sénégal) ou diola (dialecte de la Casamance). Les thèmes sont divers. *Mandabi* (The Money Order) (1968), tiré de l'un de ses romans,[10] est une satire de la nouvelle bourgeoisie et de la bureaucratie du Sénégal. *Xala* (The Curse) (1974) attaque l'hypocrisie des nouveaux riches à Dakar: un homme d'affaires prend une troisième épouse mais devient impuissant.[11] Il se croit victime d'une malédiction,[12] le *xala*, et demande de l'aide à des guérisseurs.[13] *Ceddo* (The Outsiders) (1976), sans doute son chef-d'œuvre,[14] est un film historique qui traite de la participation de certains Africains à la vente des esclaves au moment où l'islam et le christianisme pénètrent l'Afrique de l'Ouest. *Faat-Kiné* (2000) est une comédie dans laquelle Sembène présente les réalités des femmes sénégalaises dans une société où modernité et traditions entrent souvent en conflit. Son dernier film, *Moolaadé* (2004), traite du problème de l'excision.[15]

Bien que Sembène ait reçu de nombreux prix internationaux et que ses films soient extrêmement populaires en Afrique, certains de ses films comme *Xala* ou *Ceddo* ont été temporairement interdits ou censurés[16] au Sénégal parce qu'ils étaient jugés hostiles au gouvernement. Il est mort le 9 juin 2007 à l'âge de 84 ans.

---

[5]*farmers* [6]*illiterate* [7]*short subject film* [8]*cart driver* [9]*feature film* [10]*tiré... taken from one of his novels*
[11]*impotent* [12]*curse* [13]*healers* [14]*masterpiece* [15]*female circumcision* [16]*interdits... banned or censored*

Discussion. En petits groupes, discutez à partir des questions suivantes.

1. Selon le texte sur Sembène Ousmane, quels sont les thèmes principaux du cinéma sénégalais? Quel film de Sembène Ousmane aimeriez-vous voir et pourquoi?

2. Avez-vous déjà vu des films africains? Si oui, quels étaient les thèmes principaux? Selon vous, quelles sont les différences majeures entre le cinéma africain et le cinéma de votre pays ou européen?

3. Que pensez-vous du fait que certains films de Sembène Ousmane aient été censurés au Sénégal? Connaissez-vous d'autres films (américains ou étrangers) qui ont été censurés? Pourquoi, selon vous?

4. Le cinéma est un art encore jeune en Afrique. À votre avis, quelles sont les difficultés principales que rencontrent les réalisateurs africains?

Activités Internet

En utilisant les mots clés et les moteurs de recherche sur le site Internet de *Pause-café* (www.mhhe.rom/pausecafe), cherchez des informations sur l'Afrique francophone et le cinéma africain pour répondre aux questions suivantes.

1. Trouvez des sites Internet sur un endroit en Afrique francophone qui vous intéresse. Trouvez des informations sur l'histoire, la population, la situation politique, les langues, la musique, les événements culturels et les activités touristiques de cette région et écrivez une petite description avec vos propres mots.

2. Cherchez et nommez un(e) autre cinéaste d'Afrique francophone. Quels genres de films a-t-il/elle réalisés? Quels en sont les titres et les thèmes principaux? Quel film aimeriez-vous voir et pourquoi?

Lecture

strike of the (bowls/container) beggars

La Grève des bàttu[1] d'Aminata Sow Fall

Au sujet de l'auteur

Romancière sénégalaise célèbre, Aminata Sow Fall est née en 1941. Après avoir passé le bac, elle a décidé de partir en France pour faire des études de lettres modernes à la Sorbonne. Après son mariage en 1963, elle est rentrée au Sénégal où elle est devenue professeur de lycée. Elle a écrit de nombreux romans qui ont eu beaucoup de succès en Afrique et en Europe. Son deuxième roman, *La Grève des bàttu* (prononcez «batou»), publié en 1979, a été selectionné pour le prix Goncourt.[2] Dans ce roman, Aminata Sow Fall critique l'attitude des personnes au pouvoir face à la pauvreté en mettant en scène une situation inattendue,[3] une grève pas comme les autres, celle des mendiants de la ville.

[1]en wolof, mot désignant le récipient que les mendiants utilisent pour demander la charité   [2]prix… *prestigious literary prize*   [3]*unexpected*

Avant la lecture

À discuter. Avec un(e) partenaire, répondez aux questions suivantes.

1. En général, qui fait la grève et pour quelles raisons? Dans votre pays, est-ce que les grèves sont fréquentes? Pourquoi ou pourquoi pas?

2. Que pensez-vous des personnes qui décident d'organiser une grève?

3. Comment les mendiants sont-ils perçus dans votre ville? À votre avis, quelles sont les circonstances qui conduisent une personne à mendier?

(suite)

4. En général dans votre pays, où se trouvent les mendiants pour demander de l'argent? Que font-ils pour mendier? Donnez des exemples de messages écrits sur les pancartes (*signs*) que les mendiants montrent aux passants. Quelle est la réaction typique des gens?

La Grève des bàttu [extrait]

Première partie

Dans ce passage, situé au début du roman, deux des principaux personnages, Mour Ndiaye, un haut bureaucrate plein d'ambition, et son assistant Kéba Dabo discutent du problème des mendiants dans la ville.

VOCABULAIRE

Il faut débarrasser[1] la Ville de ces hommes—ombres d'hommes[2] plutôt—déchets[3] humains, qui vous assaillent[4] et vous agressent partout et n'importe quand. [...] Ah! Ces hommes, ces ombres d'hommes, ils sont tenaces et ils sont partout! La Ville demande à être

VOCABULAIRE

nettoyée[5] de ces éléments. Kéba Dabo en est d'autant plus convaincu[6]   5
qu'une fois de plus il a eu du mal à avaler sa salive; il a eu la malchance de se trouver ce vendredi dans le magasin d'un commerçant libanais; or tout le monde sait que le vendredi est jour d'embouteillages[7] pour les mendiants.* Un aveugle[8] a blessé[9] un jeune

VISUALISER

homme avec sa canne, juste au moment où le jeune homme sortait du   10
magasin alors que le mendiant tâtait le lieu[10] pour y pénétrer. Le jeune homme a insulté le mendiant; celui-ci a riposté[11] très grossièrement à la stupéfaction de tous.

—Mais comment oses-tu[12] sortir de si graves injures?
—Ah! Parce qu'on est des mendiants, on croit qu'on est des chiens!   15
   On commence à en avoir assez!

Personne n'y comprend plus rien; Kéba Dabo encore moins, lui dont la mission est justement de procéder aux désencombrements[13]

VOCABULAIRE

humains. Il est l'adjoint de Mour Ndiaye, le directeur du Service de la salubrité publique.[14] Mour Ndiaye a été catégorique lorsque, une se-   20
maine auparavant,[15] il avait appelé son adjoint dans son bureau. [...]

—Kéba, la situation est de plus en plus préoccupante. Ces mendiants, ils nous... enfin ils nous mènent la vie un peu dure,[16] voyons. Ne t'avais-je pas dit de faire quelque chose?
—Mais si, monsieur le directeur. J'ai exécuté vos instructions. Je dois   25
   vous dire que moi-même je ne peux pas m'expliquer... Je ne sais pas comment ils font pour revenir. Des rafles hebdomadaires[17]

[1]*rid* [2]*ombres... shadows of men* [3]*waste* [4]*attack* [5]*cleaned out* [6]*est... is even more convinced* [7]*traffic jams* [8]*blind man* [9]*wounded* [10]*tâtait... was feeling his way* [11]*retorted* [12]*comment... how dare you* [13]*displacement, clearing out* [14]*salubrité... public health* [15]*before* [16]*ils... they are making our lives a little difficult* [17]*rafles... weekly roundups*

*Le vendredi est le jour où les musulmans vont à la mosquée pour prier.

1. Qui sont les deux
   personnages dans
   ce passage? D'après
   le texte, quels
   adjectifs pouvez-
   vous utiliser pour
   décrire ces deux
   personnes? **VOCABULAIRE** V

2. Dans quel
   contexte le person-
   nage de Kéba est-il
   introduit? Que
   pense-t-il des
   mendiants?

3. Au début du pas-
   sage, quels termes
   sont utilisés pour
   parler des mendi-
   ants? Quelle attitude
   à leur égard ces
   termes indiquent-
   ils? Que pensez-
   vous de l'expression
   «désencombrements
   humains»? Trouvez-
   vous que ce soit un
   terme politiquement
   correct ou hypo-
   crite? Pourquoi?

4. Quels problèmes les
   mendiants créent-ils
   pour la ville? Quel **VOCABULAIRE** V
   secteur particulier
   de l'économie est
   menacé par cette
   situation? Que
   s'est-il passé avec le
   mendiant aveugle?
   Pourquoi tous les **VISUALISER** V
   gens sont-ils
   choqués? **VOCABULAIRE** V

5. Quelles sont les
   méthodes utilisées
   pour éliminer les
   mendiants de la
   ville?

6. Quelle est la
   conclusion de ce
   premier passage?
   Quelle résolution
   prend Kéba?

sont organisées; parfois on les jette[18] à deux cents kilomètres d'ici, mais dès le lendemain on les retrouve à leurs points stratégiques. Cela commence à me dépasser[19] vraiment, monsieur le directeur. 30
[...]

—Kéba, il n'y a pas à comprendre, il faut y mettre les moyens pour que ces gens-là disparaissent. Il y va de la réputation de notre service. Faut-il que l'on nous traite d'inefficaces, d'incapables?
[...]

—Tu te rends compte, continua celui-ci, leur présence nuit[20] au pres- 35
tige de notre pays; c'est une plaie que l'on doit cacher,[21] en tout cas, dans la Ville. Cette année le nombre de touristes a nettement <u>baissé</u> par rapport à l'année dernière, et il est presque certain que ces gens-là y sont pour quelque chose. On ne peut tout de même pas les laisser nous envahir,[22] menacer l'hygiène publique et l'économie nationale! 40

—Bien, monsieur le directeur, nous allons mettre sur pied[23] un plan d'intervention efficace. Vous pouvez me faire confiance, monsieur le directeur.

[18]les... *throw them out*   [19]me... *get beyond me*   [20]*harms*   [21]plaie... *wound that we have to hide*   [22]*invade*   [23]mettre... *implement*

Deuxième partie

*Les mendiants, révoltés par la violente répression organisée par le gouverne-
ment, se sont rassemblés à l'extérieur de la ville dans la maison de Salla Niang,
une femme qui veut les aider.*

Angoisse, grogne et rogne[24] chez les mendiants. Ils viennent
d'enterrer[25] le vieux Gorgui Diop. On savait seulement qu'il 45
avait été « ramassé ».[26] Quelques jours après, on a entendu à
la radio un <u>communiqué</u> du directeur de l'hôpital informant les
parents que Gorgui Diop, cinquante-deux ans environ, natif de San-
diara, était décédé et leur demandant d'aller retirer son corps. Personne ne savait dans quelles conditions il avait été conduit à l'hôpital 50
ni de quoi il était mort. Un silence accablant plane au-dessus[27] de la
cour de Salla Niang. [...] Sur les visages d'épaves,[28] la peur et la mé-
lancolie ont appliqué un masque de terreur. [...] Depuis quelque
temps, ils ne sortent plus en plein jour. [...] L'atmosphère brûlante
exhale des odeurs de <u>peines</u> et de misère. 55

—Si nous n'y prenons garde,[29] nous finirons tous comme Gorgui
Diop, hurle[30] Nguirane Sarr. Nous finirons tous comme des chiens!
[…] Pourtant, ce Gorgui Diop n'avait rien fait à personne, poursuit-
il. Écoutez, mes amis, puisqu'ils veulent qu'on leur fiche la paix,[31]
fichons-leur la paix. Restons ici! Ne bougeons plus d'ici! 60

[24]Angoisse... *Rumbling, discontent, and anger*   [25]*buried*   [26]*picked up*   [27]Un... *An oppressive
silence is hanging over*   [28]*human wrecks; derelicts*   [29]Si... *If we are not careful*   [30]*yells*
[31]puisqu'ils... *since they want us to leave them alone*

(*suite*)

Ses amis attendaient autre chose, pas cela. Ils sont désespérés, terrorisés; ils veulent bien une solution qui stipule qu'ils soient considérés comme des citoyens à part entière. Mais Nguirane Sarr les surprend. Sa proposition semble n'avoir aucun sens.

—Nous n'irons plus demander la charité? 65

—Que ferons-nous? Faut-il que nous soyons totalement démunis?[32] […]

—Nguirane, ce que tu dis n'est pas faisable. Ne te laisse pas <u>emporter</u> par la colère. […] Soyons courageux: un jour ils nous laisseront tranquilles. Mais, si nous n'allons plus au-devant de la charité, où irons-nous? En boudant,[33] nous ne ferons tort à personne d'autre qu'à nous-mêmes.[34] 70

[…] La haine, le mépris[35] et la colère grondent[36] dans la voix de Nguirane.

—Vous vous trompez! Je vous l'ai déjà dit; ce n'est ni pour les guenilles,[37] ni pour nos <u>infirmités</u>, ni pour le plaisir d'accomplir un geste désintéressé que l'on daigne[38] nous jeter ce que l'on nous donne. Ils ont d'abord soufflé leurs vœux[39] les plus chers et les plus inimaginables sur tout ce qu'ils nous offrent: «Je donne cette charité pour que Dieu m'accorde longue vie, prospérité et bonheur… Grâce à cette charité, que le Tout-Puissant[40] chasse mes maux[41] ainsi que ceux de ma famille, qu'Il me protège de Satan, des sorciers <u>anthropophages</u> et de tous les mauvais sorts[42] que l'on pourrait me jeter…» Voilà ce qu'ils disent lorsque dans le creux[43] de votre main tendue, ils laissent tomber une pièce ou un paquet. Et, quand ils nous invitent gentiment devant des <u>calebasses</u> fumantes et parfumées de lax,[44] pensez-vous que c'est parce qu'ils ont songé[45] que nous avons faim? Non, mes amis, ils s'en foutent.[46] Notre faim ne les dérange pas. Ils ont besoin de donner pour survivre et, si nous n'existions pas, à qui donneraient-ils? Comment assureraient-ils leur tranquillité d'esprit? Ce n'est pas pour nous qu'ils donnent, c'est pour eux! Ils ont besoin de nous pour vivre en paix. 75 80 85 90

[32]*destitute* [33]*En… By sulking* [34]*nous… we will harm no one but ourselves* [35]*contempt* [36]*are brewing* [37]*rags* [38]*deign, condescend* [39]*ont… first whispered their wishes* [40]*Almighty* [41]*troubles; illnesses* [42]*tous… all the curses* [43]*hollow* [44]*dish made of a mix of millet and curds* [45]*thought* [46]*ils… they don't care (fam.)*

VÉRIFIER

À vérifier

1. Quels sentiments ressentent les mendiants? Pourquoi?

2. Qu'est-ce que Nguirane propose? Quelle est la réaction des autres mendiants?

3. Selon Nguirane, pour quelles raisons les gens font-ils la charité?

4. Qu'est-ce qui indique que les mendiants considèrent que mendier est une occupation professionnelle légitime?

Après la lecture

A. Les points clés dans la lecture. Soulignez tous les exemples de questions que vous pouvez trouver dans la lecture. Quel type de question est le plus fréquent? Quels mots interrogatifs sont utilisés?

B. À discuter. En petits groupes, discutez à partir des questions suivantes.

1. Dans ce texte, qu'est-ce que vous avez appris de la culture musulmane et sénégalaise? Quels sont les éléments culturels qui sont importants afin de comprendre ce passage?

2. Comparez Kéba Dabo et Nguirane Sarr. En quoi ces personnages se ressemblent-ils? En quoi sont-ils différents? Lequel est le plus sympathique? Pourquoi?

3. Quelles seraient les conséquences si les mendiants ne demandaient plus la charité?

4. Les deux passages présentent des perspectives différentes sur une même situation. Qui, de Kéba Dabo et Mour Ndiaye ou des mendiants, vous sont le plus sympathiques? Pourquoi? Est-ce que votre position changerait si vous habitiez la ville en question?

5. Pensez-vous que la proposition de Nguirane Sarr soit une bonne idée? Croyez-vous qu'il va réussir à convaincre les autres mendiants?

6. Que pensez-vous des gens qui mendient dans la rue? Pensez-vous que le gouvernement ait la responsabilité de s'occuper des personnes pauvres ou handicapées? Pourquoi ou pourquoi pas? Quelle est la situation dans votre pays?

C. Citations. En groupes de deux ou trois, expliquez avec vos propres mots ce que veulent dire les citations suivantes prises dans la lecture.

1. « … leur présence nuit au prestige de notre pays; c'est une plaie que l'on doit cacher, en tout cas, dans la Ville.»

2. «Ce n'est pas pour nous qu'ils donnent, c'est pour eux! Ils ont besoin de nous pour vivre en paix.»

D. Correspondance. Écrivez une lettre à Kéba Dabo dans laquelle vous parlez de la répression violente organisée contre les mendiants. Expliquez-lui ce que vous pensez des mendiants eux-mêmes et dites si vous êtes d'accord ou non avec la volonté de se débarrasser d'eux. Parlez de la situation dans votre pays et donnez des exemples précis. Faites des suggestions sur la façon d'améliorer la situation des mendiants et celle des habitants de la ville.

Pour écrire

Comment combattre le stress

Étape 1. Faites une liste des choses qui vous stressent. Ensuite, faites une liste des activités que vous aimez ou que vous feriez pour vous détendre si vous le pouviez.

Étape 2. Imaginez que vous êtes particulièrement stressé(e), et qu'un(e) psychologue vous offre son aide. Avant de commencer la thérapie, le/la psychologue vous demande d'écrire un essai dans lequel vous décrivez les aspects de votre vie que vous aimez et ceux qui sont stressants. Utilisez des verbes différents pour exprimer ce qui vous plaît dans votre vie et ce qui vous déplaît.

Étape 3. Vous êtes un(e) célèbre psychologue, et vous voulez aider un(e) patient(e) particulièrement stressé(e). Lisez l'essai de votre patient(e) (une autre personne dans la classe) et faites des suggestions sur ce qu'il/elle doit faire pour mieux profiter de la vie et être moins stressé(e). Prescrivez une thérapie dans laquelle vous recommandez une liste d'activités qui peuvent aider votre patient(e) à combattre le stress. Expliquez pourquoi ces activités lui feront du bien.

Autres thèmes pour discuter

Étape 1. Préparez une fiche sur chacun des thèmes proposés pour pouvoir discuter à partir des questions qui suivent. Les icônes indiquent de quels points clés vous aurez probablement besoin pour formuler vos réponses.

Les loisirs

- Faites une comparaison entre ce que vous faites pendant votre temps libre maintenant et ce que vous ferez quand vous aurez terminé vos études et que vous aurez un travail à temps plein.
- Que feriez-vous pendant votre temps libre si vous étiez riche et que vous n'aviez pas à travailler?
- Êtes-vous plus préoccupé(e) quand vous avez du temps libre, ou quand vous avez beaucoup de travail? Expliquez.

Le stress

- Quels conseils donneriez-vous à un(e) ami(e) qui est constamment stressé(e)?
- À votre avis, écrire des poèmes et tenir un journal peut-il aider à réduire le stress?
- Si vous aviez un emploi qui vous causait beaucoup de stress, que feriez-vous?

Le travail

- Qu'est-ce que vous aimiez dans votre premier emploi? Qu'est-ce que vous n'aimiez pas?
- Imaginez et décrivez votre travail dans dix ans.
- Quelles caractéristiques et avantages sociaux prenez-vous en considération quand vous cherchez un emploi? Quels aspects sont les plus importants? Qu'est-ce qui n'a pas vraiment d'importance pour vous?
- Si vous étiez patron(ne) ou manager, quelles qualités rechercheriez-vous chez un(e) candidat(e)?

La musique

- Donnez votre opinion sur l'affirmation suivante: «La musique moderne a une mauvaise influence sur les jeunes, surtout sur les adolescents.»
- Pensez-vous qu'une personne puisse travailler efficacement avec une musique de fond? La musique est-elle une bonne façon de se détendre?
- Comparez la musique que vous écoutez avec celle qu'écoutaient vos parents lorsqu'ils avaient votre âge.

Étape 2. Préparez une question pour chaque fiche en utilisant les points clés. Ensuite, posez vos questions à un(e) camarade de classe.

CHAPITRE 5

Le nouveau millénaire et l'avenir

Que se passera-t-il dans le futur?

La Défense, le quartier le plus moderne de Paris

Points clés ▼ FUTUR
- Parler du futur

Thèmes principaux
- Le nouveau millénaire
- L'environnement

Destination
- L'Europe francophone

Dans ce chapitre, nous allons explorer le thème du nouveau millénaire et de l'avenir. Quels rôles aurons-nous en tant qu'individus? Quels développements technologiques changeront notre vie? Vivrons-nous dans un monde sans frontières? Comment va évoluer l'humanité et comment trouverons-nous des solutions aux problèmes de notre monde?

Vous allez aussi lire un poème évoquant les espoirs de liberté pour l'humanité.

MULTIMÉDIA

www.mhhe.com/pausecafe

124

Rencontres

Les projets pour l'été

Qu'est-ce qu'on va faire cet été?

Situation: Tous les amis, à l'exception de Nathalie, se retrouvent au Café des Arts et discutent de leurs projets pour l'été. Ils parlent de leur vie personnelle mais aussi de sujets importants de nature sociale et politique. Lisez le dialogue et répondez aux questions qui suivent. Faites particulièrement attention au nouveau vocabulaire **en caractères gras.**

FABIENNE: Regardez ce que j'ai acheté hier. Je n'ai pas pu résister et je me suis acheté toute la collection des chansons de Jacques Brel. Quinze CD, vous imaginez, ça m'a coûté beaucoup d'argent mais j'en avais tellement envie depuis longtemps...

XAVIER: Je te comprends. Moi aussi, j'adore Brel. C'est sûrement un des plus grands auteurs-compositeurs[1] français...

FABIENNE: Belges, tu veux dire... Les Français oublient souvent que Brel est belge. Il a peut-être fait toute sa carrière en France mais il est quand même belge.

YANN: C'est vrai, tu as raison, il est de Bruxelles. En tout cas, c'est un artiste génial qui a chanté ses convictions avec beaucoup de poésie et de passion.

XAVIER: En parlant de passion, vous savez où est Nathalie? Est-ce qu'elle va nous retrouver?

SANDRA: Non, elle a décidé de rentrer à Avignon pour voir ses parents et passer deux ou trois semaines avec eux avant de partir faire son tour de l'Europe.

FABIENNE: Eh oui, Nathalie se donne maintenant corps et âme[2] à une autre cause: sauver l'environnement. Elle veut savoir ce qui se fait en matière de protection de l'environnement dans les autres pays européens et elle part pour un mois et demi avec un groupe d'**écologistes** comme elle.

SANDRA: C'est une belle initiative, non? Qu'est-ce que vous en pensez? Nathalie pense qu'on ne fait pas encore assez pour résoudre les problèmes comme **la pollution, la déforestation, le recyclage des déchets** ou **le réchauffement global.** À son avis, si les **êtres humains** ne changent pas d'attitude envers **la planète, la Terre** n'existera bientôt plus. Elle veut aussi faire des recherches sur les plantes transgéniques, elle veut en savoir plus. C'est vrai qu'on en parle beaucoup depuis quelques années et on **se demande** tous si c'est **une menace** ou **un progrès...**

[1]*singer-songwriters* [2]*corps... body and soul*

(suite)

ADAMA: Ça, c'est vrai, c'est un sujet très **controversé**. Moi aussi, ça me fait peur ces manipulations **génétiques**. J'espère qu'elle va partager avec nous le résultat de ses recherches. Et alors vous, Sandra et Fabienne, qu'est-ce que vous allez faire cet été?

SANDRA: Alors, moi, vous n'allez pas me croire. Je pars en Italie pour suivre des cours de peinture à Florence. Je viens de recevoir la lettre d'admission. Je suis super heureuse! J'ai toujours rêvé de pouvoir y aller; Florence est une ville d'**une richesse** artistique immense et l'Italie, c'est plutôt agréable en été.

ADAMA: Félicitations! Je suis vraiment content pour toi!

YANN: Ah, oui, c'est vraiment une grande nouvelle!

XAVIER: Oui, c'est génial, même si ça veut dire que tu ne travailleras plus au Café des Arts et que sans toi, ce ne sera pas la même chose...

SANDRA: C'est gentil, Xavier. Vous aussi, vous allez beaucoup me manquer mais c'est une occasion en or pour moi et je dois absolument me rendre **disponible.**

FABIENNE: Ne t'inquiète pas, Sandra. Pars tranquille, on **survivra** jusqu'à ton retour, n'est-ce pas les garçons?

ADAMA: Oui, mais ce sera dur... Et toi, Fabienne, quels sont tes projets?

FABIENNE: Moi, je **prévois** de rester en France. J'ai très envie de profiter de ces quelques vacances pour faire un petit tour de France. Je veux voir les autres grandes villes de province comme Lyon et Marseille, passer du temps en Provence et sur la Côte d'Azur, voir les Alpes, visiter l'Alsace et en particulier Strasbourg et finir par la Bretagne. Je vais rester en Bretagne le plus longtemps possible. J'ai besoin d'**avancer** mes recherches et je vais aller dans les bibliothèques de la région parce que, comme vous le savez, beaucoup de Canadiens ont des origines bretonnes. En plus, Yann m'a invitée à rester chez lui à Rennes pendant cette période, c'est vraiment idéal!

XAVIER: Alors, tout le monde quitte Paris. Je vais encore me retrouver tout seul pendant ces vacances.

ADAMA: Non, moi je reste ici aussi. J'ai trouvé un stage dans une entreprise d'informatique et je vais y travailler tout l'été. Je suis content même si j'aurais bien aimé rentrer à Dakar pour quelques semaines... Et puis, Xavier, tu oublies Julie, elle m'a dit qu'elle restait aussi à Paris.

XAVIER: Oui, elle sera là, heureusement. Mais quand même, vous allez vraiment me manquer. Heureusement, je vais être aussi très occupé, je vais travailler dans l'entreprise de mon père pour me faire un peu d'argent.

SANDRA: Alors, mes amis, buvons à l'amitié et à nos réussites futures. On va avoir tellement de choses à se raconter à notre retour...

Fonctions communicatives. Avant de commencer les activités qui suivent, identifiez avec un(e) partenaire les points clés utilisés dans le dialogue à l'aide des icônes suivantes.

 DÉCRIRE **D**
 COMPARER **C**
 PASSÉ **P**
 RÉAGIR **R** RECOMMANDER
 QUESTIONS **Q**
 FUTUR **F**

Activités

A. Compréhension. Répondez aux questions suivantes selon le dialogue.

1. Pourquoi Fabienne est-elle contente? Xavier et Yann partagent-ils son enthousiasme? Expliquez pourquoi.

2. Pourquoi Nathalie est-elle absente? Que pensent Sandra et Adama des projets de Nathalie pour l'été?

3. Et Sandra, que va-t-elle faire cet été? Quelles sont les réactions de ses amis?

4. Que va faire Fabienne pendant les vacances? Chez qui va-t-elle habiter et pourquoi?

5. Xavier et Adama vont-ils partir en vacances? Expliquez.

6. Que propose Sandra?

Expressions de coordination

afin que
(+ *subjonctif*)
au lieu de
bien que
(+ *subjonctif*)
car
étant donné que
malheureusement
même si

B. Réactions et recommandations. Complétez les phrases suivantes sur la conversation des cinq amis. Pour chaque phrase, utilisez une des **Expressions de coordination**.

MODÈLE: Yann pense que...

→ Yann pense que Jacques Brel est un grand artiste **car** il a écrit de belles chansons.

Attention! Avec lesquelles des quatre phrases suivantes faut-il utiliser le subjonctif? Pourquoi?

1. Il semble que Nathalie...

2. Sandra veut...

3. Fabienne espère...

4. Adama préférerait...

5. Il est nécessaire que Xavier...

C. Dialogue. Avec un(e) partenaire, préparez un dialogue correspondant à l'une des situations suivantes, puis présentez-le à la classe.

1. Recréez la conversation entre Sandra, Fabienne, Xavier et Adama au sujet de leurs projets respectifs pour l'été. Aidez-vous seulement de votre mémoire et utilisez vos propres mots.

2. Xavier et Adama discutent des activités qu'ils vont faire ensemble à Paris cet été pendant que leurs amis seront partis. Soyez créatif/-ve!

3. Yann explique à Sandra ce qu'il va faire pendant l'été. Sandra est très surprise par ce que Yann lui dit et elle lui pose beaucoup de questions. Soyez créatif/-ve!

Vocabulaire thématique

Pour parler du futur

atteindre (*irreg.*)	to reach, to attain
commencer à (+ *infinitif*)	to start (doing s.t.)
se demander	to wonder
empêcher qqn de (+ *infinitif*)	to prevent s.o. from
éviter	to avoid
prévoir (*like* voir)	to foresee
survivre (*like* vivre)	to survive

MOTS APPARENTÉS: avancer, contribuer, remplacer

Pour décrire le futur

l'avenir (*m.*)	future
l'être humain (*m.*)	human being
la Terre	Earth

MOT APPARENTÉ: la planète, la prédiction

adéquat(e)	appropriate, suitable
controversé(e)	controversial
catastrophique	disastrous
disponible	available
écologique	environmental
inattendu(e)	unexpected
menaçant(e)	threatening
pacifique	peaceful

MOTS APPARENTÉS: génétique, horrifiant(e), humanitaire, imminent(e), inimaginable, innovateur/-trice

Pour parler de l'environnement

les déchets (*m. pl.*)	garbage, waste
les dégâts (*m. pl.*)	harm, damage
un(e) écologiste	environmentalist
l'effet (*m.*) **de serre**	greenhouse effect
la forêt tropicale humide	rain forest
le manque	lack
la menace	threat
le progrès	progress
le réchauffement climatique / de la planète	global warming
le recyclage	recycling

—Mais qui vous a dit que nous utilisions encore la boule de cristal?

les ressources naturelles	natural resources
la richesse	wealth
la surpopulation	overpopulation

MOTS APPARENTÉS: la déforestation, la pollution

Pour parler de la technologie

l'expérience (*f.*)	experiment
le réseau de communication	communications network
le télétravail	telecommuting

MOTS APPARENTÉS: le développement, le cyber-espace, la réalité virtuelle

Pour parler des progrès de la médecine

le clonage	cloning
la génétique	genetics
la transplantation	transplant

Pour parler de la coopération mondiale

l'égalité (*f.*)	equality
la frontière	border
la guerre	war
l'inégalité (*f.*)	inequality
le partage	sharing
la paix	peace
le tiers-monde	Third World countries

MOTS APPARENTÉS: la compassion, la globalisation

Familles de mots

Étape 1. Vous pouvez facilement élargir votre vocabulaire en connaissant la signification d'un seul mot. Dérivez les mots qui manquent.

Noms	Verbes	Adjectifs
le recyclage		
_____	survivre	survécu(e)
_____	_____	menaçant
_____	prédire	_____
la pollution	_____	_____
_____	prévoir	prévisible

Étape 2. Nathalie parle des problèmes actuels. Lisez les phrases suivantes et choisissez l'un des mots de l'étape précédente pour compléter les phrases de façon logique.

1. L'humanité pourra _____ si la guerre est abolie.
2. Le _____ systématique des déchets contribuera de manière importante à la protection de la Terre.
3. Grâce aux progrès de la médecine moderne, l'élimination de nombreuses maladies est _____.
4. Beaucoup de scientifiques _____ que certaines ressources naturelles manqueront dans l'avenir.
5. Les changements climatiques sont de plus en plus _____ pour l'équilibre de la planète.
6. Aujourd'hui, beaucoup de fleuves et océans sont _____, ce qui a des effets catastrophiques sur la faune marine.

Activités

A. Vocabulaire en contexte.

Étape 1: En 2050. Avec un(e) partenaire, indiquez si les prédictions suivantes se réaliseront (*will come true*) d'ici 2050. Justifiez vos réponses.

1. Les inégalités entre les pays industriels et le tiers-monde auront diminué.
2. Pour éliminer le manque de nourriture, tous les pays consommeront des produits génétiquement modifiés.
3. On aura établi contact avec une civilisation extraterrestre.
4. Il n'y aura plus de journaux et nous recevrons toutes les informations par Internet.

(*suite*)

5. La guerre aura disparu et tous les êtres humains vivront en paix.

6. Il y aura des entreprises de clonage humain qui permettront aux parents de choisir les caractéristiques génétiques de leurs enfants.

7. Les personnes qui investiront dans les entreprises de recyclage deviendront millionnaires.

8. À cause du réchauffement global et de l'effet de serre, les climats auront complètement changé.

9. Nous aurons établi une colonie sur Mars.

10. Personne ne mangera plus de fast-food.

Étape 2. Avec un(e) partenaire, imaginez l'année 2050. Selon vous, lesquels des objets suivants n'existeront plus? Expliquez pourquoi.

1. les DVDs

2. les cabines téléphoniques à cartes

3. les moteurs à essence (*gas engines*)

4. les distributeurs automatiques de billets

B. Les possibilités du futur.

Étape 1. D'ici l'année 2050, de nombreux changements importants vont avoir lieu. Avec un(e) partenaire, dites ce que vous ressentirez si les situations suivantes deviennent réalité. Vous pouvez utiliser le vocabulaire de **Pour mieux discuter** dans vos réponses.

Pour mieux discuter

alarmé(e)	alarmed
coupable	guilty
déprimé(e)	depressed
en colère	angry
heureux/-se	happy
inquiet/-ète	worried
nostalgique	nostalgic
soulagé(e)	relieved
surpris(e)	surprised

MODÈLE: —Qu'est-ce que tu ressentiras si tu ne peux pas avoir plus d'un enfant à cause de la surpopulation?

—Je me sentirai soulagé(e) parce qu'avoir une famille nombreuse ne m'intéresse pas.

Qu'est-ce que tu ressentiras...

1. si tu ne peux pas avoir plus d'un enfant à cause de la surpopulation?

2. si tu dois manger seulement des aliments transgéniques?

3. si la paix dans le monde est établie?

4. si toutes les forêts tropicales disparaissent?

5. s'il n'y a plus qu'une seule saison (l'été, par exemple)?

6. si les scientifiques déclarent que les dégâts écologiques dus à l'utilisation excessive des voitures sont irréversibles?

7. si les frontières disparaissent à cause de la globalisation?

Étape 2. Maintenant, expliquez à votre partenaire comment sera la vie si les situations suivantes deviennent réalité. Vous pouvez utilisez les adjectifs de **Pour mieux discuter** dans vos réponses.

Pour mieux discuter

alarmant(e)	alarming
catastrophique	disastrous
déprimant(e)	depressing
fascinant(e)	fascinating
horrible	horrible, awful
merveilleux/-se	wonderful
inimaginable	unimaginable
préoccupant(e)	preoccuping, worrisome
rassurant(e)	reassuring, comforting

MODÈLE: Quand on pourra faire des voyages réguliers sur d'autres planètes, la vie sera **fascinante** parce qu'il y aura de nouveaux endroits à découvrir.

Comment sera la vie...

1. quand on pourra faire des voyages réguliers sur d'autres planètes?

2. quand on ne pourra plus rien acheter dans les magasins et que tout se vendra par Internet?

3. lorsqu'on aura un vaccin contre le cancer?

4. quand tous les étudiants pourront suivre des cours dans les meilleures universités comme Harvard grâce à Internet et à la réalité virtuelle?

5. lorsqu'il n'y aura plus d'endroits pour stocker les déchets?

6. quand on pourra prendre une pilule pour augmenter ses capacités intellectuelles avant de passer un examen?

7. quand on saura cloner les êtres humains et créer des organes de remplacement?

8. lorsque tout le monde aura une voiture électrique?

C. Questions personnelles. Avec un(e) partenaire, répondez aux questions en utilisant le vocabulaire du chapitre. Pendant que vous écoutez votre partenaire, réagissez en utilisant les expressions de **Pour mieux discuter**. Ensuite, révélez à la classe ce que chacun a découvert sur son/sa partenaire.

Pour mieux discuter

C'est génial!	How great!
C'est possible.	It/That could be.
C'est une catastrophe!	What a disaster!
Je (ne) suis (pas) d'accord.	I (don't) agree.
Je suis surpris(e) que tu penses ça!	I'm surprised you think so!
Tu es sérieux/-se?	Are you serious? / Really?
Tu plaisantes?	Are you joking?
Tu penses vraiment?	You really think so?

---

1. Quels sont les avantages du télétravail? Si vous étiez un(e) chef d'entreprise dans un bureau, auriez-vous peur que vos employés passent leur temps à jouer sur l'ordinateur et à surfer sur Internet au lieu de travailler? Qu'est-ce que vous feriez?

2. Est-ce que vous connaissez quelqu'un qui a une passion incontrôlable pour Internet? Comment est cette personne? Que pourriez-vous suggérer à une personne qui a ce type de problème?

3. Si vous pouviez suivre des cours en ligne au lieu d'aller à l'université, le feriez-vous? Pourquoi ou pourquoi pas? Pensez-vous qu'un jour les ordinateurs remplaceront totalement les enseignants? De quelle façon la technologie peut-elle contribuer à l'enseignement?

4. Quelle invention moderne vous fascine? Pourquoi? Si vous pouviez inventer quelque chose d'ingénieux, qu'est-ce que ce serait? Quelle invention moderne a influencé le plus profondément la vie de vos parents? Selon vous, quelle invention ou quel événement changera le plus profondément la vie de vos enfants?

D. Vous et votre futur. Répondez avec un(e) partenaire aux questions suivantes en utilisant des pronoms d'objet direct ou indirect, **y, en** ou bien des pronoms disjoints. Pour réviser ces formes, vous pouvez consulter la section **Autres points de grammaire** dans les pages bleues (250–272) à la fin du livre.

1. Pensez-vous souvent à votre avenir? Avez-vous plutôt des projets à long-terme ou à court-terme? Est-ce que vous avez peur de l'avenir? Ou bien est-ce que l'avenir représente une multitude de possibilités? Comment imaginez-vous votre vie dans dix ans?

2. Aimeriez-vous pouvoir prédire l'avenir? Êtes-vous déjà allé(e) voir un(e) voyant(e) (*psychic*)? Lisez-vous souvent votre horoscope?

3. Discutez-vous souvent de l'avenir avec vos parents? Et avec votre meilleur(e) ami(e)? En général, demandez-vous des conseils quand vous devez prendre des décisions importantes? À qui demandez-vous des conseils: à vos parents, à vos amis, à vos professeurs?

Note culturelle ◆ *De l'Europe à l'Union européenne*

Comment construire une union sur un territoire où les conflits politiques, religieux et ethniques se sont multipliés pendant des siècles? C'est le défi[1] que semble réussir l'Union européenne, et ce travail se fait progressivement.

Parmi les Français qui ont construit l'Europe, Jean Monnet (1888–1979) a probablement joué le rôle le plus important dans la conception moderne de l'Europe. Il a participé à la création en 1919 d'une forme primitive de l'Europe, la Société des Nations. L'objectif de la S.D.N. était de promouvoir la réconciliation après la Première Guerre mondiale, sous l'impulsion du président américain Woodrow Wilson. Cependant, l'Allemagne n'y a pas participé. Robert Schuman (1886-1963), originaire du Luxembourg, a aussi joué un rôle important. Ministre des Affaires étrangères de 1948 à 1953, il était convaincu qu'une entente[2] avec l'Allemagne était nécessaire pour réussir une Europe fondée non sur la force, mais sur des intérêts communs. Un des défis de l'Europe a été de trouver des valeurs et des bases communes pour intégrer le mieux possible des héritages historiques, culturels et politiques divers. Beaucoup d'espoirs ont été placés dans la construction de l'Europe, surtout des espoirs de paix et de renouveau économique. Les opposants à la construction européenne avaient peur qu'une identité nationale ne soit pas compatible avec une identité européenne. Une façon de résoudre le dilemme a été d'entreprendre une politique de valorisation des régions. La notion de région n'est pas aussi politisée que celle de pays et permet la cohabitation de deux identités, une identité régionale et une identité européenne. Le but, en somme, était de créer une unité d'esprit au sein d'une[3] vaste diversité.

Aujourd'hui, l'Europe et l'euro sont acceptés sinon[4] par choix, au moins comme une réalité inévitable. Si les difficultés demeurent[5] (créer des normes européennes acceptables et acceptées par tous les membres de l'Union), les avantages économiques sont compris de tous. L'Europe a grandi par élargissements[6] successifs. En 2004, une dizaine de pays d'Europe de l'Est ainsi que Chypre et Malte ont rejoint l'Union européenne.

La Bulgarie et la Roumanie ont adhéré en 2007, tandis qu'aucune date n'est encore fixée pour la Turquie.

Les symboles de l'Europe

Le drapeau européen, bleu avec un cercle de 12 étoiles jaunes, a été adopté en 1955 et est un symbole important de l'Union européenne. Les étoiles ne représentent pas les États membres mais l'harmonie entre les peuples d'Europe.

Le drapeau européen

L'euro est aussi un moyen concret de créer l'unité. Le logo de l'euro, qui est l'epsilon grec €, rappelle le berceau[7] de la civilisation européenne et la première lettre du mot «Europe». Les deux barres parallèles symbolisent la stabilité de l'euro. Les billets[8] sont les mêmes pour tous les pays de l'Union européenne. Sur chaque billet, fenêtres, portails[9] et ponts symbolisent l'esprit

L'euro, la monnaie européenne

[1]*challenge* [2]*understanding* [3]*au... within a* [4]*if not* [5]*remain* [6]*enlargements* [7]*cradle* [8]*bills* [9]*portals, gates*

d'ouverture et de coopération entre les peuples euro-péens. Les 12 étoiles du drapeau européen y sont aussi représentées pour symboliser le dynamisme et l'harmonie de l'Europe. Par contre, les pièces[10] ont une face commune aux pays de la zone euro et une autre face spécifique à chaque pays. Quelques pièces françaises portent l'image de Marianne, symbole de la République. L'Europe a aussi son hymne, *l'Ode à la Joie* de Ludwig van Beethoven, mais chaque pays conserve son propre hymne national. La devise[11] européenne est «Unie dans la diversité», et il existe une journée de l'Europe célébrée le 9 mai.

[10]*coins* [11]*motto*

Discussion

1. Discutez des différences et des ressemblances entre les États-Unis d'Amérique et l'Union européenne.
2. À votre avis, quelles sont les conséquences positives de l'Union européenne et de l'euro? Quels peuvent être les conséquences négatives pour la diversité culturelle, sociale et politique?
3. À votre avis, l'Union européenne est-elle une réussite? Pourquoi?

Points clés

 ## Parler du futur

Dans cette partie du chapitre, vous allez utiliser la fonction communicative **Parler du futur**. Pour cela, vous aurez besoin d'utiliser les points clés indiqués dans le tableau suivant. Avant de continuer, étudiez les explications sur ces structures grammaticales dans les pages bleues (241–244) à la fin du livre.

LA FONCTION COMMUNICATIVE DE CE CHAPITRE		
ICÔNE	FONCTION COMMUNICATIVE	POINTS CLÉS
FUTUR F	Parler du futur	1. Near future 2. Simple future 3. Future perfect

Faites votre diagnostic!

Le voyage écologique de Nathalie. Nathalie discute avec Sandra de son voyage écologique en Europe. Mettez les verbes entre parenthèses au temps du futur qui convient (**futur proche, futur simple** ou **futur antérieur**). **Attention!** Il y a quatre verbes au futur antérieur.

SANDRA: Pourquoi est-ce que tu as décidé de faire partie de cette mission écologique? Tu ne penses pas que tu _____ ¹ (perdre) ton temps cet été?

NATHALIE: Non, je ne crois pas. Les êtres humains ne se rendent pas compte que leurs activités menacent la planète. Aussi long-temps qu'on _____ ² (ne pas comprendre) que nous devons protéger la planète pour notre propre survie, il n'y _____ ³ (avoir) aucun espoir.

SANDRA: À t'entendre, on dirait que nous _____ ⁴ (mourir) demain! Tu exagères un peu, tu ne trouves pas?

NATHALIE: Non, absolument pas. C'est ça, le problème: quand les gens _____ ⁵ (prendre) conscience de la gravité de la situation, il _____ ⁶ (être) trop tard.

SANDRA: Qu'est-ce que tu _____ ⁷ (faire) pour changer les choses?

NATHALIE: Tout d'abord, il faut s'informer. Nous ne _____ ⁸ (pouvoir) être efficaces que si nous sommes au courant de la situation. Ensuite, il _____ ⁹ (falloir) prendre des mesures au niveau international. Sans coopération mondiale, rien ne _____ ¹⁰ (se faire). Notre groupe _____ ¹¹ (essayer) d'alerter les gou-vernements et les populations en donnant des exemples précis de problèmes écologiques. Par exemple, est-ce que tu savais que si on ne fait pas quelque chose très vite, les ours polaires _____ ¹² (disparaître) d'ici peu de temps? Tous les jours, des espèces animales et végétales disparaissent, et l'équilibre de notre écosystème est chaque jour plus menacé.

SANDRA: Alors, quand est-ce que tu _____ ¹³ (partir)?

NATHALIE: Je _____ ¹⁴ (partir) dès que j' _____ ¹⁵ (recevoir) mon itiné-raire et les instructions pour rejoindre le groupe de volontaires.

SANDRA: Et bien, moi, j'ai l'impression que cette expérience _____ ¹⁶ (changer) ta vie. Bonne chance!

FUTUR F Activités

A. **Quelles sont les menaces écologiques les plus susceptibles de se réaliser selon vous?** Complétez les phrases suivantes en mettant les verbes entre parenthèses au futur simple. Ensuite, dites si vous êtes d'accord avec ces opinions et expliquez pourquoi.

1. En 2050, les déchets nucléaires ne _____ (constituer) plus une menace pour l'humanité.

2. Les gouvernements _____ (prendre) des mesures pour diminuer les déchets polluants.

3. Les scientifiques _____ (réussir) à convaincre les gouvernements de mettre en place des dispositifs (*plans*) adéquats pour stopper la déforestation.

Le recyclage, un sujet sérieux en France

4. Les industries automobiles _____ (produire) principalement des voitures électriques ou à biocarburants.

5. Les supermarchés _____ (offrir) davantage de produits biologiques (*organic*).

6. On _____ (respecter) plus les ressources naturelles.

7. L'énergie solaire _____ (remplacer) le pétrole.

8. Les gouvernements _____ (mettre) plus de ressources financières à la disposition des écologistes.

9. Si le réchauffement climatique continue, le nombre et l'impact des catastrophes naturelles _____ (s'intensifier).

10. Les partis écologistes _____ (connaître) un grand succès dans tous les pays développés grâce à une meilleure information du public.

B. Résolutions personnelles. On prend souvent des résolutions sur ce qu'on va faire «à partir de demain». Faites des résolutions vous concernant à partir des phrases suivantes, en mettant les verbes entre parenthèses au futur.

À partir de demain,

1. Je _____ (s'arrêter) de...

2. J' _____ (éviter) de...

3. Je _____ (suivre) les actualités concernant...

4. Je _____ (commencer) à...

Avec un(e) partenaire, décidez si vous avez des préoccupations similaires concernant l'avenir. Faites des résolutions que vous avez tous (toutes) les deux l'intention de suivre.

5. Nous _____ (contribuer) à...

6. Nous _____ (ne plus se servir) de...

7. Nous _____ (prendre) part à...

8. Nous _____ (vivre) avec plus de respect pour...

C. Comment voyez-vous l'avenir?

Étape 1. Que se passera-t-il dans les prochaines décennies (*decades*)? Avec deux partenaires, choisissez quatre des thèmes suivants, et pour chaque thème choisi, faites trois prédictions pour l'année 2050.

1. la technologie
2. l'exploration spatiale
3. la médecine
4. le tiers-monde
5. le clonage
6. la réalité virtuelle
7. la mondialisation
8. les guerres

Étape 2. Comparez vos prédictions avec celles des autres groupes de la classe. Quelles prédictions sont similaires? Quelles sont les prédictions les plus réalistes?

D. Et votre futur?

Étape 1. Écrivez trois prédictions sur votre propre futur en utilisant les **Expressions utiles**. Vous pouvez parler de votre apparence physique, de votre future vie amoureuse, de votre famille, de votre travail, etc. Quelles sont les choses que vous allez accomplir ou les rêves que vous allez réaliser?

Étape 2. Comparez vos prédictions avec celles d'un(e) partenaire. Votre partenaire va réagir en utilisant le futur simple.

E. Qu'est-ce que tu feras pour l'environnement? Posez trois questions à un(e) partenaire sur ce qu'il/elle fera à l'avenir à partir des suggestions suivantes. Votre partenaire doit répondre en deux ou trois phrases avec autant de détails que possible. Ensuite, inversez les rôles.

MODÈLE: Est-ce que tu soutiendras les mouvements écologiques?

→ Oui, je soutiendrai activement les mouvements écologiques. Je participerai à des manifestations pour la protection de l'environnement. De plus, je voterai en faveur de mesures écologiques chaque fois que j'en aurai l'occasion.

1. savoir utiliser ton influence sur tes amis et ta famille pour protéger l'environnement dans lequel tu vis
2. être membre d'un parti écologiste
3. enseigner à tes enfants le respect de la planète
4. faire ta part en ce qui concerne le recyclage des déchets
5. prendre en considération le fait que les ressources naturelles sont limitées
6. soutenir la recherche sur le clonage et la génétique

F. Que se passera-t-il après? Imaginez ce qui se passera lorsque les événements suivants se seront réalisés. Complétez les phrases en mettant les verbes entre parenthèses au futur antérieur.

1. Une fois que Nathalie _____ (finir) son tour écologique de l'Europe, elle voudra probablement...
2. Quand les gouvernements _____ (comprendre) la gravité de la situation pour la planète, les scientifiques pourront...

(suite)

3. Lorsque la déforestation _____ (atteindre) un état avancé, l'écosystème de la Terre risquera de...

4. Quand ils _____ (se rendre compte de) les conséquences de la déforestation sur les ressources en eau, les gouvernements prévoiront...

5. Dès qu'on _____ (faire) le lien entre les maladies infectieuses et la dégradation environnementale, on devra...

G. **Le changement climatique.**

Étape 1. Lisez l'article suivant dans lequel un climatologue explique comment, selon lui, l'homme est largement responsable du réchauffement planétaire.

Le changement climatique:

une réalité

Que signifient les records de chaleur récemment observés en Europe? En 2003, la France a connu une canicule[1] exceptionnelle et mortelle,[2] puisqu'elle a coûté la vie à vingt mille personnes juste pour ce pays. Les années suivantes n'ont pas été plus encourageantes: en 2006, la vague de chaleur s'est renouvelée causant une centaine de morts, et 2007 a de nouveau battu des records[3] de chaleur dans certaines régions. Jusqu'à récemment, certains experts niaient encore l'existence du réchauffement climatique et affirmaient que le phénomène n'avait pas été démontré, mais cette position n'est plus défendable aujourd'hui. Il est également indéniable à présent que les activités humaines sont en partie responsables de ce changement climatique. Même s'il y a des causes naturelles très anciennes comme les éruptions volcaniques et le rayonnement[4]

solaire, il n'y a aucun doute que l'homme joue un rôle décisif. Les activités humaines ont contribué à une extraordinaire augmentation de l'effet de serre,[5] qui se mesure à plus de 30% pour le dioxyde de carbone depuis 1750, et à 150% pour le méthane! Et ce ne sont que deux gaz à effet de serre—il en existe bien d'autres générés en partie par l'homme. Une autre cause humaine est la consommation massive, et en hausse, de combustibles tels que le charbon[6] et le pétrole. Ce que beaucoup de gens ignorent, c'est que même des activités traditionnelles comme l'agriculture et l'élevage[7] contribuent à l'émission de gaz à effet de serre. Les conséquences sont partout autour de nous: les mers augmentent de niveau, les glaciers reculent,[8] les périodes de gel,[9] critiques pour les plantes comme pour les animaux, diminuent. Plus rien n'est «comme avant». Maintenant, la

question est: que peut-on faire pour arrêter cette évolution grave? Le protocole de Kyoto sera peut-être appliqué, mais est-ce suffisant? Ce protocole demande aux pays industriels de ne réduire que de 5,2% leurs gaz à effet de serre d'ici 2012... Et les pays riches auront-ils la volonté politique de l'appliquer? Ce qu'il faut savoir, c'est que les actions préventives que nous prenons aujourd'hui n'auront effet que dans cinquante ans. Il est donc critique d'agir rapidement. En tant qu'individus, nous ressentons déjà les conséquences du réchauffement dans notre vie de tous les jours: vagues de chaleur mortelles, pollution, cyclones et tempêtes de plus en plus fréquents... La conclusion est évidente: le changement climatique impose un changement de mentalité immédiat.

[1]scorching heat, heatwave [2]deadly [3]a... once again broke records [4]radiation [5]l'effet... greenhouse effect
[6]coal [7]animal farming [8]are receding [9]frost

Expressions de coordination

afin que
   (+ *subjonctif*)
alors que
ce qui fait que
donc
étant donné que
mais
même si
pour que
   (+ *subjonctif*)

Étape 2. À partir de l'article que vous venez de lire, complétez les phrases suivantes en mettant les verbes entre parenthèses au temps qui convient (présent, subjonctif ou futur proche), puis finissez les phrases de façon logique en utilisant une des **Expressions de coordination**.

1. Le réchauffement global _____ (être) une réalité,...

2. Il est vrai qu'il _____ (exister) des causes anciennes au réchauffement climatique...

3. L'effet de serre _____ (augmenter) rapidement,...

4. Il faut que le protocole de Kyoto _____ (être) appliqué,...

5. Les vagues de chaleur _____ (devenir) plus fréquentes à l'avenir...

6. Les fabricants de climatiseurs _____ (gagner) beaucoup d'argent,...

Étape 3. Répondez aux questions suivantes en utilisant l'article que vous venez de lire et vos propres connaissances.

1. D'après l'article, est-ce que la population française comprend la menace imminente que représente le changement climatique pour la planète? Est-ce que les populations françaises et américaines réagissent de la même manière, selon vous?

2. Pensez-vous que l'Europe soit globalement plus sensible aux questions écologiques que l'Amérique du Nord? Pourquoi?

3. Pensez-vous que les hommes politiques se sentent concernés par les questions liées à l'environnement?

4. Quelles sont vos recommandations aux gouvernements des grandes puissances?

5. Si vous étiez ministre de l'environnement de votre pays, quelle(s) mesure(s) prendriez-vous? Quelle(s) serait (seraient) votre (vos) priorité(s) pour protéger l'avenir de la planète et de l'humanité?

6. Avez-vous remarqué des changements climatiques dans votre région? Lesquels?

7. Est-ce que vous avez adopté des comportements plus écologiques dans votre vie quotidienne? Lesquels?

8. Quelles questions vous posez-vous sur l'avenir de la Terre? (Par exemple, est-ce qu'il y aura de l'eau potable dans deux ans? Est-ce qu'il faudra immigrer sur une autre planète?, etc.)

Étape 4. Mettez les verbes entre parenthèses au présent (première colonne) et au futur simple (deuxième colonne). Ensuite, trouvez la fin correcte de chaque début de phrase.

1. Si les mers _____ (atteindre) un niveau plus élevé qu'actuellement,

a. les effets _____ (être) catastrophiques non seulement pour la vie aquatique mais pour la planète.

2. Si l'on n' _____ (adopter) pas des mesures pour limiter l'impact du changement climatique,

3. Si les pluies excessives dans le Nord de l'Europe ainsi que les sécheresses dans le Sud _____ (se poursuivre),

4. Si l'on n' _____ (empêcher) pas la fonte (*melting*) des glaciers,

5. Si les vagues de chaleur _____ (continuer) d'être plus fréquentes et plus intenses,

b. les personnes âgées et les sujets fragiles _____ (avoir) de plus en plus de mal à survivre.

c. les régions polaires _____ (subir) des changements catastrophiques.

d. l'agriculture _____ (être) menacée dans ces régions.

e. il _____ (se produire) de plus en plus de tempêtes, d'inondations et de sécheresses en Europe.

Comparez vos réponses à celles de deux partenaires. Avez-vous fait les mêmes choix? Discutez les raisons de vos choix quand ils sont différents.

Coin-culture

Carte de l'Europe de l'ouest

Destination
L'Europe francophone

Trois grandes villes se partagent entre elles le titre de capitale européenne: Strasbourg et Bruxelles sont le siège des institutions européennes et Genève tient une place proéminente grâce à sa situation géographique, sa vocation économique et sa population cosmopolite.

QUELQUES PAYS FRANCOPHONES EN EUROPE			
	LA FRANCE	LA BELGIQUE	LA SUISSE
Population	60 millions	10 millions	7,5 millions
Régime	république	monarchie constitutionnelle	république fédérale
Villes principales	Paris (capitale) Lyon, Marseille	Bruxelles (capitale), Anvers, Bruges	Berne (capitale), Genève, Zurich
Langues	français et langues régionales (breton, basque, corse, alsacien, provençal, catalan, flamand)	français, flamand, allemand	français, allemand, italien, romanche
Monnaie	l'euro (anciennement franc français)	l'euro (anciennement franc belge)	le franc suisse
Religions	catholicisme, islam, judaïsme, protestantisme	catholicisme, protestantisme	catholicisme, protestantisme, anglicanisme, islam

Vue de Strasbourg et la cathédrale Notre-Dame

1. **Strasbourg:**   Strasbourg se trouve en Alsace, tout près de la frontière[1] allemande. La ville a longtemps été disputée par la France et l'Allemagne, jusqu'à ce que la France l'annexe finalement en 1918. Cependant l'influence culturelle allemande est présente dans de nombreux aspects de la ville. Siège de la cour européenne des Droits de l'Homme et du Parlement européen, Strasbourg est une ville de renommée internationale. C'est une ville charmante, traversée par les multiples bras[2] du fleuve l'Ill, sur lequel on peut faire des mini-croisières. Plusieurs ponts couverts[3] ont été construits pour traverser les bras de l'Ill. Des anciennes fortifications, il reste le barrage[4] Vauban, d'où l'on a une très belle vue de la ville. Strasbourg a beaucoup à offrir au visiteur. L'activité culturelle y est très vivante, avec plusieurs musées, dont le musée des Arts décoratifs et le musée alsacien, l'Opéra du Rhin et de nombreux théâtres. Le gourmet appréciera la gastronomie. Les spécialités de la région sont le foie gras, la fondue alsacienne et la choucroute[5] ainsi que les bières et les vins alsaciens. Une promenade à Strasbourg passe inévitablement par des endroits d'intérêt historique.

La cathédrale Notre-Dame de Strasbourg: Construite entre les 12e et 15e siècles, elle est célèbre pour son dôme qui en a fait l'édifice le plus élevé de la chrétienté jusqu'au 19e siècle. N'oubliez pas de voir—et d'entendre—l'horloge astronomique,

[1]border   [2]branches   [3]ponts... covered bridges   [4]dam   [5]sauerkraut

construite en 1547 par des horlogers suisses et restaurée en 1840. Tous les jours à midi et demi, les automates représentant les 12 apôtres se mettent en mouvement[6] et défilent[7] devant le Christ.

Le palais des Rohan: Les Rohan étaient une grande famille aristocratique française. L'un d'entre eux fut évêque[8] de Strasbourg et a donné son nom à l'ancien palais des évêques, un superbe bâtiment du 18e siècle qui se distingue par son architecture. Aujourd'hui, c'est le site de plusieurs musées.

La Petite France: Cet ancien quartier des tanneurs, qui travaillaient les peaux d'animaux pour en faire du cuir,[9] est situé à l'endroit où l'Ill se divise en plusieurs canaux, ce qui a permis l'installation de moulins.[10] C'est un charmant quartier avec des façades en bois fleuries de géraniums. On y trouve beaucoup de bons restaurants.

La Grand-Place à Bruxelles

2. **Bruxelles:** Bruxelles est la capitale du royaume belge et aussi une région. Trois régions composent la Belgique: Bruxelles, dont la population est majoritairement francophone, la région flamande[11] où l'on parle flamand et la région wallonne où l'on parle français et allemand. Bruxelles est souvent qualifiée de capitale de l'Europe avec les sièges du Conseil de l'Union Européenne et de la Commission européenne.

Bruxelles se distingue par son architecture flamande typique. La ville était à l'origine entourée de remparts. Aujourd'hui, il ne reste que la Porte de Hal, construite en 1381, et qui est à présent un musée. À Bruxelles, on peut voir de nombreux musées, comme les musées royaux d'Art et d'Histoire, le musée d'Art spontané, mais aussi le musée bruxellois de la Gueuse, où vous pourrez goûter les bières belges. Sur la place du Jeu de Balle,[12] il y a tous les matins un célèbre marché aux puces,[13] où l'on peut trouver toutes sortes de brocantes,[14] et où l'on peut manger et boire, et aussi écouter de la musique. Les spécialités gastronomiques de la région sont les moules[15] (généralement servies avec des frites), les gaufres[16] et bien sûr le chocolat. La bicyclette est un moyen de transport populaire, mais le métro est également pratique. De plus, de nombreuses expositions sont organisées dans le métro. Si vous êtes amateur de nature, promenez-vous dans la forêt de Soignes. Au sud-est de Bruxelles, cette magnifique forêt offre une faune[17] et une flore particulièrement diverses. Cette forêt de plus de 5 000 hectares,[18] qui est à présent partagée entre les trois régions de la Belgique, est un lieu de randonnées pédestres très apprécié. Se promener dans la forêt de Soignes est aussi une façon de revisiter l'histoire du pays, car de nombreuses traces d'anciennes civilisations demeurent, comme par exemple un village fortifié datant de 3000 avant J.C.

[6]se mettent... *start up*   [7]*parade*   [8]*bishop*   [9]*leather*   [10]*watermills*   [11]*Flemish*   [12]Jeu... *medieval ball game*
[13]*flea market*   [14]*antique stores*   [15]*mussels*   [16]*waffles*   [17]*wildlife*   [18]*about 12,355 acres*

Le lac Léman et son jet d'eau à Genève

3. Genève: Genève est située sur le lac Léman entre les Alpes et le Jura, au sud-ouest du pays. Le français est une des quatre langues officielles: le français, l'allemand, l'italien et le romanche. En fait, à Genève, on entend toutes les langues. C'est une ville extrêmement cosmopolite avec plus de 200 nationalités représentées dans la population. Quelques 190 organisations internationales, gouvernementales ou non, y sont établies telles que l'Organisation des Nations Unies (ONU), l'Organisation internationale du travail (OIT), l'Organisation mondiale de la santé (OMS) et le Haut Commissariat pour les réfugiés (HCR). Lieu de refuge pour les protestants, Genève est le site de plusieurs monuments protestants, tels que le Mur des Réformateurs (en hommage à Jean Calvin et à d'autres grands réformateurs protestants) et l'Auditoire de Calvin, une petite chapelle dans laquelle parlaient de grands théologiens. Passez un week-end à Genève, faites du bateau sur le lac Léman et admirez le jet d'eau[19] de 140 mètres de haut.[20] Arrêtez-vous à l'île Rousseau, du nom du philosophe suisse, où se trouvent un jardin public et un pavillon transformé en restaurant. Allez admirer l'horloge fleurie, un immense cadran[21] de montre composé d'environ 6 500 fleurs. De la place Neuve vous pouvez vous rendre à l'opéra du Grand Théâtre, au Conservatoire de musique et au musée Rath où sont présentées de célèbres expositions temporaires. Promenez-vous au jardin botanique, où vous pourrez voir des serres tropicales, un parc aux biches[22] et flamants[23] roses, et une volière.[24] Ensuite, vous pouvez vous promener le long du lac, ou prendre un bateau-taxi, appelé «mouette». Tous les étés, les fêtes de Genève rassemblent petits et grands de toutes origines pour un grand festival populaire. Les grandes attractions sont les feux d'artifice musicaux, la Lake Parade, extrêmement populaire auprès des jeunes, un grand parc forain[25] et des concerts avec des artistes francophones et internationaux. Pour plus d'activités culturelles, choisissez parmi les 40 musées privés et publics, comme par exemple le musée de l'Horlogerie et le musée international de l'Automobile.

[19]jet... *fountain*   [20]*459 feet high*   [21]*dial*   [22]*deer*   [23]*flamingos*   [24]*aviary*   [25]parc... *fairground*

Activités

A. Situez Strasbourg, Bruxelles et Genève sur la carte. Imaginez que vous ne pouvez passer qu'une journée dans chaque ville. Avec un(e) partenaire, choisissez pour chaque ville les deux endroits que vous voulez absolument découvrir. Il se peut que vous ne fassiez pas les mêmes choix: si c'est le cas, expliquez à votre partenaire pourquoi votre choix est le meilleur.

B. Imaginez que vous venez de visiter l'une des trois villes présentées: Strasbourg, Bruxelles ou Genève. Écrivez vos impressions de voyage: décrivez les paysages, votre endroit préféré, vos rencontres avec les habitants du pays. Comparez vos notes de voyage avec celles d'une personne de la classe, et décidez quel récit de voyage a l'air le plus «authentique».

La vie des artistes
René Magritte, un peintre belge

René Magritte: *La Grande Guerre* (1964)

Le célèbre peintre surréaliste René Magritte est né en 1898 à Lessines en Belgique. Il a étudié à l'Académie des Beaux-Arts à Bruxelles et a exposé pour la première fois en 1927. La même année, il est parti pour Paris pour rencontrer André Breton, fondateur du mouvement surréaliste, ainsi que Paul Éluard, Joan Miró et Salvador Dali.

Mouvement artistique et littéraire, le surréalisme est né en Belgique et en France vers 1920, après la Première Guerre mondiale. Le surréalisme se fonde sur une recherche esthétique qui explore l'inconscient, le réel et l'imaginaire. Les artistes surréalistes abandonnent la raison et la logique et utilisent le rêve et le merveilleux comme source d'inspiration. Pour le surréalisme, le réel et le quotidien[1] créent le fantastique. Les artistes de ce mouvement ont exprimé de cette façon leur révolte contre les aspects de la société qu'ils considéraient responsables de la guerre. Le surréalisme s'est répandu[2] dans de nombreux pays européens et aux États-Unis, et il est l'un des mouvements artistiques qui a eu le plus d'influence au 20e siècle.

Le caractère particulier de l'œuvre de Magritte fait de lui un peintre unique dans l'art surréaliste. Fasciné par le «mystère» des êtres et des choses, Magritte a peint des tableaux dans lesquels la réalité quotidienne se transforme et évolue selon une logique inattendue.[3] Il aime juxtaposer des objets ordinaires, comme un homme avec un chapeau et une pomme verte, mais les représente dans un contexte étrange qui change la perception que nous avons des choses familières. Magritte se représente souvent lui-même dans ses œuvres. Il portait souvent une cravate, un manteau et un chapeau melon,[4] comme l'homme dans le tableau *La Grande Guerre*. Magritte, qui ne donnait pas de titre à ses tableaux, demandait souvent à ses amis de les trouver à sa place. Il les encourageait à trouver des titres, à la fois poétiques et ordinaires, et qui semblaient souvent n'avoir aucun rapport[5] avec le sujet du tableau. Deux événements ont eu une grande influence sur la vie de Magritte et sur son œuvre:

[1]*everyday life* [2]*s'est... spread* [3]*unexpected* [4]*bowler hat* [5]*relation*

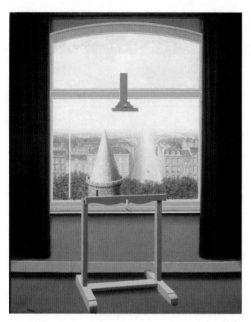

René Magritte: *Les Promenades d'Euclide* (1955)

d'abord, le suicide de sa mère, dépressive, qui l'a profondément affecté; puis la rencontre en 1914 avec Georgette, qui est devenue sa femme, sa muse et son modèle préféré. Il est mort en 1967 et son œuvre compte plus de 1 000 tableaux.

Devant les scènes peintes par René Magritte, on est souvent perplexe et on se demande ce que veut dire l'artiste. À cette question, Magritte donnait toujours la réponse suivante: «C'est simple! L'explication, c'est qu'il n'y a pas d'explication.»

Discussion. Dans les œuvres de Magritte, l'imaginaire se mêle à la réalité et les interprétations possibles sont multiples. René Magritte est aussi fasciné par les puzzles et les paradoxes que par la nature de l'inconscient. Regardez le tableau *Les Promenades d'Euclide** avant de discuter des questions qui suivent.

1. Quels sont les éléments réalistes et surréalistes dans ce tableau?

2. Comment interprétez-vous ce tableau? Pourquoi?

3. Que pensez-vous du titre du tableau? Est-ce un bon titre? Qui est Euclide? (Lisez en bas de la page si vous ne savez pas). Quel autre titre pourriez-vous donner à cette peinture?

4. Aimez-vous ce tableau? Pourquoi ou pourquoi pas? Vous inspire-t-il des sentiments particuliers? Lesquels?

www   Activités Internet

En utilisant les mots clés et les moteurs de recherche sur le site Internet de *Pause-café* (www.mhhe.com/pausecafe), cherchez des informations sur l'Europe francophone et sur René Magritte pour répondre aux questions suivantes.

1. Trouvez des sites web sur un endroit en Europe francophone qui vous intéresse. Trouvez des informations sur l'histoire, la population, la situation politique, les langues, la musique, les événements culturels et les activités touristiques de cet endroit et écrivez une petite description avec vos propres mots.

2. Cherchez des informations supplémentaires sur René Magritte et le mouvement surréaliste. Trouvez d'autres exemples de tableaux de Magritte. Quels en sont les titres et que représentent-ils? Quels titres donneriez-vous à ces tableaux? Quel est votre tableau préféré et pourquoi?

3. Les surréalistes souhaitaient promouvoir les échanges artistiques divers: peinture, écriture et autres formes d'art. Ce «dialogue artistique» a été particulièrement important entre René Magritte et Paul Éluard. Trouvez des informations sur leurs échanges artistiques et ce qui en a résulté.

---

*Euclide d'Alexandrie: (3ᵉ siècle avant J.C). Mathématicien grec célèbre connu pour son traité de géométrie *Les Éléments*. *Les Éléments* sont une compilation du savoir géométrique et ont été le noyau (*core*) de l'enseignement mathématique pendant près de 2 000 ans.

Lecture

«Liberté» de Paul Éluard

Au sujet de l'auteur

L'œuvre de Paul Éluard (1895–1952), un des grands poètes français, est marquée par son horreur de la guerre, dont il a été témoin quand il fut envoyé sur le front comme infirmier. Plus tard, sa rencontre avec de grands écrivains français comme André Breton et Louis Aragon l'a conduit à former le mouvement littéraire surréaliste. Entre 1920 et 1923, il avait aussi participé au mouvement Dada, fondé par le Roumain Tristan Tzara. Il a également fait la connaissance de grands peintres tels que Magritte, Picasso, Dali, Chirico et Max Ernst, avec lesquels il se liera d'amitié. Il s'est marié trois fois: sa première femme, une jeune Russe qu'il surnomme Gala, le quitte en 1930 pour Dali. Maria Benz, qu'il épouse en 1934, meurt en 1946. Il se marie une dernière fois en 1951 avec Dominique. Ses trois femmes lui ont toutes inspiré de grands poèmes d'amour. Il a publié de nombreux recueils* de poésie, de 1913 à sa mort, comme *Les Animaux et leurs hommes*, *Les Hommes et leurs animaux* et le recueil surréaliste *Défense de savoir*.

anthologies, collections

Avant la lecture

A. Le dadaïsme et le surréalisme.   Lisez les descriptions des deux mouvements artistiques, puis répondez aux questions avec deux partenaires.

Le dadaïsme est un mouvement d'insurrection contre l'absurdité et l'amoralité du monde en général et de la guerre en particulier. Par conséquent, il n'est pas surprenant que les dadaïstes, et par la suite, les surréalistes soient politiquement actifs et proches des idées communistes et du marxisme. Le mouvement Dada a été créé en 1920 par le poète roumain Tristan Tzara, auquel se sont joints André Breton et Louis Aragon ainsi que d'autres jeunes artistes de diverses nationalités. C'est avant tout un mouvement de provocation et de dérision contre l'art bourgeois et l'ordre établi. Des désaccords entre les dadaïstes ont abouti à[1] l'apparition d'un nouveau mouvement, le surréalisme.

La liberté, l'esprit d'innovation et le refus des contraintes et du conformisme sont les aspects centraux du **surréalisme**. Cela conduit d'une part à la célébration du désordre, et d'autre part à l'inspiration venue de l'inconscient du sujet lui-même. Le surréalisme représente une tentative d'art et d'esprit nouveaux, pour «changer la vie». Influencé par le domaine de la psychanalyse, le surréalisme tente d'atteindre[2] l'irrationnel qui domine

[1]ont... *resulted in*   [2]tente... *attempts to reach*

en partie les actions et pensées de l'homme. En même temps, il essaie de rendre possible l'action d'être dans le moment, de vivre «ici et maintenant». Les surréalistes ont cherché à utiliser une «écriture automatique» qui consiste à écrire spontanément, sans réfléchir. C'est une manière d'exprimer son inconscient et donc une forme d'expression jugée plus authentique par les surréalistes.

1. Connaissez-vous des écrivains qui ont pratiqué une écriture «automatique»? Quels sont leurs thèmes?

2. Pensez-vous que les artistes aient un rôle important dans la société contemporaine? Si oui, quel est ce rôle?

3. Si vous étiez un(e) artiste, utiliseriez-vous votre art pour exprimer vos idées et vos convictions politiques? Quelle forme d'art choisiriez-vous et quelle cause soutiendriez-vous?

B. À discuter. Avec deux partenaires, répondez aux questions suivantes.

1. Pour vous, que représente la liberté? Y a-t-il eu un moment dans votre vie où vous ne vous êtes pas senti(e) libre?

2. Par quels symboles représente-t-on la liberté? D'après vous, pourquoi a-t-on choisi ces symboles?

3. Quels symboles existent dans votre culture? Par exemple, quels sonts les symboles qui représentent votre pays, votre état, votre campus, la liberté, la paix?

«Liberté»

C'est la guerre qui a inspiré à Éluard le poème «Liberté», parachuté aux résistants[1] qui avaient «pris le maquis»[2] pendant la Deuxième Guerre mondiale, afin de les encourager. Le poème fait partie du recueil Poésie et Vérité *publié clandestinement en 1942.*

Sur mes cahiers d'écolier
Sur mon pupitre[3] et les arbres
Sur le sable sur la neige
J'écris ton nom

Sur toutes les pages lues   5
Sur toutes les pages blanches
Pierre sang[4] papier ou <u>cendre</u>
J'écris ton nom

Sur les images dorées[5]
Sur les armes des guerriers[6]   10
Sur la couronne[7] des rois
J'écris ton nom

VOCABULAIRE

[1]*Resistance fighters* [2]avaient... *had gone underground* [3]*school desk* [4]*blood* [5]*golden*
[6]*warriors* [7]*crown*

(suite)

Sur la jungle et le désert
Sur les nids[8] sur les genêts[9]
Sur l'écho de mon enfance   15
J'écris ton nom

Sur les merveilles des nuits
Sur le pain blanc des journées
Sur les saisons fiancées
J'écris ton nom   20

Sur tous mes chiffons[10] d'azur
Sur l'étang[11] soleil moisi[12]
Sur le lac lune vivante
J'écris ton nom

Sur les champs[13] sur l'horizon   25
Sur les <u>ailes</u> des oiseaux
Et sur le moulin[14] des ombres[15]
J'écris ton nom

Sur chaque bouffée d'aurore[16]
Sur la mer sur les bateaux   30
Sur la montagne démente[17]
J'écris ton nom

Sur la mousse[18] des nuages
Sur les sueurs[19] de l'orage
Sur la pluie épaisse et fade[20]   35
J'écris ton nom

Sur les formes scintillantes[21]
Sur les cloches[22] des couleurs
Sur la vérité physique
J'écris ton nom   40

Sur les sentiers[23] éveillés
Sur les routes déployées
Sur les places qui débordent[24]
J'écris ton nom

Sur la lampe qui s'allume   45
Sur la lampe qui s'éteint
Sur mes raisons réunies
J'écris ton nom

[8]*nests* [9]*broom* (plant) [10]*rags* [11]*pond* [12]*moldy, mildewed* [13]*fields* [14]*mill* [15]*shadows*
[16]*bouffée… whiff, breath of dawn* [17]*insane* [18]*foam, froth* [19]*sweat* [20]*dull, drab*
[21]*glistening* [22]*bells* [23]*paths* [24]*spill over*

Sur le fruit coupé en deux
Du miroir et de ma chambre   50
Sur mon lit coquille[25] vide
J'écris ton nom

VOCABULAIRE

Sur mon chien gourmand et tendre
Sur ses oreilles dressées
Sur sa patte maladroite[26]   55
J'écris ton nom

Sur le tremplin[27] de ma porte
Sur les objets familiers
Sur le flot[28] du feu béni[29]
J'écris ton nom   60

Sur toute chair[30] accordée
Sur le front[31] de mes amis
Sur chaque main qui se tend[32]
J'écris ton nom

Sur la vitre[33] des surprises   65
Sur les lèvres attentives
Bien au-dessus du silence
J'écris ton nom

Sur mes refuges détruits
Sur mes phares écroulés[34]   70
Sur les murs de mon ennui
J'écris ton nom

Sur l'absence sans désir
Sur la solitude nue
Sur les marches[35] de la mort   75
J'écris ton nom

Sur la santé revenue
Sur le risque disparu
Sur l'espoir sans souvenir
J'écris ton nom   80

Et par le pouvoir d'un mot
Je recommence ma vie
Je suis né pour te connaître
Pour te nommer

Liberté.   85

[25]shell [26]patte... clumsy paw [27]springboard [28]stream [29]blessed [30]flesh [31]forehead [32]qui...
which reaches out [33]window pane [34]phares... collapsed lighthouses [35]steps (staircase)

Après la lecture

A. Analyse littéraire. Répondez aux questions suivantes avec deux partenaires.

1. Quelle est l'intention de l'auteur dans ce poème? Quels moyens stylistiques le poète utilise-t-il?

2. En faisant une liste systématique des supports sur lesquels il écrit le mot liberté, que cherche à exprimer l'auteur?

3. La poésie fait souvent recours aux oxymores, l'association de mots souvent contradictoires pour leur donner plus de force expressive. Ce poème exploite cette technique en opposant des concepts à l'intérieur du même vers, comme le sable et la neige au vers 3. Trouvez des exemples de contrastes et discutez l'effet de ces associations par rapport au thème du poème.

4. Le poème est un appel à la liberté dans différents domaines de la vie humaine et terrestre: l'enfance, la nature, la puissance, l'amitié, l'amour. Quels éléments dans le poème évoquent ces domaines? Pouvez-vous identifier d'autres domaines abordés (*mentioned*) par le poème?

B. À discuter. Partagez vos réactions à la lecture de ce poème en répondant aux questions suivantes avec deux partenaires.

1. De nombreuses associations sont étranges, difficiles à décrypter. Quelles associations trouvez-vous particulièrement obscures? À votre avis, pourquoi le poète utilise-t-il ces associations?

2. Il est aussi possible que vous soyez particulièrement sensibles à certaines associations. Lesquelles vous plaisent et pourquoi?

3. Est-ce que ce poème est optimiste ou pessimiste? Selon le poète, la liberté peut-elle être abolie? Êtes-vous d'accord? Dans quels cas, tirés de l'actualité, de livres ou de films, des hommes ont-ils montré qu'ils pouvaient surmonter une situation «sans espoir»?

C. La poésie et vous. La poésie est une expérience essentiellement individuelle. Chaque personne réagit à un poème d'une façon unique. La poésie nous parle à travers les images, les symboles et surtout les émotions qu'elle évoque. Il peut être difficile d'exprimer avec des mots ce qu'un poème nous inspire. Il est peut-être plus facile de le faire en utilisant aussi des images, des symboles et des émotions. Complétez les phrases suivantes pour exprimer votre propre opinion. Ensuite, expliquez vos réponses à deux personnes dans la classe.

1. Si le poème était une couleur, ce serait...

2. Si le poème était un style de peinture, ce serait...

3. Si le poème était une personne, ce serait...

4. Si le poème était une émotion, ce serait...

D. Soyez poète. Il y a certainement des thèmes et des causes que vous trouvez importants. Écrivez un poème de quatre strophes sur un de ces sujets. Voici des idées de thèmes: la paix, le bonheur, l'amour, l'idéal, la peur, l'homme et le cosmos, l'avenir... Vous pouvez utiliser les mêmes techniques que celles utilisées par Paul Éluard dans son poème.

Pour écrire

Un monde parfait

Étape 1. Faites une liste des changements qui, selon vous, sont nécessaires pour rendre le monde meilleur. Faites également une liste des découvertes qui pourraient avoir un impact négatif sur le monde.

Étape 2. Imaginez que vous êtes romancier/-ère, et que l'action dans votre nouveau roman se situe dans un monde parfait. À partir de l'Étape 1, décrivez ce monde idéal. Par exemple, comment dans ce monde fera-t-on face à des maladies comme les cancers et les nouvelles épidémies? Comment est-ce que l'on empêchera les problèmes de surpopulation? Comment évitera-t-on les guerres? Qu'est-ce qui remplacera les conflits armés? Dans quels autres domaines y aura-t-il eu des améliorations?

Étape 3. Vous êtes un(e) critique littéraire, et vous lisez l'idée de roman développée par une autre personne dans la classe. Réagissez à ce que votre camarade de classe a écrit à partir des événements de l'actualité. Que pensez-vous de sa description d'un monde «parfait»? Quels obstacles se posent à la réalisation d'un monde idéal? Quelles solutions pratiques proposez-vous pour résoudre certains des grands problèmes de ce monde?

Autres thèmes pour discuter

Étape 1. Préparez une fiche sur chacun des thèmes proposés pour pouvoir discuter à partir des questions qui suivent. Les icônes indiquent de quels points clés vous aurez probablement besoin pour formuler vos réponses.

La technologie
- Quels sont le progrès robotiques et génétiques qui vous fascinent le plus? Expliquez pourquoi.
- Imaginez les façons dont le clonage pourrait affecter la vie quotidienne.

- Décrivez les effets négatifs que peut avoir la technologie sur la vie humaine.
- De quelles façons la vie de vos petits-enfants sera-t-elle différente avec le développement de la technologie?

L'écologie
- Quelles sont les menaces qui pèsent sur l'environnement?
- Quelles sont les responsabilités du gouvernement vis-à-vis de l'environnement? Quelles sont les responsabilités des grandes industries?
- Si vous faisiez partie du gouvernement, quelles mesures recommanderiez-vous pour protéger l'environnement?

Un monde sans frontières
- Quels sont les problèmes causés par les frontières entre pays?
- Quels problèmes pourraient exister si les frontières étaient supprimées?
- Quel rôle ont les frontières dans le maintien de la diversité culturelle?

L'immigration
- Quels sont les avantages et les inconvénients de réduire le nombre d'immigrants qui entrent chaque année dans votre pays?
- Pensez-vous que ce soit une bonne idée de permettre aux nouveaux citoyens de votre pays de conserver la citoyenneté de leur pays d'origine? Expliquez.

Étape 2. Préparez une question pour chaque fiche en utilisant les différents points clés. Ensuite, posez vos questions à un(e) camarade de classe.

CHAPITRE 6

Le monde actuel

Quelle influence ont sur nous les problèmes dans le monde?

Une manifestation en faveur des sans-papiers (*undocumented immigrants*)

Dans ce chapitre, vous allez explorer le thème du monde actuel. Quels sont les problèmes sociaux les plus importants aujourd'hui? Comment pouvons-nous contribuer à l'amélioration de notre société? Vous allez discuter des problèmes de pauvreté et de justice.

Vous allez aussi lire un extrait de roman sur les difficultés à concilier les traditions et la vie moderne sur une terre isolée du reste du monde.

Points clés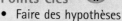
- Faire des hypothèses

Thèmes principaux
- Le monde actuel et ses problèmes
- Le système politique français

Destination
- Le Québec

MULTIMÉDIA

www.mhhe.com/pausecafe

Rencontres

Parlons de la France!

Une discussion animée autour d'un café

Situation: Fabienne, Yann et Adama sont au Café des Arts. Fabienne pose des questions sur la société française et les trois amis discutent des problèmes actuels en France. Lisez le dialogue et répondez aux questions qui suivent. Faites particulièrement attention au nouveau vocabulaire **en caractères gras.**

FABIENNE: Je regarde les gens dans la rue et c'est étonnant à quel point ils sont différents les uns des autres. La France, c'est vraiment un pays multiculturel. Est-ce que ça existe, le Français typique?

YANN: Hmm... Eh bien, à vrai dire, je crois que l'idée du Français typique est plus un stéréotype qu'une réalité! Et je ne te parle même pas du terrible cliché du Français avec son béret et sa baguette sous le bras! Aujourd'hui, on trouve en France des gens de toutes origines, toutes cultures et toutes religions...

FABIENNE: Mais, en ce qui concerne la religion justement, est-ce que les catholiques ne sont pas les plus nombreux?

YANN: Oui, c'est vrai, surtout dans certaines régions comme la mienne par exemple, la Bretagne... Mais il y a aussi des protestants, des juifs et des musulmans. Tu sais, la France est le pays d'Europe qui a accueilli le plus d'immigrés au 20ᵉ siècle et la composition de la population française a considérablement changé au 20ᵉ siècle avec les différentes vagues d'**immigration.**

FABIENNE: Tu parles des Maghrébins?[1]

ADAMA: Oui, mais ils sont loin d'être les seuls immigrés en France! Après la Deuxième Guerre mondiale et la décolonisation, la France a eu besoin de main-d'œuvre[2] et **le gouvernement** a encouragé l'immigration. Beaucoup de Maghrébins sont venus, comme les Algériens ou les Marocains. Ils ont fait découvrir aux Français la religion musulmane ainsi que leurs coutumes et leurs valeurs. Bien sûr, il y a eu aussi beaucoup d'Africains qui sont venus d'anciennes colonies françaises comme le Sénégal, le Mali, le Gabon, le Cameroun ou la Côte d'Ivoire.

YANN: Mais même avant, il y a eu beaucoup d'Italiens, d'Espagnols, de Polonais et de Russes qui sont arrivés en France entre les deux **guerres.** Et dans les années 80, il y a eu une vague d'immigration provenant d'Asie, en particulier du Cambodge et du Vietnam et de l'Europe de l'Est, en particulier de Roumanie et de Turquie.

[1]habitants du Maghreb (Maroc, Algérie et Tunisie)   [2]*manpower*

FABIENNE: Je vois. Et est-ce que l'immigration a créé des problèmes?

YANN: Eh bien, j'aimerais pouvoir te dire que non, mais la réalité, c'est que certains **partis** politiques attribuent la crise économique que nous traversons aux immigrés. Ils pensent qu'ils sont responsables du chômage et de **la délinquance.**

FABIENNE: Oui, pour les élections présidentielles de 2002, je crois que ça a été **choquant** pour les Français et pour toute la communauté internationale de voir le succès remporté par le parti d'extrême-droite au premier tour.[3]

YANN: Oui, personne ne pensait que Jean-Marie Le Pen, le chef du Front National, pourrait **mettre en échec le** parti socialiste.

ADAMA: Mais n'oublie pas qu'au second tour, les électeurs français ont largement voté pour Jacques Chirac parce qu'ils ne voulaient surtout pas que Le Pen devienne président de la France. Je ne veux même pas imaginer ce qui se serait passé s'il avait gagné les élections!

FABIENNE: Le parti socialiste est pourtant assez fort en France, non?

YANN: Oui, absolument. Et en 2007, c'est une femme, Ségolène Royal, qui représentait les socialistes. Leurs grands principes, c'est de défendre et **protége**r les **droits** des travailleurs, ce qui est une idée traditionnellement très importante en France. On a toujours cherché à améliorer les conditions sociales comme les congés payés et la semaine de 40 heures. Et **les syndicats** ont toujours joué un rôle essentiel dans la politique sociale française...

FABIENNE: Ah oui, ça j'ai remarqué! Entre les grèves et **les manifestations,** il y a constamment de l'animation dans les rues!

ADAMA: Oui, car la protection sociale est aussi un principe fondamental ici, il y a l'assurance maladie, l'assurance vieillesse et toutes sortes d'allocations.[4] Il y a l'allocation chômage pour les chômeurs, l'allocation logement pour aider les gens à payer leur loyer, les allocations familiales pour les parents qui ont plus de deux enfants...

YANN: Mais évidemment, les partis de **droite** et de **gauche** ont différentes idées sur la protection sociale. La droite et la gauche veulent toutes les deux réduire le déficit de la sécurité sociale, mais elles **s'opposent** au niveau des solutions qu'elles **proposent.**

ADAMA: Le chômage est un problème qui dure depuis longtemps. Aujourd'hui, il y a environ 8% de la population active qui est au chômage...

FABIENNE: 8%? C'est plus qu'au Canada, où nous avons un taux de chômage d'environ 6%.

ADAMA: Oui, et quand il y a du chômage, les problèmes comme **le racisme** ne sont jamais bien loin...

YANN: Oui, c'est inquiétant. Il faudrait **sensibiliser** les gens au fait que c'est tous ensemble qu'on peut résoudre nos problèmes. Créer des **conflits** supplémentaires et **faire de la discrimination** ne fera qu'aggraver la situation. Si les gens comprenaient cela, nous serions dans une bien meilleure situation.

FABIENNE: Alors, le gouvernement de Nicolas Sarkozy, qui a gagné les présidentielles de 2007, il est sur la bonne voie?

YANN: Ah ça, je suppose que ça dépend à qui tu poses la question!

[3]au... *in the first round* (The French use a two-round system to elect their president unless a candidate obtains the majority in the first round.)   [4]*benefits*

Fonctions communicatives. Avant de commencer les activités qui suivent, identifiez avec un(e) partenaire les points clés utilisés dans le dialogue à l'aide des icônes suivantes.

DÉCRIRE — D
COMPARER — C
PASSÉ — P
RÉAGIR RECOMMANDER — R
QUESTIONS — Q
HYPOTHÈSES — H

Activités

A. Compréhension. Répondez aux questions suivantes sur le dialogue.

1. Quel cliché Yann évoque-t-il au début de la conversation?
2. Pourquoi la population française est-elle multiculturelle?
3. Qui sont les immigrés en France?
4. Selon Yann et Adama, quels sont les principes importants qui influencent la politique française?
5. À quels problèmes fait face la société française aujourd'hui?
6. Selon Yann, que devraient faire les Français pour améliorer le climat social?

RÉAGIR
R
RECOMMANDER

B. Réactions et recommandations. Complétez les phrases suivantes sur la conversation des trois amis. Pour chaque phrase, utilisez une des **Expressions de coordination**.

MODÈLE: C'est étrange que...

→ C'est étrange que Fabienne ne soit pas plus informée sur l'immigration en France, **puisqu'**elle étudie l'immigration française au Canada.

Attention! Avec lesquelles des quatre phrases suivantes faut-il utiliser le subjonctif? Pourquoi?

1. Yann ne pense pas que...
2. C'est intéressant que la France...
3. Il est choquant que...
4. Fabienne est surprise que...
5. Yann espère que...

Expressions de coordination

de plus
donc
d'un côté... de l'autre côté...
étant donné que
par conséquent
pour que
   (+ *subjonctif*)
puisque

C. Dialogue. Avec un(e) partenaire, préparez un dialogue correspondant à l'une des situations suivantes, puis présentez-le à la classe.

1. Recréez la conversation entre Fabienne, Yann et Adama. Aidez-vous seulement de votre mémoire et utilisez vos propres mots.
2. Inventez une suite à cette conversation, dans laquelle Yann et Adama posent des questions à Fabienne sur la population du Canada ou des États-Unis.

Vocabulaire thématique

Pour parler de l'actualité

les armes (*f. pl.*)	weapons
l'attentat (*m.*)	terrorist attack
le crime, le délit	crime, offense
la délinquance	delinquency
les droits (*m. pl.*) **de l'homme**	human rights
l'incendie (*m.*)	fire
les informations, les infos (*f. pl.*)	news
le journal télévisé	newscast
le trafic de drogue	drug trafficking
MOTS APPARENTÉS:	la bombe, le conflit, les médias (*m. pl.*), la police, la presse, le terrorisme

—Eh bien, espérons pour nous qu'il n'y ait jamais de guerre!
(Courtesy of "La Settimana Enigmistica"—Copyright reserved)

Pour parler de la politique

la classe sociale (supérieure, moyenne, ouvrière)	social class upper-, middle-, lower-
le/la citoyen(ne)	citizen
le/la dirigeant(e)	(political) leader
la droite	the Right
la gauche	the Left
le gouvernement	(political) administration
le parti (politique)	political party
la manifestation	demonstration, rally
le ministre	secretary, cabinet member
le syndicat	trade union
MOTS APPARENTÉS:	la campagne électorale, le débat

Pour parler des problèmes actuels

l'analphabétisme (*m.*)	illiteracy
la faim	hunger
la loi	law
la pauvreté	poverty
les pays développés	developed countries
les pays en voie de développement	developing countries
les S.D.F. (les sans domicile fixe)	homeless people
la sécheresse	drought
le sida	AIDS
être en faveur de	to support
faire de la discrimination	to discriminate
s'opposer à	to oppose
MOTS APPARENTÉS:	l'injustice (*f.*), l'immigration (*f.*), la malnutrition, le racisme

Pour parler des solutions

collaborer avec	to work with
combattre	to fight

(suite)

faire du bénévolat	to volunteer
faire face à	to face
s'impliquer	to get involved
s'informer sur	to become informed about
mettre en échec	to defeat
protéger	to protect
sensibiliser à	to increase awareness of
se tenir au courant de	to keep abreast with

MOTS APPARENTÉS: intervenir,* proposer

Pour caractériser une situation

alarmant(e)	alarming
choquant(e)	shocking
décevant(e)	disappointing
écœurant(e)	sickening
indécis(e)	undecided

MOTS APPARENTÉS: activiste, alarmiste, altruiste, extrémiste, idéaliste

---

EXPANSION du vocabulaire
Familles de mots

Étape 1. Vous pouvez facilement élargir votre vocabulaire en connaissant la signification d'un seul mot. Dérivez les mots qui manquent.

Noms	Verbes	Adjectifs
_____	_____	alarmant(e)
	impliquer	_____
la manifestation		_____
_____	s'informer	
_____	intervenir	intervenu(e)
le terrorisme	_____	_____

Étape 2. Avec un(e) partenaire, choisissez un mot dans chaque catégorie (noms, verbes, adjectifs) et écrivez trois phrases personnelles.

Activités

A. Vocabulaire en contexte.

Étape 1. Lisez les phrases suivantes, et indiquez si vous êtes d'accord ou non.

	OUI	NON
1. Une des causes principales de la pauvreté est l'analphabétisme.	☐	☐
2. Les étudiants d'aujourd'hui ne se sentent pas assez impliqués. Ils ne s'intéressent pas aux problèmes dans le monde.	☐	☐
3. On va bientôt découvrir un traitement pour le sida.	☐	☐
4. Le niveau de la malnutrition infantile aux États-Unis est vraiment alarmant.	☐	☐

---

*Note: The verb **intervenir,** like **venir,** is conjugated with **être.**

5. Faire du bénévolat est une bonne façon de combattre les problèmes sociaux. ☐ ☐

6. Les pays développés respectent plus les droits de l'homme que les pays en voie de développement. ☐ ☐

7. Les médias dans ce pays devraient faire plus de reportages sur les autres pays pour que les gens soient plus informés sur ce qui se passe dans le monde. ☐ ☐

8. Il est difficile de résoudre la situation des S.D.F. ☐ ☐

Étape 2. Avec un(e) partenaire, expliquez pourquoi vous êtes d'accord ou pas avec chaque phrase.

B. Questions personnelles. Avec un(e) partenaire, répondez aux questions suivantes. Réagissez aux réponses de votre partenaire en utilisant les expressions de **Pour mieux discuter.** Ensuite, partagez ce que vous avez appris sur votre partenaire avec le reste de la classe.

Pour mieux discuter

au fond	basically
au pire	if worse comes to worst
(enfin) bref	in short
c'est-à-dire...	which is to say . . .
de toute façon	in any case
Et alors?	So what?
et donc...	and so . . .
franchement	honestly
Je dirais plutôt que...	I'd say rather that . . .
Qu'est-ce que tu veux dire?	What do you mean?

---

1. Si vous étiez élu(e) dirigeant(e) d'un parti, quelle serait la première chose que vous proposeriez?

2. À votre avis, quels sont les deux problèmes les plus urgents à résoudre dans votre pays? Expliquez pourquoi.

3. Pensez-vous que la délinquance juvénile soit un problème sérieux aux États-Unis? Selon vous, quelles en sont les causes? Avez-vous des solutions à proposer pour résoudre ce problème?

4. Quelles recommandations feriez-vous à vos représentants locaux pour résoudre les problèmes dans votre région?

5. Croyez-vous que les organisations internationales devraient dépenser plus d'argent pour tenter d'éliminer la malnutrition et l'analphabétisme? À votre avis, lequel de ces deux problèmes est le plus urgent de résoudre? Pourquoi?

(suite)

6. Quels événements dans votre pays ont été les plus importants ces derniers mois? Et dans le monde? Lesquels ont été les plus alarmants pour vous?

7. À votre avis, quelles seront les préoccupations les plus importantes dans le monde dans les prochains mois?

8. En ce qui concerne votre attitude vis-à-vis des grands problèmes de ce monde, diriez-vous que vous êtes: activiste, alarmiste, extrémiste, idéaliste, indifférent(e), optimiste ou pessimiste? Expliquez pourquoi.

C. Qu'est-ce que ça veut dire? Avec un(e) partenaire, expliquez ce que font les organisations suivantes. Utilisez les mots et expressions du **Vocabulaire thématique** et des pronoms relatifs.

Les pronoms relatifs: qui, que, dont, où, *préposition* + lequel/laquelle...

1. La Croix-Rouge
2. Greenpeace
3. L'Organisation des Nations Unis (l'ONU)
4. Amnesty International

D. Êtes-vous activiste, altruiste ou indifférent(e)? Répondez avec un(e) partenaire aux questions suivantes en utilisant des pronoms d'objet direct ou indirect, **y**, **en** ou des pronoms disjoints. Pour réviser ces formes, vous pouvez consulter la section **Autres points de grammaire** dans les pages bleues (250–272) à la fin du livre.

1. Est-ce que vous suivez l'actualité des autres pays du monde? Lisez-vous régulièrement le journal? Utilisez-vous Internet pour vous tenir au courant? Regardez-vous souvent le journal télévisé? Sur quelle(s) chaîne(s) en général? Est-ce que vous et vos amis à l'université, vous vous intéressez à la politique? Discutez-vous souvent de l'actualité avec vos amis? Et avec vos parents? Allez-vous souvent à des conférences (*lectures*) sur des problèmes dans votre pays et dans le monde?

2. Faites-vous du bénévolat? Si oui, pour quelles organisations et combien de fois par semaine ou par mois? Que faites-vous pour ces organisations?

3. Êtes-vous membre d'organisations caritatives (*charities*)? Donnez-vous de l'argent à ces organisations? Donnez-vous de l'argent pour l'aide humanitaire en général? Pourquoi ou pourquoi pas?

Note culturelle ◆ *La vie politique en France*

L'Assemblée nationale à Paris

Tout d'abord, notez le sens des mots suivants: le mot français «gouvernement» signifie *administration* en anglais et le mot français «état» signifie *government* en anglais.

La France a un système de démocratie parlementaire dans lequel le président de la République et l'Assemblée nationale se partagent le pouvoir. Les institutions principales sont le président de la République, le Premier ministre et le Gouvernement, l'Assemblée nationale, le Sénat et le Conseil constitutionnel.

Le président de la République est le chef de l'état. Il est élu[1] pour cinq ans au suffrage universel direct par tous les citoyens et dispose de pouvoirs politiques importants. Il choisit le Premier ministre avec qui il partage le pouvoir exécutif. Il ne peut pas être renversé[2] par l'Assemblée nationale mais ne peut pas opposer de véto aux lois votées par le Parlement.

Le pouvoir législatif appartient au Parlement qui est constitué de deux chambres: l'Assemblée nationale composée de 577 députés[3] élus pour cinq ans au suffrage direct et le sénat composé de 341 sénateurs (346 en 2011 selon une réforme votée en 2003) élus pour six ans au suffrage indirect. L'Assemblée vote les lois et le Sénat propose des modifications.

Le Premier ministre est le chef du Gouvernement. Il est choisi officiellement par le président, mais est toujours membre du parti qui a la majorité à l'Assemblée nationale. Pour cette raison, il arrive fréquemment que le président doive choisir un Premier ministre d'un parti opposé au sien. C'est ce qu'on appelle la «cohabitation» politique. Le Premier ministre

choisit les ministres qui forment le gouvernement et propose sa liste au président. Il reste en poste aussi longtemps que le président ou l'Assemblée le désirent.

Le Conseil constitutionnel, composé de neuf conseillers, vérifie la constitutionnalité des lois et la régularité[4] des élections.

Il existe plus de 30 partis politiques en France. Les partis de droite les plus importants sont l'UMP (Union pour un mouvement populaire), le Nouveau Centre et le FN (Front National), parti d'extrême droite très nationaliste. Les principaux partis de gauche sont le PS (Parti Socialiste), le PC (Parti communiste) et le parti écologiste, les Verts. Il existe aussi deux petits partis d'extrême gauche.

Les élections sont toujours organisées le dimanche pour permettre à tous de voter. Les campagnes électorales durent moins longtemps qu'aux États-Unis et ne commencent officiellement que 15 jours avant les élections. Elles coûtent aussi beaucoup moins cher car la loi interdit aux candidats députés d'utiliser la radio et la télévision et de dépenser plus de 100 000 euros pour leur campagne. Seuls les candidats à l'élection présidentielle ont droit à deux heures de campagne gratuite à la radio et à la télévision. On utilise donc surtout la presse, les affiches et les tracts.[5]

Les symboles de la République française

Le drapeau tricolore: bleu, blanc, rouge institué après la Révolution.

[1]*elected* [2]*impeached* [3]*elected representatives* [4]*validity* [5]*leaflets*

(*suite*)

L'hymne national: *La Marseillaise*, chant de guerre révolutionnaire, devenu hymne national en 1887.

La devise:[6] «Liberté, Égalité, Fraternité» est un héritage du siècle des Lumières[7] et a été adoptée en 1848 comme représentant un principe fondateur de la République.

Laetitia Casta pose à côté de la Marianne qu'elle a inspirée

Marianne: la représentation de la République par une femme date aussi de la Révolution. Cette femme incarne[8] la République et personnifie la devise de la France. Marianne prend le visage de femmes françaises connues, actrices de cinéma comme Brigitte Bardot ou Catherine Deneuve ou de top models comme Laetitia Casta. On trouve son buste dans toutes les mairies et elle est représentée sur les pièces de monnaie et les timbres.

[6]*motto* [7]*Enlightenment* [8]*embodies*

Discussion

1. En quoi le système politique français est-il différent du système américain? Expliquez et donnez des exemples.
2. Selon vous, quels sont les avantages et les inconvénients du système politique français et américain?
3. Comparez les symboles de la République française à ceux de votre pays.

Points clés

Faire des hypothèses

Dans cette partie du chapitre, vous allez utiliser la fonction communicative **Faire des hypothèses**. Pour cela, vous aurez besoin d'utiliser les points clés indiqués dans le tableau à la page suivante. Avant de continuer, étudiez les explications sur la façon de former et d'utiliser le conditionnel dans les pages bleues (245–249) à la fin du livre.

LA FONCTION COMMUNICATIVE DE CE CHAPITRE		
ICÔNE	FONCTION COMMUNICATIVE	POINTS CLÉS
HYPOTHÈSES	Faire des hypothèses	1. Formation of the present conditional 2. Using the present conditional 3. **Si** clauses and hypothetical events 4. Past conditional

Faites votre diagnostic!

Fabienne demande des conseils

Que devrait faire Fabienne? Fabienne discute avec un de ses professeurs de la possibilité de rester un an de plus en France. Lisez le dialogue, puis complétez les phrases avec la forme correcte (imparfait ou conditionnel) des verbes entre parenthèses. Soyez logique!

FABIENNE: Mr. Leblond, je vais bientôt devoir prendre une décision pour l'année prochaine. Mon université m'a proposé un poste d'assistante, mais mon expérience ici est absolument fabuleuse à tous points de vue. Qu'est-ce que vous _____ [1] (faire) à ma place?

PROF. LEBLOND: Évidemment, ça n'est pas une décision facile... Si vous _____ [2] (retourner) au Québec, vous _____ [3] (avoir) l'occasion d'enseigner, et c'est une excellente expérience professionnelle.

FABIENNE: Et mes parents _____ [4] (être) ravis!

PROF. LEBLOND: D'un autre côté, si vous _____ [5] (rester) ici un an de plus, je pense que vous _____ [6] (pouvoir) faire du très bon travail sur votre thèse. Enseigner demande beaucoup de préparation personnelle, et cela vous _____ [7] (prendre) beaucoup de temps. Est-ce que vous êtes prête à investir le temps nécessaire?

FABIENNE: Oui, je crois. Mais je n'ai jamais enseigné avant...

PROF. LEBLOND: Il y a toujours une première fois... Peut-être que vous _____ [8] (devoir) contacter votre université et demander plus de renseignements sur le poste d'assistant qu'ils vous proposent... Par exemple, vous _____ [9] (pouvoir) leur demander combien d'heures par semaine vous _____ [10] (avoir) à enseigner, le nombre d'étudiants...

FABIENNE: Vous avez raison, je vais tout de suite leur envoyer un mél... Merci mille fois! Je ne sais pas ce que je _____ [11] (faire) sans vos conseils!

Expressions utiles

Pour parler du monde actuel

actuellement	currently
de nos jours	nowadays
en ce qui concerne...	as far as . . . is concerned
en fait	in fact, actually
le fait que...	the fact that . . .
malheureusement	unfortunately
pour dire la vérité	truth be told, to tell the truth
on dirait que...	it seems that . . .
il semblerait que...	it would seem that . . .

Activités

A. Comment réagiriez-vous?   Avec un(e) partenaire, décrivez ce que vous feriez et diriez dans les situations suivantes en utilisant les expressions entre parenthèses qui expriment le mieux votre opinon, ou encore d'autres de votre choix. Quand vous le pouvez, utilisez les **Expressions utiles.**

Que feriez-vous si...

1. votre médecin, qui vous connaît depuis votre enfance, vous offrait des plantes médicinales au lieu de prescrire des médicaments? (refuser, accepter, changer de médecin, en discuter avec mes parents...)

2. un représentant du Peace Corps vous proposait d'enseigner l'anglais en Afrique de l'Ouest pour une année? (vouloir en savoir plus, [ne pas] être intéressé[e], y réfléchir...)

3. vos amis voulaient manifester contre le coût des études dans votre université, mais que vous aviez un examen le jour suivant? (aller avec eux, [ne pas] être d'accord, rester chez moi, préparer mon examen plus tard...)

4. un parti politique que vous ne soutenez pas vous offrait un poste avec un excellent salaire? (ne pas avoir d'autre solution, [ne pas] chercher un autre emploi, s'impliquer plus en politique...)

5. vos voisins vous demandaient de participer à une manifestation contre l'immigration? (réagir positivement/négativement, calmement/ violemment, s'opposer à la manifestation, trouver ça choquant/ écœurant/acceptable...)

Étape 1. Lisez l'article suivant sur le sida en Afrique.

Le sida fait des ravages en Afrique

Le sida continue à faire des ravages,[1] particulièrement en Afrique, où dans certains pays, la majorité de la population est atteinte du[2] sida ou est séropositive. Selon les Nations Unies, en Afrique du Sud, près de 1 000 décès par jour sont dûs au sida.

Le sida en chiffres. Avec plus de 4 millions de séropositifs, cette épidémie ravageuse représente probablement le plus grand défi[3] en Afrique du Sud à l'heure actuelle, en particulier pour les femmes, premières victimes de cette terrible maladie. Selon une étude récente, 58% des séropositifs sont des femmes, et 30% des femmes enceintes[4] sont porteuses du virus. De plus, environ 30% des 19–44 ans ont le virus. Selon les Nations Unies, l'Afrique du Sud est le pays qui compte le plus grand nombre de femmes infectées dans le monde, presque deux fois plus qu'en Inde, dont la population est bien plus importante. En Afrique du Sud et ailleurs, on parle maintenant de «féminisation du sida». Pour aggraver la situation, les femmes reçoivent des salaires de 70% inférieurs à celui des hommes, ce qui les empêche d'être autonomes.

À qui la responsabilité? Du côté du gouvernement, il y a eu une forte résistance à reconnaître le lien entre le VIH et le sida, de la part du Président Thabo Mbeki aussi bien que de la ministre de la Santé, qui recommandait un régime alimentaire (à base notamment d'ail et de betterave[5]) et les vitamines plutôt qu'un traitement antirétroviral. En 2006, André Brink, le romancier sud-africain auteur du roman *Une saison blanche et sèche*, a dénoncé dans le journal *Le Monde* l'attitude irresponsable du gouvernement, et le risque que cela représente pour la stabilité politique du pays.

Les conséquences terribles pour l'Afrique du Sud. Le gouvernement sud-africain s'est récemment engagé à distribuer des médicaments à prix réduit pour les personnes à faibles revenus, mais la stigmatisation est un obstacle puissant. Certaines femmes écrasent les médicaments qu'elles ont reçus de peur que l'on sache qu'elles ont le virus.

Les conséquences pour l'Afrique du Sud sont terribles: rien que dans ce pays,[6] il y a plus d'un million d'orphelins, et on prévoit que ce chiffre triple d'ici 2010. Le pays fait également face à des taux[7] de criminalité et de corruption élevés et à une perte de capital humain et financier dû à un fort exode des Blancs vers l'Australie et la Nouvelle-Zélande. Un paradoxe pour un pays riche en ressources naturelles telles que l'or, les diamants, et l'uranium…

---

[1]faire... *wreak havoc, devastate* [2]atteinte... *suffering from* [3]*challenge* [4]*pregnant* [5]d'ail... *of garlic and beets* [6]rien... *in this country alone* [7]*rates*

Étape 2. Avec un(e) partenaire, répondez aux questions suivantes sur l'article que vous venez de lire.

1. Pourquoi parle-t-on de «féminisation du sida»?

2. Selon l'article, qui serait (indirectement) responsable des ravages du sida en Afrique du Sud? Pourquoi?

3. D'après l'article, existe-t-il un lien entre les attitudes sociales et l'augmentation du sida?

4. Selon vous, le problème de l'accessibilité au traitement est-il spécifique aux pays pauvres?

Étape 3. Mettez les verbes entre parenthèses au conditionnel et complétez les phrases pour prolonger les idées exprimées dans l'article précédent.

1. Le gouvernement _____ (devoir)...

2. Si la population était mieux guidée, l'Afrique du Sud _____ (avoir)...

3. Il _____ (falloir) que des experts du sida...

4. On _____ (pouvoir) mieux aider les femmes si...

5. Il _____ (sembler) que le sida...

6. Si les ministres étaient plus responsables, ils _____ (prendre)...

C. Pouvons-nous changer le monde? Que feriez-vous dans les domaines suivants si vous étiez ministre? Avec deux partenaires, choisissez trois domaines et pour chaque domaine imaginez au moins trois mesures que vous souhaiteriez mettre en place.

1. la violence domestique

2. le chômage

3. le sida

4. les S.D.F.

5. l'abstention électorale

D. Les grands titres (*headlines*). Vous êtes l'éditeur/-trice de la rubrique *société* de votre journal étudiant. Lisez les titres de journaux suivants et récrivez-les en utilisant le conditionnel pour indiquer soit que les faits sont incertains, soit que les actions n'ont pas encore eu lieu.

MODÈLES: Campagne électorale: Les candidats aux prochaines élections en face à face demain soir pour un débat télévisé.

→ Il y aurait un débat télévisé demain soir entre les candidats aux prochaines élections.

Fonctionnaires en colère: des manifestations importantes doivent avoir lieu la semaine prochaine à Paris.

→ Selon nos sources, des manifestations importantes de fonctionnaires auraient lieu la semaine prochaine à Paris.

1. Réductions budgétaires: Un centre d'accueil pour femmes (*women's shelter*) fermera ses portes après dix ans de service.

2. Équipement informatique: Les étudiants pénalisés. Les frais d'inscriptions universitaires doivent augmenter dès cette année.

3. Solution gouvernementale pour réduire le déficit: Les cigarettes encore plus chères. La taxe sur le tabac sera augmentée dès le premier septembre. Cela encouragera-t-il les fumeurs à arrêter de fumer?

4. Les mineurs doivent rester chez eux le soir! Le maire de Montpellier envisage de passer une loi interdisant aux jeunes de moins de 18 ans de circuler après 10 h du soir, suite aux problèmes de délinquance la semaine passée.

5. Des parents portent plainte (*sue*) contre une secte religieuse. Selon les parents, la secte empêche l'enfant, un mineur, de communiquer avec ses parents. Toujours selon les parents, la police refuse d'intervenir.

6. En Californie, les utilisateurs de téléphones portables se mobilisent pour obtenir le droit d'utiliser leur téléphone au volant (*while driving*). Selon eux, il y a plus de chances de sauver une vie que de mettre une vie en danger avec un téléphone portable.

7. Suite à des accidents de voiture impliquant de jeunes conducteurs, les assurances automobiles veulent imposer une prime (*premium*) supplémentaire pour les conducteurs de moins de 25 ans. L'Association «Jeunes et Responsables» accuse les assurances de profiter des statistiques afin d'augmenter leurs marges de profit.

E. Prédictions d'enfance. Les membres de notre famille font souvent des prédictions sur notre avenir. Quelles prédictions a-t-on faites dans votre famille à votre sujet? Rappelez-vous une ou deux prédictions, et partagez-les avec trois autres personnes de la classe. Est-ce que certaines de ces prédictions se sont révélées être vraies?

MODÈLE: Quand j'étais petit, on me disait toujours que je serais artiste plus tard, parce que je faisais toujours du dessin. Je ne fais pas de dessin, mais je fais de la photo!

F. Ce serait vraiment super si... Choisissez une des trois situations ci-dessous et discutez avec votre partenaire pour essayer de le/la convaincre de faire ce que vous souhaitez. Utilisez le conditionnel pour exprimer vos souhaits à votre partenaire. Changez ensuite de rôle avec votre partenaire qui va choisir à son tour une situation et essayer de vous convaincre.

Vocabulaire utile: aimer, apprécier, être possible, être sympa/super, pouvoir, vouloir...

1. Vous avez oublié de regarder le journal télévisé hier soir, et vous deviez prendre des notes sur le débat sur les droits de l'homme pour votre cours de droit social. Contactez un(e) camarade de classe (votre partenaire) et essayez de le/la convaincre de vous prêter ses notes.

2. Vous faites partie d'une organisation caritative qui réintègre les S.D.F. dans la société. Votre organisation a besoin de bénévoles pour faire face au nombre important de S.D.F. cet hiver. Essayez de convaincre votre partenaire de se joindre à votre organisation et de faire du bénévolat.

3. Vous allez participer à une manifestation anti-raciste et vous voulez sensibiliser votre partenaire sur le fait qu'il est essentiel pour tout citoyen d'être activiste et de combattre le racisme. Essayez de le/la convaincre de prendre part à la manifestation.

G. Passer à l'action.

Étape 1. Répondez aux questions suivantes sur vos expériences personnelles en ce qui concerne des problèmes sociaux.

1. Avez-vous été témoin (*witness*) d'actes de délinquance dans le passé? Que s'est-il passé? Est-ce que cet événement vous a affecté(e)?

2. Pensez-vous que les médias aient un rôle positif ou négatif vis-à-vis des crimes commis dans les villes? Quel devrait être le rôle des médias selon vous?

3. Quelles consignes de sécurité (*safety guidelines*) vos parents vous ont-ils données pendant votre enfance et votre adolescence? Quels comportements adoptez-vous quand vous circulez seul(e) pour être en sécurité?

4. À cause de l'évolution de la société, pensez-vous que vous donnerez les mêmes consignes à vos enfants? Sinon, en quoi ces règles seront-elles différentes?

5. Le téléphone portable a-t-il changé votre perception de votre sécurité? Est-ce que cela rassure votre famille sur votre bien-être?

6. Connaissez-vous des gens qui ont souffert ou qui souffrent de la faim ou de la pauvreté? Comment font-ils face à leur situation?

7. Est-ce que vous avez déjà fait du bénévolat? Pour quelle cause et dans quelles circonstances? Qu'est-ce que cela vous a apporté?

8. Seriez-vous prêt(e) à vous impliquer de façon durable dans une organisation humanitaire (par exemple qui aide les S.D.F.)? À votre avis, est-il plus facile de contribuer son temps ou son argent? Pourquoi?

9. Avez-vous déjà eu l'occasion de parler avec un S.D.F.? Si oui, quelles questions lui avez-vous posées? Si non, quelles questions lui poseriez-vous?

Étape 2. Avec un(e) partenaire, choisissez trois causes dans la liste suivante et faites quelques suggestions pour améliorer la situation. Écrivez au moins une phrase pour exprimer ce qu'il faudrait faire et une autre phrase pour expliquer quelles seraient les conséquences positives de cette action.

Vocabulaire utile: C'est une bonne idée de, il faudrait, il faut, il serait bon/ important/essentiel de... , on devrait, on peut, on pourrait

MODÈLE: l'éducation et les enseignants

> → On **devrait** recruter des enseignants de meilleur niveau pour les lycées. Si les lycéens avaient de meilleurs enseignants, ils **auraient** plus de chances de réussir dans la vie.

1. la délinquance
2. les droits des immigrés
3. l'alcool au volant
4. la génétique et les questions d'éthique
5. le trafic de drogue
6. le racisme
7. une cause de votre choix...

H. Je suis désolé(e) mais...   À présent, imaginez avec votre partenaire des excuses pour ne pas faire ce qui vous est demandé dans les situations suivantes. Utilisez le conditionnel passé dans la partie de votre réponse qui exprime le refus, puis imaginez une justification (sérieuse ou pas).

MODÈLE: Une personne vous demande pour la cinquième fois de sortir avec elle et vous n'en avez absolument pas envie.

→ J'**aurais** vraiment **aimé,** mais j'ai une séance (*session*) avec mon psychanalyste ce soir et je deviens instable si je ne le vois pas régulièrement.

1. Une personne très paresseuse vous demande d'écrire à sa place une composition sur l'analphabétisme dans votre pays.

2. Un reporter de votre journal universitaire veut vous interviewer dans le cadre d'un reportage sur les classes sociales sur votre campus.

3. Vous faites du bénévolat pour une agence de défense des droits de l'homme et le patron de l'agence vous demande de travailler tout le week-end pour préparer une présentation qu'il doit faire le lundi matin.

4. On vous propose de faire partie d'un débat télévisé sur le rôle que joue le gouvernement dans le problème de la pauvreté.

Coin-culture

Destination
Le Québec

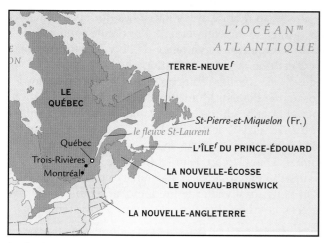

Le Québec et le Canada Atlantique

La province de Québec est située à l'est du Canada. Les deux villes principales sont Québec, la capitale, et Montréal, tandis que Trois-Rivières est la ville la plus ancienne après Québec. Bien que le Québec soit une province de la Fédération canadienne, il garde beaucoup d'autonomie. Cela lui a permis de conserver les traditions et la langue françaises jusqu'à aujourd'hui. La population du Québec, qui est d'environ sept millions d'habitants, reflète bien sa longue histoire coloniale. Elle est composée en majorité de francophones mais aussi d'anglophones et d'Amérindiens. La colonisation française a débuté en 1534, lorsque le Français Jacques Cartier a pris possession du territoire au nom du roi de France. Cependant en 1759, l'Angleterre a gagné la guerre contre les Français et a conquis le Canada. Le Canada-Uni a été établi en 1840, et en 1867 la ville de Québec est devenue la capitale de la province. Aujourd'hui, plus de 83% de la population du Québec parle français. Il existe depuis toujours des tensions linguistiques et culturelles entre les francophones et les anglophones. Un mouvement séparatiste s'est développé dans les années 60 avec la création du Parti québécois qui demande toujours l'indépendance politique et économique du Québec.

Le Château Frontenac vu du Saint-Laurent

1. **Québec:** La ville de Québec est située au sud de la province, sur le fleuve Saint-Laurent. Cette ville vieille de quatre siècles, fondée en 1608 par l'explorateur Champlain, est devenue la base de l'expansion française en Amérique du Nord. «Kébec» est un mot amérindien qui signifie «là où le fleuve se rétrécit».[1] La région autour de Québec s'appelait alors la Nouvelle-France.

   Aujourd'hui 95% de la population est francophone. Le patrimoine historique de Québec en fait une ville très appréciée des touristes. La variété architecturale y est frappante:[2] du renouveau classique aux styles Beaux-Arts et Arts déco, on compte environ 11 styles architecturaux! Le Vieux-Québec permet de découvrir d'anciennes constructions militaires (les fortifications qui protégeaient la vieille ville) et de vieux bâtiments religieux, construits pour les nombreux missionnaires, tels que les Jésuites, qui s'installèrent[3] très tôt dans la région. Un superbe exemple est la cathédrale Notre-Dame de Québec datant du 17e siècle. La Grande Allée est l'une des plus belles rues du Vieux-Québec dont les nombreuses terrasses de cafés ajoutent à son charme européen. On peut aussi visiter le palais Montcalm et suivre la promenade des Gouverneurs. La terrasse Dufferin offre une vue panoramique superbe du Vieux-Québec et du fleuve Saint-Laurent. Enfin, le Château Frontenac, un des principaux joyaux[4] de la ville, est aujourd'hui un hôtel de luxe.

La Basilique Notre-Dame de Montréal

2. **Montréal:** Montréal, en contraste avec Québec, est une ville extrêmement moderne dont le centre est constitué de gratte-ciels[5] de formes et de couleurs inattendues. Métropole commerciale et industrielle du Québec, c'est aussi la deuxième ville francophone du monde après Paris. Les rigueurs climatiques ont encouragé le développement d'une ville souterraine, permettant d'éviter le froid et la neige de l'hiver, qui dure de longs mois. C'est une façon plus pratique de faire du «magasinage».[6] Les quartiers francophones se situent au nord et à l'est, comme le Plateau Mont-Royal et Outremont. Le Vieux-Montréal et la basilique Notre-Dame, de style néo-gothique, datent des 18e et 19e siècles. Le Vieux Port, qui a été réaménagé,[7] est un lieu très apprécié, avec son parc et ses quais toujours animés. Dans le parc Jean Drapeau se trouve la Ronde, un superbe parc d'attractions,[8] ainsi que le Casino de Montréal. On peut aussi visiter le Biodôme, ensemble de serres où sont recréées la faune et la flore de quatre écosystèmes

[1]*narrows* [2]*striking* [3]*settled* [4]*jewels* [5]*skyscrapers* [6]*shopping* (in Canadian French)
[7]*remodeled* [8]parc... *amusement park*

différents: la forêt tropicale, la forêt laurentienne,[9] le Saint-Laurent marin et le monde polaire. Montréal est aussi une ville de festivals. Parmi les plus connus, il faut citer le Festival International de jazz et les Francofolies, qui accueillent des artistes de plus de 20 pays. Le Festival des films du monde, très connu, permet de découvrir des films d'une soixantaine de pays, réalisés par des cinéastes renommés ou débutants.

Le Moulin Seigneurial de Pointe-du-Lac à Trois-Rivières

3. **Trois-Rivières:** Trois-Rivières, située entre Québec et Montréal, est une ville moins importante. La ville tient son nom des divisions de la rivière Saint-Maurice. Avant l'arrivée des Français en 1534, les Algonquins habitaient la région. On peut y admirer de très beaux bâtiments, les plus vieux datant de l'époque française. Les Américains envahirent la ville et la région au 18e siècle, mais furent battus et repartirent en 1776. La diversité culturelle a beaucoup augmenté lorsque l'université de Québec a été ouverte à Trois-Rivières. Elle attire beaucoup d'étudiants étrangers, en particulier des étudiants africains. L'industrie du bois a été un aspect important de la ville, en particulier au 19e siècle. Par la suite, la ville est devenue un centre plus administratif. Dans le parc de l'île Saint-Quentin, diverses activités sont possibles: promenade en bicyclette ou en canot,[10] patinage et ski de fond,[11] baignade et volley-ball de plage. Les Forges-du-Saint-Maurice, lieu historique national du Canada, permettent de découvrir l'histoire de l'industrie sidérurgique.[12] Les forges ont fonctionné pendant plus de 150 ans. Un spectacle son et lumière y est aussi présenté. Enfin, le Moulin[13] Seigneurial de Pointe-du-Lac est un monument historique construit entre 1693 et 1725. On y présente des concerts et diverses manifestations culturelles.

[9]*from the St. Lawrence river region*   [10]*rowboat*   [11]ski... *cross-country skiing*   [12]industrie... *steel industry*   [13]*Mill*

Activités

A. Pour commencer, situez sur la carte les trois villes à découvrir dans la province de Québec et classez-les en mettant devant chaque endroit un chiffre de l (le plus intéressant) à 3 (le moins intéressant). Expliquez les raisons de votre sélection.

B. Dans quelle ville préféreriez-vous faire des études? Avec un(e) partenaire, discutez les raisons de votre choix. Il se peut que vous ne fassiez pas les mêmes choix: expliquez alors à votre partenaire pourquoi votre choix est le meilleur.

La vie des artistes
Denys Arcand, un réalisateur québécois

Denys Arcand à la cérémonie des Oscars en 2004

Grand nom du cinéma québécois, Denys Arcand est réalisateur pour le cinéma et la télévision ainsi que scénariste.[1] Cinéaste prolifique, il a écrit et tourné de nombreux films et a reçu plusieurs prix partout dans le monde. Également artiste engagé,[2] il s'intéresse aux problèmes de son temps et particulièrement à ceux du Québec.

Denys Arcand est né en 1941 à Deschambault au Québec. Il est encore à l'université lorsqu'il réalise son premier film *Seul ou avec d'autres* en 1962. Il commence également à écrire des articles dans lesquels il critique les injustices sociales dont souffrent les Québécois. Après ses études, il travaille à l'O.N.F (Office national du film) pour lequel il tourne de nombreux documentaires. En 1970, il dirige *On est au coton*, long métrage qui présente l'exploitation des ouvriers dans l'industrie textile du Québec. Jugé trop dérangeant[3] par l'O.N.F, ce film est censuré pendant plusieurs années. En 1986, il tourne *Le Déclin de l'empire américain* qui fera sa renommée internationale. Dans ce film, il met en scène plusieurs couples d'intellectuels québécois désabusés[4] qui discutent de leur vie conjugale[5] et sexuelle. Cette comédie, qui se distingue par la qualité de ses dialogues et le choix de ses thèmes, a reçu de nombreux prix internationaux. En 1989, il tourne *Jésus de Montréal* dans lequel il expose les paradoxes de l'Église catholique en évoquant le monde du spectacle et ses propres souvenirs d'enfant de chœur.[6] Ce film a également remporté plusieurs prix. Son avant-dernier film *Les Invasions barbares* (2003) a obtenu l'Oscar du meilleur film étranger en 2004 et a été sélectionné pour la Palme d'Or au Festival de Cannes. Dans ce film, il reprend les personnages du *Déclin de l'empire américain* et évoque avec humour et émotion les thèmes de la famille, de la mort, de l'amour et de l'amitié dans la société occidentale moderne. Denys Arcand a choisi ce titre (*Les Invasions barbares*) en référence aux invasions qui ont provoqué la chute[7] de l'Empire romain et les met en parallèle avec les événements du 11 septembre 2001 aux États-Unis.

[1]*screenwriter* [2]*politically involved* [3]*disturbing* [4]*disillusioned* [5]*marital* [6]*choir* [7]*fall*

Discussion. En petits groupes, discutez à partir des questions suivantes.

1. Selon le texte que vous venez de lire, quels sont les thèmes principaux des films de Denys Arcand?

2. Quel(s) film(s) de ce réalisateur aimeriez-vous voir? Expliquez votre choix.

3. Que pensez-vous des titres *Le Déclin de l'empire américain* et *Les Invasions barbares*? Quels rapports voyez-vous entre les titres et les thèmes de ces films?

4. Avez-vous déjà vu un film québécois? Si oui, lequel? Quels en étaient les thèmes?

WWW Activités Internet

En utilisant les mots clés et les moteurs de recherche sur le site Internet de *Pause-café* (www.mhhe.com/pausecafe), cherchez des informations sur le Québec et les artistes québécois pour répondre aux questions suivantes.

1. Trouvez des sites web sur le Québec. Trouvez des informations sur l'histoire de la province, sur sa population, sa situation politique, sa situation linguistique, et puis écrivez une petite description avec vos propres mots.

2. Cherchez et nommez d'autres artistes québécois célèbres (chanteurs, musiciens, acteurs, etc.). Choisissez un(e) artiste et présentez-le/la à la classe.

Lecture

La Noël d'Okarnak d'Yves Thériault

Au sujet de l'auteur

Yves Thériault (1915–1983) a passé une grande partie de sa vie au Québec, mais il a beaucoup voyagé, notamment à Paris, en France et à Florence, en Italie. C'est avant tout un conteur,[1] qui fait revivre dans ses écrits la tradition orale. Ses romans parlent des Esquimaux et des Amérindiens et de la façon dont leurs vies ont été affectées par le «progrès». Son œuvre évoque les difficultés de ces peuples à maintenir leurs traditions dans le monde moderne. Ayant quitté l'école à 15 ans, Thériault a appris à écrire seul, en lisant les grands classiques français (Zola, Balzac, Pierre Loti...) et anglais (Hemingway). Avant d'être écrivain, il a exercé beaucoup de métiers: boxeur, vendeur de fromages, ou videur de boîte de nuit.[2] Ces expériences lui permettent de comprendre et de décrire toutes sortes de personnages. Son style se caractérise par des phrases courtes et simples, mais puissantes. Il rend vivants les peuples du Grand Nord comme les Inuit,[3] qui passent d'un monde traditionnel au monde moderne.

[1]*storyteller* [2]videur... *nightclub bouncer* [3]Les Inuit sont un groupe de peuples qui habitent les terres arctiques de Sibérie, d'Amérique du Nord et du Groenland.

Avant la lecture

A. À discuter. Avec deux partenaires, répondez aux questions suivantes.

1. Quels termes est-ce que vos grands-parents utilisent pour évoquer les changements survenus entre le temps de leur jeunesse et aujourd'hui?

2. À votre avis, quelles ont été les conséquences concrètes de la présence des Blancs dans les pays colonisés?

(suite)

3. À votre avis, quelle peut être la conséquence du choix de certains individus d'adopter la façon de vivre occidentale (*western*)?

4. Vivre en couple n'est pas toujours facile. Quelles difficultés peuvent s'ajouter pour un couple issu d'une même culture, mais dont l'un ne suit pas les traditions?

5. Les progrès de la technologie ont mis à notre disposition de nombreux appareils et machines. Sans quelles machines auriez-vous du mal à vivre? Lesquelles vous manqueraient le moins?

B. **La rencontre de deux mondes.** En quoi les sociétés dites «primitives» et la civilisation occidentale s'opposent-elles? Pour chaque thème proposé, écrivez deux phrases en contrastant les deux types de population.

1. La nature: respecter / dominer

2. La découverte de nouveaux territoires: communion avec la terre / exploitation de la terre

3. Mode de vie: diversité et traditions / assimilation et modernisation

4. Vie en société: liberté et autonomie / dépendance et intervention d'un gouvernement

5. L'homme: peuples dits «primitifs» / peuples dits «civilisés»

C. **Être Inuit, qu'est-ce que ça veut dire?** Avec un(e) partenaire, décrivez comment vous imaginez la vie quotidienne des Inuits. Décrivez les conditions matérielles (le territoire, le climat, le travail) et les conditions sociales (qualité de vie, interactions, etc.).

Rappel!

Dans ce récit, beaucoup de verbes sont conjugués au passé simple. Leur forme est généralement facile à identifier. Par exemple, les verbes en **-er** sont reconnaissables à leur terminaison en «**a**», comme «il mangea»; les verbes en **-ir**, et d'autres verbes comme **faire**, se reconnaissent à la voyelle «**i**», comme «nous finîmes» et «ils firent». Si vous en avez besoin, vous pouvez revoir le passé simple dans le point clé **Parler du passé**. Rappelez-vous surtout que le passé simple s'utilise de la même façon que le passé composé.

VISUALISER

VOCABULAIRE

La Noël d'Okarnak (extraits)

Première partie

L'extrait du conte que vous allez lire fait partie d'un recueil de récits, L'Herbe de tendresse. *Dans ce conte, Okarnak est à la recherche d'une épouse. Mais avec les changements intervenus dans la société inuit, il n'est pas sûr que les femmes inuit d'aujourd'hui, influencées par les Blancs, respectent le mode de vie traditionnel.*

Maintenant, plus rien n'était semblable. Autrefois,[1] tout au fond de la longue baie, les Inuit installaient chaque été leur campement de tentes, les grossiers[2] bâtis de bois de grève[3] et d'os de baleine[4] recouverts de peaux,[5] dans lesquels ils s'entassaient[6] pour dormir, ou pour <u>se garer</u> un jour de mauvais climat. L'hiver, ils érigeaient[7] des igloos et survivaient tant bien que mal[8] au même endroit. Il était dû, dans les chants et dans les récits transmis,[9] que les Hommes du Dos[10] de la Terre, ces mêmes Inuit, occupaient cette géographie depuis plus longtemps encore qu'on ne pouvait le rapporter.

5

10

[1]*In the old days* [2]*rough frames* [3]*bâtis... made out of shore wood* [4]*d'os... whale bones* [5]*animal hides* [6]*squeezed* [7]*would erect* [8]*tant... as best as they could* [9]*récits... stories passed on* [10]*Back*

Aujourd'hui, toutefois,[11] les Blancs du Sud ont envahi l'endroit. Ils y ont érigé des maisons, installé des commerces, construit un port pour les navires et façonné des pistes d'atterrissage[12] marquées, sur lesquelles, hiver ou été, viennent se poser les avions.

À un Blanc qui questionnait un Inuit sur ses sentiments envers tout ce progrès, l'Esquimau répondit: 15

—J'ouvre grand les yeux.

C'était Okarnak, un Inuit des anciennes manières, des coutumes <u>millénaires</u>, égaré[13] parmi les Blancs, pour ainsi dire, et qui avait répondu dans sa propre langue. À quoi bon,[14] d'ailleurs, car de toute 20 façon l'homme devant lui n'y pouvait rien entendre.[15]

Quittant son interlocuteur ce jour-là, une fois de plus Okarnak prit ses chemins, s'orientant vers les coteaux pierreux[16] par-delà la ville neuve. L'hiver approchait. Les renards[17] passaient de leur teinte d'été au blanc parfait du pelage[18] d'hiver. Attirés par les déchets des Blancs, 25 ils vivaient nombreux aux alentours de[19] l'agglomération[20] civilisée. Il appartenait à Okarnak,[21] ce jour-là, d'aller reconnaître les signes, suivre les chemins d'eau, les pistes menant à la curée[22] ou pointant avec exactitude, en direction opposée, vers le terrier[23] des bêtes, si on savait le reconnaître. Aux temps gelés, il serait facile de placer les pièges[24] 30 aux endroits propices.[25]

Okarnak passait ainsi les jours de temps doux à préparer la tâche pour l'hiver venu, conscient pour une fois qu'il fallait prévoir.[26] Cette prudence pourtant inhabituelle chez les Inuit, il la devait[27] en quelque sorte aux Blancs. Dans leurs écoles, il avait appris, durant ses courtes 35 études, qu'il était bon d'<u>assurer</u> certains avenirs. [...]

Sorti des écoles, rendu à force d'homme,[28] il avait songé à reprendre[29] les vastes plaines glacées pour y vivre et chasser à l'ancienne. Mais il avait vu la faim inassouvie[30] dans les yeux des siens habitant la ville, il avait entendu leurs récits d'autrefois, perçu le 40 besoin profond qu'ils avaient tous de se souvenir.

<u>Astucieux</u>, Okarnak n'avait pas troqué[31] ses chiens pour une motoneige. Il vivait en bordure de[32] la ville et pouvait partir à sa guise.[33] Concédant aux Blancs un savoir de confort et de la vie plus douce, il habitait, comme eux et comme ses congénères,[34] une maison 45 de bois chauffée au mazout.[35] Ce qui faisait qu'il restait semblable aux actes posés depuis des milliers d'années, c'était la chasse,[36] qu'il accomplissait avec la même souveraine patience que tous ses ancêtres avant lui. Et pendant qu'il voyageait ainsi sur la toundra glacée, si d'aventure il y passait plus d'une journée, alors il taillait[37] <u>à même</u> la 50 neige les blocs d'igloo, et dormait bien au chaud.

Il survivait donc, un an dans l'autre,[38] mieux même que ne le faisaient les autres Inuit installés là. En tout cas, sans rien devoir aux Blancs et dans une prospérité relative.

[11]*however* [12]*pistes... runways* [13]*lost* [14]*À... What for* [15]*here, understand* [16]*côteaux... stony hillsides* [17]*foxes* [18]*coat, fur* [19]*aux... in the vicinity of* [20]*city* [21]*Il... Okarnak was supposed to* [22]*quarry* [23]*fox's burrow, den* [24]*traps* [25]*good* [26]*plan ahead* [27]*owed* [28]*rendu... having become a man* [29]*here, to return to* [30]*unsatisfied* [31]*exchanged* [32]*en... on the edge of* [33]*à... at will* [34]*fellow Inuits* [35]*kerosene* [36]*hunting* [37]*carved* [38]*an... year after year*

(suite)

1. Quels sont les «progrès» apportés par les Blancs?
2. Que signifie la réponse «J'ouvre grand les yeux»? En quelle langue Okarnak s'exprime-t-il?
3. Qu'est-ce qui attire les renards? Qu'est-ce que cela suggère comme différence essentielle entre les Blancs et les Inuit?
4. Décrivez le mode de vie d'Okarnak.
5. Okarnak est-il nostalgique des traditions et du mode de vie du passé? Qu'est-ce qui l'indique?
6. Okarnak est-il satisfait de son mode de vie? Quel en est l'avantage principal, selon Okarnak?
7. Quel genre de compagne Okarnak recherche-t-il? Quelles sont les qualités des femmes Inuit?

VOCABULAIRE
V

VOCABULAIRE
V

VISUALISER
V

Et puis, Okarnak eut vingt et un ans et se sentit seul. S'il en avait été comme autrefois, il aurait plus vite cherché femme. Sans trop se dire inspiré par des manières étrangères, Okarnak n'en avait pas moins franchi le cap de ses dix-huit ans[39] sans pourvoir[40] aux besoins du corps et de la maison. 55

C'est qu'il apercevait les filles de sa race habitant parmi les Blancs, et il hésitait de plus en plus à chercher pâture[41] parmi elles. Tel qu'il avait entendu raconter les femmes d'autrefois par ses aînés,[42] rien de ce qu'il voyait y ressemblait. 60

Aurait-on imaginé une Esquimaude achetant les denrées[43] à sa guise? Parlant haut et dru?[44] Buvant sec[45] à soirée longue avec les Blancs? 65

Okarnak avait rêvé de bonheurs anciens, comme en parlait Ayaligak, le vieux qui avait si longtemps habité le bas de l'Arctique. Il racontait mainte prouesse[46] de femme, décrivait des vaillances,[47] louangeant[48] la force et l'industrie[49] de ces femelles anciennes. Kinakia, par exemple, en plein voyage de traîneau,[50] interrompant un moment la course des chiens pour accoucher.[51] Ongirlak aussi, tellement habile[52] à assembler l'anorak de fourrure que son homme, Kolrona, suscitait l'admiration des Blancs par sa nordique élégance. 70

Où trouver <u>pareille</u> femme? [...]

[39]franchi... *turned 18* [40]*providing* [41]figurative expression, *to look for food* [42]raconter... *heard his elders speak about women in the olden days* [43]*foodstuff* [44]Parlant... *Speaking loudly and roughly* [45]Buvant... *Drinking heavily* [46]mainte... *many a feat* [47]*courageous deeds* [48]*praising* [49]*hard work* [50]*sled* [51]*to give birth* [52]*skillfull*

Deuxième partie

Ayant cherché conseil auprès d'un ancien, Ayaligak, sur la meilleure façon de trouver une bonne épouse, Okarnak lui demande d'aller demander au père d'Okadlak la main de sa fille. Ayaligak annonce à Okarnak que le père lui donne sa permission, sous la condition que sa fille accepte également. Alors qu'Okarnak est toujours sous le choc de cette condition, il remarque un phénomène inhabituel dans la rue.

Okarnak allait sombrer[53] dans <u>le découragement</u> quand soudain il sursauta[54] violemment. Tout au long de la grande rue centrale de Frobisher Bay, des lumières multicolores venaient de s'allumer, miroitant comme quelque signal imprévisible dans la pénombre[55] tombante. Bouche bée,[56] il se tourna vers Ayaligak. 75

—Qu'est-ce que c'est? demanda-t-il. 80
Ayagilak montra du doigt par la fenêtre:
—Ce n'est pas tout, dit-il.
En effet, devant chaque magasin ou presque, en plus des banderoles[57] multicolores, il y avait une sorte de gros et haut buisson,[58] garni d'ampoules rouges ou vertes. 85

[53]*to lapse* [54]*jumped up* [55]*half-light* [56]Bouche... *Stunned* [57]*banners* [58]*bush*

—C'est de la magie? fit Okarnak.

—Ce sont des arbres, dit Ayaligak.

—Des arbres?

—Chez les Blancs, au sud, il y a de grosses plantes semblables à celles-ci. 90

—J'en ai vu au cinéma, dit Okarnak.

—Ils ont une fête qu'ils appellent Noël. Pour cette fête, ils décorent les arbres et allument partout de telles lumières.

Okarnak ne comprenait pas grand-chose à ce que disait Ayaligak. Pour lui, une fête, c'était après une bonne chasse, où l'on se gavait à en crever.[59] Et personne n'allumait de lampes aussi colorées. 95

—Sous les arbres, continua Ayaligak, ils placent des cadeaux.

—Des cadeaux?

—Qu'ils appellent dans leur langue, les étrennes[60] de Noël.

Ayaligak l'avait péniblement dit dans sa langue à lui se montrant peu propice[61] à imiter de tels sons. Mais il expliqua le sens des mots comme il le put, et Okarnak finit par comprendre. 100

Restait le cas d'Okadlak...

—Ainsi, Komayak n'a pas donné la vraie réponse? demanda Okarnak. 105

—Non. Il laisse la fille décider.

Ayaligak hocha[62] lentement la tête.

—Ayaaayaaa, gémit[63] le vieux sage. Même Komayak, tu vois? qui adopte la façon des Blancs. Il laisse choisir la fille.

Les deux hommes méditèrent un temps cette <u>trahison</u> nouvelle. De- 110
hors, Frobisher s'animait de plus en plus. On sentait partout, sous l'éclairage insolite, une sorte de trépidation contenue qui semblait s'être emparée[64] des gens.

—Noël, c'est toujours ainsi? dit Okarnak qui rompait le silence après avoir longtemps observé le manège[65] dans la grand'rue. 115

—Oui, répondit Ayaligak. C'est la première fois qu'ils le fêtent de cette façon, mais les Blancs racontent que dans leurs villes, au sud, c'est ainsi.

—Les étrennes, prononça difficilement Okarnak.

—Oui, les étrennes, fit Ayaligak. 120

Puis en esquimau, il ajouta:

—Les cadeaux, comme nous disons.

Derechef,[66] Okarnak médita. Il y avait beaucoup de confusion dans son esprit. Il se sentait tiraillé[67] par ces idées contradictoires et neuves. D'une part, celle de la fille Okadlak et son père Komayak. Et de 125
l'autre, cette profusion de couleurs sur la neige blanche, ces arbres...

Avait-on vraiment apporté de si loin ces arbres dont il avait aperçu les pareils au cinéma?

—La fille, dit soudain Okarnak comme s'il passait d'un coq à l'âne[68] intelligible à lui seul, connaît les bonnes façons d'autrefois. Elle 130

[59]se gavait... *stuffed oneself to death*   [60]*gifts* (usually for New Year's Day)   [61]peu... *rather unfavorable*   [62]*nodded*   [63]*moaned*   [64]s'être... *to have taken hold*   [65]literally, *merry-go-round;* here, people going back and forth in the street   [66]*Once again*   [67]*torn*   [68]passait... *jumping from one subject to another*

(suite)

À vérifier

1. Quels sont les aspects traditionnels du mode de vie d'Okarnak? Quels sont les aspects qui le rapprochent des Blancs?
2. Quelle est la «vraie» réponse que Okarnak et Ayaligak attendaient du père d'Okadlak?
3. Okarnak est-il romantique dans sa façon de chercher une compagne? Pourquoi?
4. De quelle trahison Ayaligak et Okarnak parlent-ils?
5. Okadlak se comporte-t-elle comme Okarnak l'espérait? Expliquez.

ne se mettra pas à parler haut devant moi, ou son père. Elle consentira.

Il se sentit rassuré et infiniment plus serein.

—J'y vais, dit-il. C'est le seul moyen de savoir.

Il partit à pas carré,[69] écrasant la neige crissante[70] de son poids. Il trouva 135
Okadlak seule à la maison.

—Je viens, dit-il... mais ne put achever.

Okadlak, debout devant lui, les poings aux hanches,[71] le défiait.[72]

—Tu prétends me demander à mon père?

—Euh... oui. 140

—Me demander, c'est bien ça?

—Oui.

—Et la vraie façon, la façon ancienne, tu ne la connais donc pas?

Bouche bée, Okarnak regardait Okadlak fulminant[73] devant lui.

—La façon ancienne... voulut-il dire, mais Okadlak l'interrompit. 145

—Un Inuk qui voyait une fille qui lui plaisait venait s'en emparer.[74]
La voilà, la vraie manière. Une manière d'Inuk. Une manière des
Hommes du Dos de la Terre. Tu es vendu aux Blancs, comme
bien d'autres Inuit. Tu agis[75] comme eux. Tu es peureux et lâche,
comme eux. 150

Okarnak allait répondre. Il n'en eut pas le temps; Okadlak, devant lui,
d'un geste rapide comme une cabriole de phoque,[76] s'était retournée,
elle avait empoigné une carabine[77] pendue au mur et mettait Okarnak
en joue.[78]

—Va-t'en, cria-t-elle. Dehors au plus vite. Ne reviens jamais ici. 155

[69]à... *walking decisively*   [70]*crunching*   [71]poings... *hands on her hips*   [72]*challenged*   [73]*enraged*
[74]venait... *came and took her*   [75]*behave*   [76]cabriole... *seal's somersault*   [77]*rifle*   [78]mettait... *was taking aim at Okarnak*

Après la lecture

HYPOTHÈSES

A. Le point clé dans la lecture. Avec un(e) partenaire, relisez les phrases suivantes (première partie) et expliquez leur sens dans le contexte de l'histoire. Identifiez le temps du conditionnel utilisé dans chacune des trois phrases.

1. «Aux temps gelés, il serait facile de placer les pièges aux endroits propices.»
2. «Et puis, Okarnak eut vingt et un ans et se sentit seul. S'il en avait été comme autrefois, il aurait plus vite cherché femme.»
3. «Tel qu'il avait entendu raconter les femmes d'autrefois par ses aînés, rien de ce qu'il voyait y ressemblait. Aurait-on imaginé une Esquimaude achetant les denrées à sa guise?»

B. Compréhension. Répondez aux questions suivantes sur la lecture.

1. Qu'est-ce qui indique qu'Okarnak est divisé entre la vie ancienne et la vie moderne?

2. Pourquoi Okarnak a-t-il des difficultés à comprendre la fête de Noël?

3. Qu'est-ce qui indique, dans la conversation entre Okarnak et Okadlak, que la jeune fille domine la situation?

4. Pourquoi Okadlak réagit-elle si violemment? Quel est son but?

5. En quoi Okadlak est-elle la femme dont rêve Okarnak? En quoi ne l'est-elle pas?

C. La fin du conte.

Étape 1. Discutez avec un(e) partenaire la fin probable de l'histoire entre Okarnak et Okadlak. Okarnak va-t-il gagner le cœur d'Okadlak? Pourquoi? Prenez une décision avec votre partenaire, et comparez votre décision avec celle du reste de la classe.

Étape 2. En petits groupes, écrivez deux paragraphes pour terminer l'histoire. Okarnak va essayer de conquérir Okadlak. Comment va-t-il s'y prendre? Comment Okadlak va-t-elle réagir?

D. Les choix d'Okarnak. À partir de ce que vous avez appris sur Okarnak, complétez les phrases suivantes.

1. Si Okarnak était un peu plus romantique,...

2. Si Okarnak était forcé de quitter l'endroit d'où il vient,...

3. Pour être heureux, Okarnak...

4. Ce serait une bonne chose si Okadlak...

E. Tradition et modernisme. Les difficultés d'Okarnak à trouver une femme illustrent ses difficultés à maintenir son mode de vie ancestral dans un monde qui a changé. Avec un(e) partenaire, répondez aux questions suivantes.

1. Y a-t-il des traditions qui sont importantes pour vous? Pensez-vous que ces traditions soient menacées par la vie moderne?

2. Seriez-vous prêt(e) à sacrifier votre mode de vie ou vos traditions pour assurer votre succès?

3. Qu'est-ce qu'Okarnak pourrait faire pour préserver son mode de vie? Connaissez-vous des personnes dont la situation soit similaire à celle d'Okarnak? En quoi est-ce que ces personnes ressemblent à Okarnak?

4. Pensez-vous que les Inuits aient des chances de maintenir leurs traditions, à long terme? Croyez-vous que les Inuits soient une civilisation en danger de disparaître bientôt?

5. Pensez-vous qu'une théorie de l'évolution selon laquelle le plus fort survit et le plus faible disparaît soit justifiée? Ou pensez-vous que les plus forts devraient intervenir pour permettre la survie des plus faibles?

6. Croyez-vous que les actions humanitaires des hommes contrebalancent leurs actions égocentriques sur les plans économiques et politiques?

F. Correspondance. Écrivez une lettre à Okarnak dans laquelle vous exprimez votre compréhension concernant la situation difficile des Inuits vivant au 20e siècle. Donnez-lui des conseils sur ce qu'il devrait faire pour être heureux dans le monde actuel. Quels aspects de la vie moderne est-ce qu'il devrait ou ne devrait pas adopter? Quelles relations est-ce qu'il devrait ou ne devrait pas maintenir avec les Blancs? Rappelez-vous qu'Okarnak vit dans un milieu physique hostile et dans lequel il est difficile d'être indépendant.

Pour écrire

Les problèmes sociaux de votre ville

Étape 1. Avec un(e) partenaire, faites une liste des problèmes sociaux dont on parle régulièrement dans les médias de cette ville universitaire. Quels sont les problèmes les plus urgents selon vous et votre partenaire? Faites aussi une liste de gens que vous connaissez directement ou indirectement qui font du bénévolat: dans quels domaines sont-ils impliqués et que font-ils? Leur action a-t-elle un impact positif dans votre communauté?

Étape 2. Des étudiants français préparent un séjour dans votre ville, et voudraient avoir un aperçu (*glimpse*) du climat social de votre ville. On vous demande de rédiger pour ce groupe de Français un article sur votre communauté. À partir de l'Étape 1, écrivez un article dans lequel vous décrivez votre ville sur le plan social.

Étape 3. Lisez l'article d'un(e) camarade de classe et réagissez à sa description de votre ville. Êtes-vous d'accord avec lui/elle? Si vous n'êtes pas d'accord, expliquez pourquoi. Décrivez un quartier pauvre et un quartier riche de votre ville. En quoi sont-ils différents? Que feriez-vous pour améliorer la situation des gens socialement défavorisés dans votre ville?

Autres thèmes pour discuter

Étape 1. Préparez une fiche sur chacun des thèmes proposés pour pouvoir discuter à partir des questions qui suivent. Les icônes indiquent de quels points clés vous aurez probablement besoin pour formuler vos réponses.

La criminalité

- Quels sont les problèmes sociaux qui contribuent à la criminalité?
- Quels sont les avantages et les inconvénients du système actuel en ce qui concerne la réhabilitation des criminels?
- Que proposeriez-vous de faire pour réduire la délinquance dans votre pays?

Le bénévolat

- Avez-vous déjà fait du bénévolat? Racontez une expérience personnelle.
- À quelles activités de bénévolat participeriez-vous si vous aviez plus de temps?
- À votre avis, quelles actions bénévoles seront populaires à l'avenir?

La justice

- La société dans laquelle vous vivez est-elle plus ou moins juste qu'il y a 50 ans? Expliquez.
- À votre avis, que devrait faire le gouvernement pour créer une société plus juste?
- Pensez-vous que la justice et l'égalité existeront pour tout le monde d'ici 50 ou 100 ans? Expliquez.

Les problèmes actuels

- Quels sont les problèmes actuels les plus urgents à résoudre?
- Que souhaiteriez-vous que le gouvernement fasse pour résoudre ces problèmes? Que souhaiteriez-vous qu'il ne fasse pas?
- Dans quelles circonstances pourriez-vous devenir un(e) révolutionnaire? Que feriez-vous?

Étape 2. Préparez une question pour chaque fiche en utilisant les points clés. Ensuite, posez vos questions à un(e) camarade de classe.

Explications grammaticales

POINTS CLÉS

Décrire

Describing people, places, and things is a central part of communication. To help you make more accurate descriptions in French, this section contains a review of: (1) gender of nouns, (2) adjectives, (3) uses of **c'est** vs. **il est / elle est**, (4) negation, and (5) relative pronouns.

1. Gender of nouns

    1.1 Masculine noun endings
    1.2 Feminine noun endings
    1.3 Semantic groups
    1.4 Geographic names
    1.5 People and animals

2. Adjectives

    2.1 Regular adjective formation
    2.2 Irregular adjective formation
    2.3 Adjective placement

3. *C'est* vs. *Il est / Elle est*

    3.1 **Il est / Elle est**
    3.2 **C'est / Ce sont**
    3.3 Impersonal constructions
    3.4 Introducing topics with **c'est**

4. Negation

5. Relative pronouns

    5.1 **qui** and **que**
    5.2 **ce qui** and **ce que**
    5.3 **dont**
    5.4 **ce dont**
    5.5 **où**
    5.6 **lequel**

1. Gender of nouns

All nouns in French, whether they refer to people or things, are masculine or feminine. Most nouns in French are preceded by a definite or indefinite determiner (e.g., **le/la, un/une**) that clearly indicates the gender. Gender is a grammatical means for classifying nouns and has little to do with biological sex. Although gender may seem random at first, there are important spelling and pronunciation clues that can help you predict the gender of nouns.

1.1 Masculine noun endings

Gender is often correlated with the *ending* of the noun. The following endings are associated with masculine nouns: **-acle, -age, -aire, -al, -asme, -eau, -et, -ier, -isme, -ment,** and **-ou.**

-acle	le mir**acle**, le spect**acle**
-age	le part**age**, le vill**age**
-aire	le dictionn**aire**, le hor**aire**
-al	l'anim**al**, le chev**al**
-asme	l'enthousi**asme**, le sarc**asme**
-eau	le cout**eau**, le mant**eau**, le mart**eau**
-et	le buff**et**, l'obj**et**
-ier	le cah**ier**, l'épic**ier**
-isme	le capital**isme**, le commun**isme**, le tour**isme**
-ment	le gouverne**ment**, le tempéra**ment**
-ou	le bij**ou**, le cl**ou**, le gen**ou**

In French, a noun is always either singular or plural. As in English, the plural is formed by adding **-s** to the end of the singular noun. However, unlike in English, the plural **-s** is typically silent. Therefore, it is the determiner and not the ending that marks a noun as singular or plural in speech. In other words, in English, you must listen to the end of the word to determine the number (singular or plural). In French, you must listen to the determiner that precedes the noun to determine the number.

le cahier → **les** cahiers   **le** dictionnaire → **les** dictionnaires
the notebook → the notebooks   *the dictionary → the dictionaries*

There are exceptions to the rule for forming the plural by adding **-s** to the end of a noun. For some nouns, the plural is indicated with **-x**.

- Nouns ending in **-ou** are made plural by adding a final **-x**:
  bijou → bijoux, caillou → cailloux, chou → choux, genou → genoux, hibou → hiboux.

- Nouns ending in **-al** or **-eau** are made plural by changing **-al** to **-aux** or **-eau** to **-eaux: cheval → chevaux, château → châteaux.**

  Some exceptions: **le bal → les bals, le carnaval → les carnavals, le festival → les festivals**

1.2 Feminine noun endings

The following endings are often associated with feminine nouns: **-ade, aison, -ance, -ence, -esse, -ette, -ie, -ique -oire, -sion, -té, -tion, -ude,** and **-ure.**

-ade	la limon**ade**, la torn**ade**
-aison	la m**aison**, la termin**aison**
-ance	la confi**ance**, la correspond**ance**
-ence	la viol**ence**, la transpar**ence**
-esse	la jeun**esse**, la m**esse**
-ette	la cigar**ette**, la bicycl**ette**
-ie	la biolog**ie**, la v**ie**
-ique	la polit**ique**, la prat**ique**
-oire	l'hist**oire**, la mém**oire**
-sion	l'occa**sion**, la pen**sion**
-té	la spirituali**té**, la socié**té**
-tion	l'émo**tion**, la sta**tion**
-ude	l'ét**ude**, la solit**ude**
-ure	l'avent**ure**, la nourrit**ure**

The plural of feminine nouns is formed by adding **-s** to the end of the noun.

Singular nouns ending in **-s, -x,** and **-z** (whether masculine or feminine) are invariable, that is, they do not change in the plural. Again, plurality is indicated by the plural determiner (**les**).

le nez →	**les** nez	la noix →	**les** noix	la souris →	**les** souris
the nose	*the noses*	*the nut*	*the nuts*	*the mouse*	*the mice*

1.3 Semantic groups

Nouns are masculine if they belong to the following semantic groups: languages, days, seasons, trees, colors, and foreign words.

Languages:	l'anglais, le chinois, le français
Seasons:	le printemps, l'été, l'automne, l'hiver
Colors:	le noir, le rouge, le vert
Days:	le lundi, le mardi, le mercredi
Trees:	le pommier, le pêcher, le sapin de Noël
Foreign words:	le hamburger, le week-end

1.4 Geographic names

Most continents, countries, provinces, or states that end in **-e** are feminine. If they end in letters other than **-e**, they are masculine.

Continents:
l'Europ**e**, l'Asi**e**, l'Afriqu**e**, l'Australi**e**, l'Amériqu**e** du Nord / du Sud

Countries:
la France, **la** Belgique, **la** Suisse   **le** Canada, **le** Sénégal, **le** Japon

Provinces:
la Provence, **la** Nouvelle-Écosse   **le** Languedoc, **le** Limousin, **le** Québec

States:
la Californie, **la** Floride, **la** Virginie   **le** Texas, **le** Nebraska, **le** Nevada

Some exceptions: le Cambodge, le Mexique, le Maine, le Nouveau-Mexique

1.5 People and animals

The gender of a noun that refers to a person or an animal is determined by its biological sex.

le père, **le** frère, **l'**homme, **le** garçon	**la** mère, **la** sœur, **la** femme, **la** fille
le coq, **le** taureau	**la** poule, **la** vache

Nouns that refer to professions (**les noms de métiers**) are currently undergoing change. Historically, for certain professions, the masculine form has been used (e.g., **le professeur, un écrivain, le médecin,** etc.) even if the person was a woman.

Simone de Beauvoir était un **écrivain** féministe français bien connu aux États-Unis. *Simone de Beauvoir was a French feminist writer well known in the United States.*

Attitudes toward nonsexist language are beginning to change throughout the French-speaking world and new feminine forms (**la professeure, une écrivaine**) are becoming more widely accepted.

À votre tour!

Complete the sentences with the correct gender of the article in parentheses.

1. La Provence est _____ région en France. (un, une)
2. Fabienne porte _____ chapeau élégant. (un, une)
3. _____ week-end est toujours trop court. (le, la)
4. _____ Canada est plus grand que _____ Mexique. (le, la)
5. _____ cheval est un animal fort. (le, la)
6. Adama aime _____ musique hip-hop. (le, la)
7. Yann a trouvé _____ appartement à Paris. (un, une)
8. _____ sœur de Nathalie est blonde. (le, la)
9. Le tourisme est essentiel pour _____ Suisse. (le, la)

2. Adjectives

Adjectives agree in number (singular or plural) and gender (masculine or feminine) with the nouns they modify.

2.1 Regular adjective formation

For regular adjectives, the masculine form is the base form to which endings are added. The feminine adjective is formed by adding **-e**. The plural adjective is formed by adding **-s**.

	Masculine	Feminine
Singular	petit	petit**e**
Plural	petit**s**	petit**es**

Note: The adjective takes the masculine plural form when the nouns it modifies are of different genders.

Adama et Sandra sont assez différent**s**.   *Adama and Sandra are fairly different.*

2.2 Irregular adjective formation

Irregular adjectives vary widely and often change pronunciation. However, their endings can be grouped into categories to facilitate learning:

MASCULINE	FEMININE	EXAMPLES	MASCULINE	FEMININE	EXAMPLES
-c	-che	franc/franche	-el	-elle	cruel/cruelle
-eil	-eille	pareil/pareille	-en	-enne	ancien/ancienne
-er	-ère	cher/chère	-et	-ète	secret/secrète
-eur	-euse	trompeur/trompeuse	-eux	-euse	heureux/heureuse
-f	-ve	actif/active	-il	-ille	gentil/gentille
-on	-onne	mignon/mignonne	-ou	-olle	fou/folle
-s	-sse	gros/grosse	-teur	-trice	créateur/créatrice

Some adjectives are completely irregular and must be memorized as separate items.

Masculine	Feminine		Masculine	Feminine
doux	douce		frais	fraîche
faux	fausse		long	longue
favori	favorite		public	publique

Some adjectives have identical masculine and feminine forms. This is generally the case with adjectives ending in **-e** in their masculine form and with foreign adjectives like **snob** or **cool**. Here are a few of these adjectives:

    calme   difficile   imaginaire   ironique   pauvre   riche

The majority of adjectives are regular in the plural; that is, **-s** is added to the singular masculine or feminine forms.

    court → courts   courte → courtes   grand → grands   grande → grandes

There are two major exceptions to this rule:

Do not add -s to the masculine form of adjectives ending in -s or -x. The masculine singular and plural forms of these adjectives are thus identical. However, the feminine plural form of these adjectives is regular; it is formed by simply adding -s to the feminine singular form.

un enfant **heureux**	des enfants **heureux**
a happy child	*happy children*
une fille **heureuse**	des filles **heureuses**
a happy girl	*happy girls*

Adjectives ending in **-al** in the masculine singular form change to **-aux** in the masculine plural form. Note that the feminine plural form of these adjectives is regular.

un examen **national** → des examens **nationaux**

une politique **nationale** → des politiques **nationales**

2.3 Adjective placement

Most adjectives in French follow the noun (e.g., une fille **intelligente**). There are a few common adjectives, however, that normally precede the noun. These adjectives may be categorized as adjectives of **B**eauty, **A**ge, **N**umbers, **G**oodness, and **S**ize (**BANGS**). There are three irregular adjectives that have special masculine forms (**bel, vieil, nouvel**) that precede a masculine singular noun beginning with a vowel or an aspirated *h*.

Beauty	Age	Numbers	Goodness	Size
beau/bel/belle	vieux/vieil/vieille	premier/-ère	bon(ne)	grand(e)
joli(e)	jeune	deuxième	mauvais(e)	petit(e)
	nouveau/nouvel/nouvelle			

Sandra cherche un **jeune** homme qui ait un bon sens d'humour. En plus, elle préfère un **bel** homme qui ait de **bonnes** manières! Cet homme de rêve, existe-il?

Note that the indefinite article **des** becomes **de** when it directly precedes the adjective. In spoken, informal French, **des** is often used, even when the adjective precedes the noun.

Some adjectives can be placed before or after the noun they are describing. Their position determines their meaning. When the adjective is placed before the noun it tends to carry a figurative, or metaphorical, meaning. When it follows the noun, it carries a more literal, or actual meaning. Consider the following examples:

BEFORE THE NOUN (FIGURATIVE SENSE)	AFTER THE NOUN (LITERAL SENSE)
mon **ancienne** école *my former school*	un vase **ancien** *an old / ancient vase*
un **bon** livre *a good book*	un homme **bon** *a kind man*
un **certain** charme *a certain charm*	un résultat **certain** *a sure result*
mon **cher** ami *my dear friend*	une montre **chère** *an expensive watch*
le **dernier** train *the last train*	l'année **dernière** *last (previous) year*
une **grande** femme *a great woman*	un homme **grand** *a tall man*
la **même** réponse *the same answer*	le jour **même** *the very same day*
le **pauvre** oiseau *the poor (unfortunate) bird*	les pays **pauvres** *poor countries (without wealth)*
la **prochaine** station *the next station (in a series)*	le mois **prochain** *next month*
ma **propre** voiture *my own car*	une cuisine **propre** *a clean kitchen*
un **sale** coup *a dirty trick*	un bol **sale** *a dirty bowl*
le **seul** moyen *the only way*	une enfant **seule** *a child alone*
un **simple** fait *an ordinary fact*	une solution **simple** *a simple solution*
un **vrai** héros *a real hero*	une histoire **vraie** *a true story*

À votre tour!

A. Complete the sentences with the correct form of the adjective(s) in parentheses.

1. Mes professeurs sont tous _____. (sympathique)
2. La _____ fille qui habite à côté est _____. (beau, snob)
3. Fabienne et Sandra sont très _____ et _____. (sportif, optimiste)
4. Nathalie cherche une _____ valise _____. (grand, vert)
5. Le _____ homme achète une _____ moto _____. (beau, nouveau, allemand)

B. Translate the following phrases into French. Pay close attention to the form and placement of the adjective.

1. the great man
2. the handsome intelligent boy
3. the former president
4. the crazy little sister
5. the large green house
6. the clean bathroom
7. the new secret garden
8. the new student

3. *C'est* vs. *Il est / Elle est*

Descriptions in French often require the use of a pronoun (**ce**, **il**, **elle**) followed by **être**. **C'est** (and **ce sont**) and **il est** (and **elle est, ils sont / elles sont**) are often very close in meaning, but are used in different contexts. The following generalizations will help you to choose between **c'est** and **il est / elle est**.

3.1 *Il est / Elle est*

Il est / elle est or **ils sont / elles sont** are followed either by an adjective or by a profession or social status that requires no determiner.

Fabienne est canadienne. **Elle** est intelligente.	*Fabienne is Canadian. She is intelligent.*
Xavier et Adama sont amis. **Ils** sont étudiants.	*Xavier et Adama are friends. They are students.*

3.2 *C'est / Ce sont*

C'est or **ce sont** are used when the noun is modified by either an article, an article and an adjective, or an adjectival phrase (**de** + noun).

C'est **une** Française. *She is French (a French woman).*	Ce sont des Français. *They are French (people).*
C'est **une grande** actrice. *She is a great actress.*	Ce sont **de grandes** actrices. *They are great actresses.*
C'est le professeur **d'Adama.** *He/She is Adama's teacher.*	Ce sont les professeurs **d'Adama.** *They are Adama's teachers.*

3.3 Impersonal constructions

Il est (+ adjective) has an impersonal meaning (*It is...*) when used before **que** + dependent clause or **de** + infinitive. **C'est** may replace the impersonal **il est** construction in informal conversation.

Il est <u>surprenant</u> que Sandra veuille rester à Paris.	*It is surprising that Sandra wants to stay in Paris.*
C'est surprenant que Sandra veuille rester à Paris.	
Il est important de dormir assez.	*It is important to get*
C'est important de dormir assez.	*enough sleep.*

C'est is used in an impersonal sense with an adjective to comment on or evaluate a previously discussed idea.

—Je vais à Tahiti pour les vacances.	—*I am going to Tahiti on vacation.*
—**C'est génial!**	—*That's great!*
—Il pleut depuis trois semaines!	—*It's been raining for three weeks!*
—Oui, je sais. **C'est** vraiment **incroyable!**	—*Yes, I know. It's really unbelievable!*

3.4 Introducing topics with *c'est*

In informal spoken French, topics of conversation are often introduced then commented on using the following construction: noun phrase + **c'est** + adjective. Note that the adjective is always in the masculine form following **c'est.** The same sentence in written French requires two changes: the pronoun **ce** must be deleted and the adjective must agree with the preceding noun.

Written	**Spoken**
La vie à Paris est **chère.**	La vie à Paris, **c'est cher.**
Life in Paris is expensive.	*Life in Paris is expensive.*
La grammaire est **importante.**	La grammaire, **c'est important.**
Grammar is important.	*Grammar is important.*

À votre tour!

Using the information in parentheses, complete the sentences with **c'est, ce sont** or **il est / elle est, ils sont / elles sont.**

1. _____ français. (Yann et Nathalie)
2. _____ un journal français. (*Le Monde*)
3. Avignon, _____ beau!
4. Sandra, _____ martiniquaise et _____ artiste.
5. _____ dommage d'aller en France sans visiter la Côte d'Azur. (*written*)
6. Marc, _____ mon meilleur ami.

4. Negation

Negation in French usually consists of two elements. The first element precedes the conjugated verb while the second element usually follows.

ne... pas	Elle **n'**aime **pas** les épinards.	*She <u>doesn't</u> like spinach.*
ne... pas du tout	Je **n'**aime **pas du tout** les devoirs.	*I <u>don't</u> like homework <u>at all</u>.*
ne... aucun(e)	Vous **ne** voyez **aucun** obstacle.	*You <u>don't</u> see <u>any</u> impediment.*
ne... jamais	Elle **n'**est **jamais** allée en France.	*She <u>never</u> went to France.*
ne... ni... ni	Je n'ai **ni** la télé **ni** la radio.	*I have <u>neither</u> TV <u>nor</u> radio.*
ne... personne	Nous **ne** connaissons **personne**.	*We <u>don't</u> know <u>anyone</u>.*
ne... plus	Je **ne** me ronge **plus** les ongles.	*I <u>don't</u> bite my nails <u>anymore</u>.*
ne... que	Il **n'**aime **que** les cours faciles.	*He <u>only</u> likes easy courses.*
ne... rien	Il **n'**a **rien** acheté.	*He <u>didn't</u> buy <u>anything</u>.*

Note that, in the case of the expressions **ne... aucun, ne... ni... ni, ne... personne,** and **ne... que,** the first element precedes the conjugated verb while the second element follows the past participle.

Hier soir, Nathalie **n'**a appelé **personne** et **n'**a écrit **aucune** lettre.
Last night, Nathalie <u>didn't</u> call <u>anyone</u> and <u>didn't</u> write <u>any</u> letters.

When **personne** and **rien** are the subject of the sentence, they must precede the verb.

Personne ne...	**Personne ne** comprend.	<u>*No one/Nobody*</u> *understands.*
Rien ne...	**Rien ne** m'intéresse.	<u>*Nothing*</u> *interests me.*

In spoken French, the **ne** is very often dropped.

Written	Spoken
Je **ne** sais **pas.**	Je sais **pas.**
Je **ne** vois **rien.**	Je vois **rien.**

To negate an infinitive, place **ne** + negative particle before the infinitive.

Je préfère **ne pas** répondre.   *I prefer not to answer.*
Ils continuent à **ne rien** dire.   *They continue not to say anything.*

À votre tour!

Complete Alain's responses using a negative expression.

1. CLAIRE: Tout le monde m'aime.
   ALAIN: *Personne ne m'aime.*

2. CLAIRE: J'ai beaucoup d'amis.
   ALAIN: *Je n'ai aucun ami.*

3. CLAIRE: Mes parents vont m'offrir une voiture pour mon anniversaire.
   ALAIN: *ne vont pas/ne vont rien m*

4. CLAIRE: Tout va bien pour moi.
   ALAIN: *Rien ne va*

5. CLAIRE: J'aime beaucoup mes cours ce semestre.
   ALAIN: *Je n'aime pas de*

6. CLAIRE: Je suis toujours de bonne humeur.
   ALAIN: *Je ne suis jamais*

5. Relative pronouns

A relative pronoun is used to give additional information about something or someone previously mentioned (the *antecedent*). Like all pronouns, relative pronouns are used to avoid repeating the same noun in consecutive sentences.

Sandra est tombée amoureuse d'un <u>Américain</u>. Cet <u>Américain</u> s'appelle Chris. → Sandra est tombée amoureuse d'un Américain **qui** s'appelle Chris.

Sandra fell in love with an American. This American is named Chris. → Sandra fell in love with an American who is named Chris.

Note that in the above example, two sentences are combined into a single sentence with the help of a relative pronoun. The relative pronoun belongs to a dependent clause (also called the relative or subordinate clause) that is connected to a main or independent clause. A main clause can stand alone to form a grammatical sentence. A subordinate (or dependent) clause cannot stand alone and thus *depends* on the main clause in order to form a complete thought. In French, the choice of the relative pronoun depends on the role the pronoun fulfills in the dependent clause; that is, whether it is a subject, a direct object, or the object of a preposition.

5.1 *qui* and *que*

Qui refers to the antecedent (the previously mentioned person or thing in the main clause) and functions as the subject of the dependent clause.

Chris est <u>l'homme</u>. <u>L'homme</u> travaillait avec Sandra. → Chris est l'homme **qui** travaillait avec Sandra.
Chris is the man. The man worked with Sandra. → Chris is the man who worked with Sandra.

(In the sentence above, **l'homme** is the antecedent and **qui** functions as the subject of the verb in the dependent clause.)

Que refers to the antecedent (the previously mentioned person or thing in the main clause) and functions as the direct object in the dependent clause.

> Chris est l'homme. Sandra aimait l'homme. → Chris est l'homme **que** Sandra aimait.
> *Chris is the man. Sandra loved the man. → Chris is the man (whom)(that) Sandra loved.*

> (In this example, **l'homme** is the antecedent, and **que** functions as the object of the verb in the dependent clause.)

In the passé composé (and other compound tenses), the past participle agrees with the noun replaced by **que** when it functions as the preceding direct object.

> C'est la maison. Mes parents ont acheté la maison. → C'est la maison **que** mes parents ont acheté**e**.
> *This is the house. My parents bought the house. → This is the house (that) my parents bought.*

> (In this example, **que**, which stands for **la maison**, is the object of the verb **ont achetée**.)

Note that the relative pronoun is optional in English, as indicated by the parentheses. However, relative pronouns must always be expressed in French.

Que becomes **qu'** in front of a word beginning with a vowel or silent *h*; however, **qui** never contracts.

> Voici le film **qu'**Alice a choisi.   *Here is the movie that Alice chose.*
> Voici le film **qui** a gagné le prix.   *Here is the movie that won the prize.*

À votre tour!

A. Complete the sentences with **qui** or **que** (**qu'**).

1. C'est une amitié _____ je trouve malsaine.
2. Voici le nouveau petit ami de Julie _____ est fou d'elle!
3. La jeune fille _____ il voit est très déprimée en ce moment.
4. Yann, _____ se passionne pour la navigation, se sent parfois nostalgique à Paris.
5. Je connais le couple _____ était au restaurant.

B. Complete the sentences based on the lives of the six friends or those of your own friends.

1. Yann est une personne qui...
2. Sandra est une personne que...
3. J'ai des ami(e)s qui...
4. J'ai des ami(e)s que...
5. J'aime les profs qui...
6. Je veux trouver un travail que...

5.2 *ce qui* and *ce que*

Ce qui and **ce que** are relative pronouns like **qui** and **que**; that is, they introduce a dependent clause. However, they are used in sentences where there is no antecedent. They do not refer to a specific noun, but rather to an idea or an entire statement. **Ce qui** functions as the subject of a sentence and **ce que** functions as the object of a sentence.

Ce qui me plaît, c'est la cuisine de Fabienne!	*What I like is Fabienne's cooking!*
Ce que Fabienne peut cuisiner est incroyable!	*What Fabienne can make (cook) is amazing!*

À votre tour!

Complete the sentences with **ce qui** or **ce que (ce qu')**.

1. _____ vous dites est impossible.
2. Je ne crois pas _____ ils racontent.
3. _____ me surprend, c'est l'attitude de ces gens-là!
4. Il faut manger _____ le chef vous prépare!

5.3 *dont*

Dont is the relative pronoun used with infinitives and verbal expressions followed by **de**, for example **avoir besoin de** (*to need*). **Dont** replaces nouns that refer to both persons and things.

La librairie n'a plus <u>le livre</u>. J'ai besoin <u>du livre</u>. → La librairie n'a plus le livre **dont** j'ai besoin.

The bookstore no longer has the book. I need the book. → The bookstore no longer has the book I need.

Since **dont** is the object of the preposition **de**, it is not a direct object, and consequently never triggers agreement with the past participle. For example, notice that **-e** is not added to **parlé** in the following sentence despite the fact that the antecedent (**l'actrice**) is feminine.

L'actrice a tourné un nouveau film. Je t'ai parlé de l'actrice. → L'actrice **dont** je t'ai parl<u>é</u> a tourné un nouveau film.

The actress shot a new movie. I spoke to you about the actress.→ The actress (whom) I told you about made a new film.

Here are a few verbs and expressions that take the preposition **de**. When learning a new verb, make sure to also learn what preposition it requires, if any.

avoir besoin de	être responsable de	parler de	s'occuper de
avoir envie de	être fier/fière de	rêver de	se servir de
avoir l'intention de	manquer de	s'agir de	se souvenir de
avoir peur de			

Dont can also express possession (*whose*), in which case a definite article must be used to introduce the noun.

> Le frère de Sandra vit à la Martinique. Sandra attend sa visite avec impatience.
> *Sandra's brother lives in Martinique. Sandra is awaiting his visit impatiently.*

> → Sandra, **dont** le frère vit à la Martinique, attend sa visite avec impatience.
> *Sandra, whose brother lives in Martinique, is awaiting his visit impatiently.*

Dont can also identify a sub-group (*of which*).

> Le groupe d'amis, **dont** un seul sait faire de la voile, est parti en début d'après-midi.
> *The group of friends, of which only one knows how to sail, left early in the afternoon.*

À votre tour!

A. Identify the expression (verb or other) that requires the use of **dont** in the following sentences.

> MODÈLE: L'araignée est l'animal dont j'ai le plus peur.
> → avoir peur <u>de</u>

1. Voici les documents dont vous avez besoin pour votre voyage aux Antilles.
2. Les vacances dont il rêve coûtent trop cher.
3. Les enfants dont Fabienne est responsable sont très gentils.
4. Le scénario, dont il manque encore la moitié, doit être fini dans un mois.
5. La femme dont il s'agit dans ce livre vit en Afrique.
6. On oublie les affaires dont il s'est occupé.

B. Complete the sentences with **qui, que (qu')**, or **dont.**

1. Les îles _____ je te parlais sont les Antilles.
2. Ce restaurant a une clientèle _____ est unique.
3. La voiture _____ je me sers ne fonctionne pas très bien.
4. Chris a rencontré les amis _____ Sandra lui a parlé.
5. Le sport _____ je préfère est le ping-pong.
6. La Guadeloupe est une région _____ attire beaucoup de touristes.

C. Complete the sentences with one of the following relative pronouns: **qui, que,** or **dont.** Next, indicate the grammatical function of the relative pronoun by writing "S" (subject), "DO" (direct object), or "O/de" (object of the preposition **de**). Finally, indicate the antecedent by writing "A" above it.

> MODÈLE: Voici l'amie _____ je te parlais.
>
>   **A**
>
>   Voici l'amie dont je te parlais. → O/de

1. J'ai le livre _____ tu cherchais. →
2. Ils ne retrouvent plus le magasin _____ on leur a parlé. →
3. La voiture _____ nous devons utiliser est en panne. →

4. Où est le vilain chien _____ a mangé mes chaussures? →

5. Voici la belle maison _____ je me souviens. →

6. C'est une personne _____ veut changer le monde. →

5.4 *ce dont*

Ce dont is used when the relative pronoun is the object of the preposition **de**, but when there is no specific antecedent. Note the difference between the use of **dont** and **ce dont** in the following examples.

Je vois <u>la maison</u>. Tu as parlé de <u>la maison</u>. → Je vois la maison **dont** tu as parlé. (**maison** = antecedent)
I see the house. You talked about the house. → *I see the house (that) you talked about.*

Je vois **ce dont** tu as parlé. (no specific antecedent) *I see what you talked about.*

Il a acheté <u>le livre</u>. Il avait besoin <u>du livre</u>. → Il a acheté le livre **dont** il avait besoin. (**livre** = antecedent)
He bought the book. He needed the book. → *He bought the book (that) he needed.*

Il a acheté **ce dont** il avait besoin. (no specific antecedent) *He bought what he needed.*

À votre tour!

Complete the sentences with the relative pronouns **dont** or **ce dont**.

1. Voici la dissertation _____ il est tellement fier.

2. Savez-vous _____ le bébé a envie?

3. Mon ami m'a rappelé _____ je ne me souvenais pas.

4. Le film _____ je vous ai parlé vient de gagner un Oscar.

5. La femme _____ mon ami est tombé amoureux est médecin.

6. Est-ce que tu connais le professeur _____ elle a peur?

7. Je ne vois pas _____ ils se servent.

5.5 *où*

Où is the equivalent of the English relative pronoun *where*.

C'est la maison **où** Fabienne a passé toute son enfance.
That's the house where Fabienne grew up.

Où can also be used in temporal expressions, in which case it is translated as *when*.

C'est au moment **où** Xavier est arrivé que la situation s'est aggravée.
It's right at the moment (when) Xavier arrived that the situation became worse.

Le jour **où** Sandra est arrivée à Paris, elle a visité l'École des Beaux-Arts.
The day (when) Sandra arrived in Paris, she visited the École des Beaux-Arts.

À votre tour!

Combine the two sentences using the relative pronoun **où**. Make all necessary or logical changes.

MODÈLE: C'est la maison des parents de Yann. Yann y est né.
→ C'est la maison **où** Yann est né.

1. Je n'oublierai jamais l'année. Je t'ai rencontré cette année-là.
2. Nous avons rendez-vous près de l'avenue des Champs-Élysées. Il y a des magasins très chic là-bas.
3. Je suis allé au café. J'ai rencontré mes amis au café.

5.6 *lequel*

The relative pronoun **lequel** is used for an inanimate object of a preposition (such as **sur, dans,** and **à**). **Lequel** agrees in number and gender with the noun to which it refers. The following table summarizes some of the compound forms of **lequel**.

	LEQUEL	LAQUELLE	LESQUELS	LESQUELLES
à +	auquel	à laquelle	auxquels	auxquelles
de +	duquel	de laquelle	desquels	desquelles
avec +	avec lequel	avec laquelle	avec lesquels	avec lesquelles

Les œuvres d'art **auxquelles** vous vous intéressez sont assez chères! (s'intéresser à)	*The works of art (that) you are interested in are pretty expensive!*
La BMW est une voiture **sur laquelle** on peut compter. (compter sur)	*The BMW is a car on which one can count. (The BMW is a car one can count on.)*
La Tour Eiffel est un endroit **devant lequel** beaucoup de gens se donnent rendez-vous.	*The Eiffel Tower is a place in front of which many people meet.*

The relative pronoun **dont** is generally preferred to **duquel** except when the preposition **de** is part of a more complex prepositional phrase (e.g., **à côté de, en face de,** etc.). In such cases, only **duquel** (and its forms) may be used.

Tu te souviens du nom du café **à côté duquel** il y a un marché en plein air?	*Do you remember the name of the café next to which there's an outdoor market?*
Voilà la gare **à l'intérieur de laquelle** se trouve la meilleure brasserie de la ville.	*There is the train station inside of which is found the best brasserie in town.*

When the object of the preposition is a person, the relative pronoun **qui** is generally preferred. While **lequel** can be used to refer to people, it often sounds somewhat stilted or literary.

M. Lemieux est un patron **pour qui** (pour lequel) les employées ont **beaucoup** de respect.	*Mr. Lemieux is a boss for whom the workers have a great deal of respect.*
Le moniteur de ski **à qui** (auquel) Yann s'est adressé était très compétent.	*The ski instructor to whom Yann spoke was very competent.*

De qui must be used in reference to a person without an antecedent.

Je ne sais pas **de qui** vous parlez.	*I don't know whom you are talking about.*

À votre tour!

A. Complete the sentences with the correct form of **lequel.**

1. Elle habite une maison près de _____ il y a une piscine publique.
2. Le film _____ j'ai écrit ma critique a gagné plusieurs Oscars.
3. Voici le journal dans _____ on a publié cet article scandaleux.
4. Savez-vous la raison pour _____ il a abandonné ses études?

B. Complete the sentences with **qui, que, dont,** or the correct form of **lequel.**

1. La ville _____ je te parlais se trouve dans le sud-est.
2. J'ai besoin de changer le logiciel avec _____ je crée mes documents.
3. Est-ce que tu as fini d'écrire la dissertation _____ ton prof t'a donnée à faire?
4. Où est la boîte dans _____ j'ai mis tout mon argent?
5. Tu connais l'homme _____ Sandra est amoureuse?
6. J'aime bien le roman _____ on étudie en cours de littérature.
7. Elle adore la lettre _____ son ami a écrite.
8. Le hip-hop est un genre de musique _____ plaît aux jeunes.

C. Form sentences using the words provided and a relative pronoun (**qui, que/ qu', dont, où, lequel**).

MODÈLE: la situation / se trouver dans (Julie) / être délicate
→ La situation **dans laquelle** Julie se trouve est délicate.

1. le jeune homme / parler de (vous) / être un habitué
2. les enfants / garder (Fabienne) / aimer beaucoup la jeune fille
3. le mécanicien / téléphoner (nous) / avoir bonne réputation
4. l'entreprise / contacter (ils) / faire du bon travail
5. l'école de commerce / faire ses études (elle) / avoir un excellent niveau
6. le professeur de médecine / parler avec (vous) / être un expert reconnu

POINTS CLÉS

Comparer

We invariably make comparisons whenever we describe people, places, things, emotions, actions, and so on. In this section, you will review (1) regular comparative forms, (2) irregular comparative forms, and (3) superlatives.

---

1. Regular comparative forms

    1.1 Comparisons with adjectives
    1.2 Comparisons with adverbs
    1.3 Comparisons with nouns
    1.4 Comparisons with verbs
    1.5 Comparisons with numbers

2. Irregular comparative forms

    2.1 Comparisons with irregular adjectives
    2.2 Comparisons with irregular adverbs

3. Superlatives

    3.1 Superlatives with adjectives
    3.2 Superlatives with adverbs
    3.3 Superlatives with nouns
    3.4 Superlatives with verbs
    3.5 Superlatives with relative clauses

---

1. Regular comparative forms

1.1 Comparisons with adjectives

Comparisons with adjectives are formed by putting **aussi** (*as*), **plus** (*more*) or **moins** (*less*) in front of the adjective. In English, comparative adjectives often end in *-er* (ex. *bigger*). Note that adjectives must agree with the noun they modify and typically follow the noun in French, with some important exceptions. Adjectives that precede the noun follow the same pattern in comparisons. **Que** (*than*) is required when two elements are explicitly compared.

> **aussi**
> **plus**   + adjective + **(que)**
> **moins**

Adama est **aussi** travailleur **que** Yann.	*Adama is as hardworking as Yann.*
Xavier cherche une voiture **plus** économique.	*Xavier is looking for a more economical car.*
Pourtant, Sandra cherche une **plus** grande voiture.	*However, Sandra is looking for a bigger car.*
L'université en France est **moins** chère **qu'**aux États-Unis.	*College is less expensive in France than in the United States.*

1.2 Comparisons with adverbs

Comparisons with adverbs are formed by putting **aussi** (*as*), **plus** (*more*), or **moins** (*less*) after the verb, followed by the comparative adverb, and then **que**.

>   **aussi**
>
> verb + **plus**   + adverb + **que**
>
>   **moins**

Sophie nage **aussi** vite **que** son frère.	*Sophie swims as fast as her brother.*
Mon nouveau professeur de français parle **plus** lentement **que** mon ancien professeur.	*My new French teacher speaks more slowly than my former teacher.*
Ils écrivent **moins** fréquemment **que** vous.	*They write less frequently than you.*

1.3 Comparisons with nouns

Comparisons with nouns are created by putting **autant de** (*as much*), **plus de** (*more*), or **moins de** (*less*) before the noun to indicate the amount. Like all expressions of quantity in French, these expressions contain the partitive article **de**.

> **autant de (d')**
>
> **plus de (d')** + noun + **que**
>
> **moins de (d')**

J'ai gagné **autant d'**argent cette année **que** l'année dernière.	*I earned as much money this year as last year.*
Ce programme contient **plus d'**activités **que** l'autre.	*This program has more activities than the other one.*
Mes amis ont **moins de** devoirs **que** moi.	*My friends have less homework than I.*

1.4 Comparisons with verbs

Comparisons with verbs are formed by placing **autant que** (*as much*), **plus que** (*more*), or **moins que** (*less*) after the verb. If a direct object is present in the sentence, it must be placed between the comparative adverb and **que**.

> verb + **autant que (qu')**
>
> verb + **plus que (qu')**
>
> verb + **moins que (qu')**

Les Belges aiment **autant** le football **que** les Italiens. (*le football* = direct object)	*Belgians like soccer as much as Italians.*
Mon père parle **plus que** ton père.	*My father speaks more than your father.*
Paul paie **moins que** Robert pour les frais d'inscription.	*Paul pays less than Robert for registration fees.*

1.5 Comparisons with numbers

Comparisons with numbers are formed by placing **plus** (*more*) or **moins** (*less*) and the partitive article **de** (**d'**) before the number.

plus de (d') + number

moins de (d') + number

Il y a **plus de** cent personnes dans mon cours de biologie.	*There are more than a hundred people in my biology class.*
Un billet d'avion pour Paris coûte **moins de** 1000 dollars.	*A plane ticket to Paris costs less than $1000.*

2. Irregular comparative forms

2.1 Comparisons with irregular adjectives

There are two irregular adjective forms used in comparisons in French: **meilleur** (*better*) and **pire** (*worse*). For negative comparisons, the regular forms **plus mauvais / moins mauvais** (*worse / less bad*) are typically used. The irregular form **pire** (*worse*) is restricted to the comparison of two (or more) bad things.

bon	**meilleur** (*better*)	**moins bon** (*less good*)	**aussi bon** (*as good*)
mauvais	**plus mauvais** (*worse*)	**moins mauvais** (*less bad*)	**aussi mauvais** (*as bad*)
	pire (*worse*)		

La cuisine traditionnelle est **plus mauvaise** pour la ligne que la nouvelle cuisine.	*Traditional cooking is worse for one's figure than nouvelle cuisine.*
En fait, la nouvelle cuisine est **meilleure** pour la santé en général.	*In fact, nouvelle cuisine is better for one's health in general.*
C'est mal de mentir, mais c'est **pire** de voler.	*It's bad to lie, but it's worse to steal.*

2.2 Comparisons with irregular adverbs

There is only one irregular adverb form used in comparisons in French: **mieux** (*better*). Be careful not to confuse the comparative adjective **meilleur** with the comparative adverb **mieux**.

bien (*well*)	**mieux** (*better*)	**moins bien**	**aussi bien**
mal (*poorly*)	**plus mal** (*worse*)	**moins mal**	**aussi mal**

Robert écrit **plus mal que** moi. Pourtant, il parle **mieux**.	*Robert writes worse than I do. Yet, he speaks better.*

À votre tour!

A. Use the elements provided to make logical comparisons.

1. (+) Les voitures européennes / être / petit / les voitures américaines
2. (−) Le vin blanc / coûter / cher / le champagne
3. (+) Je / aimer / bien / les maisons anciennes / les maisons modernes
4. (=) On / trouver / neige / dans les Pyrénées / dans les Alpes
5. (−) Il / parler / espagnol / bien / toi
6. (=) Je / travaille / sérieusement / mes collègues

B. Select the appropriate adjective or adverb and make all necessary changes.

Je ne me sens pas _____[1] (bon / bien), je crois que j'ai attrapé une _____[2] (mauvais / mal) grippe. Il faisait froid, la nuit dernière, et je n'étais pas _____[3] (bon / bien) habillée pour sortir. En plus, ma voiture était _____[4] (mauvais / mal) garée, et j'ai eu un p.-v. (*ticket*)! Pas de chance! J'ai vraiment _____[5] (mauvais / mal) commencé ma semaine.

3. Superlatives

Superlative comparisons single out one member of a group as being the best or the worst (e.g., *the fastest, the slowest, the prettiest, the ugliest,* and so on).

3.1 Superlatives with adjectives

Superlatives formed with adjectives require the definite article (le, la, les). Recall that most adjectives in French are placed after the noun they modify, although important exceptions exist. When adjectives are placed after the noun, superlatives must follow this formula:

le / la / les + noun + **le / la / les** + **plus / moins** + adjective

Fabrice est **l'étudiant le plus sérieux** de la classe.	*Fabrice is the most serious student in the class.*
La solution la moins populaire était d'augmenter les frais.	*The least popular solution was to increase the fees.*

When adjectives are placed before the noun, superlatives should follow this formula:

le / la / les + **plus / moins** + adjective + noun

Superlative constructions are often followed by a phrase that indicates more precisely where the superlative holds true. Note that these phrases are always introduced by **de** in French and typically translated into English by *in* (e.g., **de France,** *in France;* **du monde,** *in the world;* **de la classe,** *in the class,* etc.).

Paris est **la plus grande ville de France.**	*Paris is the biggest city in France.*
Agnès et Marie sont les **meilleures élèves de la classe.**	*Agnès and Marie are the best students in the class.*

3.2 Superlatives with adverbs

Superlatives with adverbs are formed by placing the definite article **le** before **plus** (*more*) or **moins** (*less*) followed by the adverb.

> **le** + **plus** / **moins** + adverb

Éric conduit **le plus vite** de tous.	*Éric drives the fastest of all.*
Martine raconte **le mieux** les histoires.	*Martine tells stories the best.*

3.3 Superlative with nouns

Superlatives with nouns are created by placing the phrase **le plus de** (*the most*) or **le moins de** (*the least*) before the noun.

> **le plus de (d') / le moins de (d')** + noun

Yann mange **le plus de fromage** et **le moins de viande.**	*Yann eats the most cheese and the least meat.*

3.4 Superlatives with verbs

Superlatives with verbs are formed by placing the phrase **le plus** (*the most*) or **le moins** (*the least*) after the verb.

> verb + **le plus** / **le moins**

Philippe travaille **le plus** et gagne **le moins.**	*Philippe works the most and earns the least.*

3.5 Superlatives with relative clauses

A relative clause (introduced by **qui, que, où...**) often follows a superlative construction. The verb in the relative clause is in the indicative if the superlative sentence states an objective fact. However, if the superlative sentence indicates an opinion or judgment, the verb in the relative clause must be in the subjunctive.

Paris est **la plus** grande ville **que** j'ai visitée cet été. (indicative = fact)	*Paris is the biggest city I visited this summer.*
Paris est **la plus** belle ville **que** je connaisse. (subjunctive = opinion)	*Paris is the most beautiful city I know.*

À votre tour!

Nom	Âge	Frères	Voiture	Salaire
Marc	21	3	Honda Civic	600 euros
Évelyne	24	2	VW Jetta	1 500 euros
Éric	25	3	Lexus	3 000 euros

A. Write comparative sentences using the information provided above.

1. Évelyne / Éric / gagner / argent
2. Marc / Éric / être / jeune
3. Évelyne / Éric / être / âgé
4. Marc / ses amis / gagner / argent
5. Une Honda / Une Lexus / être / cher
6. Éric / Marc / être / âgé
7. Marc / Éric / avoir / frères
8. Évelyne / Éric / avoir / frères

B. Use the elements provided to make superlative sentences.

1. (–) Ce / être / le café / agréable / je / connaître
2. (+) Voilà / le tableau / célèbre / la collection
3. (+) Ce / être / le chapitre / intéressant / le livre
4. (+) Stéphane / manger / vite / tous mes amis

C. Translate the following sentences.

1. Pauline is the least serious student in the class.
2. That is the worst war in American history.
3. France is the country that has the most tourists in the world.
4. Mr. Dupont is the most difficult teacher in the school.
5. David is the most handsome man I know.
6. Alice speaks the fastest of my friends.

POINTS CLÉS

Parler du passé

Telling stories is an essential part of communication. To help you master narration in the past, this section reviews (1) the formation of the **passé composé,** (2) the formation of the **imparfait,** (3) the use of the **passé composé** and the **imparfait** in narration, (4) verbs with different meanings in the **imparfait** and the **passé composé,** (5) the forms and uses of the **plus-que-parfait,** and (6) the forms and uses of the **passé simple.**

1. Formation of the **passé composé**

   1.1 **Passé composé** with **avoir** and **être**
   1.2 Past participle agreement
   1.3 Placement of adverbs with the **passé composé**

2. Formation of the **imparfait**

3. Using the **passé composé** and the **imparfait**

   3.1 Summary of basic uses
   3.2 Foreground vs. background
   3.3 Adverbs frequently used in narration

4. Verbs with different meanings in the **imparfait** and the **passé composé**

5. **Plus-que-parfait**

   5.1 Formation of the **plus-que-parfait**
   5.2 Using the **plus-que-parfait**

6. **Passé simple**

   6.1 Formation of the **passé simple**
   6.2 Using the **passé simple**

1. Formation of the *passé composé*

1.1 *Passé composé* with *avoir* and *être*

The **passé composé** is formed using the present tense of the auxiliary verb **avoir** or **être** followed by the past participle.

PARLER *(to speak)*		ALLER *(to go)*	
j'**ai parlé**	nous **avons parlé**	je **suis allé(e)**	nous **sommes allé(e)s**
tu **as parlé**	vous **avez parlé**	tu **es allé(e)**	vous **êtes allé(e)(s)**
il/elle/on **a parlé**	ils/elles **ont parlé**	il/elle/on **est allé(e)**	ils/elles **sont allé(e)s**

The formation of past participles depends on the infinitive. Note the formation of the past participle for the three regular infinitives (**-er, -ir, -re**):

-er	**-é**	dans**er** → dans**é**
-ir	**-i**	fin**ir** → fin**i**
-re	**-u**	vend**re** → vend**u**

The verbs **avoir** and **être** are both conjugated in the **passé composé** with the auxiliary **avoir,** and they both have irregular forms:

avoir → eu

Nous **avons eu** de la chance!

We got lucky!

être → été

Nous **avons été** choqués par cette nouvelle.

We were shocked by the news.

Note: For other irregular past participles, see the verb charts (pages 281–292) at the back of this textbook.

Although most verbs take **avoir** as their auxiliary in the **passé composé,** two groups of verbs are conjugated with the auxiliary **être**—pronominal verbs and intransitive verbs.

se lever

Pronominal verbs

A pronominal verb is accompanied by a reflexive or reciprocal pronoun. Pronominal verbs—their formation and usage—are explained in depth in the **Autres points de grammaire** section.

Elle **s'est levée** de bonne heure.   *She got up early.*

Ils **se sont aimés.**   *They loved each other.*

Intransitive verbs

Many intransitive verbs, that is, verbs without a direct object, take **être** in the **passé composé.** Many of these verbs indicate coming and going. Even **naître** (*to be born*) and **mourir** (*to die*) can be thought of as coming and going in a figurative sense.

Infinitive → Past participle

arriver → arrivé(e)(s)	passer → passé
aller → allé(e)(s)	retourner → retourné
descendre → descendu	rester → resté
entrer → entré (rentrer → rentré)	sortir → sorti
monter → monté	tomber → tombé
mourir → mort	venir → venu (devenir →
naître → né	devenu, revenir → revenu)
partir → parti	

Some verbs such as **descendre, monter, passer, and sortir,** may be used intransitively (without a direct object) and transitively (with a direct object). Remember that intransitive verbs are conjugated with **être** but that transitive verbs are conjugated with **avoir.**

	Je **suis sorti(e)** hier soir.	*I went out last night.* (intransitive)
But:	J'**ai sorti** la poubelle hier soir.	*I took out the trash last night.* (transitive)
	Il **est passé** chez moi.	*He stopped at my house.* (intransitive)
But:	Il **a passé** la journée chez lui.	*He spent the day at home.* (transitive)

To form a negative sentence or question with the **passé composé**, place the two negative elements around the auxiliary:

Il **n'a plus** fait de cheval depuis son accident.
He hasn't ridden horses anymore since his accident.

Vous **n'êtes pas** allé à la plage cet été?
You did not go to the beach this summer?

1.2 Past participle agreement

When the verb is conjugated with **avoir**, the past participle agrees in number and gender with the direct object if the object precedes the verb. A preceding direct object often takes the form of a pronoun:

—Où est Fabienne?
—*Where is Fabienne?*

—Je pense qu'Adama **l'**a vu**e** au café il y a quelques minutes.
(**l'** = Fabienne)
—*I think that Adama saw her at the café a few minutes ago.*

A preceding direct object may also take the form of the relative pronoun **que**:

Fabienne, **qu'**Adama a vu**e** au café, avait l'air triste. (**que** = Fabienne)
Fabienne, whom Adama saw at the café, seemed sad.

Note that not all preceding direct objects are pronouns. Preceding direct objects may be nouns or noun phrases that appear before the subject and verb in the sentence.

Quelles villes as-tu visit**ées**? (**Quelles villes** = preceding direct object)
What cities have you visited?

With **être**, there are two basic past participle agreement rules depending on whether the verb is intransitive or pronominal. Past participles of intransitive verbs agree with their subject. In such cases, the past participle acts just like an adjective.

Adama et Sandra sont retourn**és** au cinéma le jour suivant.
Adama and Sandra went back to the movie theater the following day.

Pronominal verbs agree with the reflexive pronoun when it functions as the preceding direct object.

Fabienne **s'est habillée** une heure avant d'aller à son rendez-vous. (**s'** = herself)
Fabienne got dressed an hour before going on her date.

However, in cases where the direct object is a specified part of the body (e.g., *legs*) there is no agreement because it follows the verb. In such cases, the definite article is used with the body part and the reflexive pronoun indicates possession.

Fabienne **s'**est aussi rasé **les jambes**.
Fabienne also shaved her legs.

Remember: Not all pronominal verbs have direct objects! Be sure that the pronoun is actually a *direct* object pronoun and not an *indirect* object that never requires past participle agreement.

Xavier et Julie **se** sont aimés dès le premier regard. (**se** = direct object, agreement)	*Xavier and Julie liked each other at first glance.*
Ils **se** sont parlé pendant des heures. (**se** = indirect object, no **agreement**)	*They talked to each other for hours.*

1.3 Placement of adverbs with the *passé composé*

The adverb in French usually follows the conjugated verb. Thus, in all compound tenses (i.e., tenses where an auxiliary is required, such as the **passé composé**), adverbs are placed after the auxiliary and just before the past participle.

J'ai **déjà** mangé, merci.	*I already ate, thank you.*
Fabienne a **beaucoup** travaillé aujourd'hui.	*Fabienne worked a lot today.*

There are some exceptions to this rule, such as **longtemps.**

Tu as attendu **longtemps?**	*Did you wait a long time?*

In the negative, the adverb follows the second negative element.

Je n'ai pas **encore** mangé.	*I haven't eaten yet.*
Fabienne n'a pas **beaucoup** travaillé aujourd'hui.	*Fabienne didn't work a lot today.*

If the adverb ends in **-ment,** it typically follows the past participle.

Elle a répondu **froidement.**	*She answered coldly.*
Il m'a regardé **étrangement.**	*He looked at me strangely.*

À votre tour!

A. Complete the sentences with the correct form of the **passé composé.**

1. Les amis canadiens de Fabienne _____ (venir) lui rendre visite en décembre.
2. Hier soir, Sandra _____ (travailler) au Café des Arts jusqu'à minuit.
3. Xavier et Julie _____ (rester) au téléphone pendant deux heures jeudi soir.
4. Ils se _____ (parler) sans se disputer une seule fois!
5. Ils _____ (passer) un moment très agréable.

[handwritten notes in margin]
X Ils se sont rencontrent
Ils ne se sont pas embrassés.

B. Complete the sentences with the correct form of the pronominal verb in the **passé composé**. Remember the agreement rules!

1. Xavier et Julie _____ (se rencontrer) il y a deux ans, près d'un kiosque à journaux.

2. Ils _____ (s'installer) à la terrasse d'un café, et ils _____ (se parler) pendant des heures.

3. Ce jour-là, ils _____. (ne pas s'embrasser)

4. À 6 h du soir, ils _____ (se quitter), mais dès 8 h, ils _____. (se téléphoner) Ça a été le début d'une relation passionnée.

C. Complete the sentences with the correct form of the **passé composé**.

1. Adama _____ (naître) à Saint-Louis, une ville située au nord de Dakar, au Sénégal.

2. Il _____ (passer) la plus grande partie de sa jeunesse à Saint-Louis.

3. Puis il _____ (quitter) le Sénégal après avoir passé son bac.

4. Ses parents l'_____ (encourager) à aller étudier en France, car ils pensaient que leur fils aurait de meilleures chances de réussir.

5. Mais bien sûr, ils _____ (se sentir) tristes quand Adama _____. (partir)

2. Formation of the *imparfait*

The stem of the **imparfait** is the first-person plural (**nous**) form of the present tense, minus the **-ons**. The following endings are added to the stem: **-ais, -ais, -ait, -ions, -iez, -aient.**

PARLER → PARL -ONS		FINIR → FINISS -ONS		PERDRE → PERD -ONS	
je parlais	nous parlions	je finissais	nous finissions	je perdais	nous perdions
tu parlais	vous parliez	tu finissais	vous finissiez	tu perdais	vous perdiez
il/elle/on parlait	ils/elles parlaient	il/elle/on finissait	ils/elles finissaient	il/elle/on perdait	ils/elles perdaient

The **imparfait** stem is regular for all verbs except **être** (**ét-**). Note, however, that the endings are always regular.

ÊTRE *(to be)*	
j'**ét**ais	nous **ét**ions
tu **ét**ais	vous **ét**iez
il/elle/on **ét**ait	ils/elles **ét**aient

Stem changing verbs like **commencer** and **partager** add a -**ç** or an -**e** to **imparfait** endings that begin with the letter **a**.

COMMENCER *(to start)*		PARTAGER *(to share)*	
je commençais	nous commencions	je partageais	nous partagions
tu commençais	vous commenciez	tu partageais	vous partagions
il/elle/on commençait	ils/elles commençaient	il/elle/on partageait	ils/elles partageaient

Here is a short list of other common -**cer** and -**ger** verbs:

-**cer:** placer, remplacer
-**ger:** changer, échanger, manger, nager, ranger

À votre tour!

Complete the sentences with the correct form of the **imparfait** of the verbs in parentheses.

Sandra _____ (aimer) beaucoup aller à la plage quand elle _____ (habiter) à la Martinique. Elle _____ (se sentir) en vacances tous les week-ends. C' _____⁴ (être) bien agréable de vivre près de la mer et cela lui manque beaucoup à Paris. Son frère Bruno _____ (faire) de la plongée sous-marine et ils _____ (aller) tous les deux à la pêche avec leur père. Quelquefois, quand Sandra _____ (nager) tranquillement, Bruno l'_____ (attraper) brusquement et la _____ (pousser) sous l'eau. Nathalie pense aussi que Sandra _____¹⁰ (avoir) beaucoup de chance. «Mais tu sais», dit Sandra, «nous _____ (étudier) quand même sérieusement aussi à l'école! On n' _____¹² (être) pas en vacances toute l'année!» Mais il est vrai que la belle saison _____¹³ (commencer) plus tôt qu'en France et _____¹⁴ (finir) plus tard aussi...

3. Using the *passé composé* and *imparfait*

3.1 Summary of basic uses

PASSÉ COMPOSÉ	IMPARFAIT

• To preview the story before the narrative proper begins
 	
  J'**ai eu** un accident hier!
 	
• To recount completed, narrative events in strict chronological sequence
 	
  Le match s'**est terminé** et puis on **est parti**.
	• To give conditions, circumstances, and states that set the scene for the plotline events
	
	  Il **était** minuit et il **faisait** très froid.
	
	• To describe habitual actions
	
	  Quand il **était** jeune, Adama **mangeait** vite.

(suite)

- To summarize and evaluate the story after it has been told

  Eh oui, ça **a été** un vrai désastre!

- To describe changes in states of being

  Quand Jean a vu le fantôme, il **a eu** peur.

- To describe ongoing actions

  Pendant que je **dormais** tranquillement, ...

- To describe states of being

  Jean **avait** peur de tout.

  was afraid of everything

3.2 Foreground vs. background

In general, stories can be divided into two main parts—the foreground (**le premier plan**) and the background (**l'arrière-plan**). In French, the foreground correlates with the **passé composé** and the background with the **imparfait**. Foreground events are chronologically ordered and move the story forward through time. Background events are not chronologically ordered and often suspend narrative movement. These tenses allow storytellers to present events from different perspectives.

———— (1) ————————— (2) —————————▶   foreground = chronological timeline

Le père **a fermé** la porte.   Le pauvre bébé **a pleuré**.
The father closed the door.   *The poor baby cried.*

Here, two consecutive actions in the **passé composé** are interpreted as being in chronological sequence. Moreover, we infer that the baby cried because the father closed the door. In other words, sequenced events in the **passé composé** are often interpreted as causally linked.

Notice how we interpret the story differently when the second event is in the **imparfait**.

———————— (1) ——————————▶ (?)

Le père **a fermé** la porte.   Le pauvre bébé **pleurait**.
The father closed the door.   *The poor baby was crying.*

When did the baby begin to cry? Since the two events are no longer in sequence it is hard to say with precision. The **imparfait** (*pleurait*) represents the action as ongoing and thus overlapping the plotline **passé composé** event (**a fermé**). We infer that the baby was already crying when the father closed the door. We may also infer that the baby continued to cry after the door was closed. Because the exact beginning and end of the baby's crying is difficult to locate in time, we may represent the event with a question mark (?).

3.3 Adverbs frequently used in narration

Narrators often make the foreground and background more explicit by using adverbs. Adverbs associated with the **passé composé** emphasize the punctual or sequential nature of an event and thus indicate the foreground. In contrast, adverbs associated with the **imparfait** are correlated with the background because they emphasize the ongoing or habitual aspect of the event.

(handwritten: passé composé)

ADVERBS ASSOCIATED WITH THE PASSÉ COMPOSÉ AND THE FOREGROUND
brusquement, ensuite, immédiatement, puis...
abruptly, next, immediately, then...
soudain, tout d'un coup, tout de suite...
suddenly, all of a sudden, all at once, right away...
un jour, un matin, un soir...
one day, one morning, one evening...

*(handwritten: * imparfait midterm)*

ADVERBS ASSOCIATED WITH THE IMPARFAIT AND THE BACKGROUND
autrefois, à l'époque, chaque jour, chaque matin, chaque mois...
in the past/long ago, at the time, each day, each morning, each month...
d'habitude, en général, généralement, rarement...
usually, in general, usually, rarely...
souvent, toujours, tous les jours, tous les matins...
often, always, every day, every morning...

(handwritten: constant (adj), constamment (constantly))

À votre tour!

A. Read the following English text below and decide if the verbs in italics are part of the foreground (**le premier plan**) or the background (**l'arrière-plan**). Next, number each foreground event and place it in its correct chronological order on the time line. Recall that foreground events are completed actions in a strict sequence, whereas the background is comprised of states, ongoing actions, and habitual events. Finally, indicate to which category the background verbs belong.

> John *felt* thirsty and out of sorts. He *headed* straight for the bar where he *would* always *go* after work. As usual, the place *was* deserted. He quickly *scanned* the empty room and *plopped down* on a stool. Next, he *reached* into his pocket, *pulled out* a crumpled envelope, and *placed* it on the counter in front of the bartender who *was pretending* to watch the game on TV. The envelope *contained* an encoded message from his commander.

Background

- **states of being:** [felt]
- **habitual actions:** *(handwritten: would go)*
- **ongoing actions:** *(handwritten: was pretended, contain)*

Foreground ——— [1] ——— [2] ——— [3] ——— [4] ——— [5] ——— [6] ——→
  [headed] [scanned] [plopped] [reached] [pulled] [placed]

B. Complete the sentences with the correct form of the **passé composé** or the **imparfait** of the verbs in parentheses.

Nathalie parle du film de Jean-Pierre Jeunet, *Le Fabuleux Destin d'Amélie Poulain:*

«Quand le film *Amélie* _est sorti_¹ (sortir), tout le monde en _parlait_² (parler). C'_était_³ (être) un film vraiment différent, romantique, mais aussi un peu provocant. Le film _connu_⁴ (connaître) un énorme succès. Une des raisons du succès du film à l'étranger est qu'il _a été_⁵ (être) en grande partie tourné à Paris. On y _a vu_⁶ (voir) tous les endroits connus de Paris: Montmartre, la gare du Nord et Pigalle. De plus, tout le monde _a trouvé_⁷ (trouver) le personnage d'Amélie très attachant. Personnellement, le film m'_a plu_⁸ (plaire) parce qu'il y _avait_⁹ (avoir) des tas de personnages bizarres et fascinants, comme le peintre aux os de verre,* qui _copiait_¹⁰ (copier) les tableaux impressionnistes de Monet. Et puis, le style du film _était_¹¹ (être) très particulier, avec des accélérations de certaines scènes, un peu comme dans *Moulin rouge!* Cela dit, *Moulin rouge!*, je _n'aimais_ (ne pas beaucoup aimer). C'est un film qui _avait_¹³ (avoir) des qualités, mais je _suis sortie_¹⁴ (sortir) du cinéma épuisée.

*aux... *with glass bones*

4. Verbs with different meanings in the *imparfait* and the *passé composé*

The meanings of the following verbs change depending on whether they are in the **imparfait** or the **passé composé**.

	IMPARFAIT	PASSÉ COMPOSÉ
avoir	**to have** (*state of having*) Nous avions faim. *We were hungry.*	**to get** (*sudden change of state*) Nous avons eu faim. *We got hungry.*
être	**to be** (*state of being*) Elle n'était pas souvent malade. *She wasn't often sick.*	**to become** (*sudden change of state*) Mais elle a été très malade cet hiver. *But she got very sick this winter.*
devoir	**to be supposed to** Il devait aller voir un médecin. *He was supposed to go to the doctor.*	**to have to, must have** Il a dû aller voir un médecin. *He had to go to the doctor. /* *He must have gone to the doctor.*
connaître	**to be acquainted with** Elle connaissait ma mère. *She was acquainted with my mother.*	**to meet** Elle a connu ma mère. *She met my mother.*
savoir	**to know** Ils savaient la vérité. *They knew the truth.*	**to find out** Ils ont su la vérité. *They found out / discovered the truth.*

pouvoir	to be able (*no knowledge of attempt or success*)	to be able (*to succeed*)
	Elle a dit qu'ils pouvaient finir le manuscrit. *She said they could finish the manuscript.*	Ils ont pu finir le manuscrit. *They succeeded in finishing the manuscript.*
ne pas pouvoir	to be incapable of	to try but fail
	Il ne pouvait pas comprendre le texte. *He couldn't understand the text.* (*He wasn't capable; maybe he did later.*)	Il n'a pas pu comprendre le texte. *He couldn't understand the text.* (*He tried but failed to understand the text.*)
vouloir	to want	to try (*intend*) but to fail
	Je voulais acheter la voiture. *I wanted to buy the car.*	J'ai voulu acheter la voiture. *I tried to buy the car (but failed).*
ne pas vouloir	to not want (*to prefer not*)	to not want (*and to refuse*)
	Elle ne voulait pas partir. *She didn't want to leave.*	Elle n'a pas voulu partir. *She refused to leave.*

À votre tour!

Complete the sentences with the correct form of the **passé composé** or the **imparfait** of the verbs in parentheses.

Le mois de juillet _est arrivé_ (arriver) et Fabienne et Nathalie _voulaient_ (vouloir) partir une semaine en Tunisie, mais comme elles _n'avaient pas_ (ne pas avoir) pas d'argent, elles _ne pouvaient pas_ (ne pas pouvoir). Du coup, elles _ont décidé_ (décider) d'aller chez les parents de Nathalie à Montpellier. À Paris, il _faisait_6 (faire) assez frais, mais à Montpellier le temps _était_7 (être) idéal. Le soleil _brillait_8 (briller) et il _fait_9 (faire) très chaud. La dernière nuit de leurs vacances, Fabienne et Nathalie _voulaient_ (vouloir) aller à une fête organisée par leurs nouveaux amis. Elles _sont parties_ (partir) dans leur voiture louée. En route, elles _ont eu_12 (avoir) un pneu crevé. Ni Fabienne ni Nathalie ne (n') _savait_13 (savoir) comment changer un pneu, alors elles _ont dû_ (devoir) rentrer à pied chez elles. Elles _ont manqué_ (manquer) la fête. Heureusement, elles _ont vu_16 (voir) leurs amis une dernière fois le lendemain pour le déjeuner.

[handwritten annotations: suddenly / subitement; (voulé); like/gives; rather cool; elles sont parties; pas isn't needed; rented; go back à pied; Fortunately]

5. Plus-que-parfait

5.1. Formation of the *plus-que-parfait*

The **plus-que-parfait** (pluperfect) is formed with the auxiliary verb (**avoir** or **être**) conjugated in the **imparfait** followed by a past participle. The choice of the auxiliary is the same for the **passé composé** and the **plus-que-parfait**.

IMPARFAIT OF AUXILIARY (AVOIR OR ÊTRE) + PAST PARTICIPLE			
LIRE *(to read)*		**ARRIVER** *(to arrive)*	
j'**avais lu**	nous **avions lu**	j'**étais arrivé(e)**	nous **étions arrivé(e)s**
tu **avais lu**	vous **aviez lu**	tu **étais arrivé(e)**	vous **étiez arrivé(e)(s)**
il/elle/on **avait lu**	ils/elles **avaient lu**	il/elle/on **était arrivé(e)**	ils/elles **étaient arrivé(e)s**

Fabienne **avait** déjà **visité** la France avant son séjour à Paris.	*Fabienne had already visited France before her stay in Paris.*

The rules that determine agreement of the past participle in the **plus-que-parfait** are the same for all compound tenses. If you need a reminder, see the explanations in the previous section on the **passé composé**, pages 206–207.

5.2 Using the *plus-que-parfait*

The **plus-que-parfait** indicates that a past action was completed prior to another past action. In this sense, the **plus-que-parfait** functions like the English pluperfect (e.g., *she had left*) and the **passé composé** like the English present perfect (e.g., *he arrived*).

Quand il est arrivé, sa femme **était** (déjà) **partie**.	*When he arrived, his wife had (already) left.*
Il s'est souvenu de la réponse, mais il **avait** (déjà) **rendu** sa copie d'examen.	*He remembered the answer, but he had (already) turned in his test.*

À votre tour!

A. Match the clauses in column A with logical clauses in column B.

A	**B**
1. Quand Adama est arrivé avec une grande pizza,	a. la boulangerie avait fermé.
2. Quand Yann a voulu acheter du pain,	b. les clients étaient déjà partis.
3. Lorsque Fabienne est arrivée au concert,	c. le film avait déjà commencé.
4. Quand Xavier a commencé l'architecture,	d. Xavier et Fabienne avaient déjà mangé.
5. Lorsque Sandra a apporté l'addition (*bill*),	e. les musiciens avaient terminé de jouer.
6. Quand Nathalie est arrivée au cinéma,	f. il avait déjà étudié la médecine.

B. Translate the following sentences into French.

1. He gave his opinion, but the committee had already decided.
2. The police arrived quickly, but the man had already left.
3. When she finished the test, everyone had already gone.
4. When she closed the door, she remembered she had left her keys on the table.
5. He finally found the bookstore, but somebody had already bought the last book.

6. *Passé simple*

6.1 Formation of the *passé simple*

The term **simple** refers to the fact that this past tense does not require an auxiliary, unlike the **passé composé.** For all regular **-er** verbs, the **passé simple** is formed by dropping the infinitive ending and adding the following endings: **-ai, -as, -a, -âmes, -âtes, -èrent.** For all regular **-ir** and **-re** verbs, the **passé simple** is formed by dropping the infinitive ending and adding the following endings: **-is, -is, -it, -îmes, -îtes, -irent.**

PARLER → PARL-		FINIR → FIN-		PERDRE → PERD-	
je **parl**ai	nous **parl**âmes	je **fin**is	nous **fin**îmes	je **perd**is	nous **perd**îmes
tu **parl**as	vous **parl**âtes	tu **fin**is	vous **fin**îtes	tu **perd**is	vous **perd**îtes
il/elle/on **parl**a	ils/elles **parl**èrent	il/elle/on **fin**it	ils/elles **fin**irent	il/elle/on **perd**it	ils/elles **perd**irent

The most common irregular verbs in the **passé simple** are **avoir, être,** and **faire.**

AVOIR *(to have)*		ÊTRE *(to be)*		FAIRE *(to make, do)*	
j'**eus**	nous **eûmes**	je **fus**	nous **fûmes**	je **fis**	nous **fîmes**
tu **eus**	vous **eûtes**	tu **fus**	vous **fûtes**	tu **fis**	vous **fîtes**
il/elle/on **eut**	ils/elles **eurent**	il/elle/on **fut**	ils/elles **furent**	il/elle/on **fit**	ils/elles **firent**

Irregular verbs, such as **mourir, naître, tenir, venir,** and **voir,** often have irregular stems for the **passé simple.**

mourir   je **mourus,** tu **mourus,** il **mourut,** nous **mourûmes,** vous **mourûtes,** ils **moururent**

naître	je **naquis**, tu **naquis**, il **naquit**, nous **naquîmes**, vous **naquîtes**, ils naquirent
tenir	je **tins**, tu **tins**, il **tint**, nous **tînmes**, vous **tîntes**, ils **tinrent**
venir	je **vins**, tu **vins**, il **vint**, nous **vînmes**, vous **vîntes**, ils **vinrent**
voir	je **vis**, tu **vis**, il **vit**, nous **vîmes**, vous **vîtes**, ils **virent**

In many cases, the stems for the **passé simple** are the same as the past participle of the verb.

INFINITIVE	PAST PARTICIPLE	PASSÉ SIMPLE
boire	bu	je **bus**...
connaître	connu	je **connus**...
dire	dit	je **dis**...
falloir	fallu	il **fallut**
lire	lu	je **lus**...
mettre	mis	je **mis**...
pleuvoir	plu	il **plut**
pouvoir	pu	je **pus**...
prendre	pris	je **pris**...
recevoir	reçu	je **reçus**...
savoir	su	je **sus**...

6.2 Using the *passé simple*

The **passé simple** is used primarily in written or literary discourse (e.g., short stories, novels, historical accounts, etc.) or in very formal speeches (e.g., presidential addresses, sermons, news broadcasts, etc.). It has traditionally been used for events completed in the distant, historical past. Like the **passé composé**, the **passé simple** is used for completed events that move the plot forward through time. In other words, in literary narratives, the **passé simple** constitutes the foreground while the **imparfait** constitutes the background.

À votre tour!

In the following paragraph about the history of Provence, change the verbs in the **passé simple** to their **passé composé** equivalents.

> Après l'invasion des Celtes qui **remplacèrent** les Ligures, ce sont les Grecs (les Phocéens) qui **colonisèrent** le littoral (*coast*) provençal. Un port qu'ils **appelèrent** *Massalia* (aujourd'hui Marseille) **fut** établi vers 600 av. J.-C. Quelques siècles plus tard, l'empire romain **prit** contrôle de la région et les Romains **s'installèrent** à Arles et à Nîmes où ils **construisirent** des arènes et des aqueducs, par exemple le fameux Pont du Gard.

POINTS CLÉS

Réagir et recommander

To help you express your reactions, recommendations, and requests in French, this section will review some important tools, including (1) formation of the present subjunctive, (2) contexts for using the subjunctive, (3) conjunctions that require the subjunctive, (4) formation and use of the past subjunctive, and (5) imperative mood (commands).

1. **Present subjunctive**

   1.1 Regular forms
   1.2 Irregular forms

2. **Using the subjunctive**

   2.1 Necessity and obligation
   2.2 Doubt and uncertainty
   2.3 Will and desire
   2.4 Emotion
   2.5 Opinion

3. **Conjunctions that require the subjunctive**

4. **Past subjunctive**

   4.1 Formation of the past subjunctive
   4.2 Using the past subjunctive

5. **Imperative mood (Commands)**

   5.1 Regular forms
   5.2 Irregular forms
   5.3 Imperatives with **y** and **en**
   5.4 Pronominal verbs
   5.5 Imperatives expressing a wish

1. Present subjunctive

hypothetical

The subjunctive is one of four moods used to categorize verbs in French (indicative, imperative, subjunctive, and conditional). You are already familiar with the indicative mood used to express information as factual or objective. In contrast, the subjunctive mood is used to express a speaker's subjectivity, that is, his or her wishes, hopes, doubts, emotions, and personal opinions. The subjunctive mood is typically found in dependent clauses introduced by **que**. Note that in the following example, the element of subjectivity expressed in the main clause (Sandra's fear) triggers the use of the subjunctive mood in the dependent clause. Notice too that the subject in the main clause (Sandra) is different from the subject in the dependent clause (her mother).

Sandra a peur **que** sa mère ne **comprenne** pas ses choix.

Sandra fears that her mother might not understand her choices.

1.1 Regular forms

-er, *-ir*, and *-re* verbs

The subjunctive endings are the same for all verbs: **-e, -es, -e, -ions, -iez, -ent.** For most verbs, the subjunctive mood is formed by dropping the **-ent** ending from the third-person plural of the present indicative and adding the subjunctive endings.

PARLER *(to speak)*	
...que je **parl**e	...que nous **parl**ions
...que tu **parl**es	...que vous **parl**iez
...qu'il/elle/on **parl**e	...qu'ils/elles **parl**ent

Note the similarities between the present indicative and the present subjunctive of **-er** verbs. The endings are identical except for the **nous** and **vous** forms. Because the subjunctive occurs in dependent clauses (also known as subordinate clauses), the subordinating conjunction **que** is usually included as part of the paradigm for the subjunctive forms.

FINIR *(to finish)*		ATTENDRE *(to wait for)*	
...que je **finiss**e	...que nous **finiss**ions	...que j'**attend**e	...que nous **attend**ions
...que tu **finiss**es	...que vous **finiss**iez	...que tu **attend**es	...que vous **attend**iez
...qu'il/elle/on **finiss**e	...qu'ils/elles **finiss**ent	...qu'il/elle/on **attend**e	...qu'ils/elles **attend**ent

In the singular forms of **-re** and **-ir** verbs, the subjunctive looks and sounds different from the present indicative since the stem is different for the two moods.

PRESENT INDICATIVE	PRESENT SUBJUNCTIVE
je **finis**	...que je **finisse**
j'**attends**	...que j'**attende**

Note that, for all conjugations, the third-person plural of the present subjunctive always looks and sounds like the present indicative since the stem for the subjunctive comes from the third-person plural.

PRESENT INDICATIVE	PRESENT SUBJUNCTIVE
ils/elles **parlent**	...qu'ils/elles **parlent**
ils/elles **finissent**	...qu'ils/elles **finissent**
ils/elles **attendent**	...qu'ils/elles **attendent**

Irregular verbs with regular subjunctive forms

Many verbs considered irregular in the present indicative nevertheless follow the rules for regular subjunctive formation. In other words, the subjunctive stem is formed by removing the **-ent** ending from the third-person plural of the present indicative and then by adding the endings **-e, -es, -e, -ions, -iez, -ent.** Here are some irregular verbs with their subjunctive forms.

connaître	*to know*	...que je **connaisse**	...qu'ils/elles **connaissent**
dire	*to say*	...que je **dise**	...qu'ils/elles **disent**
dormir	*to sleep*	...que je **dorme**	...qu'ils/elles **dorment**
écrire	*to write*	...que j'**écrive**	...qu'ils/elles **écrivent**
lire	*to read*	...que je **lise**	...qu'ils/elles **lisent**
mettre	*to put*	...que je **mette**	...qu'ils/elles **mettent**
partir	*to leave*	...que je **parte**	...qu'ils/elles **partent**
sortir	*to go out*	...que je **sorte**	...qu'ils/elles **sortent**
sourire	*to smile*	...que je **sourie**	...qu'ils/elles **sourient**

Stem-changing verbs

Verbs with stem changes in the present indicative have one stem for the subjunctive of the **nous** and **vous** forms and another stem for the "boot" forms. These verbs, which include **acheter, appeler, commencer,** and **manger,** have the same two stem changes in the present subjunctive as in the indicative.

ACHETER (*to buy*)		APPELER (*to call*)	
...que j'**achète**	...que nous **achetions**	...que j'**appelle**	...que nous **appelions**
...que tu **achètes**	...que vous **achetiez**	...que tu **appelles**	...que vous **appeliez**
...qu'il/elle **achète**	...qu'ils/elles **achètent**	...qu'il/elle **appelle**	...qu'ils/elles **appellent**

1.2 Irregular forms

Verbs with two stems

Verbs such as **venir,** with two stems in the present indicative, have a similar two-stem irregularity in the present subjunctive.

The third-person plural of the present indicative (ils **vienn**ent) provides the subjunctive stem for the "boot" forms **je, tu, il/elle/on,** and **ils/elles.** The first-person plural of the present indicative (nous **ven**ons) provides the *second stem* for the **nous** and **vous** forms of the subjunctive. The regular subjunctive endings are added to these two stems.

PRESENT INDICATIVE	
VENIR (*to come*)	
je **viens**	nous **venons**
tu **viens**	vous **venez**
il/elle/on **vient**	ils/elles **viennent**

PRESENT SUBJUNCTIVE	
VENIR	
...que je **vienne**	...que nous **venions**
...que tu **viennes**	...que vous **veniez**
...qu'il/elle/on **vienne**	...qu'ils/elles **viennent**

In addition to **venir**, here is a list of the most frequent verbs with two stems in the subjunctive:

boire	*to drink*	...que je **boive**	...que nous **buvions**
croire	*to believe*	...que je **croie**	...que nous **croyions**
devoir	*to have to*	...que je **doive**	...que nous **devions**
mourir	*to die*	...que je **meure**	...que nous **mourions**
prendre	*to take*	...que je **prenne**	...que nous **prenions**
recevoir	*to receive*	...que je **reçoive**	...que nous **recevions**
tenir	*to hold*	...que je **tienne**	...que nous **tenions**
voir	*to see*	...que je **voie**	...que nous **voyions**

Some two-stem verbs have highly irregular first stems.

aller	*to go*	...que j'**aille**	...que nous **allions**
vouloir	*to want*	...que je **veuille**	...que nous **voulions**

Avoir and *être*

These verbs are highly irregular in the subjunctive and must be memorized. Note that the **nous** and **vous** forms are spelled with the letter **y** (instead of the **i** characteristic of the regular subjunctive endings). Note in particular the pronunciation of the subjunctive forms of **avoir**, which have the same vowel sound as found in **j'ai** (*I have*), the first-person singular in the present indicative.

AVOIR (*to have*)		ÊTRE (*to be*)	
...que j'**aie**	...que nous **ayons**	...que je **sois**	...que nous **soyons**
...que tu **aies**	...que vous **ayez**	...que tu **sois**	...que vous **soyez**
...qu'il/elle/on **ait**	...qu'ils/elles **aient**	...qu'il/elle/on **soit**	...qu'ils/elles **soient**

Faire, pouvoir, savoir

These verbs have completely irregular stems. The endings, however, are regular.

FAIRE (*to do*)	
...que je **fasse**	...que nous **fassions**
...que tu **fasses**	...que vous **fassiez**
...qu'il/elle/on **fasse**	...qu'ils/elles **fassent**

INFINITIVE	PRESENT SUBJUNCTIVE
pouvoir (*to be able*)	...que je **puisse**
savoir (*to know*)	...que je **sache**

2. Using the subjunctive

2.1 Necessity and obligation

The subjunctive is required after impersonal expressions of necessity and obligation. An impersonal expression is any expression introduced by the impersonal pronoun **il**, usually translated into English by *it*. One of the most frequent is **il faut que** (*it is necessary to*). When the main clause uses **il faut que**, the verb of the dependent clause which follows must be in the subjunctive. Note that there are always two different subjects in the two clauses.

SANDRA: **Il faut que tu choisisses** *You've got to choose*
le vin, Yann. *the wine, Yann.*

Note that the expression **il faut que** is stronger and more emphatic than the verb **devoir** (which is followed by an infinitive):

Yann **doit** choisir le vin. *Yann must/is supposed to choose the wine.*

Here are other common impersonal expressions of obligation and necessity. Note that they are all followed by the conjunction **que** which introduces a dependent clause with a verb in the subjunctive.

Il est essentiel que...	*It is essential that . . .*
Il est important que...	*It is important that . . .*
Il est indispensable que...	*It is indispensable that . . .*
Il est inévitable que...	*It is unavoidable that . . .*
Il est nécessaire que...	*It is necessary that . . .*
Il est préférable que...	*It is preferable that . . .*
Il vaut mieux que...	*It is better that . . .*

Il est essentiel qu'il **fasse** ses *It is essential that he do his homework*
devoirs lui-même. *himself.*

2.2 Doubt and uncertainty

The choice of mood indicates the speaker's degree of certainty. The indicative implies the speaker believes or is certain that what is being described is possible or does exist. In contrast, the subjunctive implies the speaker doubts the existence or possibility of what is being described.

Expressions of doubt and uncertainty

The subjunctive occurs in subordinate clauses introduced by verbs and expressions of doubt or uncertainty. Furthermore, there must be two different subjects in the two clauses linked by the subordinating conjunction **que**.

douter que...	*to doubt that . . .*
Il est douteux que...	*It is doubtful that . . .*
Il est impossible que...	*It is impossible that . . .*
Il est incroyable que...	*It is unbelievable that . . .*
Il est possible que...	*It is possible that . . .*
Il se peut que...	*It is possible that . . .*
Il est douteux que tout le monde **soit** d'accord.	*It is doubtful that everybody agrees.*

Interrogatives and negatives

Doubt is commonly expressed by *questioning or negating* a statement.

Est-ce que tu crois que ce **soit** raisonnable?	*Do you believe that it is reasonable?*
Est-ce que vous pensez vraiment **que** la mère de Sandra **soit** fâchée?	*Do you really think that Sandra's mother is upset?*
Je ne crois pas que ce **soit** une bonne idée.	*I don't believe that it's a good idea.*

However, the subjunctive is not obligatory in all questions. For instance, when the question is about an event in the future, the indicative future can be used.

Est-ce que tu crois que Yann **finira** ses études?	*Do you believe that Yann will complete his degree?*
Est-ce que vous pensez que Sandra **retournera** en Martinique?	*Do you think that Sandra will go back to Martinique?*

The following expressions imply *certainty*, so when they are used in affirmative statements, they are followed by the indicative.

avoir l'impression que...	*to have a feeling that . . .*
croire que...	*to believe that . . .*
se douter que...	*to suspect that . . .*
être sûr(e) que...	*to be sure that . . .*
penser que...	*to think that . . .*
supposer que...	*to suppose that . . .*
trouver que...	*to find that . . .*

Il est certain que...	*It is certain that . . .*
Il est clair que...	*It is clear that . . .*
Il est évident que...	*It is obvious that . . .*
Il est probable que...	*It is probable that . . .*
Il est vrai que...	*It is true that . . .*
Il paraît que...	*It appears that . . .*
Il (me) semble que...	*It seems (to me) that . . .*

When these expressions are negated or used to introduce a question, the subjunctive is required. On the other hand, when expressions of doubt are negated, they indicate certainty and thus are followed by the indicative.

Je doute que Yann **ait** du talent.	*I doubt that Yann has talent. = I am not certain that . . .*
Je ne doute pas que Yann **a** du talent.	*I do not doubt that Yann has talent. = I am certain that . . .*

Qui and *que*

The subjunctive is used in a dependent clause introduced by **qui** or **que** (also referred to as a relative clause) whenever the existence of the antecedent (the person or thing referred to in the main clause) is in doubt. In the following example, the subjunctive introduced by **qui** indicates that the speaker doubts the existence of a doctor able to speak French, Creole, and Chinese.

Je cherche un médecin **qui sache** parler français, créole et chinois.	*I'm looking for a doctor who might know how to speak French, Creole, and Chinese.*

In the next example, the speaker has no doubt about the trilingual doctor's existence (presumably because he knows the doctor) and uses the indicative mood to indicate this certainty.

Je cherche un médecin **qui sait** parler français, créole et chinois.	*I'm looking for a doctor who knows how to speak French, Creole, and Chinese.*

Superlatives

The use of a superlative can influence the choice between the subjunctive and the indicative. The subjunctive is used after superlative expressions that contain a *subjective* opinion. However, if the superlative expression contains a *fact* or a completely *objective* opinion, the indicative must be used.

Sandra est **la plus belle femme que je connaisse**. (subjunctive = subjective opinion)	*Sandra is the most beautiful woman I know.*
Sandra est **la seule Martiniquaise que** je **connais**. (indicative = fact)	*Sandra is the only woman from Martinique I know.*

The following list contains a group of common expressions that, like the superlative, can also influence the choice between the subjunctive and the indicative.

le/la seul(e)	*the only*	**le/la dernier/-ère**	*the last*
l'unique	*the only*	**le/la premier/-ère**	*the first*
il n'y a que	*there is only*	**le/la meilleur(e)**	*the best*

Ma sœur est **la seule personne qui comprenne** mon frère.   *My sister is the only person who understands my brother.*

2.3 Will and desire

The subjunctive is used in dependent clauses after expressions of will and desire whenever there are two different subjects in the two clauses linked by the subordinating conjunction **que**. The infinitive is used after a verb expressing will or desire when there is no change of subject.

Sandra veut que sa mère **parte**.   *Sandra wants her mother to leave.*
(two different subjects = subjunctive)

Sandra veut **partir**.   *Sandra wants to leave.*
(same subject = infinitive)

Here is a list of common verbs expressing will and desire:

aimer que...	*to like that . . .*
aimer mieux que...	*to prefer that . . .*
attendre que...	*to wait . . .*
désirer que...	*to desire that . . .*
exiger que...	*to require that . . .*
préférer que...	*to prefer that . . .*
souhaiter que...	*to hope that . . .*
vouloir bien que...	*to be willing that . . .*
vouloir que...	*to want that . . .*

Fabienne **veut que** Yann **fasse** la cuisine ce soir.   *Fabienne wants Yann to do the cooking tonight.*

Note that **espérer** (*to hope*) is an exception and is followed by the indicative.

Fabienne **espère que** Yann **préparera** du couscous ce soir.   *Fabienne hopes that Yann will prepare couscous this evening.*

2.4 Emotion

The subjunctive is used in the dependent clause when preceded by an expression of emotion used in the main clause. Remember that the subjunctive requires that a sentence contain two different subjects in the main and dependent clauses. Here is a list of common expressions of emotion:

avoir peur que...	*to fear that . . .*
craindre que...	*to fear that . . .*
être content(e) que...	*to be happy that . . .*

être désolé(e) que...	*to be sorry that . . .*
être étonné(e) que...	*to be surprised that . . .*
être heureux/-se que...	*to be happy that . . .*
être impatient(e) que...	*to be impatient that . . .*
être malheureux/-se que...	*to be unhappy that . . .*
être mécontent(e) que...	*to be unhappy that . . .*
être ravi(e) que...	*to be delighted that . . .*
être surpris(e) que...	*to be surprised that . . .*
être triste que...	*to be sad that . . .*
faire plaisir à quelqu'un que...	*to please someone that . . .*
redouter que...	*to fear that . . .*
regretter que...	*to regret that . . .*
se réjouir que...	*to rejoice, be delighted that . . .*

Cela **fait plaisir à** Yann **que** sa sœur lui **rende** visite.	*It pleases Yann that his sister will visit him / might visit him / is visiting him.*
Sandra **est ravie que** nous **venions** dîner chez elle ce soir.	*Sandra is delighted that we are coming to dinner at her house this evening.*

Note that there are several ways of translating these sentences. Only the context will determine if the action in the subjunctive refers to the present or the future. There are no future forms of the subjunctive.

2.5 Opinion

Here is a list of common impersonal expressions of opinion; there are many more such expressions since any adjective may be used. Remember that impersonal expressions always have **il** as the subject. These expressions are followed by a dependent clause in the subjunctive.

Il est bon que...	*It is good that . . .*
Il est dommage que...	*It is unfortunate that . . .*
Il est juste que...	*It is fair that . . .*
Il est naturel que...	*It is natural that . . .*
Il est regrettable que...	*It is regrettable that . . .*
Il est triste que...	*It is sad that . . .*
Il est urgent que...	*It is urgent that . . .*
Il est utile que...	*It is useful that . . .*
Il vaut mieux que...	*It is better that . . .*

Il est dommage que mon ami ne **puisse** pas nous accompagner.	*It is unfortunate that my friend cannot accompany us.*

À votre tour!

A. Check which of the following expressions require the indicative and which require the subjunctive.

	INDICATIVE	SUBJUNCTIVE
1. Nous craignons que...	☐	☐
2. Elles savent que...	☐	☐
3. Elle est certaine que...	☐	☐
4. Nous sommes sûrs que...	☐	☐
5. Je suis ravi(e) que...	☐	☐
6. Il est évident que...	☐	☐
7. Je regrette que...	☐	☐
8. Il est probable que...	☐	☐

B. Choose the correct ending to complete the sentences.

1. Comme ils aimaient beaucoup Fabienne, les enfants de la famille Méglier avaient peur que...

   a. leur ancienne babysitteuse soit de nouveau disponible.
   b. leur ancienne babysitteuse est de nouveau disponible.

2. L'année prochaine, Adama espère...

   a. que les amis fassent un projet de vacances ensemble.
   b. que les amis feront un projet de vacances ensemble.

3. Après ses études, Adama veut...

   a. qu'il retourne au Sénégal.
   b. retourner au Sénégal.

4. Sandra est surprise que...

   a. Bruno, son frère jumeau, veuille aussi quitter la Martinique.
   b. Bruno, son frère jumeau, veut aussi quitter la Martinique.

C. Complete the following sentences with the correct form of the subjunctive.

1. Yann regrette que les études de médecine _____ (être) si longues.

2. Il voudrait que son stage lui _____ (permettre) de choisir une spécialité.

3. Ses parents sont fiers que leur fils _____ (faire) des études de méde-cine, même s'ils sont tristes que Yann _____ (habiter) Paris plutôt que la Bretagne.

4. Yann a choisi Paris parce qu'il doute que les universités de province _____ (offrir) les mêmes avantages.

5. Il se peut qu'il _____ (prendre) la décision de s'installer en Bretagne quand il aura fini ses études, mais il n'a pas encore fait son choix.

D. Write the question that elicits the response given. Keep in mind that the person posing the question is unsure of the answer.

1. —Est-ce qu'il y a... ?

   —Oui, il y a un hôtel proche qui n'est pas cher.

2. —Est-ce que tu... ?

—Oui, je connais quelqu'un qui fait des sculptures en bois.

3. —Est-ce qu'il y a... ?

—Oui, il y a un médecin qui sait parler créole.

4. —Avez-vous... ?

—Oui, nous avons des papiers que vous devez signer.

3. Conjunctions that require the subjunctive

Certain subordinating conjunctions require the subjunctive, regardless of the verb in the main clause. A subordinating conjunction links a main clause with a dependent clause. A main clause can stand alone to form a grammatical sentence. A subordinate (or dependent) clause cannot stand alone and thus *depends* on the main clause in order to form a complete thought.

Main clause   **Subordinate clause**

Fabienne adore aller au cinéma, **à condition qu'**un de ses amis **vienne** avec elle.
Fabienne loves to go to the movies, as long as one of her friends comes with her.

Here is a list of subordinating conjunctions that trigger the subjunctive:

à condition que...	*as long as . . .*
afin que...	*so that . . .*
à moins que...	*unless . . .*
autant que...	*as far as . . .*
avant que...	*before . . .*
bien que...	*although . . .*
de crainte que...	*for fear that . . .*
de peur que...	*for fear that . . .*
jusqu'à ce que...	*until . . .*
pour que...	*so that*
pourvu que...	*provided that . . .*
quoique...	*although . . .*
sans que...	*without . . .*

The conjunctions **à moins que**, **avant que**, **de crainte (peur) que**, and **sans que** not only require the subjunctive, but in written French also require the negative particle **ne**. This **ne**, added in the subordinate clause, does not express negation, and is not translated in English. It is often dropped in spoken French.

Fabienne prend le métro **de crainte**   *Fabienne takes the subway for fear there*
    qu'il **n'**y **ait** des bouchons.   *will be traffic jams.*

Bien que, **à moins que**, **jusqu'à ce que**, and **quoique** permit the same subject in both clauses.

Bien que Nathalie **soit** très franche,   *Although Nathalie is very frank, she is*
    elle sait aussi écouter.   *also able to listen.*

Not all conjunctions require the subjunctive. Here are some common conjunctions that require the indicative mood:

après que...	*after . . .*
depuis que...	*since . . .*
parce que...	*because . . .*
pendant que...	*while . . .*
puisque...	*given that . . .*

Après que j'ai fini de regarder l'émission, j'ai travaillé. — *After I finished watching the TV show, I studied.*

Some subordinating conjunctions have corresponding prepositions that are followed by the infinitive instead of the subjunctive. When the subject is the same in both clauses, the infinitive is used.

à condition de + infinitive	**de crainte de** + infinitive
à moins de + infinitive	**de peur de** + infinitive
afin de + infinitive	**sans** + infinitive
avant de + infinitive	

Xavier fait de son mieux **afin d'impressionner** les autres. — *Xavier does his best in order to impress others.*

Xavier fait de son mieux **afin que** les autres **soient** impressionnés. — *Xavier does his best so that the others are impressed.*

Sandra remercie toujours ses hôtes **avant de partir**. — *Sandra always thanks her hosts before leaving.*

Sandra remercie toujours ses invités **avant qu'**ils **ne partent**. — *Sandra always thanks her guests before they leave.*

À votre tour!

A. Complete the sentences with the correct form of the subjunctive of the verb in parentheses.

1. Fabienne craint que les enfants qu'elle surveille ne _____ (regarder) trop de télé.

2. Mais les enfants n'ont rien dit, peut-être de peur qu'elle ne leur _____ (permettre) pas de regarder leur émission préférée à la télévision.

3. D'ailleurs, ils sont ravis que leur babysitteuse _____ (venir) d'un autre pays, et ils voudraient que leurs parents _____ (choisir) Québec comme destination pour les prochaines vacances.

4. Bien que les enfants _____ (être) quelquefois fatigants, Fabienne les trouve adorables et est très contente d'avoir rencontré la famille Méglier.

B. Complete each sentence with a preposition + infinitive or a conjunction with the subjunctive.

1. Les parents de Nathalie lui ont acheté un billet de train _____ (pour / pour qu') elle _____ (pouvoir / puisse) passer Noël avec eux.

2. Nathalie est venue s'installer à Paris _____ (afin de / afin qu') _____ (faire / fasse) des études de lettres à la Sorbonne.

3. Elle a quitté Avignon non _____ (sans / sans qu') _____ (regretter / regrette) sa chère Provence. Mais elle est très satisfaite de sa vie à Paris.

4. Elle aime faire du sport _____ (à condition de / à condition que) ce _____ (être / soit) un sport d'équipe comme le volley. Elle n'aime pas beaucoup les sports individuels.

5. Nathalie a l'intention de retourner en Provence, _____ (à moins d' / à moins qu') il ne _____ (se passer / se passe) quelque chose d'inattendu.

C. Complete each sentence with either the present indicative or the present subjunctive of the verb in parentheses.

1. Une chose que Fabienne n'apprécie pas à Paris, c'est la circulation. Il faut toujours qu'elle _____ (partir) en avance le matin pour être sûre d'arriver à l'heure à la fac.

2. Il est évident que, dans une grande ville comme Paris, de tels inconvénients _____ (être) inévitables.

3. Elle est toujours surprise que cela n' _____ (avoir) pas l'air de déranger les Parisiens.

4. Il est vrai qu'ils en _____ (avoir) plus l'habitude qu'elle.

4. Past subjunctive

4.1 Formation of the past subjunctive

The past subjunctive is formed with the present subjunctive of the appropriate auxiliary verb **(avoir** or **être)** and the past participle of the main verb. The rules for the selection of the auxiliary and past participle agreement are identical to the **passé composé (**See **Point clé: Parler du passé).**

subjunctive of **être** or **avoir +** past participle

Fabienne **a été surprise qu'**un des enfants **soit parti** sans permission.	*Fabienne was surprised that one of the children had left without permission.*
Xavier et Sandra **ont eu peur que** la mère de Sandra n'**ait** pas **cru** leur histoire.	*Xavier and Sandra were scared that Sandra's mother did not believe their story.*

4.2 Using the past subjunctive

The past subjunctive is normally used in subordinate clauses that describe an action that *precedes* the action of the main clause. The past subjunctive is introduced by the same kinds of clauses that introduce the present subjunctive (necessity, obligation, doubt, will, desire, emotion, opinion, and certain conjunctions). Note that the tense of the verb in the main clause in French does not predict the tense of the subjunctive in the dependent clause. The choice between the present or past subjunctive depends on the *chronological relationship* between the two clauses. The past subjunctive indicates an event that occurred prior to the event reported in the main clause. Compare the sentences on the next page that summarize the uses of the present and past subjunctive.

| FABIENNE: | Je suis surprise que tu **écrives** un livre. | *I am surprised that you are writing a book.* |
| YANN: | Et moi, je suis surpris que tu **aies lu** le manuscrit sans en avoir la permission. | *And I am surprised that you read the manuscript without permission.* |

| FABIENNE: | J'ai été surprise que tu **aies écrit** ce livre. | *I was surprised that you wrote this book.* |
| YANN: | Et moi, j'ai été surpris que tu **aies lu** le manuscrit sans en avoir la permission. | *And I was surprised that you had read the manuscript without permission.* |

À votre tour!

Complete the sentences with the correct form of the past subjunctive of the verbs in parentheses.

1. Il est difficile de croire que les parents de Xavier _____ (réagir) positivement quand Xavier leur a annoncé qu'il ne voulait plus étudier la médecine.

2. Ils ne pensent pas que Xavier _____ (perdre) son temps ces derniers mois, même s'il a changé d'avis.

3. Sa mère regrette simplement qu'il _____ (ne pas se décider) plus tôt, mais c'est comme ça!

4. Mais il est bon qu'il _____ (trouver) une véritable passion.

5. Imperative mood (Commands)

The imperative mood (**l'impératif** in French) is used to give commands or orders. You may recognize the imperative from common commands such as **Écoutez** or **Répétez**.

5.1 Regular forms

There are three forms of the imperative: **tu**, **nous**, and **vous**. For all verbs, the imperative is formed by using the present indicative without subject pronouns. The lack of a subject pronoun is what identifies the imperative mood.

FINIR (*to finish*)		
PRESENT	**IMPERATIVE**	
tu finis	**Finis!**	*Finish!*
nous finissons	**Finissons!**	*Let's finish!*
vous finissez	**Finissez!**	*Finish!*

The **tu** form is used to give a command to a child or to a person with whom one is on familiar terms. The **vous** form is used to give a command to a group of people or to a person with whom one is not on familiar terms. The **nous** form is used to give an order that involves oneself as well as others, though it often expresses a suggestion.

Allons au cinéma!   *Let's go to the movies!*

Note that the final **-s** of the **tu** form is dropped for all **-er** verbs (including **aller**) and for irregular **-ir** verbs whose present indicative **tu** form ends in **-es:**

PRESENT	IMPERATIVE	
tu regardes	**Regarde!**	*Look!*
tu ouvres	**Ouvre!**	*Open!*
tu vas	**Va!**	*Go!*

5.2 Irregular forms

There are three verbs with irregular imperative forms that derive from their subjunctive forms: **avoir, être,** and **savoir.**

AVOIR	ÊTRE	SAVOIR
Aie	**Sois**	**Sache**
Ayons	**Soyons**	**Sachons**
Ayez	**Soyez**	**Sachez**

Ayez de la patience!   *Have patience!*
Sois poli, mon cher!   *Be polite, my dear!*

The verb **vouloir** has two sets of imperative forms—regular and irregular. The irregular forms are the most commonly used.

Veuille

Veuillons

Veuillez

Veuillez vous asseoir, Mademoiselle Éliazord.   *Have a seat, Miss Éliazord.*

The regular forms (**veux, voulons, voulez**) exist, but are very rare.

5.3 Imperatives with *y* and *en*

When the **tu** form of **-er** verbs, **aller**, or verbs like **offrir** is followed by the pronouns **y** or **en**, the **-s** is retained for pronunciation purposes.

Offre du vin.	*Offer some wine.*	Va à la maison.	*Go home.*
Offre**s**-en.	*Offer some.*	Vas-y.	*Go on.*

5.4 Pronominal verbs

For affirmative commands, the reflexive pronoun is placed after the verb and is attached with a hyphen. **Te** is replaced by the stressed pronoun **toi**.

PRESENT	AFFIRMATIVE COMMAND	
Tu te lèves.	Lève-**toi**!	*Get up!*
Nous nous dépêchons.	Dépêchons-**nous**!	*Let's hurry up!*
Vous vous réveillez.	Réveillez-**vous**!	*Wake up!*

For negative commands, the reflexive pronoun is placed in front of the verb and the negative elements **are** placed around both the pronoun and the verb.

PRESENT	NEGATIVE COMMAND	
Tu te fâches.	**Ne te** fâche **pas**!	*Don't get mad!*
Nous nous arrêtons.	**Ne nous** arrêtons **pas**!	*Let's not stop!*
Vous vous inquiétez.	**Ne vous** inquiétez **pas**!	*Don't worry!*

5.5 Imperatives expressing a wish

Commands addressed to first and third persons may use a special form that expresses a wish. They are introduced by the word **que** and are translated into English with the words *let* or *may*.

Que la lumière **soit**!	*Let there be light!*
Qu'il **repose** en paix.	*May he rest in peace.*
Que la force **soit** avec toi.	*May the force be with you.*
Que je me **transforme** en crapaud si je mens!	*May I turn into a toad if I lie!*

À votre tour!

A. Complete the following sentences with the correct form of the imperative. The verb and the implied subject are given in parentheses.

1. _____ Mme Éliazord à comprendre le choix de Sandra. (nous, aider)

2. _____-moi un service, s'il te plaît. (tu, rendre)

3. Ne _____ pas de médecine devant Xavier: cela l'ennuie. (vous, parler)

4. Ne _____ pas idiot: il habite avec Yann, qui est étudiant en médecine! (tu, être)

5. N'_____ pas peur, Fabienne, les enfants sont très gentils. (vous, avoir)

6. Les enfants, ne _____ pas de bruit, et _____; il est tard! (vous, faire, s'endormir)

B. Translate the following commands.

1. Let's buy the red car.

2. Bring the French book. (**tu**)

3. Play the piano. (**tu**)

4. Do not talk in class. (**vous**)

5. Close the door. (**tu**)

6. Don't lose the keys. (**vous**)

7. Let's make a cake for your brother's birthday.

8. Brush your teeth. (**tu**)

9. Wait for us. (**vous**)

10. Let them eat cake.

POINTS CLÉS

Poser des questions

Essential for specifying and clarifying information, questions are fundamental to communication. We ask questions for many different reasons. We use questions to locate something (**Où est le livre?**), to confirm an assumption (**Vous êtes bien M. Thibault, n'est-ce pas?**), or to inquire about preferences (**Alors, vous aimez Paris?**). In this section you will find a review of (1) *yes/no* questions, (2) information questions, (3) the interrogative pronouns **qui** and **que**, (4) the adjective **quel**, and (5) the interrogative pronoun **lequel**.

1. *Yes/No* questions

   1.1 Intonation
   1.2 **est-ce que**
   1.3 **n'est-ce pas / non**
   1.4 Inversion

2. Information questions

   2.1 Interrogative adverbs
   2.2 **depuis** and **pendant**

3. Interrogative pronouns **qui** and **que**

   3.1 Questions about people
   3.2 Questions about things
   3.3 Summary of interrogative pronouns

4. Adjective **quel**

   4.1 Interrogative **quel**
   4.2 Exclamative **quel**

5. Interrogative pronoun **lequel**

1. *Yes/No* questions

There are four ways to ask a *yes/no* question in French. These different ways of asking questions largely reflect different levels of formality.

1.1 Intonation

The simplest and most informal way to form a *yes/no* question is to raise the intonation of your voice at the end of a declarative sentence. So-called "intonation questions" are very common in everyday conversation.

Tu veux aller au ciné ce soir?   *You want to go to the movies tonight?*

1.2 *est-ce que*

Another common way to form questions in speech as well as in writing is to place **est-ce que** before a statement. Note that **que** becomes **qu'** before a vowel or a silent *h*.

Est-ce que Julie sort souvent?	*Does Julie go out often?*
Est-ce qu'elle sort toujours avec Xavier?	*Is she still going out with Xavier?*

1.3 *n'est-ce pas / non*

N'est-ce pas or **non** is added to the end of a declarative statement when the speaker expects an affirmative response.

Fabienne vient du Québec, **n'est-ce pas?**	*Fabienne is from Quebec, isn't she?*

1.4 Inversion

Inversion of the subject pronoun and verb is often used to ask a question in more formal contexts. Note that a hyphen is required to link the inverted verb and the subject pronoun.

Voulez-vous sortir ce soir?	*Do you want to go out tonight?*

To ask a negative question using inversion, place **ne** before the verb and **pas** after the subject. Note that **si** is used to answer *yes* to a negative question.

Ne voulez-vous **pas** sortir ce soir?	*Don't you want to go out tonight?*

When the subject is a noun or a proper name, the corresponding subject pronoun (**il, elle, ils,** or **elles**) must be added for inversion with the verb.

Xavier est-**il** trop ambitieux?	*Is Xavier too ambitious?*
Julie et Adama sortent-**ils** ensemble?	*Are Julie and Adama going out together?*

If the verb ends in a vowel, **-t-** is placed between the verb and the third-person singular pronoun (**il, elle, on**).

Yann va-**t**-il rester à Paris après ses études?	*Is Yann going to stay in Paris after his studies?*

When using inversion with the **passé composé** and other compound tenses, the auxiliary verb and the subject must be linked with a hyphen and followed by the past participle.

Avez-vous fait des blagues aux autres?	*Did you play jokes on the others?*

À votre tour!

A. Match each *yes/no* question with its corresponding answer.

1. Sandra n'aime pas peindre, n'est-ce pas?
2. Est-ce que Sandra aime la cuisine antillaise?
3. Sandra a-t-elle déjà participé à une exposition d'art?
4. Sandra a un frère?

a. Oui, bien sûr, mais elle aime aussi la cuisine indienne.
b. Oui, il s'appelle Bruno.
c. Non, en tout cas, jamais à Paris. C'est l'une de ses ambitions.
d. Si, et elle peint surtout des portraits.

B. For each answer, formulate a logical question, using each of the four *yes/no* question constructions.

1. _____? Oui, Xavier travaille beaucoup trop.

2. _____? Oui, Yann est très sportif.

3. _____? Non, Julie ne sort pas avec Adama!

4. _____? Si, Nathalie vient de Montpellier.

2. Information Questions

Information questions require a response other than a simple **oui**, **si**, or **non**. They are typically signaled by a question word at the beginning of the sentence (*who*, *what*, *where*, *when*, *why*, etc.). Many information questions begin with an adverb or a temporal preposition (**depuis** and **pendant**).

2.1 Interrogative adverbs

Interrogative adverbs may be used with either **est-ce que**, intonation questions, or inversion.

À quelle heure... ?	*At what time . . .?*
Combien de... (+ noun)?	*How many / How much . . .?*
Comment... ?	*How . . .?*
Où... ?	*Where . . .?*
Pourquoi... ?	*Why . . .?*
Quand... ?	*When . . .?*
Pourquoi est-ce que la mère de Sandra vient à Paris?	*Why is Sandra's mother coming to Paris?*
Elle vient **quand**?	*When is she coming?*
Comment allez-vous?	*How are you doing?*

- When responding to questions with **quand** referring to a period of time in the past, use **il y a** (*ago*).

Quand est-ce que Sandra est allée au restaurant?	*When did Sandra go to the restaurant?*
Elle est allée au restaurant **il y a deux heures**.	*She went to the restaurant two hours ago.*

- When responding to questions with **quand** referring to the amount of time until a future action occurs, use **dans** (*in*).

Quand partez-vous en vacances?	*When are you leaving on vacation?*
Je pars **dans** trois jours.	*I am leaving in three days.*

2.2 *depuis* and *pendant*

The prepositions **depuis** and **pendant** are used to indicate duration.

Use **depuis** with the present tense if an event that began in the past continues into the present. **Depuis combien de temps** (*How long*) is used to ask about the duration of an event. **Depuis quand** (*Since when*) is used to ask about the starting point of an event. Note that while the present tense is used with **depuis** in French, it is translated into English with a past tense form. Thus, French emphasizes that the event continues in the present. By contrast, English emphasizes the past origins of the event.

SANDRA:	**Depuis combien de temps** est-ce que Julie et Xavier se connaissent? (Duration)	*How long have Julie and Xavier known each other?*
FABIENNE:	Voyons... Ils se connaissent **depuis** deux ou trois ans, je crois.	*Let's see . . . They've known each other for two or three years, I think.*
SANDRA:	**Depuis quand** est-ce que Julie et Xavier sortent ensemble? (Starting point)	*Since when have Julie and Xavier been going out?*
FABIENNE:	Eh bien, ils sortent ensemble **depuis** l'été dernier.	*Well, they've been going out since last summer.*

Pendant literally means *during*, but it is usually best expressed in English as *for* plus a certain length of time. It can be used with all tenses. In a question, **pendant** combines with **combien de temps** and means *(for) how long*.

FABIENNE:	**Pendant combien de temps** as-tu fait de la varappe hier?	*How long did you go rock climbing for yesterday?*
YANN:	J'en ai fait **pendant** deux heures.	*I did it for two hours.*

À votre tour!

A. For each answer, formulate the logical question, using the correct interrogative adverb. First write the question using **est-ce que,** then write the same question with inversion.

MODÈLE: —**Pourquoi est-ce qu'**il fait de la varappe? / **Pourquoi fait-il** de la varappe?

—Yann fait de la varappe pour rester en forme.

1. _____ est-ce qu' _____? _____?
   —Il fait de la varappe le week-end.
2. _____ est-ce qu'_____? _____?
   —En général, il fait de la varappe à 10 h.
3. _____ est-ce qu'_____? _____?
   —Il en fait dans un club près de son appartement.

B. For each answer, formulate a logical question, using **est-ce que** and the correct temporal expression: **depuis combien de temps, depuis quand, pendant combien de temps.**

1. _____? Julie est restée au café pendant une heure.
2. _____? Yann fait de la varappe depuis l'âge de 12 ans.

3. _____? Fabienne connaît Adama depuis longtemps.

4. _____? Xavier a parlé à Julie pendant toute la matinée.

5. _____? Yann est inscrit à un club de gym depuis son arrivée à Paris.

3. Interrogative pronouns *qui* and *que*

Interrogative pronouns fall into two major categories: pronouns used to ask about people and pronouns used to ask about things.

3.1 Questions about people

The interrogative pronoun **qui** (*who, whom*) is used to ask questions about people. It may be the subject, the direct object, or the object of a preposition in a sentence. The pronoun **qui** may appear by itself or be part of a longer interrogative construction with **est-ce**.

Qui vient ce soir? *or* **Qui est-ce qui** vient ce soir? (subject)	*Who is coming tonight?*
Qui connaissez-vous ici? *or* **Qui est-ce que** vous connaissez ici? (direct object)	*Who(m) do you know here?*
Avec qui sort-elle? *or* **Avec qui** est-ce qu'elle sort? (object of preposition)	*Whom is she going out with?* (*With whom is she going out?*)

3.2 Questions about things

The interrogative pronoun **que** (*what*) and its longer forms with **est-ce** are used to ask questions about things. **Que** and **qu'est-ce que** are direct objects in a sentence, whereas **qu'est-ce qui** may be used only as the subject (there is no short form). **Quoi** is the corresponding object of a preposition. Note that the short form **que** is used only in questions with inversion.

Que se passe-t-il? *or* **Qu'est-ce qui** se passe? (subject)	*What is going on?*
Que manges-tu? *or* **Qu'est-ce que** tu manges? (direct object)	*What are you eating?*
De quoi parles-tu? *or* **De quoi** est-ce que tu parles? (object of preposition)	*What are you talking about?*

3.3 Summary of interrogative pronouns

	PERSONS (*WHO*)	THINGS (*WHAT*)
Subject	qui, qui est-ce qui	qu'est-ce qui
Direct object	qui, qui est-ce que (qu')	que (qu'), qu'est-ce que (qu')
Object of a preposition	preposition + **qui**	preposition + **quoi**

À votre tour!

In the following sentences, decide whether the underlined interrogative pronouns refer to a person or a thing and whether they function as a subject, a direct object, or an object of a preposition. Then translate the sentences into French with the aid of the chart on the preceding page.

MODÈLE: <u>Who</u> did you see at the café? → person, direct object

Qui as-tu vu au café? *or* **Qui est-ce que** tu as vu au café?

1. <u>Who</u> finished on time? →
2. <u>What</u> are you going to do? →
3. <u>Who</u> did Adama meet at the Café des Arts? →
4. <u>What</u> were you discussing when I arrived? →
5. <u>With what</u> does one make a cake? →
6. <u>For whom</u> are you voting? →

4. Adjective *quel*

Used in both questions and exclamations, the adjective **quel** agrees in number and gender with the noun it modifies (**quel, quels, quelle, quelles**).

4.1 Interrogative *quel*

The interrogative adjective **quel** (*what* or *which*) is always followed by a noun or by the verb **être** + noun. Like all adjectives, it always agrees with the noun it describes in number and gender. It can also be preceded by a preposition.

Quel magasin vend le plus d'ordinateurs?	*What store sells the most computers?*
Quelle est votre nationalité?	*What is your nationality?*
Quelles sont les qualités de Nathalie?	*What are Nathalie's qualities?*
De quels livres est-ce que vous parlez?	*Which books are you talking about?*

4.2 Exclamative *quel*

Quel may also be used for emphasis. In this case, **quel** is followed either by an adjective or a noun and means either *what* or *what a*.

Quelle chance!	*What luck!*
Quel crétin!	*What an idiot!*

À votre tour!

Complete the sentences with the correct form of **quel**.

1. _____ âge a Adama?
2. _____ sont ses passe-temps préférés?
3. _____ est la date de son anniversaire?
4. _____ langues est-ce qu'Adama parle?

(*suite*)

5. _____ bon ami, ce Adama!

6. De _____ équipe faites-vous partie: de l'équipe de foot ou de l'équipe de basket?

5. Interrogative pronoun *lequel*

The interrogative pronoun **lequel** is used to ask the question *which one?* or *which ones?* Like all pronouns, **lequel** assumes the number and gender of the nouns it replaces. It contracts with the prepositions **à** and **de**.

PREPOSITION	MASC. SING.	FEM. SING.	MASC. PL.	FEM. PL.
	lequel	**laquelle**	**lesquels**	**lesquelles**
with **à**	**auquel**	**à laquelle**	**auxquels**	**auxquelles**
with **de**	**duquel**	**de laquelle**	**desquels**	**desquelles**

Entre Fabienne et Julie, **laquelle** trouvez-vous la plus travailleuse?

Between Fabienne and Julie, which one do you find (to be) the hardest working?

Il y a tant de bons concerts cette saison! **Auxquels** veux-tu aller?

There are so many good concerts this season! Which ones do you want to attend?

Il y a du brie et du roquefort. Vous avez envie **duquel?**

There is Brie and Roquefort. Which one do you feel like having?

À votre tour!

A. Complete the sentences with the correct interrogative pronoun: **lequel, laquelle, lesquels, lesquelles.**

1. Entre la robe blanche et la robe jaune, _____ préfères-tu?

2. Je veux acheter des lunettes. _____ me conseilles-tu?

3. Moi, j'aime bien les films d'action et les films d'amour. _____ trouves-tu plus intéressants?

4. Entre un voyage à Paris et un voyage à Chicago, _____ choisirais-tu?

B. Complete the sentences with the correct contracted form of **lequel** and the preposition **à** or **de: auquel, auxquels, à laquelle, auxquelles, duquel, desquels, de laquelle, desquelles.**

1. Il faut répondre à deux questions sur trois. _____ réponds-tu?

2. Tu as besoin d'un de mes livres? _____ as-tu besoin?

3. Je vais à l'université de Paris. Et toi? _____ vas-tu?

4. La cuisine antillaise ou la cuisine sénégalaise? _____ parles-tu?

POINTS CLÉS

Parler du futur

To help you talk about future events, this section will review (1) the near future (**futur proche**), (2) the simple future (**futur simple**), and (3) the future perfect (**futur antérieur**).

---

1. **Near future**

2. **Simple future**

   2.1 Regular forms
   2.2 Irregular forms
   2.3 Conjunctions that require the future
   2.4 **Si** clauses

3. **Future perfect**

---

1. Near future

The near future (**futur proche**) is formed with the present indicative of **aller** followed by the infinitive.

ALLER (*to go*)		
je vais	nous allons	
tu vas	vous allez	+ infinitif
il/elle/on va	ils/elles vont	

Je **vais partir** dans une heure.   *I'm going to leave in an hour.*

Ils **vont commander** une pizza.   *They're going to order a pizza.*

As its name implies, this tense is used to express an action taking place in the near future, although in certain contexts it may also be used to express the distant future. It is most common in conversational French. While the near future is often interchangeable with the simple future, it is frequently used to indicate a speaker's certainty about the future event. For example, a woman who has just discovered that she is pregnant is likely to employ the near future to refer to the birth of her child. Although the birth is still months away, the near future signals the speaker's assurance that the future event will likely occur given that she is now pregnant.

Chéri, on **va avoir** un enfant!   *Honey, we're going to have a baby!*

2. Simple future

2.1 **Regular forms**

The simple future (**futur simple**) is formed by adding the future endings to the infinitive. Note that for verbs whose infinitives end in **-re**, the final **-e** is dropped. Thus, all future stems end in **-r.** It is also helpful to remember that the future endings resemble the conjugation of **avoir: -ai, -as, -a, -ons, -ez, -ont.**

PARLER → PARLER-		CHOISIR → CHOISIR-		PERDRE → PERDR-	
je **parler**ai	nous **parler**ons	je **choisir**ai	nous **choisir**ons	je **perdr**ai	nous **perdr**ons
tu **parler**as	vous **parler**ez	tu **choisir**as	vous **choisir**ez	tu **perdr**as	vous **perdr**ez
il/elle/on **parler**a	ils/elles **parler**ont	il/elle/on **choisir**a	ils/elles **choisir**ont	il/elle/on **perdr**a	ils/elles **perdr**ont

Je **partirai** demain matin. — *I will leave tomorrow morning.*
Quand est-ce qu'il **reviendra?** — *When will he come back?*

Verbs like **acheter, appeler,** and **employer** have spelling changes in the future. The endings are regular.

ACHETER → ACHÈTER-		APPELER → APPELLER-		EMPLOYER → EMPLOIER-	
j'**achèter**ai	nous **achèter**ons	j'**appeller**ai	nous **appeller**ons	j'**emploier**ai	nous **emploier**ons
tu **achèter**as	vous **achèter**ez	tu **appeller**as	vous **appeller**ez	tu **emploier**as	vous **emploier**ez
il/elle/on **achèter**a	ils/elles **achèter**ont	il/elle/on **appeller**a	ils/elles **appeller**ont	il/elle/on **emploier**a	ils/elles **emploier**ont

Verbs ending in **-ayer** have two possible stems in the future for all subject pronouns. For instance, **j'essayerai** and **j'essaierai** are equally correct. Here is another example:

Avant la soirée, Sandra et moi — *Before the party, Sandra and*
balayerons / balaierons le salon. — *I will sweep the living room.*

Verbs like **espérer** (**é** in the next-to-last syllable) keep the accent pattern of the infinitive in all forms of the future.

ESPÉRER → ESPÉRER-	
j'**espérer**ai	nous **espérer**ons
tu **espérer**as	vous **espérer**ez
il/elle/on **espérer**a	ils/elles **espérer**ont

2.2 Irregular forms

Some verbs have irregular stems in the simple future. The most common are listed below.

aller	j'**ir**ai	nous **ir**ons
avoir	j'**aur**ai	nous **aur**ons
devoir	je **devr**ai	nous **devr**ons
envoyer	j'**enverr**ai	nous **enverr**ons
être	je **ser**ai	nous **ser**ons
faire	je **fer**ai	nous **fer**ons
pouvoir	je **pourr**ai	nous **pourr**ons
recevoir	je **recevr**ai	nous **recevr**ons
savoir	je **saur**ai	nous **saur**ons
tenir	je **tiendr**ai	nous **tiendr**ons
venir	je **viendr**ai	nous **viendr**ons
voir	je **verr**ai	nous **verr**ons
vouloir	je **voudr**ai	nous **voudr**ons

falloir	il **faudr**a
pleuvoir	il **pleuvr**a

2.3 Conjunctions that require the future

Quand, lorsque, dès que, and **aussitôt que** require the use of the future tense when referring to an event situated in the future. Note that English does not require the future tense in the same context.

Dès que tu **sauras** l'heure de son arrivée, téléphone-moi.	*As soon as you know his arrival time, call me.*
Quand j'**irai** à Paris, je **visiterai** le Louvre.	*When I go to Paris, I will visit the Louvre.*

2.4 *Si* clauses

A **si** clause that expresses a likely event in the present tense may combine with the future tense in the main clause to indicate the consequence.

S'il neige demain, la route **sera** fermée.	*If it snows tomorrow, the road will be closed.*
Si tu viens à la fête, tu ne le **regretteras** pas.	*If you come to the party, you won't regret it.*

3. Future perfect

The future perfect (**futur antérieur**) is formed with the auxiliary verb (**avoir** or **être**) conjugated in the future and followed by the past participle of the main verb.

FINIR (*to finish*)		PARTIR (*to leave*)	
j'**aurai fini**	nous **aurons fini**	je **serai parti(e)**	nous **serons parti(e)s**
tu **auras fini**	vous **aurez fini**	tu **seras parti(e)**	vous **serez parti(e)(s)**
il/elle/on **aura fini**	ils/elles **auront fini**	il/elle/on **sera parti(e)**	ils/elles **seront parti(e)s**

Note: As with other compound tenses, the past participle agrees with a preceding direct object.

> Dès que je **les** aurai **finis** (= les examens), je viendrai te voir.

> *As soon as I finish them, I will come see you.*

The **futur antérieur** is used to express a future event that occurs prior to another event in the future. It is typically used after the conjunctions **quand, lorsque, dès que,** and **aussitôt que.**

> Je viendrai te voir dès que j'**aurai fini** mes examens.

> *I will come and see you as soon as I have finished my exams.*

> Je serai contente quand cette cliente **sera partie!**

> *I will be happy when this customer has (will have) left!*

À votre tour!

A. Complete the following story with the correct form of the simple future or the future perfect tense of the verb in parentheses.

Cet été, je/j' _____[1] (aller) en France avec ma famille. Nous _____[2] (passer) une semaine à Toulouse. Quand nous _____[3] (arriver), je/j' _____[4] (prendre) un cours de français à l'université. Je/J' _____[5] (parler) autant que possible en français. Quand je/j' _____[6] (rentrer) aux États-Unis, je/j'_____[7] (parler) beaucoup mieux, mais je/j' _____[8] (continuer) à m'entraîner à parler français.

B. Translate the following sentences.

1. I am going to go to a party tomorrow.
2. Georges is going to bring some wine. Sarah and Michèle are going to bring a quiche.
3. We will take our car.
4. One day, I will buy a house.
5. As soon as I have bought a house, I will celebrate.
6. Will you all come to the party?
7. When I have finished my studies, I will start looking for a house.

POINTS CLÉS

Faire des hypothèses

To help you express hypotheses, this section will review some important tools, including (1) formation of the present conditional, (2) common uses of the conditional, (3) use of the conditional in **si** clauses with hypothetical events, and (4) formation and use of the past conditional.

---

1. Formation of the present conditional

    1.1 Regular forms
    1.2 Irregular forms

2. Using the present conditional

    2.1 Polite requests
    2.2 Uncertain events
    2.3 Future in the past

3. *Si* clauses and hypothetical events

4. Past conditional

    4.1 Formation of the past conditional
    4.2 Using the past conditional

---

1. Formation of the present conditional

1.1 Regular forms

The regular conditional (**le conditionnel**) is formed by adding the conditional endings to the infinitive. The conditional endings are the same as the imperfect endings: **-ais, -ais, -ait, -ions, -iez, -aient.** Note that for verbs whose infinitives end in **-re,** the final **-e** is dropped. Thus, all conditional stems end in **-r.**

PARLER → PARLER-		CHOISIR → CHOISIR-		PERDRE → PERDR-	
je **parler**ais	nous **parler**ions	je **choisir**ais	nous **choisir**ions	je **perdr**ais	nous **perdr**ions
tu **parler**ais	vous **parler**iez	tu **choisir**ais	vous **choisir**iez	tu **perdr**ais	vous **perdr**iez
il/elle/on **parler**ait	ils/elles **parler**aient	il/elle/on **choisir**ait	ils/elles **choisir**aient	il/elle/on **perdr**ait	ils/elles **perdr**aient

Lequel est-ce que tu **choisirais?**   *Which one would you choose?*

Verbs that have spelling changes in their stem in the future (**acheter, appeler,** and **employer**) have the same changes in the present conditional. Verbs like **espérer** (é in the next-to-last syllable) keep the accent pattern of the infinitive in all forms of the present conditional.

1.2 Irregular forms

The conditional and the future have the same irregular stems.

aller	**ir-**
avoir	**aur-**
devoir	**devr-**
envoyer	**enverr-**
être	**ser-**
faire	**fer-**
falloir	**faudr-**
pleuvoir	**pleuvr-**
pouvoir	**pourr-**
recevoir	**recevr-**
savoir	**saur-**
tenir	**tiendr-**
venir	**viendr-**
voir	**verr-**
vouloir	**voudr-**

[handwritten: mentenir / sutenir retenir]

J'irais bien avec toi, mais j'ai trop de travail ce week-end.	*I would go with you, but I have too much work this weekend.*

2. Using the present conditional

2.1 Polite requests

The conditional is typically used to make polite requests, wishes, or suggestions. Compare the following sets of sentences:

Je veux du vin.	*I want some wine.*
Je **voudrais** du vin.	*I would like some wine.*

Est-il possible d'en prendre deux?	*Is it possible to take two (of them)?*
Serait-il possible d'en prendre deux?	*Would it be possible to take two (of them)?*

In most cases, the conditional is translated as meaning *would* in English. The verbs **devoir** and **pouvoir**, however, have a different meaning in the conditional.

je devrais *I should*	**je pourrais** *I could*
Je **devrais** partir bientôt.	*I should leave soon.*
Tu **pourrais** me dire où se trouve la poste?	*Could you tell me where the post office is located?*

Be careful not to confuse the two meanings of *would* in English: the conditional *would* and the habitual *would*. The habitual *would* has the same meaning as *used to* and is translated in French using the **imparfait**.

[handwritten in margin: Conditionnel]

J'irais bien au cinéma mais j'ai trop de travail.	*I would go to the movies but I have too much work.*
J'allais au cinéma le samedi soir en été.	*I would go (used to go) to the movies on Saturday night in the summer.*

2.2 Uncertain events

The conditional is used to give information whose accuracy cannot be guaranteed. Journalists often use it to report events that are possible or likely but have not been verified.

Il y **aurait** plusieurs maisons détruites par la tornade.	*There are many houses allegedly destroyed by the tornado.*

2.3 Future in the past

The conditional is used to express an action that is projected to occur subsequent to another past action. This usage of the conditional is commonly referred to as the "future in the past." The future in the past is commonly used with verbs such as **dire**, **penser**, and **promettre** to report what somebody said in the past.

Il m'a promis qu'elle **viendrait**.	*He promised me that she would come.*
Il a dit qu'elle **arriverait** vers midi.	*He said she would arrive around noon.*

3. *Si* clauses and hypothetical events

The conditional is used when making statements contrary to present facts. It expresses a hypothetical result that depends on circumstances that do not exist. Note that the contrary-to-fact condition expressed in the **si** clause (*if* clause) is always stated in the **imparfait** and that the result is stated in the conditional in the main clause (**si + imparfait → conditionnel**).

Si j'**étais** riche, j'**habiterais** dans un château en France.	*If I were rich, I would live in a castle in France.*
Il **achèterait** une villa sur la Côte d'Azur s'il **gagnait** à la loterie.	*He would buy a villa on the Riviera if he won the lottery.*

À votre tour!

A. Use the conditional to restate the following requests in a more polite manner.

1. Je veux une nouvelle voiture.
2. Est-ce que tu peux m'aider?
3. Nous voulons une bouteille de vin.
4. Est-il possible de partir en avance?
5. Pouvez-vous m'emmener à la fête?

B. Rewrite the sentences in the past. The main clause should be in the **passé composé** and the subordinate clause in the conditional. Remember that the conditional is used to signal the future in the past.

1. Je crois qu'il me payera cette semaine.
2. Nous disons qu'il devra essayer.
3. Vous me promettez que le film sera bon.
4. Tu penses qu'il viendra.
5. Il me dit que la pizza arrivera dans un quart d'heure.

C. Complete the following hypothetical sentences with the correct form of the **imparfait** or the conditional of the verb in parentheses.

1. Si elles parlaient mieux le français, elles _____ (pouvoir) aller vivre en France.
2. Si on me payait plus, je _____ (travailler) plus sérieusement.
3. Vous _____ (avoir) assez d'énergie pour passer l'examen si vous preniez votre petit déjeuner.
4. Si tu gagnais à la loterie, tu _____ (acheter) une Mercedes.
5. Je changerais tout si j' _____ (être) président(e).
6. Si nous _____ (se marier), nous nous tuerions!
7. S'il _____ (être) en France, il irait se promener sur l'avenue des Champs-Élysées.
8. Le chien ne sortirait pas si elle _____ (fermer) la porte.
9. Si mes amis ne _____ (devoir) pas travailler demain, ils sortiraient avec moi.

D. Translate the following hypothetical sentences.

1. If he came earlier, he would see his friend.
2. I would be happy if I were very beautiful.
3. If she called, I would wait for her.
4. If you tried, you would succeed.
5. They would arrive sooner if they traveled by airplane.

4. Past conditional

4.1 Formation of the past conditional

The past conditional (**passé du conditionnel**) is a compound tense. The past conditional is formed with the auxiliary verb conjugated in the conditional (**avoir** or **être**) and the past participle of the main verb. In the past conditional (as with the **passé composé**), one must choose between the auxiliary **avoir** or **être**. This tense is used to express "would have . . ."

DIRE *(to say)*		PARTIR *(to leave)*	
j'**aurais dit**	nous **aurions dit**	je **serais parti(e)**	nous **serions parti(e)s**
tu **aurais dit**	vous **auriez dit**	tu **serais parti(e)**	vous **seriez parti(e)(s)**
il/elle/on **aurait dit**	ils/elles **auraient dit**	il/elle/on **serait parti(e)**	ils/elles **seraient parti(e)s**

Yann **aurait aimé** visiter la Guadeloupe, mais il n'avait plus d'argent.

Yann would have liked to visit Guadeloupe, but he had no more money.

As with all compound tenses, the past participle agrees with preceding direct objects.

—Tu as pris les clés?

—Je **les** aurais **prises**, mais je ne **les** ai pas trouv**ées**.

—*Did you take the keys?*

—*I would have taken them, but I didn't find them.*

4.2 Using the past conditional

The past conditional is used for situations that are contrary to past fact. In this case, the **si** clause contains the pluperfect (**plus-que-parfait**) and the main clause expresses the unrealized past possibility in the past conditional.

Si Yann **avait eu** assez d'argent, il **serait allé** en Guadeloupe.

If Yann had had enough money, he would have gone to Guadeloupe.

S'il **avait gagné** à la loterie, il **aurait acheté** une villa sur la Côte d'Azur.

If he had won the lottery, he would have bought a villa on the Riviera.

À votre tour!

A. Change the following hypothetical sentences that contradict present fact to sentences that contradict past fact. Remember that the past hypothetical sentences require the **plus-que-parfait** in the **si** clause and the past conditional in the main clause.

1. Si elles parlaient mieux le français, elles pourraient aller vivre en France.
2. Si on me payait plus, je travaillerais plus sérieusement.
3. Vous auriez assez d'énergie pour passer l'examen si vous preniez votre petit déjeuner.
4. Si tu gagnais à la loterie, tu achèterais une Mercedes.
5. Je changerais tout si j'étais président(e).

B. Translate the following past hypothetical sentences.

1. If he had come earlier, he would have seen his friend.
2. I would have been happy if I had been very beautiful.
3. If she had called, I would have waited for her.
4. If you had tried, you would have succeeded.
5. They would have arrived sooner if they had traveled by airplane.

Autres points de grammaire

1. **Determiners**
   1.1 Definite articles
   1.2 Indefinite articles
   1.3 Partitive articles
   1.4 Possessive adjectives
   1.5 Demonstrative adjectives

2. **Adverbs**
   2.1 Types of adverbs
   2.2 Formation of adverbs
   2.3 Placement

3. **Pronouns**
   3.1 Direct object pronouns
   3.2 Indirect object pronouns
   3.3 **y** and **en**
   3.4 Double object pronouns
   3.5 Disjunctive pronouns
   3.6 Possessive pronouns
   3.7 Demonstrative pronouns

4. **Verbs**
   4.1 Expressions with **avoir**
   4.2 **savoir** vs. **connaître**
   4.3 Pronominal verbs
   4.4 Verbs followed by a preposition
   4.5 **faire causatif**

1. Determiners

A determiner is a word that *determines* or *qualifies* the meaning of a noun by expressing such concepts as quantity or definiteness. There is never more than one determiner per noun and it is always placed before the noun. Determiners always agree in gender and number with the nouns they modify.

1.1 Definite articles

Forms

Masculine singular:	**le (l')**	**le** garçon	*the boy*	**l'**homme *the man*
Feminine singular:	**la (l')**	**la** fille	*the girl*	**l'**hôtesse *the hostess*
Plural:	**les**	**les** gens	*the people*	

Uses

The definite article is used whenever the speaker assumes that the listener already knows about or can infer the identity of the noun. In other words, speakers assume that listeners have knowledge of a noun when it is readily identifiable from the immediate context (i.e., one can point to it), or when it has been previously mentioned, or when it is easily inferable from other information in the conversation or from general, background knowledge.

Le sel, s'il te plaît. (readily identifiable from the immediate context)	*The salt, please.*
Je veux voir **le** film dont nous avons discuté en classe. (previously mentioned)	*I want to see the film that we discussed in class.*
La mère de Sandra visite Paris, n'est-ce pas? (easily inferable; i.e., people have one mother)	*Sandra's mother is visiting Paris, right?*
Regardez **les** enfants là-bas! Ils sont si mignons. (readily identifiable from the immediate context)	*Look at the children over there! They're so cute.*

French also uses the definite article to express general truths or concepts. English, in contrast, uses no article at all in such contexts.

L'argent ne fait pas **le** bonheur heureux. **L'**amour et **la** santé sont plus importants!	*Money can't buy happiness. Love and health are more important!*

The definite article is always used with verbs of preference (e.g., **aimer, préférer, détester,** etc.) to express general likes and dislikes. Again, English omits the article in such contexts.

J'aime **le** café mais je déteste **le** thé.	*I like coffee but I hate tea.*

À votre tour!

A. Complete the sentences with the correct definite articles (**le, la, les**), then give an appropriate translation.

1. Sandra adore _____ animaux.
2. Fabienne n'aime pas _____ cuisine mexicaine.
3. Cet homme est professeur à _____ université.
4. Regardez _____ voiture là-bas. Elle est belle, non?
5. C'est _____ vie! C'est _____ guerre!
6. Avec _____ frites, _____ Américains préfèrent _____ ketchup mais _____ Belges préfèrent _____ mayonnaise.

1.2 Indefinite articles

Forms

Masculine singular:	**un**	**un** garçon	*a boy*	**un** homme	*a man*
Feminine singular:	**une**	**une** fille	*a girl*	**une** hôtesse	*a hostess*
Plural:	**des**	**des** gens	*(some) people*		

Uses

The indefinite article is used whenever a noun constitutes information new or unknown to the listener. **Un** and **une** may also indicate quantity in the sense of *one*. Note that in English translations the indefinite plural **des** is often omitted.

Sandra a **un** petit appartement à Paris, mais elle veut avoir **une** villa sur la Côte d'Azur.	*Sandra has a little apartment in Paris, but she wants a villa on the Riviera.*
Fabienne, qui aime les animaux, a **des** chats et **des** chiens.	*Fabienne, who likes animals, has (some) cats and (some) dogs.*

In a negative sentence, the indefinite articles (**un**, **une**, **des**) are replaced by **de** (**d'**).

—Avez-vous **un** chien?	*Do you have a dog?*
—Non, je n'ai pas **de** chien. En fait, je n'ai pas **d'**animaux.	*No, I don't have a dog. In fact, I don't have any animals.*

However, following the verb **être**, the indefinite articles remain unchanged in the negative.

—Regardez ce chien là-bas.	*Look at that dog over there.*
—Ce n'est pas **un** chien. C'est **un** chat!	*That's not a dog. That's a cat!*

Professions, nationalities, and religions may function as adjectives in French and need no article after the verbs **être** and **devenir**.

Connais-tu André? Il **est professeur**. Je pense qu'il **est canadien**.	*Do you know André? He is a professor. I think he's (a) Canadian.*

À votre tour!

A. Complete the sentences with the correct indefinite articles: **un**, **une**, **des**. In some cases, no article or **de** (**d'**) may be necessary. Then give an appropriate translation.

1. Je voudrais _____ café, s'il vous plaît.

2. Fabienne et Sandra sont-elles _____ étudiantes?

3. Elle a envie de manger _____ frites.

4. Je cherche _____ bon restaurant pas trop loin d'ici.

5. Il a _____ sœur, mais il n'a pas _____ frères.

6. Mon père est _____ médecin à l'hôpital.

7. Je ne savais pas que tu étais _____ bouddhiste.

1.3 Partitive articles

Forms

Masculine singular:	**du**	**du** pain	*(some) bread*
Feminine singular:	**de la**	**de la** viande	*(some) meat*
Masculine or feminine before a vowel or silent **h**:	**de l'**	**de l'**ail (*m.*)	*(some) garlic*
		de l'eau (*f.*)	*(some) water*

Uses

Partitive articles (**du, de la, de l'**) are used to refer to non-countable masses. In contrast, indefinite articles can only be used with count nouns. Count nouns refer to nouns that can be counted (**un livre, deux livres, trois livres,** etc.). If a noun can be counted, it will readily take the plural. Nouns that are typically conceived of in terms of an uncountable mass do not normally have a plural form (e.g., energy, rain, etc.). The difference between count and mass nouns is usually clearcut. However, a noun that is countable in one context may not be in another context.

Il y a un poulet dans la cour. (indefinite article, count noun)	*There is a chicken in the courtyard.*
Il y a **du** poulet dans la marmite. (partitive article, mass noun)	*There is (some) chicken in the pot.*

Mass nouns may be concrete objects (**du poulet**) or abstract concepts (**du courage**). The partitive article is often used with verbs such as **avoir, boire, manger,** and **prendre** since such verbs imply a given quantity. Note that in English, the partitive article is often omitted.

Hier soir, j'ai mangé **de la** pizza.	*Last night, I had (some) pizza.*
Il y a **de la** dinde dans le frigo.	*There is (some) turkey in the fridge.*
Il a **du** courage.	*He has courage.*

In the negative, the partitive articles **du, de la, de l'** become **de** or **d'**.

Il a **du** courage, mais il n'a pas **de** patience!	*He has courage but he doesn't have (any) patience!*
Dans son frigo, il y a **de la** dinde, mais il n'y a pas **de** jambon.	*In his fridge, there is (some) turkey, but there isn't (any) ham.*

The invariable partitive article **de** (**d'**) is used with most expressions of quantity.

assez de	**une assiette de**
beaucoup de	**une douzaine de**
combien de	**un kilo de**
moins de	**un litre de**
peu de	**un morceau de**
plus de	**une part de**
tant de	**un peu de**
trop de	**un verre de**

Nous avons **beaucoup de** courage.	*We have a lot of courage.*
Combien de tomates voulez-vous?	*How many tomatoes do you want?*
Il a **trop de** travail à faire.	*He has too much work to do.*
Je voudrais **une part de** gâteau.	*I would like one piece of cake.*
Elle a acheté **une douzaine de** croissants.	*She bought a dozen croissants.*

À votre tour!

A. Complete the sentences with the correct forms of the partitive articles: **du, de la, de l', de,** or **d',** then give an appropriate translation.

1. Ah le fromage! Je vais prendre un peu _____ brie, mais pas _____ camembert.

2. Veux-tu _____ eau minérale?

3. Dis donc, tu as _____ chance, toi!

4. Attention! Tu bois trop _____ vin! Tu vas être malade.

5. Combien _____ oranges vas-tu acheter?

6. Sandra fait _____ aérobic tous les matins.

B. Complete the sentences with the appropriate articles (definite, indefinite, or partitive) according to the context of the story. In some cases no article is required.

_____[1] cousin de Nathalie est _____[2] directeur de lycée. Le lycée Charlemagne est près de _____[3] frontière entre la France et l'Espagne. Dans son école, il insiste toujours pour que _____[4] instituteurs arrivent _____[5] heure et _____[6] demie avant que _____[7] cours ne commencent pour aider _____[8] étudiants qui ont _____[9] problèmes. Il insiste sur l'importance de (d') _____[10] développement scolaire et psychologique _____[11] étudiants de son école. Il croit que _____[12] dévouement, _____[13] patience et _____[14] amour sont _____[15] éléments nécessaires pour assurer _____[16] succès de tous _____[17] étudiants.

1.4 Possessive adjectives

Possessive determiners express ownership or possession (hence the name). They are also often called possessive adjectives because they agree in gender and number with the noun they modify.

	MASCULINE SINGULAR	FEMININE SINGULAR	PLURAL
my	**mon**	**ma**	**mes**
your	**ton**	**ta**	**tes**
his/her/its	**son**	**sa**	**ses**
our	**notre**	**notre**	**nos**
your	**votre**	**votre**	**vos**
their	**leur**	**leur**	**leurs**

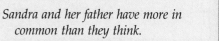
Sandra et **son** père ont plus en commun qu'ils ne le pensent.	*Sandra and her father have more in common than they think.*
Nathalie et **ses** parents sont partis en Corse pour les vacances.	*Nathalie and her parents went to Corsica for their vacation.*
M. et Mme Méglier et **leurs** enfants ont rencontré Fabienne dans un café.	*Mr. and Mrs. Méglier and their children met Fabienne at a café.*
Nos six amis sont bien différents les uns des autres!	*Our six friends are quite different from each other!*

1.5 Demonstrative adjectives

Demonstrative adjectives (also called demonstrative determiners) are used to point out or designate something that one can see or show. They agree in number and gender with the noun they modify.

Forms

Masculine singular:	**ce**	**ce** journal	*this newspaper*
Masculine singular before a vowel or silent **h**:	**cet**	**cet** homme	*this man*
		cet été	*this summer*
Feminine singular:	**cette**	**cette** femme	*this woman*
Plural (*m.* or *f.*)	**ces**	**ces** hommes	*these men*
		ces femmes	*these women*

Ce restaurant est très calme.	*This restaurant is very quiet.*
J'ai acheté **cet** ordinateur hier.	*I bought this computer yesterday.*
Cette voiture est très silencieuse!	*This car is very quiet!*
Est-ce que **ces** DVD sont à vous?	*Are these DVDs yours?*

Demonstrative determiners can designate something close or far away. The suffix **-ci** is added to the noun to indicate that the noun is close by. The suffix **-là** indicates that the object is far away. In English, these suffixes are generally translated as *this* and *that*.

Cette table**-ci** est plus solide, mais **cette** table**-là** est moins chère.	*This table is sturdier, but that table is less expensive.*

2. Adverbs

An adverb describes the action of a verb. It answers such questions as *where*? *when*? *how*? *how long*? or *how often*? Adverbs are invariable and may be used with almost all verbs. An adverb may also qualify an adjective or another adverb. Consider the sentence: **Sandrine cuisine très bien** (*Sandrine cooks very well.*). **Très** qualifies **bien** and both describe the action of the verb.

2.1 Types of adverbs

On the next page, there is a list of frequently used adverbs, categorized by type.

TYPES OF ADVERBS		
Manner	**mal** *badly*	**vite** *fast*
bien *well*		
Time	**hier** *yesterday*	**demain** *tomorrow*
aujourd'hui *today*		
bientôt *soon*	**tôt** *early*	**tard** *late*
maintenant *now*	**déjà** *already*	
Frequency	**toujours** *always*	**quelquefois** *sometimes*
souvent *often*		
rarement *rarely*	**jamais** *never*	**déjà** *already*
Place	**dehors** *outside*	**ici** *here*
dedans *inside*		
là *there*	**partout** *everywhere*	**quelque part** *somewhere*
Quantity/Degree	**trop** *too much*	**très** *very*
beaucoup *a lot*		
assez *enough*	**peu** *a little*	
Sequence	**puis** *then, next*	**alors** *then, so*
d'abord *first*		
donc *thus, so*	**enfin** *finally*	
Probability	**probablement** *probably*	
peut-être *perhaps*		
Consequence		
par conséquent *consequently*		
Agreement	**absolument** *certainly*	**certainement** *certainly*
bien sûr *of course*		
évidemment *evidently*	**sûrement** *surely*	
Disagreement	**pourtant** *yet*	**néanmoins** *nevertheless*
cependant *yet*		
par contre *on the other hand*	**quand même** *even so, all the same*	**au contraire / en revanche** *on the contrary*

2.2 Formation of adverbs

Most French adverbs are derived from adjectives. They are usually formed by adding **-ment** to the feminine singular form of the adjective. Note the exception **gentiment**, which is derived from the adjective **gentil** (*nice*).

doux (douce)	*soft*	→	**doucement**	*softly*
franc (franche)	*frank*	→	**franchement**	*frankly*
heureux (heureuse)	*happy*	→	**heureusement**	*happily, fortunately*
lent(e)	*slow*	→	**lentement**	*slowly*

However, **-ment** is added to the masculine singular form of adjectives that end with a vowel. Note the exception **gaiement** which is derived from the adjective **gai** (*cheerful*).

absolu(e)	*absolute*	→	**absolument**	*absolutely*
poli(e)	*polite*	→	**poliment**	*politely*
vrai(e)	*true, real*	→	**vraiment**	*truly, really*

Add **-emment** to the stem of adjectives that end in **-ent**; add **-amment** to the stem of adjectives ending in **-ant**. The stem is what remains of the adjective when **-ent** or **-ant** have been removed. Note that the one-syllable adjective **lent** does not form its adverb, **lentement**, on this model.

fréquent	*frequent*	→	**fréquemment**	*frequently*
récent	*recent*	→	**récemment**	*recently*
suffisant	*sufficient*	→	**suffisamment**	*sufficiently*

Note the addition of an acute accent to form the following adverbs:

précis(e)	*precise*	→	**précisément**	*precisely*
profond(e)	*deep*	→	**profondément**	*deeply*
énorme	*huge, enormous*	→	**énormément**	*enormously*

2.3 Placement

Use the following guidelines for placement of adverbs.

Adverbs that modify an adjective or another adverb

Adverbs are placed directly before the adjective or adverb that they modify.

Sandrine trouve la vie parisienne **bien trop** rapide.

Sandrine finds life in Paris much too fast-paced.

Adverbs that modify a verb

In simple tenses (present, imperfect, simple future, etc.), adverbs are usually placed immediately after the conjugated verb. If the verb is negative, the adverb is placed after the negation. Note that most common adverbs are placed directly after the verb and before the objects.

Yann aime **beaucoup** la bière. *Yann likes beer a lot.*
Yann n'aime pas **beaucoup** le vin. *Yann doesn't like wine very much.*

In compound tenses (**passé composé, plus-que-parfait,** etc.), adverbs of frequency and quantity are usually placed before the past participle. Adverbs of time and place are usually placed after the past participle.

Nathalie est **souvent** allée voir ses parents le mois dernier.

Nathalie often went to see her parents last month.

Sandra a **beaucoup** travaillé **hier.** *Sandra worked a lot yesterday.*
J'ai oublié mes clés **quelque part.** *I left my keys somewhere.*

Adverbs that modify a whole sentence

If an adverb applies to the entire sentence, it is usually placed at the beginning or end. Adverbs of this type are typically adverbs of time and place.

Heureusement, on va partir en vacances **demain.**

Fortunately, we're going to go on vacation tomorrow.

À votre tour!

Identify the adverb in each sentence and determine what type it is (adverb of manner, of time, of frequency, of consequence, etc.) and what word or phrase it modifies.

MODÈLE: J'écoute souvent la radio. → souvent, adverb of time, modifies verb

1. On va faire un grand effort pour finir le projet demain.
2. Mes anciens collègues sont déjà partis!
3. Elle quitte le bureau très tard.
4. Elle parle trop vite, et par conséquent, personne ne comprend rien.
5. Pourtant, il n'a pas bien apprécié ce texte un peu trop littéraire.
6. Mon père regarde rarement la télé.

3. Pronouns

3.1 Direct object pronouns

The direct object is a noun following the verb that answers the question *whom?* or *what?* Direct object pronouns often replace the direct object noun to avoid repetition.

Il enseigne **le français**. → Il **l'**enseigne.
He teaches French.   *He teaches it.*

Direct object pronouns have the following forms:

me (m')	*me*	**nous**	*us*
te (t')	*you*	**vous**	*you*
le (l')	*him/it*	**les**	*them* (m./f.)
la (l')	*her/it*		

In simple tenses (present, imperfect, simple future, etc.), direct object pronouns are placed immediately before the conjugated verb. Negative elements never separate object pronouns from their verbs.

Il **l'**enseigne. (**l'** = le français)   *He teaches it.*
Il **ne l'**enseigne **pas**.   *He doesn't teach it.*

Direct object pronouns precede the auxiliary in compound tenses (**passé composé, plus-que-parfait,** etc.).

Nous **l'**avons compris.   *We understood it.*

Recall that past participles agree in number and gender with preceding direct objects.

—Mes clés! Est-ce que tu **les** as pris**es**?   —*My keys! Did you take them?*
—Non, je ne **les** ai pas vu**es**.   —*No, I haven't seen them.*

If there are multiple verbs in the sentence, the pronoun precedes the verb of which it is an object, i.e., the infinitive.

Il faut **le** faire.   *It must be done.*
Je vais **la** voir samedi.   *I'm going to see her Saturday.*

In the affirmative imperative, the pronoun follows the verb and is linked to it by a hyphen, and **me** and **te** become **moi** and **toi**.

Fais-**le**.   *Do it.*
Appelle-**moi** ce soir.   *Call me tonight.*

In the negative imperative, the pronoun precedes the verb.

Ne l'ennuie pas.	*Don't bother him/her.*
Ne me regarde pas comme ça!	*Don't look at me like that!*

3.2 Indirect object pronouns

The indirect object complements the verb and answers the questions *to whom?* or *for whom?* As in English, a preposition links the object to the verb. In French this preposition is often **à**. The indirect object and its preposition **à** can be replaced by an indirect object pronoun.

Je parle **à Roger** tout le temps.	→	Je **lui** parle tout le temps.
I speak to Roger all the time.		*I speak to him all the time.*

The forms of the indirect object pronouns are:

me	*to me*	**nous**	*to us*
te	*to you*	**vous**	*to you*
lui	*to him / to her*	**leur**	*to them*

Placement

Indirect object pronouns follow the same rules of placement as the direct object pronouns.

Il **lui** enseigne l'histoire.	*He teaches him/her history.*
Nous ne **lui** avons pas parlé.	*We did not speak to him/her.*
Il faut **leur** demander.	*It is necessary to ask them.*
Demandez-**nous** la permission!	*Ask us for permission!*
Parle-**moi** de cette époque.	*Tell me about this era.*
Ne **me** téléphone plus.	*Don't call me anymore.*

Unlike direct object pronouns, there is no past participle agreement with preceding indirect object pronouns.

—Est-ce que tu as parlé à Isabelle?	*—Did you talk to Isabelle?*
—Oui, je **lui** ai parlé hier.	*—Yes, I talked to her yesterday.*

À votre tour!

Answer the questions, replacing the underlined object with a pronoun.

1. Aimes-tu <u>les sports d'équipe</u>?
2. Est-ce que vous appelez souvent <u>vos parents</u>?
3. Tu as lu <u>la presse étrangère</u>?
4. Demandez-vous souvent de l'argent <u>à vos parents</u>?
5. As-tu étudié <u>la chimie</u> au lycée?
6. Avez-vous écrit une lettre <u>à votre correspondante française</u>?
7. Tu connais <u>ce restaurant français</u>?
8. Avez-vous offert des fleurs <u>à votre ami</u>?

3.3 *y* and *en*

Y is a pronoun that replaces expressions of place introduced by prepositions such as **à, chez, dans, devant, en, sous, sur.** With certain verbs **y** replaces the preposition **à** when its object is an idea or thing, but not a person. Some of these verbs are **s'intéresser à, penser à, réfléchir à, répondre à.** The placement of **y** is the same as that of direct and indirect object pronouns.

Je vais **chez le dentiste** demain.	→	J'**y** vais demain.
I'm going to the dentist tomorrow.		*I'm going there tomorrow.*
Sandra ne veut pas retourner **à la Martinique.**	→	Sandra ne veut pas **y** retourner.
Sandra does not want to go back to Martinique.		*Sandra does not want to return there.*
Avez-vous pensé **à appeler Adama?**	→	Non, nous n'**y** avons pas pensé!
Did you remember to call Adama?		*No, we didn't think about it!*

En is a pronoun that replaces prepositional phrases introduced by **de;** this includes nouns introduced by partitive or indefinite determiners (**de, du, de l', de la, un, une, des**) and nouns introduced by expressions of quantity and numbers. **En** may be translated as *some, any,* or *not any* (*of it, of them*) depending on the context.

Est-ce que tu veux **du vin?**	→	Oui, j'**en** veux.
Do you want some wine?		*Yes, I'd like some.*
Tu as envie **d'aller au cinéma?**	→	Oui, j'**en** ai envie.
Do you feel like going to the movies?		*Yes, I feel like it.*

Words that express quantity (including **un/une**) are repeated in combination with the pronoun **en.**

Est-ce que tu as **assez d'argent?**	→	Oui, j'**en** ai **assez.**
Do you have enough money?		*Yes, I have enough (of it).*
Avez-vous **deux voitures?**	→	Non, je n'**en** ai pas **deux;** j'**en** ai **une!**
Do you have two cars?		*No, I don't have two, I have one!*

À votre tour!

A. Answer the following questions, using **y** and **en** to replace the underlined phrases and the cues in parentheses.

1. Est-ce que Jean a <u>des enfants</u>? (oui... trois)
2. Tu as vu la Joconde <u>au Louvre</u>? (non... ne jamais aller)
3. Est-ce que vous penserez <u>à me rapporter un souvenir</u>? (oui...)
4. Est-ce que tu veux <u>du poisson</u>? (non...)
5. Nous partons <u>de l'aéroport</u> à 10 h. Et toi? (11 h)

B. Rewrite the sentences, using **y** and **en** to replace the underlined phrases.

1. Est-ce que tu as besoin <u>de ton manteau</u>?
2. On voit beaucoup <u>de cafés</u> à Paris!
3. Je ne suis jamais allé(e) <u>chez vous</u>.
4. Il veut que tu restes <u>à Londres</u> jusqu'à vendredi.

C. Translate the following sentences.

1. Ask for it (it = permission).
2. I need to think about it.
3. We spoke to her.
4. I've had enough (of this). Let's go.
5. They are going to buy some.

3.4 **Double object pronouns**

It is possible to use double object pronouns in the same sentence. In these cases, double object pronouns are placed in the following order:

me (m')				
te (t')	le (l')			
nous	la (l')	lui	y	en
vous	les	leur		

verb (pas)

J'ai envoyé <u>la lettre</u> <u>à Michel</u>.   →   Je **la lui** ai envoyée.
I sent the letter to Michel.   _I sent it to him._

Ne donnez pas <u>de bonbons</u> <u>aux petits</u>. → Ne **leur en** donnez pas.
Don't give candies to the little ones.   _Don't give them any._

Although the order of the pronouns in negative commands is the same as that in declarative sentences, in the affirmative imperative (command), the pronouns follow the verb and the order is slightly altered:

-le	-moi			
-la	-toi	-lui	-y	-en
-les	-nous	-leur		
	-vous			

Donnez <u>le chèque</u> <u>à Edith</u>.   →   Donnez-**le-lui**.
Give the check to Edith.   _Give it to her._

Envoie <u>la lettre</u> <u>à Jean-Pierre</u>. → Envoie-**la-lui**.
Send the letter to Jean-Pierre.   _Send it to him._

À votre tour!

A. Rewrite the sentences replacing the underlined elements with the correct object pronoun(s). Other modifications may be necessary.

1. Ne prêtez pas <u>cette cravate</u> <u>à Yann</u>.
2. Il va vendre <u>son vélo</u> <u>à Adama</u>.
3. Il a lu <u>les grands titres</u>…
4. …avant de passer <u>le journal</u> <u>à son père</u>.
5. Demande <u>son adresse</u> <u>à ta cousine</u>.
6. Mes parents leur ont donné <u>un souvenir</u>.
7. Xavier refuse de nous montrer <u>son projet de classe</u>.
8. C'est Sandrine qui leur a envoyé <u>cette carte postale</u>.

B. Translate the following sentences, replacing all nouns with pronouns.

1. Did you send the letter to Sandra?
2. I sent the packages to my parents.
3. She is going to talk to you about her problem.
4. Why didn't we give the children a present?
5. We should give our friends a bottle of wine.

3.5 Disjunctive pronouns

Disjunctive (also called stress or tonic pronouns) refer to people whose names have already been mentioned or whose identity is obvious from the context. They are used in a variety of situations in French, most often in short answers without verbs, for emphasis, for contrast with subject pronouns, or after prepositions. They take the following forms:

moi	*me*	**nous**	*we, us*
toi	*you*	**vous**	*you*
lui	*he, him*	**eux**	*they, them (m.)*
elle	*she, her*	**elles**	*they, them (f.)*
soi	*one*		

Disjunctive pronouns are used in the following contexts:

- in short answers:

  —Qui veut de la pizza? —*Who wants pizza?*
  —**Moi!** —*Me!*
  —Pas **moi!** —*Not me!*

- at the beginning or at the end of the sentence, in addition to the subject pronoun, to create various effects such as emphasis or contrast:

  Il n'est pas sympa, **lui!** *He isn't friendly (at all).*
  Moi, j'aime les escargots, mais *I like snails but you hate them.*
    toi, tu les détestes.

- in comparative sentences following **que**:

  Sandra est plus grande **que moi.** *Sandra is taller than me.*

- after **c'est** and **ce sont**:

  —Tu laisses toujours la porte —*You always leave the door open!*
    ouverte!
  —Non, c'est pas **moi,** c'est **lui.** —*No, it's not me, it's him.*

- combined with **même(s)** to express the notion of self:

  C'est **lui-même** qui me l'a dit! *He told me so himself!*

- after prepositions:

  Il faut avoir confiance **en soi.** *It is necessary to have confidence in oneself.*
     (= One should be self-confident.)

  Tu viens **avec nous?** *Are you coming with us?*
  Ne me parle pas **de lui!** *Don't talk to me about him!*

À votre tour!

A. Answer the questions using a disjunctive pronoun.

MODÈLE: Est-ce que vous faites de l'escalade avec votre colocataire?

→ Non, je ne fais pas d'escalade avec **lui/elle**.

No je ne fais pas

1. Est-ce que vous faites de la musculation avec vos amis? *avec eux*
2. Est-ce que vous allez au ciné avec votre mère? *avec elle*
3. Est-ce que vous avez fait du footing avec votre patron?
4. Est-ce que vous passez vos vacances avec vos parents?
5. Est-ce que vous voulez faire du shopping avec Sandra et moi?

B. Complete the sentences with the correct disjunctive pronouns.

1. Xavier: Yann, je suis très fatigué. Fais la vaisselle _____-même ce soir.
2. Allons choisir les vidéos _____-mêmes, je n'ai pas les mêmes goûts qu'eux.
3. On n'a pas de pire ennemi que _____-même. (*There is no worse enemy than oneself.*)
4. Les étudiants? Ce sont _____-mêmes qui ont réclamé beaucoup d'exa-mens!
5. Julie, c'est _____ qui as dit à Xavier qu'il était trop jaloux?

3.6 Possessive pronouns

Possessive pronouns replace a noun preceded by a possessive adjective like **mon**, **ton**, **son**, etc.

Tu peux me prêter <u>tes clés</u>? J'ai perdu **les miennes**.   *Can you lend me your keys? I lost mine.*

In French, possessive pronouns indicate both the possessor and the number and the gender of the object possessed: **les miennes** indicates that the possessor is *I* and that the possession is feminine plural (**les clés**).

The following chart presents the different forms of the possessive pronouns:

	SINGULAR		PLURAL	
	MASCULINE	FEMININE	MASCULINE	FEMININE
mine	**le mien**	**la mienne**	**les miens**	**les miennes**
yours	**le tien**	**la tienne**	**les tiens**	**les tiennes**
his/her/its	**le sien**	**la sienne**	**les siens**	**les siennes**
ours	**le nôtre**	**la nôtre**	**les nôtres**	**les nôtres**
yours	**le vôtre**	**la vôtre**	**les vôtres**	**les vôtres**
theirs	**le leur**	**la leur**	**les leurs**	**les leurs**

—Est-ce <u>votre livre</u> ou **le sien?**

—J'aime beaucoup <u>la voiture de Julie</u>, mais je préfère **la vôtre.**

—*Is that your book or his/hers?*

—*I like Julie's car a lot, but I prefer yours.*

3.7 Demonstrative pronouns

Demonstrative pronouns replace a noun that has already been mentioned in conversation or a noun whose identity is made clear from the context, typically by pointing or gesturing, hence the term *demonstrative*. Like all pronouns, they agree in gender and number with the nouns they replace.

	MASCULINE	FEMININE
this one, that one	**celui**	**celle**
these, those	**ceux**	**celles**

<u>Le train</u> de 10 h est complet: prenez donc **celui** de midi.

The 10 o'clock train is full: take the 12 o'clock one.

Fabienne n'a pas de <u>voiture</u>, mais elle conduit parfois **celle** des Méglier.

Fabienne doesn't have a car, but she sometimes drives the Méglier's.

Demonstrative pronouns are typically used:

- to show possession:

  Fabienne s'est acheté <u>des lunettes</u>, les mêmes que **celles de** Sandra!

  Fabienne bought herself some glasses, the same ones as Sandra!

- to express *proximity* or *distance* when followed by the particles **-ci** and **-là:**

  Fabienne aime <u>la montre</u> en or plaqué, mais Nathalie préfère **celle-ci** et **celle-là.**

  Fabienne likes the gold-plated watch, but Nathalie prefers this one and that one.

- to refer to things that cannot have a specific gender assigned to them, like ideas or statements. In such cases, the invariable demonstrative pronouns **ceci** (*this*) and **cela** (*that*) may be used. **Ça** is used in familiar or conversational style in place of **cela.**

  Fabienne?! amoureuse d'Adama?! **Cela** semble peu probable! **Ça** semble peu probable!

  Fabienne?! in love with Adama?! That seems unlikely!

À votre tour!

A. Complete the sentences with the correct possessive pronouns preceded by **le, la,** or **les.**

1. Mon cours de biologie est intéressant. Et _____? (*yours,* informal)

2. Tes parents sont français. _____ sont américains. (*Mine*)

3. J'ai reçu une très bonne note. Comment est _____? (*yours,* formal)

4. Je vois souvent ma mère, mais ils ne voient jamais _____. (*theirs, singular*)

5. Elle a ses affaires et il a _____. (*his*)

B. Complete the sentences with the correct demonstrative pronouns.

1. _____ me semble évident.

2. Le talent artistique de Sandra est extraordinaire; _____ de Fabienne est limité.

3. Les résultats d'Adama sont impressionnants, mais _____ d'Yann sont encore plus impressionnants.

4. Regarde ces montres dans la vitrine. Laquelle préfères-tu? _____ ou _____?

4. Verbs

This section covers special uses of certain French verbs, idiomatic expressions, and pronominal verbs. For complete conjugations of regular and irregular verbs in all tenses, see the verb charts in **Conjugaisons des verbes,** pages A09–A20.

4.1 Expressions with *avoir*

The verb **avoir** is used in many idiomatic expressions. Here are the most common:

avoir... ans	*to be... years old*	**avoir chaud**	*to feel warm*
avoir l'air	*to seem*	**avoir froid**	*to feel cold*
(+ *adjectif*)		**avoir faim**	*to be hungry*
avoir besoin de	*to need*	**avoir soif**	*to be thirsty*
(+ *infinitif/nom*)		**avoir sommeil**	*to be sleepy*
avoir le droit de	*to be allowed to*	**avoir raison**	*to be right, correct*
(+ *infinitif*)		**avoir tort**	*to be wrong*
avoir honte	*to be ashamed*		

À votre tour!

Complete the sentences with the correct expression with **avoir**.

1. On ne peut pas circuler en voiture sur le campus. On _____.

2. Yann _____. Il a fait un faux pas.

3. Je suis le cadet de la famille. J' _____ six _____.

4. Je suis tout déshydraté. J'_____.

5. Quand il fait chaud, on _____ la climatisation.

6. Je n'ai pas bien dormi, maintenant j' _____.

7. Jean-Pierre _____ tout triste.

8. Tu veux manger quelque chose? Moi, j'_____.

9. Cette humidité me tue! J' _____!

10. Elle déteste l'hiver. Elle _____ toujours _____.

4.2 *savoir* vs. *connaître*

The irregular verbs **savoir** and **connaître** both mean *to know*.

SAVOIR		CONNAÎTRE	
je **sais**	nous **savons**	je **connais**	nous **connaissons**
tu **sais**	vous **savez**	tu **connais**	vous **connaissez**
il/elle/on **sait**	ils/elles **savent**	il/elle/on **connaît**	ils/elles **connaissent**

Savoir and **connaître** are used in different contexts or to describe different degrees of knowledge. **Savoir** is used for facts, things known by heart, or abilities. When followed by an infinitive, **savoir** indicates knowing how to do something. (**Je sais jouer de la guitare.**) **Connaître** is used for people, places, or subjects and represents a personal acquaintance or familiarity. Remember that **savoir** and **connaître** have special meanings in the **passé composé**. **Savoir** in the **passé composé** means to have discovered something or to have found out some information. **Connaître** in the **passé composé** means to have met someone.

Je **sais** nager depuis mon enfance.	*I've known how to swim since childhood.*
Elle ne **sait** pas l'adresse.	*She doesn't know the address.*
Nous **connaissons** un bon café près d'ici.	*We know a nice café near here.*
Vous ne vous **connaissez** pas.	*You don't know each other.*
Je **connais** l'œuvre d'Hugo.	*I'm familiar with Hugo's works.*

À votre tour!

Complete the sentences with the correct form of **savoir** or **connaître**.

1. Je _____ qu'il ne vient pas au concert.

2. Vous ne _____ pas mes frères.

3. Irène est très intelligente. Elle _____ les nouvelles technologies.

4. Nous _____ Brigitte l'été passé.

5. Ils _____ jouer du piano et de la guitare.

4.3 Pronominal verbs

A pronominal verb is a verb accompanied by a reflexive object pronoun. Pronominal verbs fall into three major classes based on their meaning: reflexive, reciprocal, and idiomatic. Pronominal verbs are conjugated with their corresponding reflexive pronouns. Note that many pronominal verbs in French are not translated in English as reflexives.

SE RASER (*to shave [oneself]*)	
je **me rase**	nous **nous rasons**
tu **te rases**	vous **vous rasez**
il/elle/on **se rase**	ils/elles **se rasent**

Reflexive verbs

Pronominal verbs often express reflexive actions, that is, the subject performs the action on itself. If the subject performs the action on someone else, the verb is not reflexive. Note that English does not usually indicate reflexive meaning explicitly since it can be inferred from the context. However, if reflexive meaning is intended in French, then it must be explicitly stated by using a reflexive pronoun. Here is a list of common reflexive verbs:

s'appeler	*to be called*	**s'habiller**	*to get dressed*
s'arrêter	*to stop*	**se laver**	*to wash*
s'asseoir	*to sit (down)*	**se lever**	*to get up*
se brosser	*to brush*	**se promener**	*to take a walk*
se coucher	*to go to bed*	**se reposer**	*to rest*
s'endormir	*to fall asleep*	**se réveiller**	*to wake up*

To negate pronominal verbs, place the **ne** before the reflexive pronoun and the **pas** after the verb. When the pronominal verb follows an auxiliary verb such as **aimer**, **aller**, etc., the reflexive pronoun agrees with the subject of the first verb. When pronominal verbs are used with parts of the body, they take the definite article (**le**, **la**, **les**) rather than the possessive article as in English.

Ne vous asseyez **pas** là-bas.	*Don't sit over there.*
Nous aimerions **nous** laver **les mains** avant le repas.	*We would like to wash our hands before the meal.*
Yann **se** lave **la figure**.	*Yann washes his face.*

Reciprocal verbs

A second category of pronominal verbs expresses a reciprocal action between at least two people, **s'aimer** or **se parler**, for example. The English equivalent often uses the phrase *each other* to represent this reciprocal action. Since reciprocity requires at least two people, reciprocal verbs are conjugated only with **on, nous, vous, ils/elles.** Here is a list of common reciprocal verbs:

s'aimer	*to love each other*	**se quitter**	*to leave each other*
se détester	*to hate each other*	**se regarder**	*to look at each other*
se disputer	*to argue*	**se rencontrer**	*to meet (for the first time)*
s'embrasser	*to kiss*	**se retrouver**	*to meet up with*
s'écrire	*to write each other*	**se téléphoner**	*to telephone each other*
se parler	*to talk to each other*	**se voir**	*to see each other*

Ils **se parlent** souvent en classe.	*They often talk to each other in class.*
Nous **nous retrouvons** au cinéma ce soir.	*We are meeting each other at the movies tonight.*

Idiomatic verbs

Some pronominal verbs are idiomatic and do not represent reflexive or reciprocal actions per se. The list below includes common idiomatic pronominal verbs.

s'amuser	*to have fun*	**se rappeler**	*to remember*
se dépêcher	*to hurry*	**se sentir**	*to feel*
s'ennuyer	*to be bored*	**se souvenir de**	*to remember*
s'entendre	*to get along*	**se taire**	*to be silent*
se fâcher	*to get angry*	**se tromper**	*to make a mistake*
se marier	*to get married*	**se trouver**	*to be (situated)*
se passer	*to happen*		

Imperative of pronominal verbs

To form the imperative of pronominal verbs, drop the subject pronoun and attach the reflexive pronoun with a hyphen. The reflexive pronoun **te** becomes **toi** when used in the affirmative form of the imperative. In the negative imperative, the reflexive pronoun precedes the verb.

Dépêche-toi donc!	*Hurry up!*
Ne t'énerve pas!	*Don't get mad!*

Pronominal verbs in the *passé composé*

In the **passé composé**, pronominal verbs are conjugated with **être** as their auxiliary. Past participles of pronominal verbs are formed like non-pronominal past participles. Note that the reflexive pronoun (**me, te, se, nous, vous, se**) precedes the auxiliary. In most cases, the past participle of pronominal verbs agrees in gender and number with the gender and number of the reflexive pronoun, that is, **-e** is added to the past participle to agree with a feminine subject and **-s** is added for a plural subject.

S'AMUSER *(to have fun)*	
je **me suis amusé(e)**	nous **nous sommes amusé(e)s**
tu **t'es amusé(e)**	vous **êtes amusé(e)(s)**
il/elle/on **s'est amusé(e)**	ils/elles **se sont amusé(e)s**

SANDRA: Je **me suis réveillée** très tôt ce matin.	*I got up really early this morning.*
YANN: Moi, je **me suis réveillé** très tard!	*I got up really late!*

The past participle does not agree if there is a direct object following the verb that is a part of the body:

SANDRA: Je **me suis lavée**. Et ensuite je **me suis lavé** les cheveux.	*I washed (myself). And then, I washed my hair.*

Furthermore, in cases where the reflexive pronoun is an *indirect object* rather than a direct object, as in the verb **se téléphoner** (**téléphoner à**), there is no agreement.

SANDRA: Puis Fabienne et moi, **nous nous sommes téléphoné**.   *Then Fabienne and I phoned each other.*

Negation of pronominal verbs

In the negative, the **ne** precedes the reflexive pronoun and the **pas** follows the auxiliary:

je **ne** me suis **pas** amusé(e)	nous **ne** nous sommes **pas** amusé(e)s
tu **ne** t'es **pas** amusé(e)	vous **ne** vous êtes **pas** amusé(e)(s)
il/elle/on **ne** s'est **pas** amusé(e)	ils/elles **ne** se sont **pas** amusé(e)s

À votre tour!

A. Translate the following sentences using the correct pronominal verb.

1. I go to bed at 11 o'clock and get up at 7 o'clock.
2. What time did she wake up?
3. She is going to wash her hair tonight.
4. My sisters fight a lot on the telephone.
5. They got married last year.
6. We always have fun at the beach.
7. She didn't brush her teeth.
8. Look! The teacher made a mistake!
9. Do you remember our trip?

B. Translate the following imperatives using the correct pronominal verb.

1. Don't brush your hair at the table!
2. Hurry up! Get dressed!
3. Be quiet! Don't speak to each other!
4. Have fun tonight!

4.4 Verbs followed by a preposition

Some verbs require a preposition between the conjugated verb and the infinitive.

J'apprends à danser.
conjugated verb + preposition + infinitive

Verbs followed by **à**:

aider à	*to help to*	**s'intéresser à**	*to be interested in*
apprendre à	*to learn to*	**inviter à**	*to invite to*
commencer à	*to begin to*	**se mettre à**	*to start*
s'habituer à	*to get used to*	**réussir à**	*to succeed (manage to)*
hésiter à	*to hesitate to*		

Verbs followed by **de**:

il s'agit de	*to be about*	**finir de**	*to finish, stop*
décider de	*to decide to*	**oublier de**	*to forget to*
demander de	*to ask to*	**refuser de**	*to refuse to*
essayer de	*to try to*	**venir de**	*to have just*

Verbs with different meanings depending on their following preposition:

jouer à	*to play a sport or game*
jouer de	*to play an instrument*
penser à	*to think about, consider*
penser de	*to think about, form an opinion*
parler à	*to speak to*
parler de	*to speak about*

Verbs without a preposition:

aimer	Il **aime** nager.	*He likes to swim.*
aller	Je **vais** lire.	*I'm going to read.*
devoir	Elle **doit** partir.	*She must leave.*
falloir	Il **faut** étudier.	*It is necessary to study.*
pouvoir	Nous **pouvons** le faire.	*We can do it.*
préférer	Il **préfère** manger.	*He prefers to eat.*
savoir	Il **sait** faire la cuisine.	*He knows how to (He can) cook.*
vouloir	Vous **voulez** dormir.	*You want to sleep.*

À votre tour!

Complete the sentences with the correct preposition, if one is needed, then translate the sentence.

1. J'ai décidé _____ y aller avant toi!
2. Dans ce conte de fées, il s'agit _____ une princesse guerrière.
3. Vous devez _____ être plus sérieux.
4. J'aime _____ faire la cuisine.
5. Je m'habitue _____ être toujours le dernier.
6. Mon cœur s'est brisé et je me suis mis _____ pleurer.
7. Les vacances en France aident _____ apprendre le français.
8. Je commence _____ comprendre ce que vous dites.
9. J'hésite _____ vous le demander, mais j'ai besoin d'aide.

10. Il faut _____ étudier si on veut _____ réussir.

11. Tu es très intelligent, mais tu n'essaies pas _____ réussir.

12. Il a refusé _____ mentir.

13. J'ai oublié _____ donner à manger au chien!

14. Je pense _____ mes vacances longtemps à l'avance.

15. Nous finissons _____ manger.

4.5 *faire causatif*

The **faire** + infinitive construction (**faire causatif**) indicates that the action is done by someone or something other than the subject of the verb. In other words, in causative constructions, the subject causes somebody else to do the action. The person doing the action is indicated by **par** (*by*). Contrast the following sentences:

Yann **répare** sa voiture? Mais non!	*Yann is fixing his car? No way!*
Yann **fait réparer** sa voiture **par** le garagiste.	*Yann is having his car fixed by the mechanic.*

In causative constructions the verb **faire** may be conjugated in any tense.

Yann **fait réparer** sa voiture.	*Yann is having his car repaired.*
Yann **a fait réparer** sa voiture.	*Yann had his car repaired.*
Yann **va faire réparer** sa voiture.	*Yann is going to have his car repaired.*

Objects in causative *faire* constructions

The causative **faire** construction is often used with direct objects, indirect objects, and objects of the preposition **par**. The noun phrase that follows the infinitive constitutes the direct object. The noun phrase following the preposition **par** is the person doing the action (also called the agent). Object pronouns (direct and indirect) precede the conjugated form of **faire**. Be careful not to confuse the agent with the direct and indirect objects. Compare the following sentences:

Marie fait construire **une maison.**	*Marie is having a house built.*
Marie **la** fait construire.	*Marie is having it built.*
Marie fait construire **une maison à ses parents** par **des ouvriers qu'elle connaît.**	*Marie is having a house built for her parents by workers that she knows.*
Marie **la leur** fait construire par **des ouvriers qu'elle connaît.**	*Marie is having it built for them by workers that she knows.*

Object pronouns precede the conjugated form of **faire,** except in the affirmative imperative. Note the position of the pronouns in the following examples.

Yann **la** fait réparer.	*Yann is having it repaired.*
Yann ne **la** fait pas réparer.	*Yann isn't having it repaired.*
ADAMA: Fais-**la** réparer, Yann!	*Get it repaired, Yann!*
FABIENNE: Ne **la** fais pas réparer, Yann!	*Don't get it repaired, Yann!*

Note that past participles do not agree with preceding direct objects in the **faire causatif** construction.

Yann **les** a fait réparer.	*Yann had them repaired.*

À votre tour!

A. Make logical commands with the **faire causatif** following the model.

MODÈLE: Cet enfant a faim. (manger) → Faites-le manger.

1. La télévision est en panne. (réparer)
2. Le chat est malade. (soigner)
3. Nathalie est triste. (rire)
4. Mon amie est paresseuse. (travailler)

B. Use the infinitive given in parentheses in a **faire causatif** construction in order to explain whom you had do the work. Indicate the agent with **par**.

MODÈLE: —Ta maison est tellement belle! (décorer le salon)
→ —Merci! J'ai fait décorer le salon par un professionnel.

1. —Ton jardin est magnifique en ce moment! (refaire le jardin)
2. —Ta voiture marche très bien maintenant! (réparer ma voiture)
3. —Les murs de ta chambre sont bleus! (repeindre les murs)

À votre tour! Answer Key

Décrire

1. Gender of Nouns

1. une   2. un   3. Le   4. Le; le   5. Le   6. la   7. un   8. La   9. la

2. Adjectives

A. 1. sympathiques   2. belle; snob   3. sportives; optimistes   4. grande; verte   5. bel; nouvelle; allemande

B. 1. le grand homme   2. le beau garçon intelligent   3. l'ancien président   4. la petite sœur folle   5. la grande maison verte   6. la salle de bain propre   7. le nouveau jardin secret   8. le nouvel étudiant / la nouvelle étudiante

3. *C'est* vs. *Il est / Elle est*

1. Ils sont   2. C'est   3. c'est   4. elle est; elle est   5. Il est   6. c'est

4. Negation

1. Personne ne m'aime.   2. Je n'ai aucun ami.   3. Mes parents ne vont pas m'offrir de voiture pour mon anniversaire. / Mes parents ne vont rien m'offrir pour mon anniversaire.   4. Rien ne va bien pour moi.   5. Je n'aime pas du tout mes cours ce semestre.   6. Je ne suis jamais de bonne humeur.

5. Relative pronouns

5.1 *qui* and *que*

A. 1. que   2. qui   3. qu'   4. qui   5. qui

B. *Answers will vary.*

5.2 *ce qui* and *ce que*

1. Ce que   2. ce qu'   3. Ce qui   4. ce que

5.3 *dont*

A. 1. avoir besoin de   2. rêver de   3. être responsable de   4. manquer de   5. s'agir de   6. s'occuper de

B. 1. dont   2. qui   3. dont   4. dont   5. que   6. qui

C.

1. J'ai le livre <u>que</u> tu cherchais. → DO   2. Ils ne retrouvent plus le magasin <u>dont</u> on leur a parlé. → O/de   3. La voiture <u>que</u> nous devons utiliser est en panne. → DO   4. Où est le vilain chien <u>qui</u> a mangé mes chaussures? → S

5. Voici la belle maison <u>dont</u> je me souviens. → O/de   6. C'est une personne <u>qui</u> veut changer le monde. → S

5.4 *ce dont*

1. dont   2. ce dont   3. ce dont   4. dont   5. dont   6. dont   7. ce dont

5.5 *où*

1. Je n'oublierai jamais l'année où je t'ai rencontré.   2. Nous avons rendez-vous près de l'avenue des Champs-Élysées où il y a des magasins très chic.   3. Je suis allé au café où j'ai rencontré mes amis.

5.6 *lequel*

A. 1. laquelle   2. lequel   3. lequel   4. laquelle

B. 1. dont   2. lequel   3. que   4. laquelle   5. dont   6. qu'   7. que   8. qui

C. 1. Le jeune homme dont vous parlez est un habitué.   2. Les enfants que Fabienne garde aiment beaucoup la jeune fille.   3. Le mécanicien à qui (à laquelle) nous téléphonons a bonne réputation.   4. L'entreprise qu'ils contactent fait du bon travail.   5. L'école de commerce où elle fait ses études a un excellent niveau.   6. Le professeur de médecine avec qui vous parlez est un expert reconnu.

Comparer

1. & 2. Regular and irregular comparative forms

A. 1. Les voitures européennes sont plus petites que les voitures américaines.   2. Le vin blanc coûte moins cher que le champagne.   3. J'aime mieux les maisons anciennes que les maisons modernes.   4. On trouve autant de neige dans les Pyrénées que dans les Alpes.   5. Il parle espagnol moins bien que toi.   6. Je travaille aussi sérieusement que mes collègues.

B. 1. bien   2. mauvaise   3. bien   4. mal   5. mal

3. Superlatives

A. 1. Évelyne gagne moins d'argent qu'Éric.   2. Marc est plus jeune qu'Éric.   3. Évelyne est moins âgée qu'Éric.   4. Marc gagne moins d'argent que ses amis.   5. Une Honda est moins chère qu'une Lexus.   6. Éric est plus âgé que Marc.   7. Marc a autant de frères qu'Éric.   8. Évelyne a moins de frères qu'Éric.

B. 1. C'est le café le moins agréable que je connaisse.   2. Voilà le tableau le plus célèbre de la collection.   3. C'est le chapitre le plus intéressant du livre.   4. Stéphane mange le plus vite de tous mes amis.

C. 1. Pauline est l'étudiante la moins sérieuse de la classe.   2. C'est la pire guerre de l'histoire américaine.   3. La France est le pays qui a le plus de touristes dans le monde.   4. M. Dupont est le professeur le plus difficile de l'école.   5. David est le plus bel homme que je connaisse.   6. Alice parle le plus vite de mes ami(e)s.

PASSÉ

P

Parler du passé

1. Formation of the *passé composé*

A. 1. sont venus   2. a travaillé   3. sont restés   4. sont parlé   5. ont passé

B. 1. se sont rencontrés   2. se sont installés; se sont parlé   3. ne se sont pas embrassés   4. se sont quittés; se sont appelés

C. 1. est né   2. a passé   3. a quitté   4. ont encouragé   5. se sont sentis; est parti

2. Formation of the *imparfait*

1. aimait   2. habitait   3. se sentait   4. était   5. faisait   6. allaient   7. nageait   8. attrapait   9. poussait   10. avait   11. étudiions   12. était   13. commençait   14. finissait

3. Using the *passé composé* and *imparfait*

A.
Background

- states of being: [felt; was; contained]
- habitual actions: [would go]
- ongoing actions: [was pretending]

Foreground ——— [1] ——— [2] ——— [3] ——— [4] ——— [5] ——— [6] ⟶
             [headed] [scanned] [plopped] [reached] [pulled] [placed]

B. 1. est sorti   2. parlait/a parlé   3. était   4. a connu   5. a été   6. voyait / a vu   7. a trouvé   8. m'a plu   9. avait   10. copiait   11. était   12. n'ai pas beaucoup aimé   13. avait   14. je suis sortie

4. Verbs with different meanings in the *imparfait* and the *passé composé*

1. est arrivé   2. voulaient/ont voulu   3. n'avaient pas   4. ne pouvaient pas/n'ont pas pu   5. ont décidé   6. faisait   7. était   8. brillait   9. faisait   10. voulaient/ont voulu   11. sont parties   12. ont eu   13. ne savait/ne savaient   14. ont dû   15. ont manqué   16. ont vu

5. *Plus-que-parfait*

A. 1. d   2. a   3. e   4. f   5. b   6. c

B. 1. Il a donné son opinion mais le comité avait déjà décidé.   2. La police est arrivée rapidement/vite, mais l'homme était déjà parti.   3. Quand elle a fini l'examen, tout le monde était déjà parti.   4. Quand elle a fermé la porte, elle s'est rappelé qu'elle avait laissé ses clés sur la table.   5. Il a enfin trouvé la librairie, mais quelqu'un avait déjà acheté le dernier livre.

6. *Passé simple*

1. ont remplacé   2. ont colonisé   3. ont appelé   4. a été   5. a pris   6. se sont installés   7. ont construit

Réagir et recommander

1. & 2. Present subjunctive and using the subjunctive

A. 1. S   2. I   3. I   4. I   5. S   6. I   7. S   8. I

B. 1. a   2. b   3. b   4. a

C. 1. soient   2. permette   3. fasse; habite   4. offrent   5. prenne

D. 1. Est-ce qu'il y a un hôtel proche qui ne soit pas cher?   2. Est-ce tu connais quelqu'un qui fasse des sculptures en bois?   3. Est-ce qu'il y a un médecin qui sache parler créole?   4. Avez-vous des papiers que je doive/nous devions signer?

3. Conjunctions that require the subjunctive

A. 1. regardent   2. permette   3. vienne; choisissent   4. soient

B. 1. pour qu'; puisse   2. afin de; faire   3. sans; regretter   4. à condition que; soit   5. à moins qu'; se passe

C. 1. parte   2. sont   3. ait   4. ont

4. Past subjunctive

1. aient réagi   2. ait perdu   3. ne se soit pas décidé   4. ait trouvé

5. Imperative mood (Commands)

A. 1. Aidons   2. Rends   3. parlez   4. sois   5. ayez   6. faites; endormez-vous

B. 1. Achetons la voiture rouge.   2. Apporte le livre (de) français.   3. Joue du piano.   4. Ne parlez pas en classe.   5. Ferme la porte.   6. Ne perdez pas les clés.   7. Préparons / Faisons un gâteau pour l'anniversaire de ton frère.   8. Brosse-toi les dents.   9. Attendez-nous.   10. Qu'ils mangent du gâteau.

Poser des questions

1. *Yes/No* questions

A. 1. d   2. a   3. c   4. b

B. *Answers may vary.*

2. Information questions

A. 1. Quand est-ce qu'il fait de la varappe? Quand fait-il de la varappe?
2. À quelle heure est-ce qu'il fait de la varappe? À quelle heure fait-il de la varappe?   3. Où est-ce qu'il fait de la varappe? Où fait-il de la varappe?

B. 1. Pendant combien de temps est-ce que Julie est restée au café?
2. Depuis quel âge est-ce que Yann fait de la varappe?   3. Depuis combien de temps est-ce que Fabienne connaît Adama?   4. Pendant combien de temps est-ce que Xavier a parlé à Julie?   5. Depuis quand Yann est-ce qu'il est inscrit à un club de gym?

3. Interrogative pronouns *qui* and *que*

1. person; subject → Qui est-ce qui a fini à l'heure? / Qui a fini à l'heure?
2. thing; direct object → Qu'est-ce que tu vas faire? / Que vas-tu faire?
3. person; direct object → Qui est-ce qu'Adama a rencontré au Café des Arts? / Qui Adama a-t-il rencontré au Café des Arts?   4. thing; direct object (Eng.) / object of preposition (Fr.) → De quoi est-ce que vous discutiez quand je suis arrivé(e)? / De quoi discutiez-vous quand je suis arrivé(e)?   5. thing; object of preposition → Avec quoi est-ce qu'on prépare (fait) un gâteau? / Avec quoi prépare-t-on (fait-on) un gâteau?   6. person; object of preposition → Pour qui est-ce que vous votez? / Pour qui votez-vous?

4. Adjective *quel*

1. Quel   2. Quels   3. Quelle   4. Quelles   5. Quel   6. quelle

5. Interrogative pronoun *lequel*

A. 1. laquelle   2. Lesquelles   3. Lesquels   4. lequel

B. 1. Auxquelles   2. Duquel   3. À laquelle   4. De laquelle

Parler du futur

A. 1. irai   2. passerons   3. serons arrivés / arriverons   4. prendrai
5. parlerai   6. serai rentré(e) / rentrerai   7. parlerai   8. continuerai

B. 1. Je vais aller à une fête demain.   2. Georges va apporter du vin. Sarah et Michèle vont apporter une quiche.   3. Nous prendrons notre voiture.   4. Un jour, j'achèterai une maison.   5. Dès que / Aussitôt que j'aurai acheté une maison, je ferai la fête.   6. Est-ce que vous viendrez tous à la fête?   7. Quand j'aurai fini mes études, je commencerai à chercher une maison.

Faire des hypothèses

1., 2. & 3. Present conditional and *si* clauses

A. 1. Je voudrais une nouvelle voiture.   2. Est-ce que tu pourrais m'aider?
3. Nous voudrions une bouteille de vin.   4. Serait-il possible de partir
en avance?   5. Pourriez-vous m'emmener à la fête?

B. 1. J'ai cru qu'il me payerait/paierait cette semaine.   2. Nous avons
dit qu'il devrait essayer.   3. Vous m'avez promis que le film serait
bon.   4. Tu as pensé qu'il viendrait.   5. Il m'a dit que la
pizza arriverait dans un quart d'heure.

C. 1. pourraient   2. travaillerais   3. auriez   4. achèterais   5. étais
6. nous mariions   7. était   8. fermait   9. devaient

D. 1. S'il venait plus tôt, il verrait son ami.   2. Je serais content(e) si j'étais
très beau/belle.   3. Si elle appelait, je l'attendrais.   4. Si tu essayais/
vous essayiez, tu réussirais/vous réussiriez.   5. Ils/Elles arriveraient
plus tôt s'ils/si elles voyageaient en avion.

4. Past conditional

A. 1. Si elles avaient mieux parlé le français, elles auraient pu aller vivre en
France.   2. Si on m'avait payé plus, j'aurais travaillé plus sérieusement.
3. Vous auriez eu assez d'énergie pour passer l'examen si vous aviez
pris votre petit déjeuner.   4. Si tu avais gagné à la loterie, tu aurais
acheté une Mercedes.   5. J'aurais tout changé si j'avais été président(e).

B. 1. S'il était venu plus tôt, il aurait vu son ami.   2. J'aurais été content(e)
si j'avais été très beau/belle.   3. Si elle avait appelé, je l'aurais attendue.
4. Si tu avais/vous aviez essayé, tu aurais/vous auriez réussi.   5. Ils/
Elles seraient arrivé(e)s plus tôt s'ils/si elles avaient voyagé en avion.

Autres points de grammaire

1. Determiners

1.1 Definite articles

1. les; Sandra loves animals.   2. la; Fabienne doesn't like Mexican cuisine.
3. l'; This man is a college professor.   4. la; Look at the car over there. It's
beautiful, isn't it?   5. la; la; That's life! That's war!   6. les; les; le; les; la;
With fries, Americans prefer ketchup, but Belgians prefer mayonnaise.

1.2 Indefinite articles

1. un; I'd like a (cup of) coffee, please.   2. ø; Are Fabienne and Sandra
students?   3. des; She feels like eating (some) fries.   4. un; I'm looking
for a good restaurant not too far from here.   5. une; de; He has a sister, but he doesn't have any brothers.   5. ø; My father is a doctor at the
hospital.   6. ø; I didn't know that you were (a) Buddhist.

1.3 Partitive articles

A. 1. de; de; Ah! Cheese! I'm going to take a little bit of brie, but no
camembert.   2. de l'; Do you want some mineral water?   3. de la; Say,
you are lucky!   4. de; Be careful! You are drinking too much wine!

You're going to be sick!   5. d'; How many oranges are you going to buy?   6. de l'; Sandra does aerobics every morning.

B. 1. Le   2. ø   3. la   4. les   5. une   6. ø   7. les   8. les   9. des   10. du   11. des   12. le   13. la   14. l'   15. des / les   16. le   17. les

2. Adverbs

1. demain, adverb of time, modifies sentence   2. déjà, adverb of time, modifies verb   3. très, adverb of degree, modifies adverb; tard, adverb of time, modifies verb   4. trop, adverb of degree, modifies adverb; vite, adverb of manner, modifies verb; par conséquent, adverb of consequence, modifies sentence   5. Pourtant, adverb of disagreement, modifies sentence; bien, adverb of manner, modifies verb; peu, adverb of degree, modifies adverb; trop, adverb of degree, modifies adjective   6. rarement, adverb of frequency, modifies verb

3. Pronouns

3.1 & 3.2 Direct and indirect object pronouns

1. Oui, je les aime./Non, je ne les aime pas.   2. Oui, je les appelle souvent./Non, je ne les appelle pas souvent.   3. Oui, je l'ai lue./Non, je ne l'ai pas lue.   4. Oui, je leur demande souvent de l'argent./Non, je ne leur demande pas souvent d'argent.   5. Oui, je l'ai étudiée au lycée./Non, je ne l'ai pas étudiée au lycée.   6. Oui, je lui ai écrit une lettre./Non, je ne lui ai pas écrit de lettre.   7. Oui, je le connais./Non, je ne le connais pas.   8. Oui, je lui ai offert des fleurs./Non, je ne lui ai pas offert de fleurs.

3.3 *y* and *en*

A. 1. Oui, Jean en a trois.   2. Non, je n'y suis jamais allé(e).   3. Oui, j'y penserai./Oui, nous y penserons.   4. Non, je n'en veux pas.   5. J'en pars à 11 h.

B. 1. Est-ce que tu en as besoin?   2. On en voit beaucoup à Paris!   3. Je n'y suis jamais allé(e).   4. Il veut que tu y restes jusqu'à vendredi.

C. 1. Demande-la./Demandez-la.   2. J'ai besoin d'y penser/réfléchir.   3. Nous lui avons parlé./On lui a parlé.   4. J'en ai assez. Allons-y.   5. Ils/Elles vont en acheter.

3.4 Double object pronouns

A. 1. Ne la lui prêtez pas.   2. Il va le lui vendre.   3. Il les a lus...   4. ...avant de le lui passer.   5. Demande-la-lui.   6. Mes parents leur en ont donné un.   7. Xavier refuse de nous le montrer.   8. C'est Sandrine qui la leur a envoyée.

B. 1. Est-ce que tu la lui as envoyée?   2. Je les leur ai envoyés.   3. Elle va vous/t'en parler.   4. Pourquoi est-ce que nous ne leur en avons pas donné un?   5. Nous devrions leur en donner une.

3.5 Disjunctive pronouns

A. 1. Oui, je fais de la musculation avec eux. / Non, je ne fais pas de musculation avec eux.   2. Oui, je vais au ciné avec elle. / Non, je ne vais pas au ciné avec elle.   3. Oui, j'ai fait du footing avec lui./Non, je n'ai pas fait de footing avec lui.   4. Oui, je passe mes vacances avec eux./ Non, je ne passe pas mes vacances avec eux.   5. Oui, je veux faire du shopping avec vous./Non, je ne veux pas faire de shopping avec vous.

B. 1. toi 2. nous 3. soi 4. eux 5. toi

3.6 & 3.7 Possessive and demonstrative pronouns

A. 1. le tien 2. Les miens 3. la vôtre 4. la leur 5. les siennes

B. 1. Cela 2. celui 3. ceux 4. Celle-ci; celle-là

4. Verbs

4.1 Expressions with *avoir*

1. n'a pas le droit 2. a honte 3. ai... ans 4. ai soif 5. a besoin de 6. ai sommeil 7. a l'air 8. ai faim 9. ai chaud 10. a...froid

4.2 *savoir* vs. *connaître*

1. sais 2. connaissez 3. connaît 4. avons connu 5. savent

4.3 Pronominal verbs

A. 1. Je me couche à 11 h et je me lève à 7 h.   2. À quelle heure est-ce qu'elle s'est réveillée?   3. Elle va se laver les cheveux ce soir.   4. Mes sœurs se disputent souvent/beaucoup au téléphone.   5. Ils se sont mariés l'année dernière.   6. Nous nous amusons toujours à la plage. / On s'amuse à la plage.   7. Elle ne s'est pas brossé les dents.   8. Re-garde! Le/La prof s'est trompé(e)!   9. Te souviens-tu de notre voyage?/ Est-ce que tu te souviens de notre voyage?/Vous souvenez-vous de notre voyage?/Est-ce que vous vous souvenez de notre voyage?

B. 1. Ne te brosse pas les cheveux à table!/Ne vous brossez pas les cheveux à table!   2. Dépêche-toi! Habille-toi!/Dépêchez-vous! Habillez-vous!   3. Taisez-vous! Ne vous parlez pas!   4. Amuse-toi / Amusez-vous ce soir!

4.4 Verbs followed by a preposition

1. d'; I decided to go there before you.   2. d'; In this fairy tale, the plot is about a warrior princess.   3. ø; You should be more serious.   4. ø; I like to cook.   5. à; I'm getting used to always being last.   6. à; My heart broke and I started to cry.   7. à; Vacations in France help (one) learn French.   8. à; I'm beginning to understand what you are saying.   9. à; I hesitate to ask you (for it), but I need help.   10. ø; ø; One must study if one wants to succeed.   11. de; You are very bright, but you are not trying to succeed.   12. de; He refused to lie.   13. de; I forgot to feed the dog!   14. à; I think about my vacations long in advance.   15. de; We are finishing eating.

4.5 *Faire causatif*

A. 1. Faites-la réparer.   2. Faites-le soigner.   3. Faites-la rire.   4. Faites-la travailler.

B. 1. Merci! J'ai fait refaire le jardin par un jardinier / paysagiste. 2. Merci! J'ai fait réparer ma voiture par un mécanicien.   3. Merci! J'ai fait repeindre les murs par un peintre professionnel.

Conjugaisons des verbes

I. Verbes réguliers: temps simples

1ᵉʳ groupe — parler / parlé / parlant

	INDICATIF PRÉSENT	IMPARFAIT	FUTUR SIMPLE	PASSÉ SIMPLE	CONDITIONNEL PRÉSENT	IMPÉRATIF	SUBJONCTIF PRÉSENT
je	parle	parlais	parlerai	parlai	parlerais		que je parle
tu	parles	parlais	parleras	parlas	parlerais	parle	que tu parles
il	parle	parlait	parlera	parla	parlerait		qu'il parle
nous	parlons	parlions	parlerons	parlâmes	parlerions	parlons	que nous parlions
vous	parlez	parliez	parlerez	parlâtes	parleriez	parlez	que vous parliez
ils	parlent	parlaient	parleront	parlèrent	parleraient		qu'ils parlent

2ᵉ groupe — finir / fini / finissant

	INDICATIF PRÉSENT	IMPARFAIT	FUTUR SIMPLE	PASSÉ SIMPLE	CONDITIONNEL PRÉSENT	IMPÉRATIF	SUBJONCTIF PRÉSENT
je	finis	finissais	finirai	finis	finirais		que je finisse
tu	finis	finissais	finiras	finis	finirais	finis	que tu finisses
il	finit	finissait	finira	finit	finirait		qu'il finisse
nous	finissons	finissions	finirons	finîmes	finirions	finissons	que nous finissions
vous	finissez	finissiez	finirez	finîtes	finiriez	finissez	que vous finissiez
ils	finissent	finissaient	finiront	finirent	finiraient		qu'ils finissent

3ᵉ groupe — rendre / rendu / rendant

	INDICATIF PRÉSENT	IMPARFAIT	FUTUR SIMPLE	PASSÉ SIMPLE	CONDITIONNEL PRÉSENT	IMPÉRATIF	SUBJONCTIF PRÉSENT
je	rends	rendais	rendrai	rendis	rendrais		que je rende
tu	rends	rendais	rendras	rendis	rendrais	rends	que tu rendes
il	rend	rendait	rendra	rendit	rendrait		qu'il rende
nous	rendons	rendions	rendrons	rendîmes	rendrions	rendons	que nous rendions
vous	rendez	rendiez	rendrez	rendîtes	rendriez	rendez	que vous rendiez
ils	rendent	rendaient	rendront	rendirent	rendraient		qu'ils rendent

The left-hand column of each chart contains the infinitive, participles, and, for verbs whose perfect tenses are normally conjugated with **être**, the notation "**(être)**". (All other verbs are conjugated with **avoir**.) Remember that any verb conjugated in its pronominal form is conjugated with être.

Complete conjugations (including perfect tenses) are modeled for regular verbs, verbs conjugated with **être**, and pronominal verbs (Sections I, II, III, and V). Regular verbs with spelling changes (Section IV) and irregular verb conjugations (Section VI) do not include all the perfect tenses, because these can be generated from the models given in the previous sections and the past participles listed.

II. Verbes conjugués avec **avoir** aux temps composés

INDICATIF

PASSÉ COMPOSÉ		PLUS-QUE-PARFAIT		FUTUR ANTÉRIEUR		PASSÉ ANTÉRIEUR	
j'	ai	j'	avais	j'	aurai	j'	eus
tu	as	tu	avais	tu	auras	tu	eus
il	a	il	avait	il	aura	il	eut
nous	avons	nous	avions	nous	aurons	nous	eûmes
vous	avez	vous	aviez	vous	aurez	vous	eûtes
ils	ont	ils	avaient	ils	auront	ils	eurent

(chaque bloc suivi de : parlé / fini / rendu)

CONDITIONNEL

PASSÉ	
j'	aurais
tu	aurais
il	aurait
nous	aurions
vous	auriez
ils	auraient

(parlé / fini / rendu)

SUBJONCTIF

PASSÉ		
que	j'	aie
que	tu	aies
qu'	il	ait
que	nous	ayons
que	vous	ayez
qu'	ils	aient

(parlé / fini / rendu)

III. Verbes conjugués avec **être** aux temps composés

INDICATIF

PASSÉ COMPOSÉ	PLUS-QUE-PARFAIT	FUTUR ANTÉRIEUR	PASSÉ ANTÉRIEUR
suis entré(e)	étais entré(e)	serai entré(e)	fus entré(e)
es entré(e)	étais entré(e)	seras entré(e)	fus entré(e)
est entré(e)	était entré(e)	sera entré(e)	fut entré(e)
sommes entré(e)s	étions entré(e)s	serons entré(e)s	fûmes entré(e)s
êtes entré(e)(s)	étiez entré(e)(s)	serez entré(e)(s)	fûtes entré(e)(s)
sont entré(e)s	étaient entré(e)s	seront entré(e)s	furent entré(e)s

CONDITIONNEL

PASSÉ
serais entré(e)
serais entré(e)
serait entré(e)
serions entré(e)s
seriez entré(e)(s)
seraient entré(e)s

SUBJONCTIF

PASSÉ
sois entré(e)
sois entré(e)
soit entré(e)
soyons entré(e)s
soyez entré(e)(s)
soient entré(e)s

IV. Verbes réguliers avec changements orthographiques

INFINITIF ET PARTICIPES	INDICATIF				CONDITIONNEL	IMPÉRATIF	SUBJONCTIF
	PRÉSENT	PASSÉ COMPOSÉ	IMPARFAIT	FUTUR SIMPLE	PRÉSENT		PRÉSENT
commencer commencé commençant	commence commences commence commençons commencez commencent	ai commencé	commençais commencions	commencerai	commencerais	commence commençons commencez	commence commencions
manger mangé mangeant	mange manges mange mangeons mangez mangent	ai mangé	mangeais mangions	mangerai	mangerais	mange mangeons mangez	mange mangions
espérer espéré espérant	espère espères espère espérons espérez espèrent	ai espéré	espérais	espérerai	espérerais	espère espérons espérez	espère espérions
essayer essayé essayant	essaie/essaye essaies/essayes essaie/essaye essayons essayez essaient/essayent	ai essayé	essayais	essaierai/essayerai	essaierais/essayerais	essaie/essaye essayons essayez	essaie/essaye essayions
appeler appelé appelant	appelle appelles appelle appelons appelez appellent	ai appelé	appelais	appellerai	appellerais	appelle appelons appelez	appelle appelions

V. Verbes pronominaux aux temps simples et aux temps composés

INDICATIF

INFINITIF ET PARTICIPES	PRÉSENT	IMPARFAIT	PASSÉ COMPOSÉ	PLUS-QUE-PARFAIT	FUTUR SIMPLE	FUTUR ANTÉRIEUR
se laver lavé (être) se lavant	me lave te laves se lave nous lavons vous lavez se lavent	me lavais te lavais se lavait nous lavions vous laviez se lavaient	me suis lavé(e) t'es lavé(e) s'est lavé(e) nous sommes lavé(e)s vous êtes lavé(e)(s) se sont lavé(e)s	m'étais lavé(e) t'étais lavé(e) s'était lavé(e) nous étions lavé(e)s vous étiez lavé(e)(s) s'étaient lavé(e)s	me laverai te laveras se lavera nous laverons vous laverez se laveront	me serai lavé(e) te seras lavé(e) se sera lavé(e) nous serons lavé(e)s vous serez lavé(e)(s) se seront lavé(e)s

TEMPS LITTÉRAIRES

PRÉSENT SIMPLE	PASSÉ ANTÉRIEUR
me lavai te lavas se lava nous lavâmes vous lavâtes se lavèrent	me fus lavé(e) te fus lavé(e) se fut lavé(e) nous fûmes lavé(e)s vous fûtes lavé(e)(s) se furent lavé(e)s

CONDITIONNEL

PRÉSENT	PASSÉ
me laverais te laverais se laverait nous laverions vous laveriez se laveraient	me serais lavé(e) te serais lavé(e) se serait lavé(e) nous serions lavé(e)s vous seriez lavé(e)(s) se seraient lavé(e)s

IMPÉRATIF

lave-toi
lavons-nous
lavez-vous

SUBJONCTIF

PRÉSENT	PASSÉ
me lave te laves se lave nous lavions vous laviez se lavent	me sois lavé(e) te sois lavé(e) se soit lavé(e) nous soyons lavé(e)s vous soyez lavé(e)(s) se soient lavé(e)s

VI. Verbes irréguliers

Liste de tous les verbes conjugués dans les tableaux suivants:

aller	connaître	devoir	faire	offrir	prendre	vaincre
s'asseoir	conquérir	dire	falloir	ouvrir	recevoir	valoir
avoir	courir	dormir	fuir	partir	résoudre	venir
battre	craindre	écrire	lire	plaire	rire	vivre
boire	croire	envoyer	mettre	pleuvoir	savoir	voir
conduire	cueillir	être	mourir	pouvoir	suivre	vouloir

INFINITIF ET PARTICIPES	INDICATIF			CONDITIONNEL	IMPÉRATIF	SUBJONCTIF	INDICATIF
	PRÉSENT	IMPARFAIT	FUTUR SIMPLE	PRÉSENT		PRÉSENT	PASSÉ SIMPLE
aller	vais	allais	irai	irais		aille	allai
allé	vas	allais	iras	irais	va	ailles	allas
(être)	va	allait	ira	irait		aille	alla
allant	allons	allions	irons	irions	allons	allions	allâmes
	allez	alliez	irez	iriez	allez	alliez	allâtes
	vont	allaient	iront	iraient		aillent	allèrent
s'asseoir	assieds	asseyais	assiérai	assiérais		asseye	assis
assis	assieds	asseyais	assiéras	assiérais	assieds-toi	asseyes	assis
(être)	assied	asseyait	assiéra	assiérait		asseye	assit
asseyant	asseyons	asseyions	assiérons	assiérions	asseyons-nous	asseyions	assîmes
	asseyez	asseyiez	assiérez	assiériez	asseyez-vous	asseyiez	assîtes
	asseyent	asseyaient	assiéront	assiéraient		asseyent	assirent
avoir	ai	avais	aurai	aurais		aie	eus
eu	as	avais	auras	aurais	aie	aies	eus
ayant	a	avait	aura	aurait		ait	eut
	avons	avions	aurons	aurions	ayons	ayons	eûmes
	avez	aviez	aurez	auriez	ayez	ayez	eûtes
	ont	avaient	auront	auraient		aient	eurent
battre	bats	battais	battrai	battrais		batte	battis
battu	bats	battais	battras	battrais	bats	battes	battis
battant	bat	battait	battra	battrait		batte	battit
	battons	battions	battrons	battrions	battons	battions	battîmes
	battez	battiez	battrez	battriez	battez	battiez	battîtes
	battent	battaient	battront	battraient		battent	battirent

INFINITIF ET PARTICIPES	INDICATIF			CONDITIONNEL	IMPÉRATIF	SUBJONCTIF	INDICATIF
	PRÉSENT	IMPARFAIT	FUTUR SIMPLE	PRÉSENT		PRÉSENT	PASSÉ SIMPLE
boire	bois	buvais	boirai	boirais		boive	bus
bu	bois	buvais	boiras	boirais	bois	boives	bus
buvant	boit	buvait	boira	boirait		boive	but
	buvons	buvions	boirons	boirions	buvons	buvions	bûmes
	buvez	buviez	boirez	boiriez	buvez	buviez	bûtes
	boivent	buvaient	boiront	boiraient		boivent	burent
conduire	conduis	conduisais	conduirai	conduirais		conduise	conduisis
conduit	conduis	conduisais	conduiras	conduirais	conduis	conduises	conduisis
conduisant	conduit	conduisait	conduira	conduirait		conduise	conduisit
	conduisons	conduisions	conduirons	conduirions	conduisons	conduisions	conduisîmes
	conduisez	conduisiez	conduirez	conduiriez	conduisez	conduisiez	conduisîtes
	conduisent	conduisaient	conduiront	conduiraient		conduisent	conduisirent
connaître	connais	connaissais	connaîtrai	connaîtrais		connaisse	connus
connu	connais	connaissais	connaîtras	connaîtrais	connais	connaisses	connus
connaissant	connaît	connaissait	connaîtra	connaîtrait		connaisse	connut
	connaissons	connaissions	connaîtrons	connaîtrions	connaissons	connaissions	connûmes
	connaissez	connaissiez	connaîtrez	connaîtriez	connaissez	connaissiez	connûtes
	connaissent	connaissaient	connaîtront	connaîtraient		connaissent	connurent
conquérir	conquiers	conquérais	conquerrai	conquerrais		conquière	conquis
conquis	conquiers	conquérais	conquerras	conquerrais	conquiers	conquières	conquis
conquérant	conquiert	conquérait	conquerra	conquerrait		conquière	conquit
	conquérons	conquérions	conquerrons	conquerrions	conquérons	conquérions	conquîmes
	conquérez	conquériez	conquerrez	conquerriez	conquérez	conquériez	conquîtes
	conquièrent	conquéraient	conquerront	conquerraient		conquièrent	conquirent
courir	cours	courais	courrai	courrais		coure	courus
couru	cours	courais	courras	courrais	cours	coures	courus
courant	court	courait	courra	courrait		coure	courut
	courons	courions	courrons	courrions	courons	courions	courûmes
	courez	couriez	courrez	courriez	courez	couriez	courûtes
	courent	couraient	courront	courraient		courent	coururent

INFINITIF ET PARTICIPES	INDICATIF PRÉSENT	INDICATIF IMPARFAIT	INDICATIF FUTUR SIMPLE	CONDITIONNEL PRÉSENT	IMPÉRATIF	SUBJONCTIF PRÉSENT	INDICATIF PASSÉ SIMPLE
craindre craint craignant	crains	craignais	craindrai	craindrais		craigne	craignis
	crains	craignais	craindras	craindrais	crains	craignes	craignis
	craint	craignait	craindra	craindrait		craigne	craignit
	craignons	craignions	craindrons	craindrions	craignons	craignions	craignîmes
	craignez	craigniez	craindrez	craindriez	craignez	craigniez	craignîtes
	craignent	craignaient	craindront	craindraient		craignent	craignirent
croire cru croyant	crois	croyais	croirai	croirais		croie	crus
	crois	croyais	croiras	croirais	crois	croies	crus
	croit	croyait	croira	croirait		croie	crut
	croyons	croyions	croirons	croirions	croyons	croyions	crûmes
	croyez	croyiez	croirez	croiriez	croyez	croyiez	crûtes
	croient	croyaient	croiront	croiraient		croient	crurent
cueillir cueilli cueillant	cueille	cueillais	cueillerai	cueillerais		cueille	cueillis
	cueilles	cueillais	cueilleras	cueillerais	cueille	cueilles	cueillis
	cueille	cueillait	cueillera	cueillerait		cueille	cueillit
	cueillons	cueillions	cueillerons	cueillerions	cueillons	cueillions	cueillîmes
	cueillez	cueilliez	cueillerez	cueilleriez	cueillez	cueilliez	cueillîtes
	cueillent	cueillaient	cueilleront	cueilleraient		cueillent	cueillirent
devoir dû devant	dois	devais	devrai	devrais		doive	dus
	dois	devais	devras	devrais	dois	doives	dus
	doit	devait	devra	devrait		doive	dut
	devons	devions	devrons	devrions	devons	devions	dûmes
	devez	deviez	devrez	devriez	devez	deviez	dûtes
	doivent	devaient	devront	devraient		doivent	durent
dire dit disant	dis	disais	dirai	dirais		dise	dis
	dis	disais	diras	dirais	dis	dises	dis
	dit	disait	dira	dirait		dise	dit
	disons	disions	dirons	dirions	disons	disions	dîmes
	dites	disiez	direz	diriez	dites	disiez	dîtes
	disent	disaient	diront	diraient		disent	dirent

INFINITIF ET PARTICIPES	INDICATIF			CONDITIONNEL	IMPÉRATIF	SUBJONCTIF	INDICATIF
	PRÉSENT	IMPARFAIT	FUTUR SIMPLE	PRÉSENT		PRÉSENT	PASSÉ SIMPLE
dormir dormi dormant	dors dors dort dormons dormez dorment	dormais dormais dormait dormions dormiez dormaient	dormirai dormiras dormira dormirons dormirez dormiront	dormirais dormirais dormirait dormirions dormiriez dormiraient	dors dormons dormez	dorme dormes dorme dormions dormiez dorment	dormis dormis dormit dormîmes dormîtes dormirent
écrire écrit écrivant	écris écris écrit écrivons écrivez écrivent	écrivais écrivais écrivait écrivions écriviez écrivaient	écrirai écriras écrira écrirons écrirez écriront	écrirais écrirais écrirait écririons écririez écriraient	écris écrivons écrivez	écrive écrives écrive écrivions écriviez écrivent	écrivis écrivis écrivit écrivîmes écrivîtes écrivirent
envoyer envoyé envoyant	envoie envoies envoie envoyons envoyez envoient	envoyais envoyais envoyait envoyions envoyiez envoyaient	enverrai enverras enverra enverrons enverrez enverront	enverrais enverrais enverrait enverrions enverriez enverraient	envoie envoyons envoyez	envoie envoies envoie envoyions envoyiez envoient	envoyai envoyas envoya envoyâmes envoyâtes envoyèrent
être été étant	suis es est sommes êtes sont	étais étais était étions étiez étaient	serai seras sera serons serez seront	serais serais serait serions seriez seraient	sois soyons soyez	sois sois soit soyons soyez soient	fus fus fut fûmes fûtes furent
faire fait faisant	fais fais fait faisons faites font	faisais faisais faisait faisions faisiez faisaient	ferai feras fera ferons ferez feront	ferais ferais ferait ferions feriez feraient	fais faisons faites	fasse fasses fasse fassions fassiez fassent	fis fis fit fîmes fîtes firent
falloir fallu	il faut	il fallait	il faudra	il faudrait		il faille	il fallut

INFINITIF ET PARTICIPES	INDICATIF			CONDITIONNEL	IMPÉRATIF	SUBJONCTIF	INDICATIF
	PRÉSENT	IMPARFAIT	FUTUR SIMPLE	PRÉSENT		PRÉSENT	PASSÉ SIMPLE
fuir fui fuyant	fuis fuis fuit fuyons fuyez fuient	fuyais fuyais fuyait fuyions fuyiez fuyaient	fuirai fuiras fuira fuirons fuirez fuiront	fuirais fuirais fuirait fuirions fuiriez fuiraient	 fuis fuyons fuyez	fuie fuies fuie fuyions fuyiez fuient	fuis fuis fuit fuîmes fuîtes fuirent
lire lu lisant	lis lis lit lisons lisez lisent	lisais lisais lisait lisions lisiez lisaient	lirai liras lira lirons lirez liront	lirais lirais lirait lirions liriez liraient	 lis lisons lisez	lise lises lise lisions lisiez lisent	lus lus lut lûmes lûtes lurent
mettre mis mettant	mets mets met mettons mettez mettent	mettais mettais mettait mettions mettiez mettaient	mettrai mettras mettra mettrons mettrez mettront	mettrais mettrais mettrait mettrions mettriez mettraient	 mets mettons mettez	mette mettes mette mettions mettiez mettent	mis mis mit mîmes mîtes mirent
mourir mort (être) mourant	meurs meurs meurt mourons mourez meurent	mourais mourais mourait mourions mouriez mouraient	mourrai mourras mourra mourrons mourrez mourront	mourrais mourrais mourrait mourrions mourriez mourraient	 meurs mourons mourez	meure meures meure mourions mouriez meurent	mourus mourus mourut mourûmes mourûtes moururent
offrir offert offrant	offre offres offre offrons offrez offrent	offrais offrais offrait offrions offriez offraient	offrirai offriras offrira offrirons offrirez offriront	offrirais offrirais offrirait offririons offririez offriraient	 offre offrons offrez	offre offres offre offrions offriez offrent	offris offris offrit offrîmes offrîtes offrirent
ouvrir ouvert ouvrant	ouvre ouvres ouvre ouvrons ouvrez ouvrent	ouvrais ouvrais ouvrait ouvrions ouvriez ouvraient	ouvrirai ouvriras ouvrira ouvrirons ouvrirez ouvriront	ouvrirais ouvrirais ouvrirait ouvririons ouvririez ouvriraient	 ouvre ouvrons ouvrez	ouvre ouvres ouvre ouvrions ouvriez ouvrent	ouvris ouvris ouvrit ouvrîmes ouvrîtes ouvrirent

INFINITIF ET PARTICIPES	INDICATIF PRÉSENT	INDICATIF IMPARFAIT	INDICATIF FUTUR SIMPLE	CONDITIONNEL PRÉSENT	IMPÉRATIF	SUBJONCTIF PRÉSENT	INDICATIF PASSÉ SIMPLE
partir partir parti (être) partant	pars pars part partons partez partent	partais partais partait partions partiez partaient	partirai partiras partira partirons partirez partiront	partirais partirais partirait partirions partiriez partiraient	pars partons partez	parte partes parte partions partiez partent	partis partis partit partîmes partîtes partirent
plaire plu plaisant	plais plais plaît plaisons plaisez plaisent	plaisais plaisais plaisait plaisions plaisiez plaisaient	plairai plairas plaira plairons plairez plairont	plairais plairais plairait plairions plairiez plairaient	plais plaisons plaisez	plaise plaises plaise plaisions plaisiez plaisent	plus plus plut plûmes plûtes plurent
pleuvoir plu pleuvant	il pleut	il pleuvait	il pleuvra	il pleuvrait		il pleuve	il plut
pouvoir pu pouvant	peux, puis peux peut pouvons pouvez peuvent	pouvais pouvais pouvait pouvions pouviez pouvaient	pourrai pourras pourra pourrons pourrez pourront	pourrais pourrais pourrait pourrions pourriez pourraient		puisse puisses puisse puissions puissiez puissent	pus pus put pûmes pûtes purent
prendre pris prenant	prends prends prend prenons prenez prennent	prenais prenais prenait prenions preniez prenaient	prendrai prendras prendra prendrons prendrez prendront	prendrais prendrais prendrait prendrions prendriez prendraient	prends prenons prenez	prenne prennes prenne prenions preniez prennent	pris pris prit prîmes prîtes prirent
recevoir reçu recevant	reçois reçois reçoit recevons recevez reçoivent	recevais recevais recevait recevions receviez recevaient	recevrai recevras recevra recevrons recevrez recevront	recevrais recevrais recevrait recevrions receviez recevraient	reçois recevons recevez	reçoive reçoives reçoive recevions receviez reçoivent	reçus reçus reçut reçûmes reçûtes reçurent

INFINITIF ET PARTICIPES	INDICATIF			CONDITIONNEL	IMPÉRATIF	SUBJONCTIF	INDICATIF
	PRÉSENT	IMPARFAIT	FUTUR SIMPLE	PRÉSENT		PRÉSENT	PASSÉ SIMPLE
résoudre résolu résolvant	résous résous résout résolvons résolvez résolvent	résolvais résolvais résolvait résolvions résolviez résolvaient	résoudrai résoudras résoudra résoudrons résoudrez résoudront	résoudrais résoudrais résoudrait résoudrions résoudriez résoudraient	résous résolvons résolvez	résolve résolves résolve résolvions résolviez résolvent	résolus résolus résolut résolûmes résolûtes résolurent
rire ri riant	ris ris rit rions riez rient	riais riais riait riions riiez riaient	rirai riras rira rirons rirez riront	rirais rirais rirait ririons ririez riraient	ris rions riez	rie ries rie riions riiez rient	ris ris rit rîmes rîtes rirent
savoir su sachant	sais sais sait savons savez savent	savais savais savait savions saviez savaient	saurai sauras saura saurons saurez sauront	saurais saurais saurait saurions sauriez sauraient	sache sachons sachez	sache saches sache sachions sachiez sachent	sus sus sut sûmes sûtes surent
suivre suivi suivant	suis suis suit suivons suivez suivent	suivais suivais suivait suivions suiviez suivaient	suivrai suivras suivra suivrons suivrez suivront	suivrais suivrais suivrait suivrions suiviez suivraient	suis suivons suivez	suive suives suive suivions suiviez suivent	suivis suivis suivit suivîmes suivîtes suivirent
vaincre vaincu vainquant	vaincs vaincs vainc vainquons vainquez vainquent	vainquais vainquais vainquait vainquions vainquiez vainquaient	vaincrai vaincras vaincra vaincrons vaincrez vaincront	vaincrais vaincrais vaincrait vaincrions vaincriez vaincraient	vaincs vainquons vainquez	vainque vainques vainque vainquions vainquiez vainquent	vainquis vainquis vainquit vainquîmes vainquîtes vainquirent

INFINITIF ET PARTICIPES	INDICATIF PRÉSENT	IMPARFAIT	FUTUR SIMPE	CONDITIONNEL PRÉSENT	IMPÉRATIF	SUBJONCTIF PRÉSENT	INDICATIF PASSÉ SIMPLE
valoir valu valant	vaux vaux vaut valons valez valent	valais valais valait valions valiez valaient	vaudrai vaudras vaudra vaudrons vaudrez vaudront	vaudrais vaudrais vaudrait vaudrions vaudriez vaudraient	vaux valons valez	vaille vailles vaille valions valiez vaillent	valus valus valut valûmes valûtes valurent
venir venu (être) venant	viens viens vient venons venez viennent	venais venais venait venions veniez venaient	viendrai viendras viendra viendrons viendrez viendront	viendrais viendrais viendrait viendrions viendriez viendraient	viens venons venez	vienne viennes vienne venions veniez viennent	vins vins vint vînmes vîntes vinrent
vivre vécu vivant	vis vis vit vivons vivez vivent	vivais vivais vivait vivions viviez vivaient	vivrai vivras vivra vivrons vivrez vivront	vivrais vivrais vivrait vivrions vivriez vivraient	vis vivons vivez	vive vives vive vivions viviez vivent	vécus vécus vécut vécûmes vécûtes vécurent
voir vu voyant	vois vois voit voyons voyez voient	voyais voyais voyait voyions voyiez voyaient	verrai verras verra verrons verrez verront	verrais verrais verrait verrions verriez verraient	vois voyons voyez	voie voies voie voyions voyiez voient	vis vis vit vîmes vîtes virent
vouloir voulu voulant	veux veux veut voulons voulez veulent	voulais voulais voulait voulions vouliez voulaient	voudrai voudras voudra voudrons voudrez voudront	voudrais voudrais voudrait voudrions voudriez voudraient	veux (veuille) voulons voulez (veuillez)	veuille veuilles veuille voulions vouliez veuillent	voulus voulus voulut voulûmes voulûtes voulurent

Vocabulaire français–anglais

This end vocabulary provides contextual meanings of French words used in this text. It does *not* include proper nouns (unless the French equivalent is quite different in spelling from English), most abbreviations, exact cognates, most near cognates, regular past participles used as adjectives if the infinitive is listed, or regular adverbs formed from adjectives listed. Adjectives are listed in the masculine singular form; feminine forms are included when irregular. Irregular past participles are listed, as well as third-person forms of irregular verbs in the *passé simple*. Other verbs are listed in their infinitive forms only. An asterisk (*) indicates words beginning with an aspirate *h*.

Abbreviations

adj.	adjective	*m.*	masculine (noun)
adv.	adverb	*n.*	noun
art.	article	*pl.*	plural
conj.	conjunction	*poss.*	possessive
contr.	contraction	*p.p.*	past participle
f.	feminine (noun)	*prep.*	preposition
fam.	familiar or colloquial	*pres.p.*	present participle
fig.	figurative	*pron.*	pronoun
gram.	grammatical term	*p.s.*	*passé simple*
indef.	indefinite	*s.*	singular
inf.	infinitive	*s.o.*	someone
interj.	interjection	*s.th.*	something
interr.	interrogative	*subj.*	subjunctive
intrans.	intransitive	*trans.*	transitive
inv.	invariable	*vulg.*	vulgar
irreg.	irregular (verb)		

A

à *prep.* to, in, at; **à base de** based on, made of; **à bientôt** see you soon; **à cause de** because of; **à cheval** on horseback; **à condition que** provided that, so long as; **à court- (long-) terme** short- (long-) term; **à... heures de...** hours from; **à l'égard de** regarding; **à l'étranger** abroad; **à l'exception de** except for, with the exception of; **à l'extérieur (intérieur) de** outside (inside, within); **à l'abri (de)** out of, away from; **à l'africaine** the African way; **à l'aide de** with the help of, using; **à l'époque** at the time; **à l'heure** on time; **à l'origine** originally; **à la fois** at the same time; **à la maison** at home; **à la place de** instead, in place of; **à ta (sa, etc.) place** if I were you (he, etc.); **à longueur de journée** all day long; **à même** + *n.* right (in, out of, etc.) + *n.*; **à mi-temps** part-time; **à moins que** unless; **à mon (ton, son, etc.) avis** in my (your, her, etc.) opinion; **à nouveau** again; **à part** besides; **à part entière** full, full-fledged; **à partir de** starting from; **à peu près** approximately, about; **à pied** on foot; **à plein temps** full-time; **à première vue** at first sight; **à présent** now, currently; **à priori** preconceived idea; **à propos de** about, concerning; **à quel point** to what extent, how much; **à quoi bon?** what's the use? what for?; **à sa guise** at will; **à tous moments** at all times; **à tous points de vue** in all respects; **à tout prix** at all costs, at any price; **à vrai dire** to tell the truth, really

abandonner to abandon, give up; **abandonner ses études** to quit school

aboli *adj.* abolished

abord: d'abord *adv.* first, at first; **tout d'abord** first of all

abordé *adj.* taken up, brought up

aboutir to result in

abri: à l'abri de out of, away from

abriter to provide shelter for; to accommodate

absolument *adv.* absolutely

abuser to go too far; to overuse

académique: conseiller (*m.*) **académique** academic advisor

accablant *adj.* oppressive

accéder à to reach, get to

accélération *f.* speeding up

accepter to accept; to admit; to agree; to put up with; **accepter de** + *inf.* to agree to (*do s.th.*); **accepter que** + *subj.* to agree that

accès *m.* access

accessoire *m.* accessory

accompagner to accompany, go with

accomplir to accomplish, achieve; to carry out

accord *m.* consent, agreement; **d'accord** okay, agreed; **être d'accord** to agree

accorder to grant, bestow, give; to attach

accoucher to give birth (to)

accra *m.* fritter (*West Indian cuisine*)

accroupi *adj.* squatting, crouching

accueil *m.* welcome; **agent** (*m.*) **d'accueil** public relations representative; **centre** (*m.*) **d'accueil** shelter

accueillir (*p.p.* **accueilli**) *irreg.* to welcome, take in

acheter (j'achète) to buy, purchase; **s'acheter** to buy for oneself

achever (j'achève) to finish (a sentence)

acquérir (*p.p.* **acquis**) *irreg.* to acquire

acteur/-trice *m., f.* actor/actress

actif/-ve *adj.* active

action *f.* action; act, deed; **action humanitaire** humanitarian relief; **film** (*m.*) **d'action** action movie; **passer à l'action** to take action

activité *f.* activity

actualité *f.* current events; *pl.* news

actuel(le) *adj.* current, present-day; real, actual

actuellement *adv.* now, currently, at the present time

adapter to adapt; **s'adapter à** to adjust to

addition *f.* check (*restaurant*)

adéquat *adj.* adequate; appropriate, suitable

adhérer à to belong to, be a member of

adjoint(e) *m., f.* assistant; deputy director

admettre (*like* **mettre**) *irreg.* to admit; to acknowledge

admirer to admire

admit (*p.s. of* **admettre**)

adolescent(e) *m., f.* adolescent, teenager

adopter to adopt; to embrace; to pass (*law*)

adoptif/-ve *adj.* adoptive

adorer to love, adore

s'adresser à to speak to; to be addressed to

aérien(ne): ligne (*f.*) **aérienne** airline

aérobic: faire de l'aérobic to do aerobics

aéroport *m.* airport

affaire *f.* affair; matter; business; *pl.* belongings; business; **homme** (*m.*)/**femme** (*f.*) **d'affaires** businessman/woman; **quartier** (*m.*) **des affaires** business district

affecter to affect, influence

affectueux/-se *adj.* affectionate, loving

affiche *f.* poster; **être à l'affiche** to be playing (*movie, play*)

affirmation *f.* assertion, statement

affirmer to assert; to declare; **s'affirmer** to establish oneself

affreux/-se *adj.* awful, terrible

affronter to confront, to face

afin: afin de + *inf.* in order to (*do s.th.*); **afin que** + *subj.* in order that, so that

africain *adj.* African; **Africain(e)** *n. m., f.* African (*person*); **à l'africaine** the African way

Afrique *f.* Africa; **Afrique du Sud** South Africa

âge *m.* age; **Moyen-Âge** *m.* Middle Ages; **âge enfantin** childhood, when a small child

âgé *adj.* old, elderly; **personnes** (*f. pl.*) **âgées** the elderly

agence *f.* agency

agent *m.* agent; **agent d'acceuil** public relations representative; **agent de voyage** travel agent

agglomération *f.* town, urban area

aggraver to make worse, aggravate; **s'aggraver** to worsen, get worse

agir to act; **il s'agit de** it's a question of, it's a matter of, it's about

agréable *adj.* pleasant, nice

agresser to attack

agressif/-ve *adj.* aggressive

ah oh; **ah bon?** really?

aide *f.* help, aid, assistance; **l'aide humanitaire** humanitarian aid; **à l'aide de** with the help of, using

aider to help; **s'aider de** to use, make use of

Aie! Ouch!

aile *f.* wing; **aux ailes déployées** with wings spread

ailleurs: d'ailleurs *adv.* besides, moreover

aimer to like; to love; **aimer bien** to like; **aimer mieux** to prefer

aîné(e) *m., f.* elder child; *adj.* elder, older; *n. m. pl.* elders

ainsi *adv.* thus, so; in this way; **ainsi que** as well as; like; **c'est ainsi que** and that is how; **pour ainsi dire** so to speak

air *m.* air; **avoir l'air (de)** to seem; to look (like); **en plein air** *adj.* open-air, outdoor; **hôtesse** (*f.*) **de l'air** flight attendant

aise *f.* ease, comfort; **mal à l'aise** *adv.* uncomfortable, ill at ease

ajouter to add; **s'ajouter à** to add to, come on top of

alarmant *adj.* alarming

alarmé *adj.* alarmed

alcool *m.* alcohol; *m. pl.* spirits

alcoolisé *adj.* alcoholic (*beverage*)

alentour *adj.* surrounding **aux alentours de** *prep.* around, in the vicinity of

alexandrin *m.* alexandrine

Algérie *f.* Algeria

algérien(ne) *adj.* Algerian; **Algérien(ne)** *n. m., f.* Algerian (*person*)

aliment *m.* food (*item*)

alimentaire *adj.* food

Allemagne *f.* Germany

allemand *m.* German (*language*); *adj.* German; **Allemand(e)** *n. m., f.* German (*person*)

allée *f.* avenue, drive

aller to go; **aller** + *inf.* to be going (*to do s.th.*); **aller en cours** to go to class; **comment allez-vous (vas-tu)?** how are you?

allocation *f.* benefit; **allocation chômage** unemployment insurance; **allocation logement** housing allowance; **allocation familiale** family allowance

allumer to light; to turn on; **s'allumer** to light up

alors *adv.* so; then; in that case; well; **alors que** while, whereas; **et alors?** so?, so what?

alsacien(ne) *adj.* Alsatian

amant(e) *m., f.* lover

amateur *m.* enthusiast, fan of; **amateur de nature** nature lover

ambassadeur/-drice *m., f.* ambassador

ambiance *f.* ambience, atmosphere

ambitieux/-se *adj.* ambitious

ambulant *adj.* mobile, itinerant; **marchand(e)** (*m., f.*) **ambulant(e)** peddler

âme *f.* soul; **âme sœur** soulmate, kindred spirit

amélioration *f.* improvement, betterment

améliorer to improve (*s.th.*); **s'améliorer** to improve, to get better

américain *adj.* American; **Américain(e)** *n. m., f.* American (*person*)

amérindien(ne) *adj.* Amerindian; **Amérindien(ne)** *n. m., f.* Amerindian (*person*)

Amérique *f.* America; **Amérique du Nord (Sud)** North (South) America

ami(e) *m., f.* friend; **petit ami** *m.* boyfriend; **petite amie** *f.* girlfriend; **se faire des amis** to make friends

amical *adj.* friendly

amitié *f.* friendship; **se lier d'amitié avec** strike up a friendship (*with s.o.*)

amour *m.* love

amoureux/-se *adj.* in love; loving, of love; **amoureux fou/amoureuse folle** madly in love; *n. m. pl.* lovers; **tomber amoureux/-se** to fall in love; **vie** (*f.*) **amoureuse** love life

ampoule *f.* bulb

amusant *adj.* funny, amusing

amuser to entertain, amuse; **s'amuser** to have a good time, have fun

an *m.* year; **à partir de 18 ans** at 18, from 18 on; **avoir... ans** to be . . . years old; **il y a deux ans** two years ago; **par an** a year, per year

analphabétisme *m.* illiteracy

analyse *f.* analysis

ancêtre *m., f.* ancestor

ancien(ne) *m., f.* village elder; *adj.* former; antique; old, ancient; **à l'ancienne** in the old-fashioned way

anciennement *adv.* formerly

âne: coq (*m.*) **à l'âne** *m.* abrupt change of subject

anglais *m.* English (*language*); *adj.* English; **Anglais(e)** *n. m., f.* English person

Angleterre *f.* England

anglophone *adj.* English-speaking; **Anglophone** *n. m., f.* English speaker (*person*)

angoisse *f.* anxiety, fear

animal (*pl.* **animaux**) *m.* animal; *adj.* animal

animateur/-trice *m., f.* host, emcee

animé *adj.* lively, spirited

animer to host, emcee; **s'animer** to become lively, liven up

année *f.* year; **année dernière** last year; **année prochaine** next year; **tout au long de l'année** through-out the year; **années soixante** the Sixties

anneau *m.* ring

anniversaire *m.* birthday

annoncer (**nous annonçons**) to announce; to state

annonces: les petites annonces *f. pl.* classified ads

annuler to cancel

antérieur: futur (*m.*) **antérieur** *gram.* future perfect

anthropophage *adj.* cannibal

anticiper to anticipate, figure out ahead of time

antillais *adj.* West Indian; **Antillais(e)** *n. m., f.* West Indian (*person*)

Antilles *f. pl.* West Indies

antilope *f.* antelope

août *m.* August

apercevoir (*like* **recevoir**) *irreg.* to notice; **s'apercevoir de** to realize, notice

aperçu *m.* general idea, brief survey

apéritif *m.* aperitif, before-dinner drink; **à l'apéritif** when drinks are served

apôtre *m.* apostle

apparaître (*like* **connaître**) *irreg.* to appear, seem

appareil *m.* appliance, device

apparence *f.* appearance; **être sensible aux apparences** to pay attention to, care about appearances

apparenté *adj.* related; **mot** (*m.*) **apparenté** cognate

apparition *f.* appearance, arrival

appartement *m.* apartment

appartenir (*like* **tenir**) (**à**) *irreg.* to belong (to)

apparut (*p.s. of* **apparaître**)

appel *m.* appeal; **faire appel à** to call upon, require

appeler (**j'appelle**) to call; **s'appeler** to be named, called

appliquer to apply; **s'appliquer à** to apply to

apporter to bring

apprécié *adj.* well-liked; **très apprécié(e)** very popular

apprécier to appreciate; to value

apprendre (*like* **prendre**) *irreg.* to learn; to teach; **apprendre à** to learn (how) to

apprit (*p.s. of* **apprendre**)

approcher to approach

approfondi *adj.* in-depth, thorough

approprié *adj.* appropriate, suitable

approvisionner to supply

appuyer to stress, emphasize

après *prep.* after; *adv.* afterward; then; **après avoir (être)...** after having . . . ; **après que** after; **d'après** according to; **après-midi** *m.* (*or f.*) afternoon

aqueduc *m.* aqueduct

arabe *m.* Arabic (*language*); *adj.* Arab, Arabic; **Arabe** *n. m., f.* Arab (*person*)

araignée *f.* spider

arbre *m.* tree

arche *f.* arch

archéologie *f.* archeology

archéologue *m., f.* archeologist

archipel *m.* archipelago

architecte *m., f.* architect

Arctique *m.* the Arctic

arènes *f. pl.* amphitheatre

argent *m.* money; **argent de poche** allowance; pocket money; **se faire de l'argent** to make money

argile *f.* clay

arme *f.* weapon

armée *f.* army

arrêter (de) to stop; to arrest; **s'arrêter (de)** to stop

arrière-plan *m.* background

arrivée *f.* arrival

arriver to arrive, come; to happen; **arriver à** + *inf.* to manage to (*do s.th.*), succeed in (*doing s.th.*); **arriver de** + *inf.* to happen to (*do s.th.*)

arrondissement *m.* district

artifice: feux (*m. pl.*) **d'artifice** fireworks

artificiel *adj.* artificial

artisanal *adj.* hand-crafted, traditional

artiste *m., f.* artist; performer, entertainer

arts *m. pl.* arts; **arts dramatiques** performing arts; **arts plastiques** visual arts (*painting, sculpture, etc.*); **beaux-arts** fine arts

Asie *f.* Asia

aspect *m.* aspect, feature

assaillir to assail, attack

s'asseoir (*p.p.* **assis**) *irreg.* to sit down

assez *adv.* rather, quite, fairly; enough; **assez de** enough; **en avoir assez** *fam.* to be fed up

assiette *f.* plate

s'assimiler to assimilate oneself

assis (*p.p. of* **s'asseoir**)

s'assit (*p.s. of* **s'asseoir**)

assistant(e) *m., f.* assistant; teaching assistant (T.A.)

assister to assist, help; **assister à** to attend

associer to associate, connect

assommer to overwhelm

assurance *f.* insurance; **assurance maladie** health insurance; **assurance vieillesse** pension plan

assurer to assure; to ensure, make sure

astre *m.* star

astucieux/-se *adj.* clever

atelier *m.* workshop

attachant *adj.* endearing; captivating

attaché *adj.* attached, connected (with); enamored (of)

attachement *m.* attachment, affection (for)

attaque *m.* attack

attaquer to attack

atteindre (*p.p.* **atteint**) *irreg.* to reach

atteint *adj.* suffering (from)

attendre to wait (for); to expect; **attendre la dernière minute pour** to procrastinate; **s'attendre à** to expect

attendri *adj.* tender, melting

attentat *m.* murder attempt; terrorist attack

attention *f.* attention; **faire attention à** to pay attention to, watch out for; **attention!** *interj.* watch out!

atterrissage *m.* landing; **piste d'atterrissage** landing strip

attirer to attract

attraction *f.* attraction, draw; **parc** (*m.*) **d'attractions** theme park

attraper to catch, trap

attribuer to attribute, ascribe

attribué *adj.* granted, awarded (*to s.o.*)

attristé *adj.* to sadden

au *contr. of* **à** + **le**; **au revoir** goodbye

aube *f.* dawn

aucun(e) (ne... aucun[e]) no, none; no one, not one, not any; any

au-dessus de *prep.* above

auditoire *f.* little chapel

augmentation *f.* increase; **augmentation de salaire** (pay) raise

augmenter to increase

aujourd'hui *adv.* today; nowadays

aumône: faire l'aumône to give alms to

auparavent *adv.* before

auprès de *prep.* near; from; with (*s.o. or s. th.*); **être populaire auprès des jeunes** to be popular with young people; **chercher conseil auprès de quelqu'un** to seek advice from s.o.

auquel. *See* **lequel**

aurore *f.* dawn, daybreak

aussi *adv.* also, too; so; as; consequently; **aussi bien que** as well as; **aussi... que** as . . . as

aussitôt *adv.* immediately; **aussitôt que** *conj.* as soon as

autant *adv.* as much, so much, as many, so many; **autant (de)... que** as many (much) . . . as; **autant que** as far as

auteur *m.* author; **auteur-compositeur** singer-songwriter

autodidacte *m., f.* self-taught person, autodidact

automate *m.* robot, mechanical gadget

automatique: distributeur (*m.*) **automatique de billets** automated teller machine, ATM,

automne *m.* fall, autumn

automobile *adj.* automotive, motor vehicle, car; **la circulation automobile** motor vehicle traffic; **l'industrie** (*f.*) **automobile** car industry, manufacturers

autonome *adj.* autonomous

autoritaire *adj.* domineering, overbearing

autour de *prep.* around, surrounding

autre *adj., pron.* other; another; *n. m., f.* the other, another; **autre chose** something (anything) else; **d'autre part** on the other hand; **d'un autre côté** on the other hand; **l'autre** the other (one); the latter; **l'un(e)... l'autre** each other; **personne d'autre** nobody else; **personne d'autre que** no one other than; **quelqu'un d'autre** someone else

autrefois *adv.* formerly, in the past; **d'autrefois** of old, of the past

auxquel(le)s. *See* **lequel**

avaler to swallow

avance: en avance *adv.* ahead of time

avancement *m.* progress, forward movement

avancer (nous avançons) to advance, make headway on

avant *adv., prep.* before (*in time*); **avant de + inf.** before; **avant J.-C.** B.C. (*date*); **avant que** *conj.+ subj.* before; **avant tout** above all

avantage *m.* advantage

avec *prep.* with

avenir *m.* future; **à l'avenir** in the future

aventure *f.* adventure; **d'aventure** by any chance

aventureux/-se *adj.* adventurous

aveugle *m., f.* a blind person; *adj.* blind

avion *m.* airplane; **billet** (*m.*) **d'avion** plane ticket

avis *m.* opinion; **à mon (ton, son, etc.) avis** in my (your, his, etc.) opinion; **changer d'avis** to change one's mind

avocat(e) *m., f.* lawyer

avoir (*p.p.* **eu**) *irreg.* to have **avoir... ans** to be . . . years old; **avoir besoin de** to need; **avoir bon (mauvais) goût** to have good (bad) taste; **avoir confiance en** to trust; **avoir de la chance** to be lucky; **avoir des préjugés** to have preconceived ideas; **avoir du culot** to have some (a lot of) nerve; **avoir envie de** to feel like; to want to; **avoir faim** to be hungry; **avoir hâte de + inf.** to be eager to (*do s.th.*); **avoir l'air** to seem, appear; **avoir l'habitude de** to be used to; **avoir l'impression de** to feel as though; **avoir l'impression que** to have a feeling that, to get the impression that; **avoir l'intention de + inf.** to intend to (*do s.th.*); **avoir la possibilité de** to have a chance to (*do s.th.*); **avoir le mal du pays** to be homesick; **avoir les cheveux bouclés (raides)** to have curly (straight) hair; **avoir lieu** to take place; **avoir peur (de)** to be afraid (of); **avoir raison** to be right; **avoir recours à** to have recourse to, to resort to; **avoir rendez-vous** to have an appointment, date; **en avoir assez** to be fed up; **il y a** there is, there are; **ne pas avoir sa langue dans sa poche** to speak one's mind, be straightforward

avoisinant *adj.* neighboring

avouer to confess, admit

ayant (*pres.p.* of **avoir**)

azote *m.* nitrogen

B

baccalauréat *m.* (*fam.* **bac**) French high school diploma

bagne *m.* penal colony

baguette *f.* loaf of French bread, baguette

baie *f.* bay

baignade *f.* swimming

baiser *m.* kiss

baisser to decrease

bal *m.* ball (*dance*)

baleine *f.* whale

ballade *f.* ballad (*poem*)

bambin *m.* small child, rugrat

banal *adj.* ordinary, run-of-the-mill

banalité *f.* triteness

bande (*f.*) **dessinée** comic strip

banderole *f.* banner

banlieue *f.* suburb

banque *f.* bank

barbant *adj.* boring

barbe *f.* beard

bariolé *adj.* many-colored, gaudy

barrage *m.* dam

bas(se) *adj.* low; **en bas** *adv.* below, at the bottom; **en bas de** *prep.* at the bottom of; **jeans** (*m. pl.*) **taille basse** *adj.* low-waisted jeans; **le bas** the lower part

base *f.* basis; base; **à base de** based on, of; **de base** *adj.* basic

baser to base

basilic *m.* basil

basilique *f.* basilica

basket *m.* basketball

bateau (*pl.* **bateaux**) *m.* boat; **faire du bateau** to go sailing

bâti *adj.* built

bâtiment *m.* building

battu *adj.* beaten, defeated

bavard *adj.* talkative

bavarder to chat, talk a lot

BD *f.* comic strip (*bande dessinée*)

beau (bel, belle, [*pl.* beaux, belles]) *adj.* handsome; beautiful; **il fait beau** it's nice (weather) out; **parler de la pluie et du beau temps** to talk about the weather, about this and that; **belle saison** summer

beaucoup (de) *adv.* much, many, a lot of

beau-fils (*pl.* **beaux-fils**) *m.* stepson; son-in-law

beau-frère (*pl.* **beaux-frères**) *m.* stepbrother; brother-in-law

beau-père (*pl.* **beaux-pères**) *m.* stepfather; father-in-law

beauté *f.* beauty

beaux-arts *m. pl.* fine arts

beaux-parents *m. pl.* in-laws

bébé *m.* baby

bée: bouche bée *adj.* flabbergasted, stunned

belge *adj.* Belgian; **Belge** *n. m., f.* Belgian (*person*)

Belgique *f.* Belgium

belle-fille (*pl.* **belles-filles**) *f.* stepdaughter; daughter-in-law

belle-mère (*pl.* **belles-mères**) *f.* stepmother; mother-in-law

belle-sœur (*pl.* **belles-sœurs**) *f.* stepsister; sister-in-law

ben *interj. fam.* well

bénéfice *m.* benefit

bénéficier to benefit from

bénévolat *m.* volunteer work

bénévole *m., f.* volunteer; *adj.* volunteer

béni *adj.* blessed, holy

berceau *m.* cradle

besoin *m.* need; **avoir besoin de** to need

bête *f.* animal

bêtises *f. pl.* nonsense

betterave *f.* beet

bibliothèque *f.* library

biche *f.* doe, deer; **parc** (*m.*) **aux biches** deerpark

bien *adv.* well, good; quite; much; a lot; really; comfortable; *adj., inv.* good; *n. m.* good; well-being; *pl.* goods, belongings; **aimer bien** to like; **aller bien** to be well; **aussi bien que** as well as; **bien des** a good many; **bien entendu** *interj.* of course, certainly; **bien que** *conj.* although, though; **bien que** + *subj.* although; **bien sûr** *interj.* of course; **eh bien** *interj.* well; **moins bien que** worse; **ou bien** or; **prendre bien (mal) les choses** to react positively (nega-tively) to things; **s'entendre bien (mal) avec** to get along well (poorly) with; **si bien que** *conj.* so that, with the result that; **tant bien que mal** as best (he, they, etc.) can/could; **vouloir bien** to be glad, willing (*to do s.th.*); **vouloir le bien de quelqu'un** to want what's best for s.o.

bien-être *m.* well-being

bientôt *adv.* soon; **à bientôt** *interj.* see you soon

bienvenue *adv.* welcome

bière *f.* beer

bijou (*pl.* **bijoux**) *m.* piece of jewelry

billet *m.* ticket; bill (*currency*); **distributeur** (*m.*) **automatique de billets** ATM

bio *adj., inv.* organic

biocarburant *m.* biofuel

biologique *adj.* organic

bisou *m. fam.* kiss; **gros bisous** lots of love (*letter*)

bizarre *adj.* strange, odd, funny-looking

blague *f.* joke; **faire une blague** play a trick (*on s.o.*)

blanc(he) *adj.* white; *n. m.* Caucasian; **faire une nuit blanche** to pull an all-nighter, stay up all night

blesser to wound; to hurt

bleu *adj.* blue; *n. m.* blue; **bleu blanc rouge** *m.* the (colors of the) French flag

bloc *m.* block; **bloc d'igloo** block of ice

boire (*p.p.* **bu**) *irreg.* to drink; **boire sec** to drink heavily

bois *m.* wood; **en bois** wooden

boisson *f.* drink, beverage

boîte (*f.*) **de nuit** nightclub; **sortir en boîte** to go clubbing; **videur** (*m.*) **de boîte** nightclub bouncer

bombe *f.* bomb

bon(ne) *adj.* good; right, correct; **à quoi bon?** what for? what's the use? **ah bon?** really?; **bon gré mal gré** like it or not; **bonne chance!** good luck!; **être de bonne humeur** to be in a good mood; **faire (une) bonne impression** to make a good impression; **passer un bon moment** to have a good time

bonheur *m.* happiness

bonjour *interj.* hello, good day

bord: au bord de *prep.* on the shore (banks) of

bordé *adj.* bordered with

bordure *f.* near, on the outskirts (of)

boucane *adj.* smoked, cured

bouche *f.* mouth; **bouche bée** *adj.* flabber-gasted, stunned

boucher/-ère *m., f.* butcher

bouchon *m.* traffic jam

bouclé *adj.* curly; **avoir les cheveux bou-clés** to have curly hair

bouder to sulk

bouffée *f.* puff, whiff, gust (of air)

bouger (nous bougeons) to move, budge

boulangerie *f.* bakery

boule (*f.*) **de cristal** crystal ball

bouleverser to overwhelm; to upset; over-turn; to change drastically

boulot *m., fam.* job; work; **petits boulots** odd jobs

bourgeois *adj.* middle-class; conventional

bourgeoisie *f.* middle class

bourse (*f.*) **d'études** grant; scholarship

bouteille *f.* bottle

bras *m.* arm; branch

bref/brève *adj.* brief; *interj.* in short

Brésil *m.* Brazil

Bretagne *f.* Brittany

breton(ne) *adj.* of, from Brittany; **Breton(ne)** *m., f.* Breton (*person*)

bricoleur/-se *m., f.* handyman, do-it-yourselfer

briller to shine

brocante *f.* second-hand market

bronzé *adj.* tan, tanned

bruit *m.* noise

brûlant *adj.* scorching, burning

brun(e) *m., f.* dark-haired person; brunette; *adj.* dark-haired

brusque *adj.* curt, abrupt, blunt

brutalement *adv.* bluntly, brusquely

Bruxelles Brussels

bruyant *adj.* noisy, boisterous

bu (*p.p.* of **boire**)

buffet *m.* sideboard; buffet

buffle *m.* buffalo

buisson *m.* bush

bureau (*pl.* **bureaux**) *m.* office; desk

but *m.* goal

buvant (*pres. p.* **boire**)

C

ça *pron.* that, this, it; **ça fait deux mois que je travaille ici** I've been work-ing here for two months; **ça me (te, lui, etc.) plaît** I (you, he, etc.) like(s) it; **ça s'est bien passé?** did it go well?; **ça te dirait de prendre un café?** would you like to go for a coffee?; **comment ça va?** how's it going? **comment ça s'est passé?** how did it go? how was it?; **qu'est-ce que ça veut dire?** what does that (it) mean?

cabine (*f.*) **téléphonique** phone booth

cabinet *m.* office, firm

cabriole *f.* somersault, caper

cacher to hide

cadeau (*pl.* **cadeaux**) *m.* gift; **faire un ca-deau** to give a gift (*to s.o.*)

cadran *m.* dial

cadre *m.* framework, context; executive

café *m.* coffee; café; **café-terrace** sidewalk café

cahier *m.* notebook, workbook

caillou *m.* pebble

caissier/-ère *m., f.* cashier

calebasse *f.* gourd

calme *m.* (peace and) quiet; **dans le calme** peacefully

camarade *m., f.* friend, companion; **cama-rade de chambre** roommate; **camarade de classe** classmate

camarguais *adj.* of, from the Camargue

Cambodge *m.* Cambodia

caméra *f.* movie camera

camp *m.* camp; **fous le camp** *vulg.* get the hell out

campagne *f.* campaign

campement *m.* camping place, encampment

canadien(ne) *adj.* Canadian; **Canadien(ne)** *n. m., f.* Canadian (*person*)

canard *m.* duck; **magret** (*m.*) **de canard** filet of duck, duck breast

candidat(e) *m., f.* candidate; job applicant

candidature: poser sa candidature to apply for a job

canne *f.* cane; **canne à sucre** sugar cane

canot *m.* boat, dinghy

cap: franchir le cap de... ans to turn . . . years old

capable *adj.* capable, able

capitaine *m.* captain

capital *m.* asset

capitale *f.* capital (*city*)

car *conj.* for, because

carabine *f.* gun, rifle

caractère *m.* personality; character, letter (*print*); **femme de caractère** strong-willed woman; **en caractères gras** in boldface type

caractériser to characterize; **se caractériser (par)** to be character-ized (by)

caractéristique *f.* characteristic
Caraïbes *f. pl.* the Carribean Islands
carbonique: gaz (*m.*) **carbonique** carbon dioxide
caresser to caress
caricatif/-ve *adj.* charitable, charity
carré *adj.* square; forthright; **à pas carré** walking decisively
carrière *f.* career
carte *f.* map; card; greeting card; **carte de visite** (business) card; **carte postale** postcard
cas *m.* case; **au cas où** in the case that, if it should happen that; **en tout cas** in any case
casanier/-ère *adj.* homeloving; *n. m., f.,* homebody
catastrophique *adj.* disastrous
catégorique *adj.* categorical, adamant
cause *f.* cause; **à cause de** because of; **remettre en cause** to question, challenge
causer to cause; to chat
ce (cet, cette, ces) *adj.* this, that; *pl.* these, those; **ce (c')** *pron.* it, this, that
ceci *pron.* this, that
cela *pron.* that, this; **c'est pour cela que** that's why, it's for this reason that; **cela dit** nevertheless, having said this
célèbre *adj.* famous
célibataire *adj.* single, unmarried
celle(s) *pron. See* **celui**
celui (celle, ceux, celles) *pron.* the one, the ones, this one, that one, these, those; **celui-ci (celle-ci, ceux-ci, celles-ci)** the latter
cendre *f.* ash, ashes
censuré *adj.* censored, banned
cent *adj.* one hundred
centaine *f.* about a hundred, a hundred or so; **des centaines** several hundred
centre *m.* center, hub; **centre commercial** shopping center, mall; **centre d'acceuil** shelter
centre-ville *m.* downtown
cependant *conj.* however, nevertheless; yet, still
cercle *m.* circle
cerise *f.* cherry; **tarte** (*f.*) **aux cerises** cherry pie
certain *adj.* sure; certain; particular; *pl.* some; *pron., pl.* some people, certain ones
ces *adj. See* **ce**
cesser to stop, cease
cet *adj. See* **ce**
cette *adj. See* **ce**
ceux *pron., m. pl. See* **celui**
chacun(e) *pron., m., f.* each, everyone; each one
chagrin *m.* sorrow, sadness, pain
chaîne *f.* channel (*TV*); **chaîne de montagnes** mountain range

chair *f.* flesh
chaise *f.* chair
chaleur *f.* heat; **vague** (*f.*) **de chaleur** heat wave
chaleureux/-se *adj.* warm
chambre *f.* bedroom, room; chamber (*government*); **camarade de chambre** roommate
champ *m.* field; **champ de bataille** battlefield
chance *f.* luck; possibility; chance; opportunity; **bonne chance!** good luck! **il y a plus de chances pour que** there's a greater chance that; **quel manque de chance!** what bad luck!; **quelle chance!** what good luck!
changement *m.* change; **changement climatique** climate change
changer (nous changeons) to change; **changer d'avis** to change one's mind; **se changer les idées** to take one's mind off things
chanson *f.* song
chant *m.* song; **chant de guerre** battle song
chanter to sing
chanteur/-se *m., f.* singer
chapeau (*pl.* **chapeaux**) *m.* hat; **chapeau melon** bowler, derby hat
chapelle *f.* chapel
charbon *m.* coal
chargé *adj.* in charge of, responsible for
charité *f.* charity; **demander la charité** to ask, beg for charity; **faire la charité** to give (*to a beggar*)
charmant *adj.* charming
charmeur/-se *adj.* seductively charming
charretier/-ère *m., f.* cart driver
chasse *f.* hunt
chasser to hunt; to drive away, dispel
château (*pl.* **châteaux**) *m.* castle, chateau
chaud *adj.* hot, warm; *n. m.,* heat; **il fait chaud** it's hot (*weather*); **dormir au chaud** to sleep in the warm
chauffé (*p.p. of* **chauffer**) *adj.* heated
chaussure *f.* shoe
chauve *adj.* bald
chef *m.* head, leader; chief; **chef d'entreprise** company director; **chef d'État** head of state; **le chef de l'État** the Head of State; **chef de file** leader (*of a political or artistic movement*); **chef indien** Indian chief; **chef du personnel** personnel officer
chef-d'œuvre (*pl.* **chefs-d'œuvre**) *m.* masterpiece
chemin *m.* path, way; **chemins d'eau** waterways; **chemin de fer** railroad
chemise *f.* shirt
cher/chère *adj.* dear; expensive; *n. m., f.* dear; **coûter cher** to cost a lot, be expensive

chercher to look for; to pick up; **chercher à** to try, attempt to
chéri(e) *m., f.* dear, darling
cheval (*pl.* **chevaux**) *m.* horse; **à cheval** on horseback; **faire du cheval** to go horseback riding
chevaucher to be astride (*s.o.*), to have sex (*with s.o.*)(*fig.*)
cheveux *m. pl.* hair; **cheveux (bouclés, colorés, frisés, raides, ternes)** (curly, dyed, very curly, straight, dull) hair
chez *prep.* at the home (establishment) of; among; in; **chez les Français** among the French
chien(ne) *m., f.* dog
chiffon *m.* rag
chiffre *m.* number
chimie *f.* chemistry
chimique *adj.* chemical
chimiste *m., f.* chemist
Chine *f.* China
chinois *m.* Chinese (*language*); *adj.* Chinese; **Chinois(e)** *n. m., f.* Chinese (*person*)
chirurgie *f.* surgery; **chirurgie esthétique** plastic surgery
choc *m.* shock; **être sous le choc** to be in a state of shock
chocolat *m.* chocolate
chœur: enfant (*m.*) **de chœur** altar boy
choisir to choose
choix *m.* choice
chômage *m.* unemployment; **allocation** (*f.*) **chômage** unemployment insurance; **être au chômage** to be unemployed, out of work; **taux** (*m.*) **de chômage** unemployment rate
chômeur/-se *m., f.* unemployed person
choquer to shock
chose *f.* thing; **autre chose** something, anything else; **quelque chose** *indef. pron.* something; **prendre bien (mal) les choses** to react positively (negatively) to things; **prendre les choses à cœur** to take things to heart; **pas grand-chose** nothing, anything much
chou (*pl.* **choux**) *m.* cabbage
choucroute *f.* sauerkraut
chrétien(ne) *m., f.* Christian (*person*); *adj.* Christian
chrétienté *f.* Christendom
christianisme *m.* Christianity
chute *f.* fall; **chutes d'eau** waterfalls
Chypre *f.* Cyprus
ci-dessous *adv.* below
cicatrice *f.* scar
ciel *m.* sky; heaven; **gratte-ciel** (*pl.* **gratte-ciels**) *m.* skyscraper
cimetière *m.* cemetery
cinéaste *m., f.* filmmaker, movie director

cinéma (*fam.* **ciné**) *m.* movies; cinema; movie theater; **vedette** (*f.*) **de cinéma** movie star

cinématographique *adj.* cinematic, movie

cinquantaine *f.* about fifty, fifty or so

cinquante *adj.* fifty

circonstance *f.* circumstance

circulation *f.* traffic; **circulation automobile** vehicle traffic

circuler to drive; to travel around, move about

cire *f.* wax

citation *f.* quotation, quote

cité *f.* city, small town; **Cité internationale** international student residences

citer to mention

citoyen(ne) *m., f.* citizen

citoyenneté *f.* citizenship

civil: guerre (*f.*) **civile** civil war

clair *adj.* light (*color*); clear

clandestinement *adv.* secretly, clandestinely

clarté *f.* clarity

classe *f.* class; **camarade** (*m., f.*) **de classe** classmate; **classe inférieure** lower class; **classe moyenne** middle class; **classe sociale** social class; **classe supérieure** upper class; **salle** (*f.*) **de classe** classroom

classé *adj.* classified

classique *adj.* classical; *n. m., f.* classic (*person*)

clé: point clé *m.* key point

client(e) *m., f.* customer; client

climat *m.* climate

climatique *adj.* climate, of the climate; **changement climatique** climate change; **réchauffement climatique** global warming

climatiseur *m.* air conditioner

cloche *f.* bell

clonage *m.* cloning

cloner to clone

clou *m.* nail

club *m.* **de gym (sports)** health (sports) club, gym

coca: rhum-coca *m.* rum and Coca-Cola

cochon *m.* pig

cocotier *m.* coconut palm tree

cœur *m.* heart; **prendre les choses à cœur** to take things to heart

cohabitation political sharing of power; cohabitation

coin *m.* corner; **au coin du feu** by the fireside

colère *f.* anger; **être en colère contre** to be angry with; **se laisser emporter par la colère** to lose one's temper; **se mettre en colère** to get angry

collaborer to collaborate, work with

collectif/-ve *adj.* shared, group

collège *m.* junior high school

collègue *m., f.* colleague

collier *m.* necklace

colocataire *m., f.* roommate, housemate

colombo *m.* spicy West Indian dish

colonne *f.* column

coloré *adj.* colorful; dyed

combat *m.* fight, fighting

combattre (*like* **battre**) *irreg.* to fight (against), combat

combien (de) *adv.* how much; how many; **depuis combien de temps?** (for) how long?

comédie *f.* comedy

comédien(ne) *m., f.* actor/actress

comité *m.* committee

commande *f.* order; **passer la commande** to order (*restaurant*)

commander to order

comme *conj.* as, as a, like, how; since; **qu'est-ce que tu fais comme études?** what are you majoring in?; **qu'est-ce que vous faites comme sports?** what kind of sports do you play?; **pas comme les autres** different

commencer (nous commençons) (à) to begin (to); to start

comment *adv.* how; **comment?** what? how?; **comment allez-vous (vas-tu)?** how are you?

commentaire *m.* comment; remark

commerçant(e) *m., f.* shopkeeper; store owner

commerce *m.* business

commercial *adj.* business; commercial

commercialiser to market (*s.th.*)

commettre (*like* **mettre**) *irreg.* to commit

commissariat *m.* commission

commun *adj.* common; shared; **en commun** in common

communauté *f.* community

communiquer to communicate

compagne *f.* life partner

compagnie *f.* company; **en bonne compagnie** in good company; **tenir compagnie à quelqu'un** to keep s.o. company

comparaison *f.* comparison

comparer to compare

compatissant *adj.* compassionate, caring

compétence *f.* skill

complet/-ète *adj.* complete; whole

compléter (je complète) to complete, finish; **se compléter** to complement each another

compliqué *adj.* complicated

comportement *m.* behavior, way of behaving

se comporter to behave

composé *adj.* composed, made up of; **passé** (*m.*) **composé** *gram.* compound past tense

compositeur/-trice: auteur-compositeur/-trice *m., f.* singer-songwriter

composition *f.* composition; writing

compréhensif/-ve *adj.* understanding

compréhension *f.* understanding; comprehension

comprendre (*like* **prendre**) *irreg.* to understand; to include

compte *f.* account; benefit; **prendre en compte** to take into account; **se rendre compte de** to become aware of, to realize; **se rendre compte que** to realize; **tenir compte de** to bear in mind

compter to count; to matter; **compter sur** to count on

concerner to concern, be about; **en ce qui concerne** concerning, as far as (*s.o. or s.th.*) is concerned

concilier to reconcile

conçu *adj.* conceived; designed

condition *f.* condition; **à condition de** + *inf.* so long as, provided; **à condition que** + *subj.* provided that

conducteur/-trice *m., f.* driver

conduire (*p.p.* **conduit**) *irreg.* to drive; to lead; **permis** (*m.*) **de conduire** driver's license

conférence *f.* lecture, talk

confiance *f.* confidence; trust; **avoir confiance en** to trust; **faire confiance** to trust (*s.o.*)

confiant *adj.* self-confident

confidences: faire des confidences (à) to confide (in)

conflit *m.* conflict; **conflit des générations** generation gap

se conformer à to conform to, obey

confort *m.* comfort

confortable *adj.* comfortable

congénère *m.* fellow creature

congé *m.* holiday, time off; **congés payés** paid vacation

conjugal *adj.* conjugal, marital; **conseiller/-ère** (*m., f.*) **conjugal(e) et familial(e)** marriage and family counselor, therapist; **vie** (*f.*) **conjugale** married life

conjugaison *f. gram.* conjugation

conjuguer *gram.* to conjugate

connaissance *f.* acquaintance; knowledge; **faire (la) connaissance de** to meet, get acquainted with (*s.o.*)

connaître (*p.p.* **connu**) *irreg.* to know; to be familiar with; to experience, undergo

connu *adj.* well-known, known

conquérir (*p.p.* **conquis**) *irreg.* to conquer, win over

consacrer to devote; **se consacrer à** to devote oneself to

conscience *f.* awareness; **avoir conscience de** to be aware, conscious of; **prendre**

conscience de to become aware of, realize

conscient *adj.* aware

conseil *m.* (piece of) advice; council; **Conseil constitutionnel** Constitutional council; **conseil en image** image consulting; **demander conseil (des conseils) à quelqu'un** to ask s.o.'s advice; **donner des conseils à quelqu'un** to give s.o. advice

conseiller (de) to advise (to)

conseiller/-ère *m., f.* advisor; counselor **conseiller/-ère académique** academic advisor; **conseiller/-ère conjugal(e) et familial(e)** marriage and family counselor, therapist; **conseiller/-ère juridique** legal counselor

consentir to agree, consent

conséquent: par conséquent *adv.* therefore, consequently

conservateur/-trice *adj.* conservative

conserver to preserve

considérer to consider; to regard, deem

consigne *f.* guideline; **consignes de sécurité** safety guidelines

consoler to comfort

consommateur/-trice *m., f.* consumer

consommer to consume (*to eat or drink*)

constamment *adv.* constantly

constituer to constitute, make up

construire to build, construct

consulter to consult; to check

contact *m.* contact; **entrer en contact avec** to come into contact with (*s.o.*); **lentilles** (*f. pl.*) **de contact** contact lenses

conte *m.* short story, tale

conteur/-se *m., f.* storyteller

contemporain *adj.* contemporary, present-day

contenir (*like* **tenir**) *irreg.* to contain

content *adj.* happy; pleased; glad; **être content(e) de** to be happy to, about; **être content(e) que** + *subj.* to be happy that

contenu *adj.* suppressed, held back

continuer (à) to continue (to)

contradictoire *adj.* contradictory, conflicting

contraignant *adj.* limiting

contrainte *f.* obligation; constraint

contraire *m.* opposite; **au contraire** on the contrary

contrairement à *prep.* contrary to, as opposed to

contrat *m.* contract

contre *prep.* against; **le pour et le contre** pro and con; **par contre** however, on the other hand; **vaccin** (*m.*) **contre le cancer** cancer vaccine

contrebalancer to counterbalance, offset

contredire (*like* **dire,** *but* **vous contredisez**) *irreg.* to contradict

contribuer to contribute

controversé *adj.* controversial

convaincre (*p.p.* **convaincu**) *irreg.* to convince

convenir (*like* **venir**) *irreg.* to fit; to be suitable, appropriate

convenu *adj.* agreed upon

converti *adj.* **en** converted, changed into

copain (copine) *m., f., fam.* friend, pal; boyfriend/girlfriend

copie (*f.*) **d'examen** test (paper)

coq *m.* rooster; **coq au vin** chicken in wine sauce; **coq-à-l'âne** abrupt change of subject

coquille *f.* seashell; **coquilles Saint-Jacques** scallops

corallien(ne) *adj.* coral, of coral; **récif** (*m.*) **corallien** coral reef

corps *m.* body; corps

correspondre to correspond

corriger (nous corrigeons) to correct

corse *adj.* Corsican; **Corse** *n. f.* Corsica

cosmopolite *adj.* cosmopolitan

côte *f.* coast; **Côte d'Azur** Riviera; **Côte d'Ivoire** Ivory Coast

côté *m.* side; **à côté de** *prep.* next to; by, near; **aux côtés de** *prep.* with, alongside; **d'à côté** next-door; **d'un côté... de l'autre côté** on the one hand . . . on the other hand

côteau *m.* slope, hillside

coton *m.* cotton

couche *f.* bed

se coucher to go to bed

coucou *m.* cuckoo

couffin *m.* (straw) basket

couleur *f.* color; **couleurs foncées** dark colors

couloir *m.* corridor, hall

coup *m.* blow; **coup d'état** overthrow of government; **coup de téléphone** phone call; **du coup** as a result; **tout à coup** *adv.* all of a sudden, suddenly; **tout d'un coup** *adv.* all at once

coupable *adj.* guilty

couper to cut

cour *f.* courtyard

courageux/-se *adj.* courageous, brave

courramment *adv.* fluently

courant *adj.* current, common; **être au courant de** to know about, be up to date on; **se tenir au courant** to keep abreast; **tenir quelqu'un au courant** to keep s.o. up to date, fill s.o. in

coureur/-se *m., f.* runner; **coureur/-se longue-distance** long-distance runner

courir (*p.p.* **couru**) *irreg.* to run

couronne *f.* crown

courriel *m.* e-mail (individual message)

courrier *m.* **électronique** e-mail

cours *m.* course, class; **aller en cours** to go to class; **au cours de** during, throughout; **en cours de** in the process of; **suivre des cours** to take classes

course *f.* race

court *adj.* short, brief; **tout court** *adv.* period; nothing more, nothing less

court-métrage *m.* short subject (film)

court-terme: à court-terme short-term

coût *m.* cost

couteau (*pl.* **couteaux**) *m.* knife

coûter to cost; **coûter cher** to be expensive

coutume *f.* custom

couvercle *m.* lid

couvrir (*like* **ouvrir**) *irreg.* to cover

craindre (*p.p.* **craint**) *irreg.* to fear

crainte: de crainte que *conj.* for fear that

crapaud *m.* toad

cravate *f.* tie

créateur/-trice *m., f.* creator, inventor; *adj.* creative

créatif/-ve *adj.* creative

créer to create

crétin *m., f.* idiot

creux *m.* hollow; **creux de la main** palm

crever *fam.* to die; to burst; **pneu** (*m.*) **crevé** flat tire

crevette *f.* shrimp

cri *m.* cry, shout

crier to shout; to cry out

criminalité *f.* crime

crise *f.* crisis

crissant *adj.* crunching

cristal: boule (*f.*) **de cristal** crystal ball

critère *m.* criterion

critique *f.* criticism; *m., f.* critic (*person*)

critiquer to criticize

croire (*p.p.* **cru**) *irreg.* to believe, think

croisade *f.* crusade

croiser to cross paths with, run into

croisière *f.* cruise

croix *f.* cross; **Croix-Rouge** Red Cross

cru (*p.p. of* **croire**)

cruel(le) *adj.* cruel

cuir *m.* leather; **en cuir** *adj.* (made of) leather

cuisine *f.* kitchen; food, cooking; cuisine; **faire la cuisine** to cook

cuisiner to cook

cuit *adj.* cooked; **en terre cuite** *adj.* earthenware

culot *m.* nerve; **avoir du culot** to have some (a lot of) nerve

culte *m.* worship; **culte des ancêtres** ancestor worship

cultivé *adj.* educated, cultured

curée *f.* quarry

curieux/-se *adj.* curious

CV *m.* curriculum vitae, résumé

cyber-espace *m.* cyberspace

D

d'abord *adv.* first; at first; **tout d'abord** first of all

d'accord *adv., interj.* okay, agreed; **être d'accord** to agree

daigner to deign to

dame *f.* woman, lady

dangereux/-se *adj.* dangerous

danois *adj.* Danish; **Danois(e)** *n. m., f.* Dane (*person*)

dans *prep.* in

dansant: soirées (*f. pl.*) **dansantes** dances

davantage *adv.* more

de *prep.* of; from; about; **de nouveau** again; **de temps en temps** from time to time

débarrasser to rid, get rid of; **se débarrasser de** to rid oneself of

débat *m.* debate, discussion

déborder to overflow

débordé *adj.* overwhelmed, overworked

debout *adv.* standing

débrouillard *adj.* resourceful

début *m.* beginning; **au début (de)** in, at the beginning (of); **dès le début** right from the start

débutant *adj.* novice

débuter to begin

décédé *adj.* deceased

décembre *m.* December

décennie *f.* decade

décès *m.* death

décevant (*pres. p.* of **décevoir**) *adj.* disappointing

déchet *m.* waste, garbage

déclamer to recite

décider (de) to decide (to)

décision *f.* decision; **prendre une décision** to make a decision

déclin *m.* decline

déconcertant *adj.* disconcerting

décorateur/-trice *m., f.* interior decorator

découpé *adj.* indented, jagged

découragé *adj.* discouraged

découragement *m.* discouragement

découverte *f.* discovery

découvrir (*like* **ouvrir**) *irreg.* to discover

décrypter to decipher

décrire (*like* **écrire**) *irreg.* to describe

déçu (*p.p.* of **décevoir**) *adj.* disappointed

dédié *adj.* dedicated

défaut *m.* fault (*character*)

défavorisé *adj.* underprivileged

défendre to defend

défense *f.* defense; **defense de** + *inf.* ... -ing is prohibited

défi *m.* challenge

défier to challenge

défilé *m.* parade

défiler to march, go by

défini: article (*m.*) **défini** *gram.* definite article

définir to define

définitivement *adv.* permanently

dégagé *adj.* **de** released from

dégâts *m. pl.* harm, damage

dégoûtant *adj.* disgusting

dégradation *f.* damage, deterioration, decline

dehors *adv.* out; outdoors; **en dehors de** outside of

déjà *adv.* already; ever

déjeuner to have lunch; *m.* lunch; **petit déjeuner** *m.* breakfast

delà: par-delà *adv.* beyond; **au-delà (de)** *adv.* beyond, beneath

délicat *adj.* tricky, sensitive

délicatesse *f.* tact, sensitivity

délicieux/-se *adj.* delicious

délit *m.* crime, offense

demain *adv.* tomorrow; **à partir de demain** starting tomorrow, from tomorrow on

demande *f.* request

demander to ask (for); to demand; to require; **se demander** to wonder

déménager (nous déménageons) to move (*household*)

dément *adj.* insane

demeurer to remain; to live

demi *adj.* half; **et demi(e)** half-past (*the hour*); **un mois et demi** a month and a half

demi-frère *m.* half brother

demi-sœur *f.* half sister

démocratie *f.* democracy

démodé *adj.* outmoded, old-fashioned

demoiselle (*f.*) **d'honneur** bridesmaid

démontrer to demonstrate, prove

démuni *adj.* destitute

dénoncer to denounce, expose

denrée *f.* commodity, foodstuff

dent *f.* tooth

dentelé *adj.* jagged

dentelle *f.* lace

départ *m.* departure; start; **point** (*m.*) **de départ** starting point

dépasser to transcend, go beyond; **ça dépasse tout!** that tops it all!; **ça commence à me dépasser!** it's starting to get beyond me!

se dépêcher to hurry

dépendre (de) to depend (on)

dépenser to spend

dépenses *f. pl.* expenses

déplacer (nous déplaçons) to displace, move; **se déplacer** to move, get around, travel

déplaire (*like* **plaire**) to displease, not to like

déployer to open, spread out, unfurl; **aux ailes déployées** with wings spread

dépressif/-ve *m., f.* depressed person

déprimant *adj.* depressing

déprimer to become depressed

depuis *prep.* since, for; since then; **depuis combien de temps?** for how long?; **depuis quand?** since when?; **depuis que** *conj.* ever since; from the time when; **depuis toujours** as far back as can be remembered, right from the start

député(e) *m., f.* deputy, member of parliament

déraciné *adj.* uprooted

déranger (nous dérangeons) to upset, disturb, bother

derechef *adv.* once again

dérision *f.* mockery, derision

dériver to derive, figure out logically

dernier/-ère *adj.* last; latest; **attendre la dernière minute** to procrastinate; **ces dernières années** the past few years; **l'année dernière** last year; **son dernier film** his latest movie

se dérouler to take place, happen

derrière *prep.* behind

dès *prep.* from (then on), starting in; **dès le début** right from the start; **dès que** *conj.* as soon as

désabusé *adj.* disillusioned, disenchanted

désaccord *m.* disagreement

désagréable *adj.* unpleasant

désapprouver to disapprove of (*s.th.*)

désastre *m.* disaster

désavantagé *adj.* disadvantaged

descendre *intrans.* to descend; to go down; to get off; *trans.* to bring down; to take down

descente *f.* descent, trip down

désencombrement *m.* reduction of congestion, clearing

désespéré *adj.* desperate, in despair, hopeless

désigner to indicate, designate

désintéressé *adj.* disinterested, unselfish

désir *m.* desire, wish

désirer to wish, desire

désolé *adj.* sorry

désordre *m.* disorder, untidiness

désormais *adv.* from then on; from now on

desquel(le)s. *See* **lequel**

dessin *m.* drawing; **dessin animé** animated cartoon; **faire du dessin** to draw

dessinateur/-trice de BD comic-strip artist

dessiner to draw

dessinée: bande (*f.*) **dessinée** comic strip

dessiner to draw

dessous: ci-dessous *adv.* below; **en dessous de** *prep.* below

dessus: au-dessus (de) *adv.* above, over

destin *m.* fate; future

se détendre to relax

détente *f.* relaxation

détruire (*like* **conduire**) *irreg.* to destroy

deuxième *adj.* second

devant *prep.* in front of; **aller au-devant de** to go out to meet; to anticipate

développement *m.* development; **pays** (*m.*) **en voie de développement** developing country

développer to develop; **se développer** to grow, expand

devenir (*like* **venir**) *irreg.* to become

deviner to guess

devint (*p.s. of* **devenir**)

devise *f.* motto

devoir (*p.p.* **dû**) *irreg.* to have to; to owe; *m.* duty; *m. pl.* homework; **faire les devoirs** to do one's homework

d'habitude *adv.* usually

dictature *f.* dictatorship

dictionnaire *m.* dictionary

Dieu *m.* God

différemment *adv.* in a different way from, differently

différent *adj.* different; **que ferez-vous de différent?** what will you do differently?; **en quoi sont-ils différents?** how are they different from each other?

difficile *adj.* difficult

diffuser to broadcast

dimanche *m.* Sunday

diminuer to diminish, grow smaller; to reduce

dîner to have dinner; *m.* dinner

diplomatie *f.* diplomacy

diplôme *m.* diploma; degree; **obtenir son diplôme** to graduate

diplômé *adj.* **de** holder of a diploma from (*school*)

dire (*p.p.* **dit**) *irreg.* to say; to tell; **à vrai dire** really, to tell the truth; **ça te dirait de prendre un café?** would you like to go for a coffee?; **c'est-à-dire** that is, which is to say; **dire que** (*in exclamatory sentence*) to think that; **on dirait que** it looks as though; **pour ainsi dire** so to speak, as it were; **pour dire la vérité** to tell the truth; **vouloir dire** to mean

directeur/-trice *m., f.* manager, head; **Président Directeur Général (PDG)** CEO

diriger to direct; to lead

dirigeant(e) *m., f.* (political) leader

discours *m.* speech

dicrimination: faire de la discrimination to discriminate

discuter to discuss; to talk; **ça se discute** that's debatable

disjoint: pronom disjoint *gram.* stress pronoun

disparaître (*like* **connaître**) *irreg.* to disappear

disparu (*p.p. of* **disparaître**) *adj.* missing; dead

disponibilité *f.* availability

disponible *adj.* available

disposé *adj.* **à** willing, ready to

disposer de to command, have at one's disposal

dispositif *m.* mechanism

dispute *f.* quarrel

se disputer to argue, quarrel

disque *m.* record

dissertation *f.* composition, paper

distance: coureur/-se (*m., f.*) **longue-distance** long-distance runner

distinguer to distinguish; **se distinguer par** to be famous for

distributeur *m.* **automatique de billets** automated teller machine, ATM

dit (*p.p., p.s. of* **dire**); *adj.* so-called

divers *adj.* various; varied; different; *n. m.* miscellaneous

diviser to divide; **se diviser** to divide oneself, to be divided (into)

divorcer (**nous divorçons**) to divorce, get divorced

dix-huitième (18e) *adj.* eighteenth

dix-neuvième (19e) *adj.* nineteenth

dizaine *f.* about ten

documentaire *m.* documentary

doigt *m.* finger

dolé *m.* West African dish with meat and shrimp

domaine *m.* domain, area, field

domicile *m.* home; **sans domicile fixe** *m., f.* homeless person

dominer to dominate; to rule over; to master; to tower over

dommage: il est (c'est) dommage que it is too bad that; **quel dommage!** what a shame!

donc *conj.* therefore; so; then

donné: étant donné que *conj.* given that

donner to give; **donner des conseils à quelqu'un** to give s.o. advice; **donner naissance (la vie) à** to give birth to; **se donner rendez-vous** to make a date

dont *pron.* whose, of whom, of which; among which

doré *adj.* golden

dormir (*p.p.* **dormi**) *irreg.* to sleep

dos *m.* back

doublure *f.* body double

doué *adj.* gifted, talented

douleureux/-se *f.* painful

doute *m.* doubt; **sans doute** no doubt, probably

douter to doubt; **se douter que** to suspect that

douteux: il est douteux que it is doubtful that

doux (douce) *adj.* sweet; soft; mild; **à douces glissades** slowly

douze *adj.* twelve

dramatique: arts (*m. pl.*) **dramatiques** performing arts

drame *m.* drama (*theater, movies*); tragedy (*painful event*)

drapeau *m.* flag

dressé *adj.* pricked up (*ears*)

drogue *f.* drugs; **traffic** (*m.*) **de drogue** drug trafficking

droit *adj.* right (*side*); *n. m.* (*legal*) right; law; **la Droite** the Right (*politics*); **cours** (*m. pl.*) **de droit** law classes; **droits de l'homme** human rights; **Rive droite** Right Bank

drôle *adj.* funny, comical

dru *adv.* roughly; **parler haut et dru** to speak loudly and roughly

du *contr. of* **de** + **le**

dû *adj.* (*p.p. of* **devoir**) owing (to); **être dû à** to be due to, caused by

duquel(le). *See* **lequel**

dur *adv.* hard; *adj.* difficult; hard, harsh; **mener la vie dure à quelqu'un** to make life difficult for s.o.

durable *adj.* lasting, that lasts

durant *prep.* during

durée *f.* length, term, period of time

durer to last

E

eau *f.* water; **chutes** (*f. pl.*) **d'eau** waterfalls; **jet** (*m.*) **d'eau** fountain

écarté: avoir les dents écartées to have a gap between one's teeth

échange *m.* exchange

échanger to exchange

échapper à to escape

échec *m.* failure; **mettre en échec** to defeat

éclairage *m.* lighting

école *f.* school

écolier/-ère *m., f.* schoolchild

écologique *adj.* environmental

écologiste *m., f.* environmentalist

économe *adj.* economical, less expensive

Écosse: Nouvelle-Écosse *f.* Novia Scotia

écœurant *adj.* sickening

écouter to listen (to)

écran *m.* screen

écrasant (*pres. p. of* **écraser**) crushing

écrire (*p.p.* **écrit**) *irreg.* to write

écrit *adj.* written; *n. m. pl.* writings; **presse** (*f.*) **écrite** print journalism

écriture *f.* writing

écrivain *m.* writer

écroulé *adj.* collapsed

éducation *f.* education; upbringing

éduqué: bien éduqué *adj.* well brought up

effet *m.* effect; **effet de serre** greenhouse effect; **en effet** indeed; as a matter of fact

efficace *adj.* effective

efficacité *f.* effectiveness

égal *adj.* equal; **ça m'est égal** I don't care, whatever

également *adv.* also; equally; likewise

égalité *f.* equality

égard: à l'égard de *prep.* with regard to; concerning

égaré *adj.* lost

église *f.* church

égocentrique *adj.* self-centered

égoïste *adj.* selfish

égorger to cut the throat of

eh *interj.* hey; **eh bien** *interj.* well; well then; **eh oui** *interj.* yes (I'm afraid so)

élargir to broaden

élargissement *m.* extension

élastique: saut (*m.*) **à l'élastique** bungee jumping

électronique: courrier (*m.*) **électronique** e-mail

élevage *m.* breeding

élevé *adj.* high; substantial

élève *m., f.* student, pupil

élever to raise; to bring up, rear; **s'élever** to rise

éliminer to eliminate

elle *pron., f. s.* she; her; **elle-même** *pron., f. s.* herself; **elles** *pron., f. pl.* they; them

éloge: faire l'éloge de to praise

s'éloigner de to stray from, deviate from

élu *adj.* elected

embaucher to hire

embelli *adj.* improved, made more attractive

embellir to beautify, give a facelift to

embouteillage *m.* traffic jam

embrasser to kiss; to hug; **s'embrasser** to kiss (each other)

émerger (nous émergeons) to emerge

émission *f.* TV program; emission (*of gases*)

emmener (j'emmène) to take (along)

émouvant *adj.* moving

émouvoir to move (*emotion*)

s'emparer de seize, take hold of

empêcher (quelqu'un de faire quelque chose) to prevent s.o. from doing s.th.

emploi *m.* job

employé(e) *m., f.* employee

employer (j'emploie) to use; to employ; **s'employer** to be used

empoigner to grab hold of

emporter to carry off; **l'emporter** to win, gain; **se laisser emporter par la colère** to lose one's temper

emprunter to borrow

ému *adj.* moved (*emotion*), touched, overcome

en *prep.* in; to; within; into; at; like; in the form of; by; *pron.* of him, of her, of it, of them; from him, by him, etc.; some of it; any; **en ce qui concerne** concerning, as far as (*s.o. or s.th.*) is concerned; **en**

forme in good shape; **en gare** in the station; **en général** in general, generally speaking; **en hiver** in winter; **en hommage à** paying tribute to, in homage to; **en plus** in addition; **en règle générale** as a (general) rule; **être en train de** to be in the process of (*doing something*)

enceinte *adj.* pregnant

enchaînement *m.* chain, series

encore *adv.* still, yet; again; even; more; **ne... pas encore** not yet; **ou encore** or by extension

s'endormir (*like* **dormir**) *irreg.* to fall asleep

endroit *m.* place, spot, location

énervant *adj.* annoying, irritating

s'énerver to get upset, all worked up; **ne t'énerve pas!** take it easy!

enfance *f.* childhood

enfant *m., f.* child; **enfant de chœur** altar boy; **petit(e)-enfant** grandchild

enfantin: âge (*m.*) **enfantin** childhood, when a small child

s'enfermer to shut oneself up

enfin *adv.* finally, at last; in the end

s'enfuir (*p.p.* **enfui**) *irreg.* to flee

enfumé *adj.* smoky

engagé *adj.* politically committed

engagement *m.* commitment

engager (quelqu'un à faire quelque chose) to involve (*s.o. in doing s.th.*)

ennemi(e) *m., f.* enemy

ennui *m.* boredom

ennuyer to bother; to bore; **s'ennuyer** to be bored

ennuyeux/-se *adj.* boring; annoying

énorme *adj.* huge, enormous

énormément de *adv.* a great deal of

enquête *f.* investigation; research

enquêter to investigate, research

enregistrement *m.* recording

enregistrer to record

enseignant(e) *m., f.* teacher, professor

enseignement *m.* teaching

enseigner to teach

ensemble *adv.* together; *m.* complex; whole; **dans l'ensemble** on the whole

ensuite *adv.* then; next

entamer to start, bring about

s'entasser to squeeze, cram into

entendre to hear; to understand; **s'entendre bien (mal)** to get along well (poorly)

enterrer to bury

enthousiaste *m., f.* enthusiast *adj.* enthusiastic

entier/-ère *adj.* whole, entire; **à part entière** full-fledged

entourer to surround

s'entraîner à to practice (*doing s.th.*)

entre *prep.* between, among; in; **l'un d'entre eux** one of them

entrée *f.* first course

entremetteur/-se *m., f.* go-between

entreprendre to undertake

entrepreneur/-se *m., f.* entrepreneur

entreprise *f.* business, company; undertaking, enterprise

entrer (dans) to enter; **entrer en contact avec** to come into contact with

entretien *m.* interview; **passer un entretien** to have an interview

envahir to invade

envelopper to shroud, enclose

envers *prep.* toward; in respect to

envie: avoir envie de to feel like (*doing s.th.*)

environ *prep.* about, approximately

environnment *m.* environment

envisager (nous envisageons) de to contemplate (*doing s.th.*)

envoyer (j'envoie) *irreg.* to send

épais(se) *adj.* thick, deep

épaisseur *m.* thickness

épaule *f.* shoulder

épave *f.* human wreck, derelict

épicier/-ère *m., f.* grocer

épinards *m. pl.* spinach

épopée *f.* epic

époque *f.* era, epoch; time; stage; **à l'époque** at the time

épouser to marry

époux/-se *m., f.* spouse

épuisé *adj.* exhausted, worn out

s'épuiser to become exhausted

équilibre *m.* balance, equilibrium

équilibrer to balance

équipe *f.* team

équitable *adj.* fair, equitable

érable: sirop (*m.*) **d'érable** maple syrup

ère *f.* era

ériger to erect, build

erreur *f.* mistake, error

escalade *f.* climbing; **faire de l'escalade** to go rock climbing

esclavage *m.* slavery

esclave *m., f.* slave

espace *m.* space; **cyber-espace** cyberspace

espagnol *m.* Spanish (*language*); *adj.* Spanish; **Espagnol(e)** *n. m., f.* Spaniard

espèce *f.* species; kind

espérer (j'espère) to hope; to expect

espoir *m.* hope

esprit *m.* mind; spirit; **avoir l'esprit ouvert** to be open-minded

esquimau(de) *adj.* Eskimo; *n. m., f.* Eskimo (*person*)

essai *m.* essay

essayer (j'essaie) (de) to try (to)

essence *f.* essence; gasoline

essentiel(le) *adj.* essential

essor *m.* development, expansion

est *m.* east

esthétique: chirurgie (*f.*) **esthétique** plastic surgery

estimer to consider

et *conj.* and

établir to establish, set up; to draw up

étage *m.* floor; story

étang *m.* pond

étant (*pres. p.* of **être**) being; **étant donné que** given that

étape *f.* stage, step

état *m.* state; government; **États-Unis** *m. pl.* United States; **chef** (*m.*) **d'État** head of state; **coup** (*m.*) **d'état** overthrow of a government

été (*p.p.* of **être**)

été *m.* summer

éteindre (*like* **craindre**) *irreg.* to turn off; **s'éteindre** to go out (*lamp, etc.*)

s'étendre to sprawl

ethnie *f.* ethnic group

étoile *f.* star

étonnant *adj.* amazing, astonishing; surprising

étonner to surprise, astonish; **ça m'étonnerait** I'd be surprised

étourdi *adj.* absent-minded

étrange *adj.* strange

étranger/-ère *m., f.* foreigner; *adj.* foreign; **à l'étranger** *adv.* abroad

être (*p.p.* **été**) *irreg.* to be; *m.* being; **être d'accord** to agree; **être en train de** to be in the process of (*doing s.th.*)

étrennes *f. pl.* Christmas presents

étude *f.* study; *pl.* studies; **abandonner ses études** to give up, quit school; **bourse** (*f.*) **d'études** scholarship; **études de marché** market research; **faire des (ses) études** to study, be educated; **qu'est-ce que tu fais comme études?** what are you majoring in?

étudiant(e) *m., f.* student

étudier to study

eu (*p.p.* of **avoir**)

euh *interj.* um, er

européen(ne) *adj.* European

eut (*p.s.* of **avoir**)

eux *pron., m. pl.* them; **eux-mêmes** *pron., m. pl.* themselves

éveillé *adj.* awake, sharp

événement *m.* event

éventer to fan

évêque *m.* bishop

évidemment *adv.* obviously, evidently

évidence: de toute évidence obviously; **mettre en évidence** to show, reveal

évident *adj.* obvious

éviter to avoid

évoluer to evolve, change

évolution *f.* evolution; development; change

évoquer to evoke; to recall

exactitude *f.* precision, accuracy

exagérer (j'exagère) to exaggerate; **tu exagères un peu!** you're going a bit far!

examen *m.* exam; **copie** (*f.*) **d'examen** test (*paper*); **passer un examen** to take an exam; **préparer un examen** to study for an exam

exaspéré *adj.* annoyed, irritated

exception: à l'exception de except for, with the exception of

excessif/-ve *adj.* inordinate; heavy; who goes to extremes (*person*)

exclu *adj.* excluded from, excommunicated

excuses *f. pl.* apologize; **faire des excuses** apologize

excuser to excuse; **s'excuser** to apologize

exécuter to execute, carry out

exemple *m.* example; **par exemple** for example

exercer (nous exerçons) to exercise; to practice; **s'exercer à** to practice (*doing s.th.*)

exhaler to give off

exigeant *adj.* demanding; requiring

exigence *f.* requirement, demand

exiger (nous exigeons) to require, demand

exilé *adj.* exiled

exister to exist; **il existe** there is, there are

expérience *f.* experience; experiment

explicatif/-ve *adj.* explanatory

explication *f.* explanation

expliquer to explain

exploiter to make use of; to exploit

explorateur/-se *m., f.* explorer

exporter to export; **s'exporter** to be exported

exposer to exhibit; to expose

exposition *f.* exhibit

exprimer to express; **s'exprimer** to express oneself

extérieur *m.* outside; **à l'extérieur de** *prep.* outside of'

externat: surveillant(e) (*m., f.*) **d'externat** nonresident supervisor of students

extrait *m.* excerpt

extraverti *adj.* outgoing, extroverted

extrêmement *adv.* extremely

F

fabricant(e) *m., f.* manufacturer

fabrication *f.* manufacturing

fabriquer to manufacture

fabuleux/-se *adj.* fabulous, amazing

fac *f. fam.* college, school (*university*)

façade *f.* front (*of house*)

face: en face (de) opposite, facing, across from; **face à** faced with, in the face of; **faire face à** to face, confront

fâché *adj.* angry; annoyed

se fâcher to get angry

facile *adj.* easy

façon *f.* way, manner, fashion; **de toute façon** in any case, anyway

façonner to craft

facture *f.* bill; **facture de téléphone** phone bill

faculté *f.* (*fam.* **fac**) college, school (*university*)

fade *adj.* dull, drab

faible *adj.* weak; low

faim *f.* hunger; **avoir faim** to be hungry

faire (*p.p.* **fait**) to do, to make; **faire** + *inf.* to have (*s.th. done*); **faire appel à** to appeal to; **faire attention (à)** to pay attention (to); **faire bonne (mauvaise) impression** to make a good (bad) impression; **faire chaud (il fait chaud)** to be hot (out); **faire confiance à quelqu'un** to trust s.o.; **faire (la) connaissance de** to meet; **faire de l'aérobic** to do aerobics; **faire de l'aumône** to give alms, give to a beggar; **faire de l'escalade** to go rock climbing; **faire de la discrimination** to discriminate; **faire de la musculation** to do weight training; **faire de la natation** to swim; **faire de la pêche** to go fishing; **faire de la photo** to do photography; **faire de la plongée sous-marine** to go deep-sea diving; **faire de la varappe** to go rock climbing; **faire de la voile** to sail; **faire des confidences (à quelqu'un)** to confide personal issues (*to s.o.*); **faire des études** to study, major in; **faire des excuses** to apologize; **faire des gestes** to gesture; **faire des heures supplémentaires** to work overtime; **faire des randonnées** to go on hikes; **faire des ravages** to wreak havoc; **faire des recherches** to do research; **faire du baby-sitting** to babysit; **faire du bateau** to go sailing; **faire du bénévolat** to do volunteer work, work for charity; **faire du bien à quelqu'un** to do s.o. good; **faire du cheval** to go horseback riding; **faire du dessin** to draw; **faire du foot** to play soccer; **faire du magasinage** to go shopping (*Quebec*); **faire du saut à l'élastique** to go bungee jumping; **faire du shopping** to go shopping; **faire du sport** to play sports; **faire du volontariat** to do volunteer work; **faire face à** to face, confront; **faire frais (il fait frais)** to be chilly (out); **faire froid (il fait froid)** to be cold (out); **faire l'éloge de** to praise; **faire la cuisine** to cook; **faire la fête** to party; **faire la grève** to go on strike; **faire la sieste** to take a nap; **faire le pont** to take an extra day off; **faire les (ses) devoirs** to do homework; **faire partie de** to belong to, be part of; **faire peur à** to scare, frighten; **faire plaisir à** to please; **faire tort à quelqu'un** to harm s.o.; **faire un stage** to do an internship; **faire un tour de** to travel around (a place); **faire un voyage** to take a trip; **faire une blague** to play a trick (*on s. o.*); **faire une erreur** to make a mistake; **faire une gaffe** to make a blunder; **faire une nuit blanche** to stay up all night; **faire une pause** to take a break; **faire une promenade** to take a walk; **faire une soirée** to give a party; **faire vivre** to support; **que faire?** what should I (we, etc.) do?; **se faire des amis** to make friends

fait (*p.p. of* **faire**)

fait *m.* fact; **sûr de son fait** sure of himself

falloir (*p.p.* **fallu**) *irreg.* to be necessary, have to; **il faut** it is necessary to, one must; **il ne faut pas** one must (should) not

fallu (*p.p. of* **falloir**)

familial *adj.* family; **allocation** (*f.*) **familiale** family allowance

familier/-ère *adj.* familiar

famille *f.* family; **famille nombreuse** large family; **vie** (*f.*) **de famille** family life

fard (*m.*) **à joue** blush (*makeup*)

fascinant *adj.* fascinating

fasciner to fascinate

fatigant *adj.* exhausting

faubourg *m.* neighborhood

faune *f.* fauna, wildlife; **la faune et la flore** flora and fauna

faut: il faut it is necessary (to), one (you, we) must, should; **combien de temps faut-il pour (faire quelque chose)?** how much time is needed (in order) to (*do s.th.*)?

faux (fausse) *adj.* false; fake

faveur: être en faveur de to support

favori (favorite) *adj.* favorite

félicitations *f. pl.* congratulations

féliciter to congratulate (*s.o.*)

femelle *f.* female

féminin *adj.* feminine; female; women's; **magazine** (*m.*) **féminin** women's magazine

femme *f.* woman; wife; **femme au foyer** housewife; **femme politique** female politician

fenêtre *f.* window

fer: chemin (*m.*) **de fer** railroad

férié: jour (*m.*) **férié** legal holiday, day off

ferme: terre (*f.*) **ferme** terra firma

fermer to close; to turn off

fesse *f.* buttock

festival (*pl.* **festivals**) *m.* festival

fêtard(e) *m., f., adj.* party-goer

fête *f.* party; holiday; celebration; **faire la fête** to party; **fête de l'Europe** Europe Day; **fête nationale** national holiday; **organiser une fête** to throw a party

fêter to celebrate

feu *m.* fire; **au coin du feu** by the fireside, hearth; **feu d'artifice** fireworks

feuille sheet (*of paper*)

fiançailles *f. pl.* engagement

se fiancer to get engaged

fiche *f.* (index) card

ficher: je m'en fiche! *fam.* I don't care! **ficher la paix à quelqu'un** to let someone alone

fidèle *adj.* faithful

fier/fière *adj.* proud

fierté *f.* pride

file: chef (*m.*) **de file** leader (*of a political or artistic movement*)

fileuse *f.* spinner

fille *f.* girl; daughter; **jeune fille** girl; young woman; **fille unique** only daughter; **petite-fille** granddaughter

film movie, film; **film d'action** action movie; **film d'amour** romantic movie; **film d'animation** animated movie, cartoon

fils *m.* son; **fils adoptif** adopted son; **fils unique** only son; **petit-fils** grandson

fin *f.* end; *adj.* fine; **à la fin (de)** at the end (of); **mettre fin à** to put an end to

finalement *adv.* finally

financier/-ère *adj.* financial

fini *m.* finish

finir to finish; **finir de** + *inf.* to finish (*doing s.th.*); **finir par** to end with; **finir par** + *inf.* to end up, wind up (*doing s.th.*); **se finir** to end

fit (*p.s. of* **faire**)

fixe *adj.* fixed; **sans domicile fixe** *n. m., f.* homeless person

fixé *adj.* set (*date*)

flamand *adj.* Flemish; *n. m.* Flemish (*language*); **Flamand(e)** Fleming, Flemish person

flamant *m.* flamingo

flatté *adj.* flattered

flatteur/-se *adj.* flattering

fleur *f.* flower; **chemise** (*f.*) **à fleurs** flower-patterned shirt; **en fleur** flowering; **marché** (*m.*) **aux fleurs** flower market

fleuri *adj.* decked with flowers, in bloom

fleuriste *m., f.* florist

fleuve *m.* river (*to the sea*); **descente** (*f.*) **de fleuve** trip down a river

flibustier *m.* buccaneer

flore *f.* flora, plant life; **une faune et une flore** flora and fauna

flot *m.* flow, stream

foie *m.* liver; **foie gras** foie gras (*goose liver*)

fois *f.* time, occasion; **à la fois** at the same time; **il était une fois** once upon a time; **merci mille fois** thanks a million; **une fois** once; **une fois de plus** once more

foncé *adj.* dark; **couleurs** (*f. pl.*) **foncées** dark colors

fonction *f.* function; **en fonction de** according to

fonctionner to work, function; to run (*car*)

fond *m.* background; end; bottom; **au fond** basically; **fond de teint** foundation, makeup

fondamental *adj.* basic

fonder to found, establish; **se fonder sur** to base oneself on (*s.th.*); to be based on (*s.th.*)

fonte *f.* melting

football *m.* (*fam.* **foot**) soccer; **faire du foot** to play soccer

forain: parc (*m.*) **forain** funfair, fairgrounds

force *f.* strength; force; *pl.* troops; **rendu à force d'homme** having become a man, an adult

forcément *adj.* inevitably

forêt *f.* forest; **forêt vierge** virgin forest; **forêt tropicale** (tropical) rainforest

forge *f.* ironworks

formation *f.* training

forme *f.* form; **en forme** in good shape; **sous forme de** in the form of

former to form, develop; to train

formidable *adj.* fantastic, wonderful

formule *f.* formula; set phrase

fort *adj.* strong; *adv.* strongly; loudly; hard

forteresse *f.* fortress

fossé (*m.*) **des générations** generation gap

fou (folle) *adj.* crazy, mad; wild; **être amoureux/-se fou (folle) de** to be madly in love with; **être fou (folle) de** to be crazy about

fougasse *f.* a kind of bread made with olive oil and flavored with herbs, olives, etc.

foule *f.* crowd

fourrure *f.* fur

foutre: ils s'en foutent *vulg.* they don't give a damn, they couldn't care less

foyer: femme (*f.*) **au foyer** housewife

frais (fraîche) *adj.* fresh; cool; *n. m. pl.* charges; **frais d'inscription** registration fees; **il fait frais** it's chilly (out)

franc (franche) *adj.* candid, straightforward; *n. m.* franc (*currency*); **Francs** *m. pl.* Franks (*people*)

français *m.* French (*language*); *adj.* French; **Français(e)** *m., f.* French person

franchement *adv.* candidly, honestly; frankly

franchir le cap de... ans to turn . . . years old

franchise *f.* frankness, straightforwardness, candor

francophone *adj.* French-speaking; **Franco-phone** *n. m., f.* French speaker

frange *f.* bangs

frappant *adj.* striking

fréquemment *adv.* frequently

frère *m.* brother; **beau-frère** step-brother, brother-in-law; **demi-frère** half brother; **frère aîné** older brother; **frère jumeau** twin brother

fresque *f.* fresco

frisé *adj.* curly, frizzy; **avoir les cheveux frisés** to have very curly hair

frit (*p.p.* of **frire**) *adj.* fried

frites *f. pl.* French fries

froid *adj.* cold; **avoir froid** to be (feel) cold; **faire froid (il fait froid)** to be cold (*weather*); *n. m.* chill

froissé *adj.* crumpled

fromage *m.* cheese

se froncer to frown, furrow (*brow*)

front *m.* front (*war*); forehead

frontière *f.* border

fruit *m.* fruit; **fruits de mer** seafood

fulminant *adj.* enraged, livid

fumant *adj.* smoking

fumé *adj.* smoked

fumer to smoke

fumeur/-se *m., f.* smoker

funérailles *f. pl.* funeral

furieux/-se *adj.* furious

fusée *f.* rocket

fut (*p.s.* of **être**)

futur *adj., n. m.* future; *m. gram.* future tense; **futur antérieur** *gram.* future perfect; **futur proche** *gram.* near future; **futur simple** *gram.* simple future

G

gâchis: quel gâchis! What a waste!

gaffe: faire une gaffe to make a blunder

gagnant *m., f.* winner

gagner to earn; to win

galère: quelle galère! what a drag, pain!

garçon *m.* boy

garde: prendre garde to beware, watch out

garder to keep

gardien(ne) *m., f.* guardian; attendant; cowherd

gare *f.* train station; **en gare** in the station

garé *adj.* parked

se garer to park

garni *adj.* full of, adorned with

gâté *adj.* spoiled

gauche *adj.* left; *f.* left (*side*); **la Gauche** the Left (*politics*); **la Rive gauche** Left Bank

gaufre *f.* waffle

se gaver to stuff oneself

gaz *m.* gas; **gaz carbonique** carbon dioxide

géant *adj.* giant, gigantic

gelé *adj.* frozen; **aux temps gelés** when it was freezing (out)

gémir to moan

gêné *adj.* embarrassed

général *adj.* general; **en général** in general, generally speaking; **en règle générale** as a (general) rule

généralement *adv.* usually, generally, as a rule

génération: fossé (*m.*) **des générations** generation gap; **conflit** (*m.*) **des générations** generation gap

généreux/-se *adj.* generous

genêt *m.* broom (*plant*)

génétique *adj.* genetic; *n. f.* genetics

génial *adj.* brilliant, inspired; **c'est génial** that's (it's) great, awesome!

genou *m.* knee; **sur les genoux de** in s.o.'s lap

genre *m.* kind, type, sort; **en son genre** in his/her own way; **le genre humain** mankind, the human race

gens *m. pl.* people; **jeunes gens** young people

gentil(le) *adj.* nice, pleasant; kind

gentillesse *f.* kindness

gentiment *adv.* kindly

géré *adj.* managed; **mal géré** mismanaged

geste *m.* gesture; **faire des gestes** to gesture

gigantesque *adj.* gigantic

glacé *adj.* frozen

glissade: à douces glissades *adv.* slowly

global *adj.* global; **réchauffement** (*m.*) **global** global warming

golfe *m.* gulf

gourde *f.* gourde (*Haitian currency*)

gourmand *adj.* gluttonous

goût *m.* taste; **avoir bon (mauvais) goût** to have good (bad) taste; **de bon (mauvais) goût** in good (bad) taste

goûter to taste

gouvernement *m.* (political) administration, government

gouverneur *m.* governor

grâce à *prep.* thanks to

graine *f.* seed

grammaire *f.* grammar

grand *adj.* tall; big, large; great; **grande nouvelle** big news; **grands titres** headlines; **ouvrir grand les yeux** to open one's eyes wide; **pas grand-chose** not much

grandir to grow up

grandissant *adj.* growing

grands-parents *m. pl.* grandparents

gras(se) *adj.* big, fat; **en caractères gras** in boldface type; **foie gras** foie gras (*goose liver*)

gratte-ciel (*pl.* **gratte-ciels**) *m.* skyscraper

gratuit *adj.* free

grave *adj.* serious; low (*voice*)

gravité *f.* seriousness

gré: bon gré mal gré like it or not, willingly or not

grec (grecque) *adj.* Greek; **Grec (Grecque)** *n. m., f.* Greek (*person*)

grève *f.* strike; shore; **bois** (*m.*) **de grève** shore wood; **faire la grève** to go on strike

grièvement *adj.* seriously, gravely

grimper to climb up

griot *m.* African storyteller

grippe *f.* flu

gris *adj.* gray

grogne *f.* grumbling, discontent

gronder to mutter; to brew

gros(se) *adj.* fat; big, large; thick; **gros bisous** lots of love, hugs and kisses (*letter*)

grossier/-ère *adj.* rough; vulgar

grossièrement *adv.* vulgarly

grotesque *adj.* ludicrous, ridiculous

grotte *f.* cave

guenille *f.* rag

guépard *m.* cheetah

guérisseur/-se *m., f.* medicine man/woman

guerre *f.* war; battle **chant de guerre** battle song; **Deuxième Guerre mondiale** World War II; **la Grande Guerre** World War I

guerrier/-ère *m., f.* warrior

guet: tour (*m.*) **de guet** watchtower

guide *m.* guidebook

guise: à sa guise at will

gym: club (*m.*) **de gym** gym, sports club

H

habile *adj.* skillful, adept

habillé *adj.* dressed

s'habiller to get dressed

habitant(e) *m., f.* inhabitant

habiter to live; to inhabit

habitation *f.* dwelling

habitude *f.* habit; **avoir comme habitude de faire quelque chose** to be in the habit of doing s.th.; **d'habitude** *adv.* usually

habitué(e) *m., f.* regular (customer)

habituel(le) *adj.* usual

s'habituer à to get used to

*****haine** *f.* hate, hatred

*****haïr** (*p.p.* **haï**) to hate, detest

hanches *f. pl.* hips

harmonieux/-se *adj.* harmonious

*****hâte: avoir hâte de** + *inf.* to be eager to (*do s.th.*)

*****haut** *m.* height; *adj.* high; tall; important; *adv.* loudly; **en haut (de)** at the top (of); **Haut-Commissariat** High Commission; **haut-lieu** a Mecca (for tourists, etc.)

hauteur *f.* height; **venir à la hauteur de quelqu'un** to come toward s.o.

hebdomadaire *adj.* weekly

hélas *interj.* alas

herbe *f.* grass; *f. pl.* herbs

héritage *m.* inheritance, heritage, legacy

hériter to inherit

***héros** *m.* hero

hésiter to hesitate

hêtre *m.* beech (tree)

heure *f.* hour; time; **à l'heure** on time; **de bonne heure** early; **dix heures (10 h)** ten o'clock; **faire des heures supplémentaires** to work overtime; **il y a deux heures** two hours ago; **quart** (*m.*) **d'heure** 15 minutes

heureusement *adv.* fortunately

heureux/-se *adj.* happy; fortunate

se heurter to come up against

***hibou** (*pl.* **hiboux**) *m.* owl

hier *adv.* yesterday; **hier soir** last night

hippopotame *m.* hippopotamus

histoire *f.* history; story; **quelle histoire!** what a mess!

historique *adj.* historical, historic

hiver *m.* winter; **en hiver** in winter

hocher la tête to nod one's head (affirmatively); to shake one's head (negatively)

hommage: en hommage à paying tribute to, in homage to

homme *m.* man; **droits** (*m. pl.*) **de l'homme** human rights; **homme** (*m.*) **d'affaires** businessman; **rendu à force d'homme** having become a man, an adult; **soins** (*m. pl.*) **pour homme** skincare products for men

honnêteté *f.* honesty

honneur *m.* honor; **demoiselle** (*f.*) **d'honneur** bridesmaid; **en l'honneur de** in honor of

***honteux: c'est honteux!** *interj.* That's shameful!

hôpital *m.* hospital

horaire *m.* schedule; *pl.* hours; **les horaires de travail** working hours

horloge *f.* clock

horloger *m.* clockmaker, watchmaker

horlogerie *f.* clockworks

horreur *f.* horror; **c'est l'horreur** it's awful; **film** (*m.*) **d'horreur** horror movie; **quelle horreur!** how horrible!

horrible *adj.* horrible, terrible

hôte *m.* host

hôtel *m.* hotel; **hôtel de luxe** luxury hotel; **l'Hôtel du Gouverneur** the Governor's Mansion

hôtesse *f.* hostess; **hôtesse de l'air** flight attendant

***huit** *adj.* eight

humain *adj.* human; humane; **être** (*m.*) **humain** human being; **genre** (*m.*) **humain** mankind, the human race

humaniser to humanize, make more humane

humanitaire *adj.* humanitarian; **action** (*f.*) **humanitaire** humanitarian relief; **aide** (*f.*) **humanitaire** humanitarian aid, assistance

humanité *f.* humanity

humeur *f.* mood; **de bonne (mauvaise) humeur** in a good (bad) mood

humide *adj.* humid, damp

humour *m.* humor

hurler to howl

hymne *m.* hymn; **hymne national** national anthem

hypothèse *f.* hypothesis

I

ici *adv.* here; **d'ici à 2012** by 2012; **d'ici cinquante ans** fifty years from now; **d'ici peu de temps** before long, a short time from now

icône *f.* icon

idéaliser to idealize

idée *f.* idea; **se changer les idées** to take one's mind off things

identifier to identify; **s'identifier à** to identify oneself with

il *pron., m. s.* he; it; there; **ils** *pron., m. pl.* they; **il y a** there is/are; ago

île *f.* island

illettré *adj.* illiterate

illustrer to illustrate

ils *pron., m. pl.* they

image *m.* picture; image; **conseil** (*m.*) **en image** image consulting

imaginaire *adj.* imaginary; *n. m.* the imaginary

imaginer to imagine

imitateur/-trice *m., f.* impersonator

imiter to imitate, reproduce

immense *adj.* vast, huge, tremendous

immeuble *m.* apartment building

immigré(e) *m., f.* immigrant

imparfait *m., gram.* imperfect tense

s'impatienter to become impatient

impératif *m. gram.* imperative

impliquer to involve; **s'impliquer** to get involved in

impoli *adj.* impolite

importe: n'importe où anywhere; **n'importe quel(le)** any, no matter which; **n'importe quand** no matter when, anytime

imposer to impose; to require

impôt *m.* tax

impression: avoir l'impression de to feel as though; **avoir l'impression que** to have a feeling that, to get the impression that; **faire bonne (mauvaise) impression** to make a good (bad) impression

impressionnant *adj.* impressive

impressionner to impress

imprévisible *adj.* unforeseeable, unpredictable

imprévu *adj.* unforeseen

impuissant *adj.* impotent

impulsion: sous l'impulsion de by the behest of (*s.o.*), spurred on by

inassouvi *adj.* unsatisfied

inattendu *adj.* unexpected

incapable *m., f.* incompetent (*person*)

incarner to incarnate, personify

incendie *m.* fire

incertain *adj.* uncertain

incertitude *f.* uncertainty, doubt

inclure to include

inconnu *adj.* unknown; *n. m., f.* stranger, unknown person

inconscient *m.* unconscious

incontrôlable *adj.* uncontrolable

inconvénient *m.* disadvantage

incroyable *adj.* incredible

indécis *adj.* undecided

indéfini *adj.* indefinite

indéfinissable *adj.* indefinable

indicatif *m. gram.* indicative mood

indicible *adj.* unspeakable

indiquer to indicate, tell, show, say

indiscipliné *adj.* undisciplined, unruly

individu *m.* individual, person

individuel(le) *adj.* individual

indulgent *adj.* lenient

industrie *f.* industry; hard work

inégalité *f.* inequality

inefficace *adj.* ineffective; *n. m., f.* inefficient (*person*)

inégalité *f.* inequality

inertie *m.* inertia

inférieur *m.* low, lower; **classe** (*f.*) **inférieure** lower class

infinitif *m. gram.* infinitive

infirmier/-ère *m., f.* nurse

infirmité *f.* disability

informaticien(ne) *m., f.* computer scientist

informatique *adj.* **computer;** *m., f.* computer science

information *f.* piece of information; *pl.* information, news

s'informer sur to become informed about

infos. *See* **information**

ingénieur *m., f.* engineer

ingénieux/-se *adj.* ingenious

inhabituel *adj.* unusual

inhumé *adj.* buried

inimaginable *adj.* unimaginable

injure *m.* insult

innombrable *adj.* innumerable

innovateur/-trice *adj.* innovative

inondation *f.* flood

inoubliable *adj.* unforgettable

inquiétant *adj.* disturbing, worrying; **inquiet/-ète** *adj.* worried; concerned

s'inquiéter (je m'inquiète) to worry

inscription: frais (*m. pl.*) **d'inscription** registration fees

s'inscrire (à) (*like* **écrire**) *irreg.* to register (for), to enroll (in)

inscrit *adj.* inscribed, listed

s'insérer dans to filter into

insister to insist; **insister pour** (+ *inf.*) to insist on (*doing s.th.*); **insister pour que** to insist that

insolite *adj.* out of the ordinary, unusual

insoutenable *adj.* unbearable

inspirer to inspire

installation *f.* setting up

installé (*adj.*) **à** living in

installer to install, put up; **s'installer** to settle down; to settle

insuffisant *adj.* insufficient

insupportable *adj.* unbearable, intolerable

intégrer (j'intègre) to integrate; **s'intégrer** to become integrated

intensément *adv.* intensely

intention: avoir l'intention de + *inf.* to intend to (*do s.th.*)

interdire (*like* **dire**) *irreg.* to forbid, prohibit

interdit *m.* prohibition

intéressant *adj.* interesting

intéresser to interest; **s'intéresser à** to be interested in

intérêt *m.* interest

intérieur: à l'intérieur de *prep.* inside, within

interlocuteur/-trice *m., f.* interlocutor, person being spoken to

intermédiaire: par l'intermédiaire de via, through the medium of

interprétation *f.* role; interpretation

interpréter to interpreter, to play (*role*)

interroger to question

interrompre (*like* **rompre**) *irreg.* to interrupt

intervenir (*like* **venir**) *irreg.* to intervene

intervenu *adj.* that took place

interviewer to interview

intime *adj.* intimate; **ami(e)** (*m., f.*) **intime** close friend

intitulé *adj.* entitled

intransigeant *adj.* uncompromising

inventaire inventory

inventeur/-trice *m., f.* inventor

inventer to invent

inverse *adj.* opposite, reverse

inverser to reverse

investir to invest

invité(e) *m., f.* guest

inviter to invite

irréel *m.* the unreal

irremplaçable *adj.* irreplaceable

isolé *adj.* isolated

issu de *adj.* born of; stemming from

italien *n. m.* Italian (*language*); *adj.* Italian; **Italien(ne)** *n. m., f.* Italian (*person*)

itinéraire *m.* itinerary

Ivoire: Côte d'Ivoire *f.* Côte d'Ivoire (formerly referred to in English as Ivory Coast)

J

jaloux/-ouse *adj.* jealous

jamais *adv.* ever; never; **ne... jamais** never

jambe *f.* leg

janvier *m.* January

japonais *adj.* Japanese; **Japonais(e)** *n. m., f.* Japanese (*person*)

jardin *m.* garden

jasmin *m.* jasmine

jaune *adj.* yellow

je (j') *pron., s.* I

jeans (*m. pl.*) **taille-basse** low-waisted jeans

jet d'eau *m.* fountain

jeter (je jette) to throw; to throw away; cast; **se jeter dans** to flow into

jeu *m.* (*pl.* **jeux**) game; **jeux vidéo** video games

jeudi *m.* Thursday

jeune *adj.* young; *n. m. pl.* young people, youth; **jeune fille** *f.* girl

jeunesse *f.* youth

joie *f.* joy

joindre (*like* **craindre**) *irreg.* to join

joint (*p.p. of* **joindre**) *adj.* joined, attached

joue *f.* cheek; **mettre quelqu'un en joue** to take aim at s.o.; **fard** (*m.*) **à joue** blush (*makeup*)

jouer to play; **jouer à** (+ game, sport) to play (game, sport); **jouer un rôle** to play a part, role

jour *m.* day; light; **actualité** (*f.*) **du jour** the latest news; **de nos jours** nowadays; **du jour au lendemain** from one day to the next, right away; **en plein jour** in broad daylight; **jour férié** holiday, day off; **mettre à jour** to bring (*s.th.*) up to date; **par jour** a day, per day; **se présenter sous son meilleur jour** to show oneself to advantage, in one's most flattering light; **tous les jours** every day; **un jour ou l'autre** eventually, sooner or later

journal *m.* (*pl.* **journaux**) newspaper; diary, journal; **kiosque** (*m.*) **à journaux** newsstand; **journal télévisé** TV newscast

journaliste *m., f.* reporter; journalist

journée *f.* day; **à longueur de journée** all day long; **toute la journée** all day long

joyau *m.* (*pl.* **joyaux**) gem

joyeux/-se *adj.* joyous

jugé *adj.* judged to be, considered

jugement *m.* opinion

juger (nous jugeons) to judge

juif (juive) *m., f.* Jew; *adj.* Jewish

juillet *m.* July

juin *m.* June

jumeau *m.* (*pl.* **jumeaux**) male twin

jumelle *f.* female twin

jupe *f.* skirt; **dans les jupes** underfoot

juridique: conseiller (*m.*) **juridique** *m.* legal advisor

jus de fruit *m.* fruit juice

jusque *prep.* as far as; **jusqu'à** *prep.* until, up to; **jusqu'à ce que** until; way; **jusqu'à présent** up to now

juste *adj.* just; right; fair; *adv.* just; **juste au moment où** just when

justement *adv.* exactly, precisely

justifier to justify

K

kilo *m.* kilo(gram)

kilomètre *m.* kilometer

kiosque (*m.*) **à journaux** newsstand

klaxonner to honk (*horn*)

L

la (l') *art., f. s.* the; *pron., f. s.* it, her

là *adv.* there

là-bas *adv.* over there

lac *m.* lake

lâche *adj.* cowardly

lâcher to blurt out

laine *f.* wool

laisser to leave; to let, allow; **laisser tomber** to drop; **laisser tranquille** to leave (*s.o.*) alone

lait *m.* milk

lampe *f.* lamp; light

lancement: base (*m.*) **de lancement** *m.* launching site

lancer to launch, initiate; make; **lancer des affirmations** to make assertions

langue *f.* language; tongue; **ne pas avoir sa langue dans sa poche** to speak one's mind, be straightforward

lapin *m.* rabbit; **poser un lapin à quelqu'u1n** to stand someone up

laquelle. *See* **lequel**

large *adj.* broad

largement *adv.* largely; widely

largeur *f.* width

las(se) *adj.* weary

laurentien(ne) *adj.* of the St. Lawrence River

lavande *f.* lavender

laver to wash; **se laver les mains** to wash one's hands

lax *m.* a dish made of a mix of millet and curds

le (l') *art., m. s.* the; *pron., m. s.* it, him

leçon *f.* lesson

lecteur/-trice *m., f.* reader

lecture *f.* reading

légende *f.* caption

léger/-ère *adj.* light; slight; **prendre à la légère** to take lightly

légèrement *adv.* slightly

lendemain *m.* next day, day after; **du jour au lendemain** from one day to the next, right away; **dès le lendemain** (from) the next day

lent *adj.* slow

lentilles (*f. pl.***) de contact** contact lenses

lequel (laquelle, lesquels, lesquelles) *pron.* which one, who, whom, which

les *art., pl., m., f.* the; *pron., pl., m., f.* them

lettre *f.* letter; *f. pl.* literature; **en toutes lettres** written out in full

leur *adj., m., f.* their; *pron., m., f.* to them; **le/la/les leur(s)** *pron.* theirs

lever (je lève) to raise, lift; **se lever** to get up; to get out of bed

lèvre *f.* lip

libanais *adj.* Lebanese

liberté *f.* liberty, freedom

librairie *f.* bookstore

libre *adj.* free; **union (***f.***) libre** living together without marriage

licence *f.* French university degree

licenciement *m.* dismissal, firing

licencier to fire

lié *adj.* tied, connected, linked

lien *m.* tie; link

se lier d'amitié to become friends with

lieu *m.* place; **au lieu de** *prep.* instead of; **avoir lieu** to take place; **haut-lieu** Mecca (*fig*); **lieu de rencontre** place where people meet; **lieu de villégiature** vacation resort

lièvre *m.* hare; **lièvre boucane** smoked hare

ligne *f.* line; **ligne aérienne** airline; **en ligne** *adv.* online

limiter to limit

limonade *f.* lemonade

lire (*p.p.*** lu)** *irreg.* to read

lit *m.* bed

littéraire *adj.* literary

littéralement *adv.* literally

littérature *f.* literature

locaux *m. pl.* premises

locataire *m., f.* tenant

logement: allocation (*f.***) logement** housing allowance

logiciel *m.* software

logique *f.* logic; *adj.* logical

loi *f.* law

loin *adv.* far away; **loin de** *prep.* far from

loisirs *m. pl.* leisure-time activities

Londres London

long (longue) *adj.* long; **le long de** along; **coureur (***m.***) longue-distance** long-distance runner; **tout au long de** *prep.* throughout; **tout le long** *adv.* all the way; **à long-terme** long-term; **long métrage** full-length, feature film

longtemps *adv.* long; (for) a long time

longueur *f.* length; **à longueur de journée** all day long; **sur 300 m. de longueur** 300 m. long

look *m.* image, style

lors de *prep.* during

lorsque *conj.* when

loto *m.* lottery

louanger to praise, extol

louer to rent

lourd *adj.* heavy

loyer *m.* rent

lu (*p.p.* of **lire**) *adj.* read

lui *pron., m., f.* he; it; to him; to her; to it

lui-même *pron., m. s.* himself

luisant *adj.* gleaming

lumière *f.* light; **que la lumière soit!** let there be light!

lundi *m.* Monday

lune *f.* moon

lunettes *f. pl.* glasses

lutte *f.* struggle, battle

lutter to fight, battle; to struggle

luxe: hôtel de luxe *m.* luxury hotel

lycée *m.* French secondary school

lycéen(ne) *m., f.* French secondary school student

M

ma *poss. adj., f. s.* my

madame (*pl.* **mesdames**) *f.* Madam, Mrs., Ms.

mademoiselle (*pl.* **mesdemoiselles**) *f.* Miss, Ms.

magasin *m.* store, shop

magasinage: faire du magasinage to go shopping (*Quebec*)

maghrébin *adj.* from North Africa, the Maghreb; **Maghrébin(e)** *n. m., f.* North African (*person*)

magicien(ne) *m., f.* magician

magie *f.* magic

magnifique *adj.* magnificent

magret (*m.*) **de canard** duck filet, breast of duck

mai *m.* May

maigre *adj.* very slim; slight

mail *m.* e-mail

main *f.* hand; **demander la main de quelqu'un** to ask for s.o.'s hand in marriage; **les mains vides** empty-handed; **serrer la main à quelqu'un** to shake s.o.'s hand; **se serrer la main** to shake hands

main-d'œuvre *f.* manpower, labor

maint *adj.* many, many a

maintenant *adv.* now

maintenir to maintain, keep up

maintien *m.* maintenance, preservation

maire *m.* mayor

mairie *f.* city or town hall

mais *conj.* but

maison *f.* house, home; **à la maison** at home

maîtresse *f.* mistress

maîtrise *f.* master's degree; **être en maîtrise** to be in one's fourth year of college

maîtriser to control

majeur *adj.* major

majorité: en majorité *adv.* mainly, mostly

mal *adv.* badly; poorly; *n.* bad; harm, troubles; **avoir du mal à** + *inf.* to have trouble (*doing s.th.*); **bon gré mal gré** like it or not, willy-nilly; **c'est mal de mentir** lying is a bad thing; **mal à l'aise** ill at ease; **mal de vivre** profound discontentment; **mal du pays** homesickness; **pas mal de** a lot of; **prendre quelque chose mal** to take something badly; **tant bien que mal** as best as possible, the best they (I, we, etc) can/could

malade *adj.* ill, sick; *n. m., f.* patient, sick person

maladie *f.* illness, disease; **assurance maladie** (*f.*) health insurance

maladroit *adj.* clumsy

malchance *f.* misfortune

malédiction *f.* curse

malgré *prep.* in spite of, despite

malheur *m.* bad luck, unhappiness; **porter malheur** to bring bad luck

malheureux/-se *adj.* unhappy

malheureusement *adv.* unfortunately; sadly

malhonnêteté *f.* dishonesty

malsain *adj.* unhealthy, unwholesome

maltraité *adj.* abused

maman *f., fam.* mom, mommy

mandat *m.* money order

manège *m.* merry-go-round; people going back and forth in the street (*fig.*)

manger (nous mangeons) to eat

manière *f.* manner, way

manifestation *f.* demonstration, protest

manifester to demonstrate, protest

mannequin *m.* model

manque *m.* lack; **quel manque de chance!** what bad luck!

manquer (de) to lack, be lacking; to be missing; to fail; **manquer à quelqu'un** to be missed by s.o.

manteau *m.* coat

maquillage *m.* makeup

se maquiller to put on makeup

maquis: prendre le maquis to go underground, join the Resistance (World War II)

marchand(e) *m., f.* vendor; **marchand(e) ambulant(e)** peddler

marché *m.* market

marcher to work, function

mardi *m.* Tuesday

marge *f.* margin

mari *m.* husband

mariage *m.* marriage; wedding; **demander en mariage** to ask to marry (*s.o.*)

marié *adj.* married

se marier to get married

marin *m.* sailor; *adj.* marine

Maroc *m.* Morocco

marocain *adj.* Moroccan; **Marocain(e)** *n. m., f.* Moroccan (*person*)

marqué *adj.* marked; indicated

marraine *f.* godmother

marron *adj. inv.* brown

mars *m.* March; Mars

Marseillais(e) *m., f.* inhabitant of Marseilles; **la** *Marseillaise* French national anthem

marteau *m.* hammer

martiniquais *adj.* from Martinique; **Martiniquais(e)** *m., f.* person from Martinique

masculin *adj.* masculine; male

masque *m.* mask

masse *f.* mass; **production** (*f.*) **de masse** mass production

massif *m.* old, rounded mountain range

mat *adj.* unshiny; dark (*complexion*)

match *m.* game, match

matériel *m.* equipment

maternelle: langue (*f.*) **maternelle** native language

maternité *f.* maternity hospital

mathématicien(ne) *m., f.* mathematician

mathématique *adj.* math; **enseignment** (*m.*) **mathématique** teaching of math

maths *f. pl.* math

matière *f.* matter, subject; **en matière de** as far as (*subject*) is concerned, as regards; **table** (*f.*) **des matières** table of contents

matin *m.* morning; **le matin** in the morning; **tôt le matin** early in the morning

matinée *f.* morning

maure (mauresque) *adj.* Moorish; **Maure (Mauresque)** *n. m., f.* Moor (*person*)

mauvais *adj.* bad; wrong; **au mauvais moment** at the wrong time; **avoir mauvais goût** to have bad taste; **de mauvais goût** in bad taste; **être de mauvaise humeur** to be in a bad mood; **faire mauvais (il fait mauvais)** to be bad weather; **faire (une) mauvaise impression** to make a bad impression; **jeter un mauvais sort** to put a curse on (*s.o.*)

mazout: chauffé (*adj.*) **au mazout** oil-heated

mécanicien/-enne *m., f.* mechanic

mèches *f. pl.* highlights

mécontent *adj.* discontented, displeased

médecin *m.* doctor, physician

médecine *f.* medecine (*field of study*); **faire des études de médecine** to go to med school

médicaments *m. pl.* medicine, drugs

médisance *f.* malicious gossip

méditer to meditate; to contemplate

Méditerranée: mer (*f.*) **Méditerranée** the Mediterranean Sea

meilleur *adj.* better; **le/la meilleur(e)** the best; **se présenter sous son meilleur jour** to show oneself to advantage, in the most flattering light

mélange *m.* mixture

mêler to mix, combine; **se mêler de** to meddle in; to combine, mix with

melon: chapeau (*m.*) **melon** bowler, derby hat

membre *m.* member

même *adj.* same; itself; very; *n. m. pl., f. pl.* the same (ones); *adv.* even; **à même** right in (*s.th.*); **quand même** all the same; anyway; **tout de même** all the same; still! honestly!

mémoire *f.* memory; memoire

menace *f.* threat

menacer to threaten

mendiant(e) *m., f.* beggar

mendier to beg

mener to lead; **mener la vie dure à quelqu'un** to make life difficult for s.o.

mensonge *m.* lie

menteur/-se *m., f.* liar

mentionner to mention

mentir (*like* **partir**) *irreg.* to lie, tell a lie

menu *m.* fixed-price menu

mépris *m.* scorn

mer *f.* sea; **en mer** at sea; **fruits de mer** seafood; **Mer Méditerranée** Mediterranean Sea; **outre-mer** overseas

merci *interj.* thank you

mercredi *m.* Wednesday

mère *f.* mother; **belle-mère** step-mother; mother-in-law; **mère de famille** mother, housewife

merisier *adj.* cherry (*wood*)

mériter (de) to deserve (to)

merveilleux/-se *adj.* marvelous; *m.* the supernatural

mes *poss. adj., m., f. pl.* my

mésaventure *f.* misadventure

messe *f.* Mass

mesure *f.* measure, action; **prendre des mesures** to take steps, action

mesurer to measure; **mesurer... kilomètres** to be . . . kilometers long

métier *m.* occupation, trade, profession

métrage: court- (long) métrage short subject (full-length, feature) film

métro *m.* subway

mettre (*p.p.* **mis**) *irreg.* to put, place; to put on; to turn on; **mettre à jour** to bring up to date; **mettre dehors** to kick (*s.o.*) out; **mettre en échec** to defeat; **mettre en évidence** to show; **mettre en joue** to aim a gun (*at s.o.*); **mettre en œuvre** to implement; **mettre en place** to implement; **mettre en scène** to present; to direct; **mettre fin à** to put an end to; **mettre mal à l'aise** to make (*s.o.*) uncomfortable; **mettre sur pied** to implement; **se mettre à** + *inf.* to start to (*do s.th.*); **se mettre en colère** to get angry; **se mettre en mouvement** to begin moving; **se mettre en place** to occur

meunière: sole (*f.*) **meunière** sole dipped in flour and fried in butter

mexicain *adj.* Mexican; **Mexicain(e)** *n. m., f.* Mexican (*person*)

Mexique *m.* Mexico

micro *m.* mike, microphone

midi *m.* noon; **après-midi** *m.* afternoon; **le Midi** the South of France

mien: le/la/les mien(ne)(s) *pron.* mine

mieux *adv.* better; **le mieux** the best; **aimer mieux** to prefer; **faire son mieux** to do one's best; **il vaut mieux que** it's better that; **le mieux est de** the best thing is to (*do s.th.*)

mignon(ne) *adj.* cute, adorable

migrateur: oiseaux (*m. pl.*) **migrateurs** migratory birds

milieu *m.* environment; **au milieu de** *prep.* in the middle of

militaire *adj.* military

mille *adj.* thousand; **merci mille fois** thanks a million

millénaire *adj.* ancient, thousands of years old; *n. m.* millenium

millier *m.* thousand

mince *adj.* slender

mineur *m.* minor, under-age child

ministre *m., f.* government minister, cabinet member; **premier ministre** prime minister

minoritaire *adj.* minority, in a minority

minuit *m.* midnight

miroir *m.* mirror

miroiter to sparkle, shimmer

mis (*p.p. of* **mettre**)

misère *f.* poverty

mi-temps: à mi-temps *adv.* part-time

mixte *adj.* mixed

se mobiliser to join forces (and take action)

mode *f.* fashion; **être à la mode** to be in style; *m.* mode; **mode de vie** lifestyle

modèle *m.* model

modélisme *m.* model-making

modification *f.* change

modifier to modify, alter, change

moi *pron. s.* me, I; **chez moi** at my home; **moi-même** *pron. s.* myself

moins (de) *adv.* less; fewer; minus; **à moins de/que** unless; **au moins** at least; **de moins en moins** less and less; **le moins + adv.** the least + *adv.*; **le/la/les moins + adj.** the least + *adj.*; **plus ou moins** more or less

mois *m.* month; **par mois** a month, per month

moisi *adj.* moldy, mildewed

moment *m.* moment; **au moment où** when; **au bon (mauvais) moment** at the right (wrong) time; **en ce moment** now, currently; **passer un bon moment** to have a good time

mon (ma, mes) *poss. adj.* my

monde *m.* world; **Tiers-Monde** Third World countries; **tout le monde** everyone

mondial *adj.* world, global; **Deuxième Guerre mondiale** World War II

mondialisation *f.* globalization

Monégasque *m., f.* Monacan (*person*)

moniteur/-trice *m., f.* instructor

monnaie *f.* currency

monsieur *m.* (*pl.* **messieurs**) sir, Mr.

montagne *f.* mountain; **chaîne de montagnes** *f. pl.* mountain range

montagneux/-se *adj.* mountainous

monter to go up rise; **monter dans** to go up to; to get into

montre *f.* watch

montrer to show; to express; **montrer du doigt** to point (to); **se montrer** to prove to be; to appear to be

moralement *adv.* mentally

morne *adj.* sullen

mort *f.* death

mort(e) (*p.p. of* **mourir**) *adj.* dead

mosaïque *f.* mosaic

mosquée *f.* mosque

mot *m.* word; **mot apparenté** cognate; **en un mot** in a word

moteur *m.* engine; **moteur à essence** gas engine; **moteur de recherche** search engine

motif *m.* motive

motivé *adj.* motivated, driven

moto *f.* motorcycle

motoneige *f.* snowbike

mouette *f.* seagull

moule *m.* cast; **moule de plâtre** plaster cast; *f. pl.* mussels

moulin *m.* mill, windmill

mourir (*p.p.* **mort**) *irreg.* to die

mourut (*p.s. of* **mourir**)

mousse *m.* ship's boy; *f.* foam, froth

mouton *m.* sheep

mouvement *m.* movement

moyen *m.* means; way; **moyen de transport** means of transportation

moyen(ne) *adj.* middle; **classe** (*f.*) **moyenne** middle class; **Moyen-Âge** *m.* Middle Ages

moyenne *f.* average; **en moyenne** on average

multicolore *adj.* many-colored

se multiplier to increase

mur *m.* wall

muraille *f.* high stone wall

musculation: faire de la musculation to do weightlifting, body-building

musée *m.* museum

musicien(ne) *m., f.* musician

musique *f.* music; **musique de fond** background music

musulman(e) *adj., m., f.* Muslim

mystère *m.* mystery

mystérieux/-se *adj.* mysterious

mythique *adj.* mythical

N

nager to swim

naissance *f.* birth; **donner naissance à** to give birth to; **tache de naissance** birthmark

naître (*p.p.* **né**) *irreg.* to be born

naquit (*p.s. of* **naître**)

narine *f.* nostril

natation: faire de la natation to swim

natif/-ve *adj.* native

national: hymne (*m.*) **national** national anthem

nature: amateur (*m.*) **de nature** nature-lover

navire *m.* ship

ne (n') *adv.* no; not; **ne... aucun(e)** none, not one; **ne... jamais** never, not ever; **ne... ni... ni** neither . . . nor; **ne... nulle part** nowhere; **ne... pas** not; no; **ne... pas du tout** not at all; **ne... pas encore** not yet; **ne... personne** no one; **ne... plus** no more, no longer; **ne... que** only; **ne... rien** nothing; **n'est-ce pas?** isn't it (so)? isn't that right?

né (*p.p. of* **naître**) *adj.* born

nécessaire *adj.* necessary

nécessité *f.* need, necessity

néerlandais *m.* Dutch (*language*)

négatif/-ve *adj.* negative

Nègre marron *m.* Black person from Guyana

Négresse *f.* (*pejorative*) Black woman

neige *f.* snow

neiger to snow

nettement *adv.* clearly, sharply

nettoyer to clean

neuf *adj.* nine

neuf (neuve) *adj.* new, brand-new

neveu *m.* nephew

nez *m.* nose; **avoir le nez percé** to have a pierced nose

ni neither; nor; **ne... ni... ni** neither . . . nor

nid *m.* nest

nier to deny

Nil *m.* Nile River

niveau *m.* level; standard; **avoir un excellent niveau** to have a good ranking, standard

nocturne *adj.* night; nocturnal; **en nocturne** at night; **vie nocturne** nightlife

Noël *f.* Christmas; **étrennes** (*f. pl.*) **de Noël** Christmas presents; **sapin** (*m.*) **de Noël** Christmas tree

noir *adj.* black; Black; *n. m., f.* Black (*race*); **faire noir** to be dark out

nom *m.* name; noun; **nom de famille** last name

nombre *m.* number

nombreux/-se *adj.* numerous, many; **famille** (*f.*) **nombreuse** large family

nommer to name

non *interj.* no; not; **non plus** neither, not . . . either

nord *m.* north; **Amérique** (*f.*) **du Nord** North America; **Afrique** (*f.*) **du Nord** North Africa; **au nord (de)** in the north (of)

normal *adj.* natural

norme *f.* norm

nos *poss. adj., m., f. pl.* our; **de nos jours** these days, currently; **jusqu'à nos jours** right up to today

nostalgie *f.* nostalgia; **avoir la nostalgie de** to long for

notamment *adv.* notably, in particular

noter to notice; to note (down)

notion *f.* notion, idea

notre *poss. adj., m., f. s.* our

nourrir to feed, nourish

nourriture *f.* food

nous *pron., pl.* we; us

nouveau (nouvel, nouvelle, nouveaux, nouvelles) *adj.* new; **à (de) nouveau** (once) again; **Nouvelle-Écosse** Nova Scotia

nouvelle *f.* (piece of) news; **demander des nouvelles de** to ask about (*s.o.*)

novembre *m.* November

noyau *m.* core, heart

noyé *adj.* drowned

nu *adj.* naked

nuage *m.* cloud

nucléaire *adj.* nuclear

nuire à (*p.p.* **nui**) *irreg.* to hurt, damage

nuit *f.* night; **boîte** (*f.*) **de nuit** nightclub; **faire un nuit blanche** to stay up all night

nul(le) *adj.* stupid, incompetent

numéro *m.* number

numéroter to number

O

obéir (à) to obey
objectif *m.* objective, goal
objet *m.* object
obligatoire *adj.* mandatory, obligatory
obligé *adj.* obliged (to); required
obsédé *adj.* obsessed (with)
observer to observe; to look at
obtenir (*like* **tenir**) *irreg.* to obtain; **obtenir son diplôme** to graduate
obtenu (*p.p. of* **obtenir**)
occasion *f.* occasion; opportunity; **à l'occasion d'une soirée** at a party; **avoir l'occasion de** to have the opportunity to (*do s.th.*)
occidental *adj.* Western; **Occidentaux** *n. m. pl.* the West, Western countries
occupé *adj.* busy
occuper to occupy; to hold (position); **s'occuper (de)** to keep busy; to take care (of)
octobre *m.* October
odeur *f.* aroma, smell
œil *m.* (*pl.* **yeux**) eye
œillet *m.* carnation
œuvre *f.* work; artistic work; **chef-d'œuvre** (*m.*) masterpiece; **main-d'œuvre** (*f.*) manpower, labor; **mettre en œuvre** to implement
officiel(le) *adj.* official
offre (*f.*) **d'emploi** job offer
offrir (*p.p.* **offert**) *irreg.* to offer; to give
oiseau *m.* bird; **oiseaux migrateurs** migratory birds
ombre *f.* shadow
oncle *m.* uncle
onze *adj.* eleven
opiner de la tête to nod
opposant(e) *m., f.* opponent
opposé *adj.* (**à**) opposed (to); opposite
s'opposer à to oppose, be against
or *m.* gold; *conj.* now; yet; **en or** golden
orage *m.* storm
orageux/-se *adj.* turbulent
ordinaire *adj.* ordinary
ordinateur *m.* computer
ordonné *adj.* ordered
ordre *m.* order
oreille *f.* ear
organiser to organize, set up; to throw (party)
orgue *f.* organ
s'orienter to head toward
originaire de (*adj.*) from
origine *f.* origin; beginning; **à l'origine** originally; **d'origine Marseillaise** from, native of Marseille; **pays d'origine** native country
os *m.* bone
ou *conj.* or; either; **ou bien** or else

où *adv.* where; *pron.* where, in which, when
oublier to forget
ouest *m.* west; **Afrique** (*f.*) **de l'ouest** Western Africa; **sud-ouest** *m.* southwest
oui *interj.* yes; **eh oui** yes (I'm afraid so); **mais oui** (but) of course
ours *m.* bear
outre-mer *m.* overseas
ouvert (*p.p. of* **ouvrir**) *adj.* open; accepting of;
ouverture *f.* opening; **esprit** (*m.*) **d'ouverture** open-mindedness
ouvrier/-ère *m., f.* (factory) worker
ouvrir (*p.p.* **ouvert**) *irreg.* to open; **s'ouvrir** to open, begin
oxyde *m.* oxide
oxymore *m.* oxymoron

P

pacifique *adj.* peaceful
PACS *m.* acronym for *Pacte civil de solidarité*, contract granting rights to nonmarried couples in France
se pacser to enter into a PACS contract
pain *m.* bread
paix *f.* peace; **ficher la paix à quelqu'un** to leave s.o. alone
palais *m.* palace
pancarte *f.* sign
panier *m.* basket
panne: en panne *adv.* out of order
pantalon *m.* pants
pantouflard(e) *m., f., adj.* couch potato
papa *m., fam.* dad, daddy
papauté *f.* papacy
pape *m.* Pope
papier *m.* paper; **papiers d'identité** I.D.
papillon *m.* butterfly
paquet *m.* package
par *prep.* by, through; per; owing to; in; by means of; **finir par** + *inf.* to end up, wind up (*doing s.th.*); **par conséquent** therefore, consequently; **par contre** on the other hand; **par exemple** for example; **par jour (semaine, etc.)** a day, per day (week, etc.); **par Internet** over the Internet; **par l'intermédiaire de** via, through the medium of; **par la suite** afterwards; **par rapport à** in comparison with, with regard to, in relation to; **par terre** on the ground
parachuté *adj.* dropped by parachute
parachutisme *m.* parachuting
paradis *m.* paradise, heaven
paraître (*like* **connaître**) *irreg.* to appear, seem
parallèle *adj.* parallel
parascolaire *adj.* extracurricular
parc *m.* park; **parc aux biches** deer park; **parc forain** fairgrounds

par-delà *adv.* beyond;
par-dessus *prep.* over
parce que *conj.* because
parcimonie: avec parcimonie sparingly
pardon *interj.* sorry, excuse me
pardonner to forgive
pareil(le) *adj.* similar; such
parents *m. pl.* parents; relatives; **beaux-parents** in-laws; **grands-parents** grandparents
paresseux/-se *adj.* lazy
parfait *adj.* perfect; **plus-que-parfait** *m., gram.* pluperfect tense
parfaitement *adj.* perfectly well
parfois *adv.* sometimes, at times
parfum *m.* perfume
parfumé *adj.* scented
parier to bet
parisien(ne) *adj.* Parisian; **Parisien(ne)** Parisian (*person*)
parlement *m.* parliament
parler to speak; **parler haut** to speak loudly
parmi *prep.* among
parole *f.* word; speech; **porte-parole** *m., f.* spokesperson
parrain *m.* godfather
part *f.* share; slice; **à part** besides; **à part entière** full, full-fledged; **d'une part... d'autre part** on the one hand . . . on the other hand; **prendre part à** to take part in, participate in; **quelque part** somewhere
partage *m.* dividing up
partager (nous partageons) to share
partenaire *m., f.* partner
parti *m.* (*political*) party
parti (*p.p. of* **partir**)
participer to participate (in), take part (in)
particularité *f.* characteristic
particulier/-ère *adj.* particular; specific; characteristic; **en particulier** in particular
partie *f.* part; portion; **en partie** partly; **en grande partie** largely, mainly; **faire partie de** to be (a) part of, belong to
partiel(le) *adj.* partial; **à temps partiel** part-time
partir (*like* **dormir**) (**à, de**) *irreg.* to leave; (for, from); **à partir de** *prep.* starting from; based on
partit (*p.s. of* **partir**)
partout *adv.* everywhere, all over
paru (*p.p. of* **paraître**)
parvenir à to reach, come to; **parvenir à** + *inf.* to succeed (*in doing s.th.*)
pas (ne... pas) not; **ne... pas encore** not yet; **ne... pas du tout** not at all
passager/-ère *adj.* fleeting, temporary
passant(e) *m., f.* passer-by

passé *adj.* last; past; *n. m.* past; **ça s'est bien passé?** did everything go well?; **comment ça s'est passé?** how was it? how did it go?; **passé composé** *gram.* compound past tense; **passé simple** *gram.* simple past

passer *intrans.* to pass; to go through; to stop by; *trans.* to pass; to spend (*time*); **comment se passent vos cours?** how are your classes going?; **passer à l'action** to take action; **passer un bon moment** to have a good time; **passer un entretien** to have an interview; **passer un examen** to take a test; **passer une bonne soirée** to have a good evening; **que s'est-il passé?** what happened?; **se faire passer pour** to pass for (*s.o.*); **se passer** to happen

passe-temps *m.* pastime

passionnant *adj.* exciting; fascinating

passionné *adj.* **(par)** passionate, intense (about)

passionner to excite, interest passionately; **se passionner pour** to be fascinated by, have a passion for

patient *adj.* patient; *n. m., f.* patient

patinage *m.* skating

patrimoine *m.* heritage

patron(ne) *m., f.* boss, owner

patte *f.* paw

pâture: chercher pâture (*fig.*) to look for food

pause *f.* break; **faire une pause** to take a break; **pause-café** coffee break

pauvre *adj.* poor; unfortunate; *n. m., f.* poor person

pauvreté *f.* poverty

payant *adj.* for pay

payer (je paie) to pay

payés: congés (*m. pl.*) **payés** paid vacation

pays *m.* country, nation; **avoir le mal du pays** to be homesick; **pays développé** developed country; **pays en voie de développement** developing country

paysage *m.* landscape, scenery

paysan(ne) *m., f.* peasant, farmer

peau *f.* skin; hide

pêche *f.* fishing; **aller à la pêche** to go fishing

pêcher *m.* peach tree

pêcheur *m.* fisherman

pédestre: randonnée (*f.*) **pédestre** hike

se peigner to comb one's hair

peindre (*like* **craindre**) to paint

peine *f.* sorrow, trouble; **valoir la peine** to be worth the trouble

peint *adj.* painted

peintre *m.* painter

peinture *f.* painting

pelage *m.* coat, fur

pèlerinage *m.* pilgrimage

pellicule *f.* film (*photographic*)

se pencher to lean

pendant *prep.* during; for; **pendant ce temps** meanwhile; **pendant combien de temps... ?** (for) how long . . . ?; **pendant les vacances** during vacation; **pendant que** *conj.* while

pendu *adj.* hanging

pénétrer to penetrate

péniblement *adv.* painfully, with difficulty

pénichette *f.* small barge

pénombre *f.* darkness

pensée *f.* thought

penser to think; to reflect; to expect, intend; **penser à** to think about, of; **penser de** to think of, have an opinion about

pension *f.* boarding house

percé *adj.* pierced; **avoir le nez percé** to have a pierced nose

percevoir (*like* **voir**) to perceive, see

perçu *adj.* perceived, seen

perdant(e) *m., f.* loser

perdre to lose; **perdre son temps** to waste one's time

perdu *adj.* lost

père *m.* father; **beau-père** step-father; father-in-law

perfectionniste *adj.* perfectionist

perforé *adj.* perforated

période *f.* period, time

permettre (*like* **mettre**) **(à)** *irreg.* to permit, allow, let; to make possible; **Ça me (nous, leur, etc.) permet de** + *inf.* It makes it possible for me (us, them) to (*do s.th.*)

permis (*p.p. of* **permettre**); *m.* license; **permis de conduire** driver's license

perplexe *adj.* puzzled

personnage *m.* character

personnalité *f.* personality, character

personne *f.* person; *pl.* people; *indef. pron.* no one, nobody; **ne... personne** nobody, no one; **personne d'autre** nobody else; **personne d'autre que** no one but, no one other than; **personne ne** nobody, no one

personnel(le) *adj.* personal

personnel *m.* staff, employees; **chef** (*m.*) **du personnel** personnel officer

perturber to disrupt; to unsettle

petit(e) *m., f.* little one; *adj.* small; little; short; **petit(e) ami(e)** *n. m., f.* boyfriend / girlfriend; **petit déjeuner** *m.* breakfast; **petite annonce** *f.* classified ad

petit-fils *m.* grandson

petite-fille *f.* granddaughter

petits-enfants *m. pl.* grandchildren

pétrole *m.* oil

peu *adv.* little; few; not very; hardly; **à peu près** approximately, about; **d'ici peu de temps** before long; **être content de peu** to be satisfied with little; **peu** + *adj.* not very + *adj.* at all; **peu à peu** little by little; **peu de (d')** + *pl. n.* few + *pl. n.*; **peu de temps après** shortly after; **un peu (de)** a little

peuple *m.* people (*of a country*); the common people

peur *f.* fear; **avoir peur (de)** to be afraid (of); **de peur que** for fear that; **faire peur à** to scare, frighten

peureux/-se *adj.* fearful

peut-être *adv.* perhaps, maybe

phare *m.* lighthouse

phénomène *m.* phenomenon

phoque *m.* seal (*animal*)

photo *f., fam.* photo; **faire de la photo** to do photography

photographe *m., f.* photographer

photographie *f.* photograph

phrase *f.* sentence

physique *adj.* physical; *n. m.* physique; *f.* physics

pièce *f.* play; coin; **pièce de théâtre** play

pied *m.* foot; **à pied** on foot; **mettre sur pied** to implement

piège *m.* trap

piercing *m.* body piercing

pierreux/-se *adj.* stony

pire *adj.* worse; **le/la/les pire(s)** the worst; **au pire** at the worst, if worse comes to worst

piscine *f.* swimming pool

piste *f.* trail; **piste d'atterrissage** landing strip

piton *m.* peak

pittoresque *adj.* picturesque

place *f.* place, space; square; seat; **à la place (de)** in place (of); **à votre (sa, leur, etc.) place** if I were you (him, them); **mettre en place** to implement

plage *f.* beach

plaie *f.* wound, sore

se plaindre (*like* **craindre**) *irreg.* to complain

plaine *f.* plain, plains

plainte: porter plainte to press charges

plaire (*p.p.* **plu**) *irreg.* to please; **ça me (lui, vous, etc.) plaît** I (he, you, etc.) like(s) it; **ça te plairait de** + *inf.?* would you like to (*do s.th.*)?; **s'il vous (te) plaît** *interj.* please

plaisance: navire (*n.*) **de plaisance** pleasure ship

plaisant *adj.* pleasant, nice

plaisanter to joke

plaisanterie *f.* joke

plaisir *m.* pleasure; **faire plaisir à** to please, make (*s.o.*) happy

plan *m.* plan; map; level; **arrière plan** background; **premier plan** foreground; **sur**

le plan social as far as social life is concerned

planer to hover

planète *f.* planet

plante *f.* plant

plastique: arts (*m. pl.*) **plastiques** visual arts

plat *m.* dish; **plat principal** entrée, main course

plateau *m.* plateau; tray

plâtre *m.* plaster; **moule** (*f.*) **de plâtre** plaster cast

plein *adj.* full; **à plein temps** full-time; **à temps plein** full-time; **en plein air** outdoor(s); open-air; **en plein jour** in broad daylight; **en plein** + *n.* right in the middle of + *n.*; **en pleine évolution** rapidly changing; **en pleine forme** in great shape

plénitude *f.* plenitude, fullness

pleurer to cry

pleuvoir (*p.p.* **plu**) *irreg.* to rain

pli *m.* habit

plu (*p.p.* **plaire, pleuvoir**)

pluie *f.* rain

plume *f.* quill pen

plupart: la plupart de most

plus (de) *adv.* more; more . . . than, (-er); plus; **d'autant plus** + *adj.* all the more + *adj.*; **de plus** in addition, moreover; **de plus en plus** more and more, increasingly; **en plus** furthermore, what's more; **le/la/les plus** + *adj.* or *adv.* the most; **le plus de** + *n.* the most; **non plus** neither, not . . . either; **ne... plus** no longer, not anymore, no more; **plus... que** more . . . than; **plus ou moins** more or less; **plus tard** later; **plus tôt** earlier, sooner; **plus-que-parfait** *gram.* pluperfect; **une fois de plus** once again, one more time

plusieurs *adj., pron.* several

plus-que-parfait *m. gram.* pluperfect

plutôt *adv.* instead; rather, quite

pluvieux/-se *adj.* rainy

pneu *m.* tire

poche *f.* pocket; **argent** (*m.*) **de poche** pocket money, allowance; **ne pas avoir sa langue dans sa poche** to speak one's mind, be straightforward

poème *m.* poem

poésie *f.* poetry

poète *m.* poet

poids *m.* weight

poing *m.* fist

point *m.* point; **à quel point** to what (an) extent, how much; **à tous points de vue** in all respects; **point de départ** starting point; **point de vue** point of view; **point cle** key point

pointer to point

poisson *m.* fish

polaire *adj.* polar

polémique *f.* polemic, debate

poivrer to pepper

poli *adj.* polite

politicien(ne) *m., f.* politician

politisé *adj.* politicized

politique *f.* politics; policy; *adj.* political

polluant *adj.* polluting

Polonais(e) *m., f.* Pole

pomme *f.* apple

pommier *m.* apple tree

pompier *m.* firefighter

pont *m.* bridge; **faire le pont** to take an extra day off, make a long weekend

populaire *adj.* popular; working class

port *m*; port, harbor; wearing

portable *adj.* portable; **ordinateur** (*m.*) **portable** laptop; **téléphone** (*m.*) **portable** cell phone

portail *m.* portal, gateway

porte *f.* door

porter to wear; to carry, bear; to bring; **porter malheur** to bring bad luck; **porter plainte** to press charges

poser to pose; to set down; **poser sa candidature** to apply for a job; **poser une question** to ask a question; **poser un lapin à quelqu'un** to stand s.o. up; **se poser** to land

positif/-ve *adj.* positive; **séro-positif** HIV-positive

posséder (**je possède**) to own, possess

possessif/-ve *adj.* possessive

possibilité possibility; chance; **avoir la possibilité de** to have a chance to (*do s.th.*)

possible *adj.* possible; **autant que possible** as much as possible; **le mieux possible** as best as possible; **le plus vite possible** as quickly as possible

postal *adj.* postal, post; **carte** (*f.*) **postale** postcard

poste *m.* job; (professional) position

postuler to apply for

potable: eau (*f.*) **potable** drinking water

poterie *f.* pottery

poubelle *f.* trash, garbage can; **poubelles nucleaires** nuclear waste

poule *f.* hen

pour for; in order to; **pour cent** percent; **pour que** *conj.* in order that, so that

pourquoi *adv., conj.* why

poursuivre (*like* **suivre**) *irreg.* to continue, go on with; to pursue

pourtant *adv.* however, yet, still, nevertheless

pourvoir to provide for

pourvu que *conj.* provided that

pousser to push

pouvoir (*p.p.* **pu**) *irreg.* to be able; can; *m.* power; **je n'en peux plus** I can't take it, stand it anymore

pratique *f.* practice; *adj.* practical

pré *m.* meadow

précédent *adj.* preceding, previous

précéder (**je précède**) to precede

précis *adj.* precise, fixed, exact, specific

préciser to specify

précurseur *m.* precursor

prédire to predict

préfecture *f.* seat of government, locale of administrative offices

préférence *f.* preference

préférer (**je préfère**) to prefer

préjugé *m.* prejudice; **avoir des préjugés** to have preconceived ideas

premier/-ère *adj.* first; earliest; **à première vue** at first sight; **premier ministre** prime minister; **premier plan** foreground; **en premier** *adv.* first

prendre (*p.p.* **pris**) *irreg.* to take; to have (*to eat*); **prendre (les choses) à cœur** to take (things) to heart; **prendre à la légère** to take lightly; **prendre bien (mal)** to take (*s.th.*) well (badly); **prendre bien (mal) les choses** to react positively (negatively) to things; **prendre conscience de** to become aware of, to realize (*s.th.*); **prendre des mesures** to take steps, action; **prendre du retard** to fall behind; **prendre la retraite** to retire; **prendre le maquis** to go underground, join the Resistance (World War II); **prendre part à** to take part in, participate in; **prendre une décision** to make a decision; **prendre une résolution** to make a resolution

prénom *m.* first name

préoccupant *adj.* worrying, worrisome

préoccupé *adj.* worried

se préoccuper (de) to worry about

préparer to prepare; **préparer un examen** to study for an exam; **se préparer** to prepare (*oneself*), get ready

près *adv.* nearby, close; **à peu près** approximately, about; **près de** *prep.* near, close to

prescrire to prescribe

présence *f.* presence; **en présence de** in the presence of

présent *adj.* present; **à présent** now, currently; **jusqu'à présent** up to now

présenter to present; to introduce; **se présenter** to present oneself; to introduce oneself; to arise; **se présenter sous son meilleur jour** to appear to advantage, in one's most flattering light

présentateur/-trice *m., f.* host (*TV*)

préserver to preserve, conserve

président(e) *m., f.* president; **Président Directeur Général (PDG)** CEO

presque *adv.* almost, nearly

presse *f.* press; **presse écrite** print journalism

pression *f.* pressure

prestigieux/-se *adj.* prestigious

prêt *adj.* ready; **être prêt(e) à** to be prepared to

prétendre to claim, maintain

prêter to lend; **prêter attention** to pay attention

prêtre *m.* priest

preuve *f.* proof

prévoir (*like* **voir**) *irreg.* to foresee, anticipate

prévu *adj.* planned

prier to pray

prime *m.* premium

princesse *f.* princess

principal *adj.* principal, main

principe *m.* principle

printemps *m.* spring

pris (*p.p. of* **prendre**) *adj.* taken

prit (*p.s. of* **prendre**)

privé *adj.* private; **cours** (*m. pl.*) **privés** private lessons

privilégié *adj.* privileged, special

privilégier to favor

prix *m.* price; prize; **à tout prix** at all costs, at any price; **prix du jury** jury prize

problème *m.* problem

procédé *m.* procedure

prochain *adj.* next; upcoming; **les deux prochaines années** the next two years

proche *adj.* close; nearby; **futur** (*m.*) **proche** *gram.* near future

produire (*like* **conduire**) *irreg.* to produce; **se produire** to arise, appear, happen

produit *m.* product

produit (*p.p. of* **produire**) *adj.* produced

proéminent *adj.* prominent

prof *m., f., fam.* professor

professeur *m.* professor

profil *m.* profile

profit: marge (*f.*) **de profit** profit margin

profiter de to take advantage of, profit from, make the most of

profond *adj.* deep, profound; **au plus profond de** deep down, in the deepest part of

profondément *adv.* deeply

programme *m.* program; agenda

progrès *m.* progress

progressivement *adv.* gradually, little by little

projet *m.* plan, project; **faire des projets** to plan, make plans

prolongé *adj.* extended

prolonger to extend, continue

promenade *f.* walk; **faire une promenade** to take a walk; **promenade en bicyclette** bike ride

promener (je promène) to walk; **se promener** to walk, take a walk

promesse *f.* promise

promettre (*like* **mettre**) *irreg.* to promise

promis (*p.p. of* **promettre**)

promouvoir (*like* **mouvoir**) to promote

pronom *m. gram.* pronoun; **pronom disjoint** stress pronoun

prononcer (nous prononçons) to pronounce

propice *adj.* favorable

propos *m. pl.* remarks; **à propos de** about, concerning; **propos recueillis par** interviewed by

proposer to propose; to suggest

proposition *f. gram.* clause; **proposition principale** main clause

propre *adj.* own; clean; proper to, characteristic of

protecteur/-trice *adj.* protective

protéger (nous protégeons) to protect

protestataire *m., f.* protester

prouesse *f.* feat

provenant de (*pres. p. of* **provenir**) *adj.* coming from

provençal *adj.* Provençal, from Provence

provenir (*like* **venir**) to come from

provocant *adj.* provocative

provoquer to provoke; to bring about, give rise to

prudent *adj.* careful

psychologue *m., f.* psychologist

pu (*p.p. of* **pouvoir**)

public (publique) *adj.* public; *n. m.* audience

publicité *f.* advertisement

publié (*p.p. of* **publier**) *adj.* published

puces: marché (*m.*) **aux puces** flea market

pudeur *f.* shame, embarrassment

puis *adv.* then, next, besides

puisque *conj.* since, as, seeing that

puissance *f.* power

puissant *adj.* powerful; **le Tout-Puissant** the All-Powerful One

punir (*p.p. of* **puni**) to punish

pupitre *m.* desk

put (*p.s. of* **pouvoir**)

Q

quai *m.* dock

qualifier to qualify

qualité *f.* (good) quality; characteristic

quand *adv., conj.* when; **quand même** anyway

quantité *f.* quantity, amount

quarante *adj.* forty

quart *m.* fourth, quarter; **quart d'heure** fifteen minutes; **trois quarts** three quarters

quartier *m.* neighborhood, quarter; **quartier des affaires** business district

quasi-totalité *f.* practically all

quatorzième *adj.* fourteenth

quatrième *adj.* fourth

que (qu') *adv.* how; why; how much; *conj.* that; than; *pron.* whom; that; which; what; **ne... que** only; **parce que** because; **que de** + *pl. n.* so many + *pl. n.*; **qu'est-ce que** what? (*object)*; **qu'est-ce qui** what? (subject)

québécois *adj.* Quebecois; **Québécois(e)** *n. m., f.* Quebecois (*person*)

quel(le)(s) *interr. adj.* what, which; what a

quelque(s) *adj.* some, any; a few; somewhat; **en quelque sort** in a certain way; **quelque chose** *pron.* something; **quelque chose de différent** something different; **quelque part** somewhere

quelquefois *adv.* sometimes

quelqu'un *pron.* someone, somebody; **quelqu'un d'autre** someone else

question *f.* question; **il n'en est pas question** it's out of the question; **poser une question** to ask a question

qui *pron.* who, whom; **qu'est-ce qui** what? (*subject*)

quinze *adj.* fifteen

quitte à even if it means; left with the option of

quitter to leave (*s.o. or someplace*); to give up

quoi *pron.* which; what; **à quoi bon... ?** what's the use . . . ?; **en quoi** in what way

quoique *conj.* although

quotidien(ne) *adj.* daily; *n. m.* the everyday

R

raccourci *m.* shortcut

racine *f.* root

raconter to relate, tell

radical *adj.* radical, drastic

radieux/-se *adj.* splendid

radin *adj.* stingy

rafle *f.* round-up

rage *f.* rabies

ragots *m. pl.* gossip

raide *adj.* straight; **avoir les cheveux** (*m. pl.*) **raides** straight hair

raison *f.* reason; **à raison de** at the rate of; **avoir raison** to be right; **en raison de** on account of

raisonnable *adj.* sensible; rational

raisonner to reason

ramassé (*p.p. of* **ramasser**) *adj.* picked up

randonnée (pédestre) *f.* hike; **faire une randonnée** to go on a hike

ranger to put (away)

rapide *adj.* fast, rapid

rappel *m.* reminder

rappeler to remind; **se rappeler** to recall, remember

rapport *m.* connection; report; *pl.* relationship; **par rapport à** in comparison with; in relation to; regarding; **rapport d'amitié** friendship

rapporter to report

rapprochement *m.* reconciliation

rapprocher to bring closer; to draw together; **se rapprocher (de)** to draw nearer (to), resemble

se raser to shave

rassemblement *m.* gathering

rassembler to gather, bring together; **se rassembler** to gather together

rassurer to reassure

rattraper to catch up; **rattraper son retard** to make up for lost time

ravage: faire des ravages to wreak havoc

ravi *adj.* delighted

rayon *m.* ray of light

rayonnement *m.* radiation

rayure *f.* stripe

réagir to react

réalisateur/-trice *m., f.* director, filmmaker

réalisation *f.* achievement

réaliser to realize; to accomplish, achieve; to carry out; **se réaliser** to be achieved; to come to pass

réaliste *adj.* realistic

réalité *f.* reality; **en réalité** in reality

réaménager to redevelop

rebelle *adj.* rebellious

se rebeller to rebel

récemment *adv.* recently

recensé *adj.* counted

recette *f.* recipe

recevoir (*p.p.* **reçu**) *irreg.* to receive

réchauffement *m.* warming; **réchauffement global** global warming

réchauffer to keep (*s.o.*) warm

recherche *f.* research; **(être) à la recherche de** (to be) seeking, in search of; **faire des recherches** to do research

rechercher to seek (out), look for

récif *m.* reef; **récif corallien** coral reef

récit *m.* account, story, narrative

réclamer to call for, demand

recommander to recommend

recommencer to start (*s.th.*) over; **recommencer à** + *inf.* to begin to (do *s.th.*) again

récompense *f.* reward

recomposé: famille recomposée blended family

réconcilier to reconcile, help (a couple) make up; **se réconcilier** to make up

reconnaître (*like* **connaître**) *irreg.* to recognize

reconnu (*p.p. of* **reconnaître**); *adj.* recognized

recours: avoir (faire) recours à to have recourse to, resort to

recouvert (*p.p. of* **recouvrir**) **de** *adj.* covered with

recréer to recreate

recruter to recruit

recruteur/-trice *m., f.* recruiter

reçu (*p.p. of* **recevoir**)

recueil *m.* collection, anthology

recueilli (*p.p. of* **recueillir**) gathered, collected; **propos** (*m. pl.*) **recueillis par** interviewed by

reculer to recede

reçut (*p.s. of* **recevoir**)

recyclage *m.* recycling

rédaction *f.* (*piece of*) writing, draft

rédiger (**nous rédigeons**) to write

redire to say again

redouter to dread, fear

se redresser to sit up straight

réduire (*like* **conduire**) *irreg.* to reduce

réduit (*p.p. of* **réduire**)

réel(le) *adj.* real; *n. m.* the real

référence *f.* reference; **faire référence à** to refer to

se référer to refer to

refermer to close again

réfléchir to reflect, think

refléter (**je reflète**) to reflect; to reflect on, think about

réflexion *f.* thought; remark

réformateur/-trice *m., f.* reformer

reformuler to reformulate, to express in a different way

réfugiés *m. pl.* refugees

refus *m.* refusal

refuser to refuse, turn down

regard *m.* look; eyes

regarder to look (at); to watch

règle *f.* rule; **en règle générale** as a (general) rule

règne *m.* reign

regrettable: il est regrettable que it's regrettable, too bad that

regretter to regret; to be sorry; to miss

régulier/-ère *adj.* regular

rejeter (**je rejette**) to reject

rejoindre (*like* **craindre**) *irreg.* to (re)join

se réjouir to be delighted

relatif/-ive *adj.* relative

relation *f.* relationship; relation

relaxant *adj.* relaxing

relié *adj.* connected to

religieux/-se *adj.* religious

relire (*like* **lire**) *irreg.* to reread

relocalisé *adj.* moved

remarquer to notice; **remarque(z)** *interj.* mind you, by the way

remercier to thank

remettre en cause to challenge, question

remonter to date from, go back (*time*)

remparts *m. pl.* ramparts

remplacement *m.* replacement; **organes** (*m. pl.*) **de remplacement** substitute organs

remplacer (**nous remplaçons**) to replace

remplir to fulfill; to carry out; **remplir une tache** to fulfill a task

remporter to win

renard *m.* fox

rencontre *f.* meeting, encounter

rencontrer to meet; to encounter; **se rencontrer** to meet one other

rendre to make, render (+ *adj.*); to hand in (*exam*); **rendre visite à** to visit (*s.o.*); **se rendre** to go to; **se rendre compte de** to realize, be aware of (*s.th.*); **se rendre compte que** to realize that

rendez-vous *m.* meeting, appointment, date; **avoir rendez-vous** to have an appointment, date; **se donner rendez-vous** to arrange to meet; to make a date, appointment

rendu: rendu à force d'homme having become a man, an adult

renfermé *adj.* withdrawn, introverted

renforcé *adj.* reinforced

renommée *f.* renown; fame

renommé *adj.* famous, renowned

renoncer (**nous renonçons**) **à** to give up, renounce

renouveau *m.* renewal

renouveler to renew

renseignement *m.* (*piece of*) information

rentrer to return (*to a place*); to go home

renversé *adj.* impeached; upside-down

renvoyer to return, send back

repaire *m.* den, lair

se répandre to spread

réparer to repair

repartir (*like* **partir**) *irreg.* to leave, go back;

repas *m.* meal; **repas-télé** TV dinner

répéter (**je répète**) to repeat

réplique *f.* replica

répondit (*p.s. of* **repondre**)

répondre (à) to answer; to respond

réponse *f.* answer; response

reportage *m.* report; commentary

reporter *m.* reporter

reposer to rest, repose; **se reposer** to rest

repousser to postpone, put off

reprendre to take (up) again; to take over

représentant(e) *m., f.* representative

représenté *adj.* represented; pictured

représenter to represent, stand for; **se représenter** to depict oneself

reprocher à to blame

république *f.* republic; **République centrafricaine** Central African Republic; **République dominicaine** Dominican Republic

requérir (**je requiers**) to call for, require

requis (*p.p.* of **requérir**) required
réseau *m.* network
réservation: faire une réservation to make a reservation
réservé *adj.* reserved; reserved for
résider to reside, live
résistant(e) *m., f., adj.* Resistance fighter
résister to resist
résolu (*p.p.* of **résoudre**) *adj.* resolved
résoudre (*p.p.* **résolu**) *irreg.* to solve; to resolve
respecter to respect, have regard for
respectif/-ve *adj.* respective
responsabilité *f.* responsibility
responsable (de) *adj.* responsible (for); in charge (of)
ressemblance *f.* resemblance
ressembler à to look like, resemble; **se ressembler** to be alike
ressenti (*p.p.* of **ressentir**)
ressentiment *m.* resentment
ressentir (*like* **partir**) *irreg.* to feel
ressortir: faire ressortir to make (*s.th.*) stand out, come out
ressources *f. pl.* resources; funds
reste (de) *m.* the rest (of)
rester to stay, remain; **il ne reste que** (+ *noun*) only (*s.th.*) remains
restauré *adj.* restored
résultat *m.* result
résulter to result, follow
résumé *m.* summary
résumer to sum up, give a short account
rétablir to reestablish, restore
retard *m.* delay; **rattraper son retard** to catch up, make up for lost time; **en retard** late
retirer to withdraw
retomber to fall again
retorquer to retort
retour *m.* return
retourner to go back, return; **se retourner** to turn around
retracer to recall, recount
retraite *f.* retirement
retravailler to work again
se rétrécir to narrow
retrouver to find (again); to meet; **se retrouver** to get together, meet up with each other; to find oneself back; to end up, wind up
réunir to call together, convene; to reunite; to bring together
réussi *adj.* successful
réussir (à) to succeed, be successful (in); to manage (*to do s.th.*); **réussir à un examen** to pass a test; **réussir un entretien** to have a successful interview; **réussir sa vie** to have a happy life
réussite *f.* success

revanche: en revanche *adv.* on the other hand
rêve *m.* dream
rêver (de) to dream (about)
réveiller to wake, awaken (*s.o.*); **se réveiller** to wake up
révéler (je révèle) to reveal
revenir (*like* **venir**) *irreg.* to come back; to return (*someplace*); **revenir sur le passé** to go back over the past
revenu (*p.p.* of **revenir**); *adj.* returned
réviser to review
revisiter to revisit
revivre (*like* **vivre**) *irreg.* to live again; **faire revivre** make (*s.o, s.th.*) come back to life
revoir (*like* **voir**) *irreg.* to see again; to go back over again; **au revoir** good-bye
révolte *f.* uprising, rebellion
révolté *adj.* outraged, incensed
révolutionnaire *adj.* revolutionary
révolutionner to revolutionize
revu (*p.p.* of **revoir**)
revue *f.* review, journal
rhénan *adj.* Rhenish, of the Rhine
Rhin *m.* Rhine River
Rhône *m.* Rhone River
rhum *m.* rum; **rhum-coca** Rum and Coke
ri (*p.p.* of **rire**)
riche *adj.* rich, wealthy
richesse *f.* riches, wealth
rideau *m.* curtain
ridicule *adj.* ridiculous
ridiculiser to ridicule
rien (ne... rien) *pron.* nothing; (not) anything; **rien de** + *adj.* nothing + *adj.*; **rien de tel que** nothing like; **rien que** nothing but, merely
rigueurs *f. pl.* rigors, harshness, severity
riposter to answer back; to retaliate
rire (*p.p.* **ri**) *irreg.* to laugh
risque *m.* risk
risqué *adj.* risky
risquer to risk; **risquer de** + *inf.* might or could + *verb*
rive *f.* bank (*river*)
rivière *f.* river (*that feeds into another river*)
robe *f.* dress
robotique *adj.* robotic, in robots
rogne *f.* anger
roi *m.* king
rôle *m.* role, part; **à tour de rôle** in turn; **jouer le rôle de** to play the part of
romain *adj.* Roman; **Romain(e)** *n. m., f.* Roman (*person*)
roman *m.* novel
romanche *m.* Romans(c)h (*language*)
romancier/-ère *m., f.* novelist
romantique *adj.* romantic; **Romantique** *n. m., f.* Romantic (*person*)
romantisme *m.* Romanticism

romarin *m.* rosemary
rompre (*p.p.* **rompre**) *irreg.* to break; **rompre (avec quelqu'un)** to break up (with s.o.)
se ronger les ongles to bite one's nails
rose *adj.* pink; rosy; *n. f.* rose
rosier *m.* rosebush
rouge *adj.* red; *n. m.* red; **le bleu blanc rouge** the tricolor, the French flag
rouler to travel (*by car*); to drive
roumain *adj.* Romanian; **Roumain(e)** *n. m., f.* Romanian (*person*)
Roumanie *f.* Romania
route *f.* road, highway
routier *adj.* road
roux (rousse) *adj.* redheaded; *n. m., f.* redhead
royaume *m.* kingdom
rubrique *f.* column, section (*newspaper*)
rude *adj.* hard, arduous; uncouth
rue *f.* street
ruelle *f.* narrow street, alleyway
rumeur *f.* rumor
rupture *f.* breakup
rural *adj.* rural
russe *adj.* Russian; **Russe** *n. m., f.* Russian (*person*)
rythme *m.* rhythm

S

sa *poss. adj., f. s.* his, her, its, one's
sable *m.* sand
sachant (*pres. p.* of **savoir**) knowing
sacré *adj.* sacred, holy
sacrifier to sacrifice
sage *m., f.* wise man or woman
Sahélien(ne) *m., f.* person from the Sahel
sain *adj.* healthful, healthy
saison *f.* season; **la belle saison** summer
salade *f.* salad
salaire *m.* salary, wage; **augmentation** (*f.*) **de salaire** raise
salarié(e) *m., f.* wage earner, employee
salinière *f.* saltworks
salive *f.* saliva
salle *f.* room; hall
salon *m.* convention
salubrité *f.* health
saluer to greet; hail; **je vous salue Marie** Hail, Mary
salut *m.* greeting
salutation *f.* greeting
samedi *m.* Saturday
sanctuaire *m.* refuge, sanctuary
sang *m.* blood
sans *prep.* without; **sans** + *inf.* without doing s.th.; **sans domicile fixe (SDF)** *m., f.* homeless person; **sans doute** *adv.* probably, doubtless; **sans-papiers** *n., inv.* undocumented immigrant; **sans que** *conj.* without; **sans-souci** carefree

santé *f.* health; **en bonne (mauvaise) santé** in good (bad) health

santon *m.* little Provençal earthenware figures

santonnier/-ère *adj.* of, related to **santons; santonnier/-ère** *n. m., f.* maker of **santons**

sapin *m.* fir tree; **sapin de Noël** Christmas tree

sarcastique *adj.* sarcastic

satirique *adj.* satirical

satisfait *adj.* satisfied; pleased, content

sauf *prep.* except

saumon *m.* salmon

saut *m.* jump, leap; **saut à l'élastique** bungee jumping

sauvage *adj.* wild; uncivilized; savage

sauver to rescue, save

savane *f.* savannah

savoir (*p.p.* **su**) *irreg.* to know; to know how to; to find out; *m.* knowledge

savoir-vivre *m.* social etiquette

scandale *f.* scandal; **magazine** (*m.*) **à scandale** gossip magazine, tabloid

scandaleux/-se *adj.* scandalous

scénariste *m., f.* screenwriter

scène *f.* scene; **metteur** (*m.*) **en scène** movie, theater director

sceptique *m., f.* skeptic

scientifique *m., f.* scientist; *adj.* scientific

scintillant (*pres. p. of* **scintiller**) *adj.* twinkling, sparkling

SDF (sans domicile fixe) *m., f.* homeless person

se (s') *pron.* oneself; himself; herself; itself; themselves; to oneself, etc.; each other

séance *f.* film showing; meeting, session

sec (sèche) *adj.* dry; **boire sec** to drink heavily

secheresse *f.* drought

secret *m.* secret; **secret/-ète** *adj.* secret, private; **en secret** secretly

secte *f.* cult

secrétaire *m., f.* secretary

sécurité *f.* safety, security; **consignes** (*f. pl.*) **de sécurité** safety guidelines

séduisant *adj.* attractive, good looking

séduire to charm, win over; seduce

seigneur *m.* lord

seigneurial *adj.* seigneurial, belonging to the lord of a manor

sein: au sein de *prep.* within

séjour *m.* stay, sojourn

sélectionné *adj.* chosen, selected

selon *prep.* according to; **selon vous (moi, eux, etc.)** in your (my, their, etc.) opinion

semaine *f.* week; **par semaine** a week, per week

semblable *adj.* similar, the same

sembler to seem; to appear

semestre *m.* semester

sénégalais *adj.* Senegalese

sénateur *m.* senator

sens *m.* meaning; sense; **au sens large** in a broad sense

sensation *f.* feeling

sensibiliser to increase awareness, make (*s.o.*) sensitive to, aware of

sensibilité *f.* sensitivity

sensible *adj.* sensitive

senti (*p.p. of* **sentir**)

sentier *m.* path

sentiment *m.* feeling

sentimental *adj.* romantic, love; **vie** (*f.*) **sentimentale** love life

sentir (*like* **partir**) *irreg.* to feel; to sense; to smell; **se sentir** + *adj.* **to feel** + *adj.*; **se sentir seul** to feel lonely

sentit (*p.s. of* **sentir**)

séparé *adj.* separated, separate

se séparer to separate

sept *adj.* seven

septembre *m.* September

serein *adj.* serene, peaceful

série *f.* series

sérieux/-se *adj.* serious

serre *f.* greenhouse; **effet** (*m.*) **de serre** greenhouse effect

serrer la main à quelqu'un to shake s.o.'s hand; **se serrer la main** to shake hands

serveur/-se *m., f.* waiter, waitress

servi *adj.* served

service *m.* favor; service

servir (*like* **partir**) *irreg.* to serve; **servir à** to be used for; to serve to; **servir de** to serve as, to be used as; **se servir de** to use

ses *poss. adj. m., f., pl.* his; her; its; one's

seul *adj., adv.* alone; single; only; lonely; **se sentir seul(e)** to feel lonely; **un seul mot** just one word; **une seule fois** only once

seulement *adv.* only

si *adv.* so; so much; yes (*response to negative*); *conj.* if; whether; **même si** even if; **s'il vous (te) plaît** please

sida *m.* AIDS

sidérurgique *adj.* steel

siècle *m.* century

siège *m.* seat; headquarters

sien: le/la/les sien(ne)(s) *pron., m., f.* his, hers

sieste: faire la sieste to take a nap

signe *m.* sign

signer to sign

signification *f.* meaning

signifier to mean

silencieux/-se *adj.* silent

similaire *adj.* similar

similarité *f.* similarity

simplement *adv.* simply

simplifier to simplify

singulier/-ère *adj.* singular, unique

sinon *conj.* if not

sirop (*m.*) **d'érable** maple syrup

situé *adj.* located

situer to locate; **se situer** to be located

ski: moniteur (*m.*) **de ski** ski instructor

skier to ski

snob *adj. inv.* snobbish, stuck-up

société *f.* society

sociologue *m., f.* sociologist

sœur *f.* sister; **âme-sœur** soulmate; **belle-sœur** sister-in-law; stepsister

soi *pron.* oneself; **chez soi** at home

soigner to take care of, to groom

soin *m.* care; treatment; responsibility; **soins pour hommes** men's skin-care products

soir *m.* evening; night; **ce soir** tonight; **hier soir** last night

soirée *f.* evening; party

soit *conj.* either, or; **soit... soit** either . . . or

soixantaine *f.* about sixty

soixante *adj.* sixty; **les années soixante** the Sixties

soixante-dix *adj.* seventy

sol *m.* ground

solaire *adj.* solar

sole (*f.*) **meunière** sole dipped in flour and fried in butter

soleil *m.* sun

solennel(le) *adj.* solemn

solide *adj.* solid

solitaire *adj.* solitary

sombre *adj.* somber

sombrer to sink into

somme: en somme *adv.* in short; ultimately

sommet *m.* top, summit

son (sa, ses) *poss. adj.* his; her; its; one's

son *m.* sound

songer to think, imagine

sophistiqué *adj.* sophisticated

sorcier/-ère *m., f.* sorcerer, witch

sort: mauvais sort *m.* curse

sorte *f.* sort, kind, type; **de sorte que** so as, in such a way that; **toutes sortes de** all types, sorts of

sorti (*p.p. of* **sortir**)

sortir (*like* **partir**) *irreg.* to go out; to leave; to say; **sortir en boîte** to go clubbing

souci *m.* concern; **sans-souci** carefree

soudain *adv.* suddenly

souffert (*p.p. of* **souffrir**)

souffler to whisper

souffrir (*like* **partir**) (**de**) *irreg.* to suffer (from)

souhait *m.* wish, desire

souhaiter to wish, desire

soulagé *adj.* relieved

soulagement *m.* relief

soulever to lift, lift up

souligner to underline; to emphasize

soumis *adj.* submissive

souple *adj.* soft, flexible

sourcil *m.* eyebrow

souri (*p.p. of* **sourire**)

souriant adj. smiling

sourire (like **rire**) irreg. to smile; m. smile

sous prep. under, beneath; **sous forme de question** in the form of a question; **sous le choc** in a state of shock; **sous son meilleur jour** to advantage, in one's most flattering light

sous-marin: plongée (f.) **sous-marine** deepsea diving

soutenir (like **tenir**) irreg. to support

souterrain adj. underground

soutien m. support

souvenir m. memory

se souvenir (like **venir**) **de** irreg. to remember

souvent adv. often

souverain adj. supreme

spacieux/-se adj. spacious

spatial adj. space

spécialisé adj. specialized

se spécialiser (en) to major (in)

spécialité f. specialty

spécifique adj. specific

spectacle m. show, (live) performance; **le monde du spectacle** show business, entertainment world

spectaculaire adj. spectacular

spectateur/-trice m., f. audience member

spontané adj. spontaneous

sportif/-ve m., f. athletic person; adj. athletic

stage m. internship; **faire un stage** to do an internship

stagiaire m., f. intern

star f. star; **star de cinéma** movie star

station f. resort; station

statistiques f. pl. statistics

steward m. (male) flight attendant

stimuler to stimulate

stipuler to stipulate

stocker to store

stratégique adj. strategic

stresser to stress (out)

stricte adj. strict

strophe f. stanza

stylistique adj. stylistic

su (p.p. of **savoir**)

subir to undergo

subitement adv. suddenly

subjonctif m., gram. subjunctive (mood)

submerger to overwhelm, flood

subordonné adj., gram. subordinate

succès m. success

sucre m. sugar; **canne** (f.) **à sucre** sugar cane

sud m. south; **l'Afrique** (f.) **du Sud** South Africa; **l'Amérique** (f.) **du Sud** South America

sud-est m. southeast

sud-ouest m. southwest

suédois adj. Swedish

sueur f. sweat

suffisamment adv. sufficiently, enough

suggérer (je suggère) to suggest

se suicider to commit suicide

Suisse f. Switzerland; adj. Swiss

suite f. continuation; follow-up; **à la suite de** after; **par la suite** subsequently, afterwards; **suite à** following; **tout de suite** immediately, right away

suivant adj. following

suivi (p.p. of **suivre**) adj. followed (by)

suivre (p.p. **suivi**) irreg. to follow; **suivre des cours** to take classes

sujet m. subject; **au sujet de** about

super adj. inv. super, great, terrific

superbe superb, gorgeous, glorious

superficie f. surface

superficiel(le) adj. superficial

supérieur adj. superior; upper; advanced; **classe** (f.) **supérieure** upper class

supériorité f. superiority

superlatif m., gram. superlative

supplémentaire adj. additional, extra; **faire des heures supplémentaires** to work overtime

supplier to beg

supporter to put up with; to stand; to bear

support m. medium, prop

supposé adj. supposed to

supprimer to eliminate, do away with

sur prep. on; in; on top of; out of; about

sûr adj. sure, certain; **bien sûr** of course; **sûr de son fait** sure of himself

surface: en surface at ground level

surfer to surf the Net

surgelé adj. frozen; **produit** (m.) **surgelé** frozen food

surmonter to overcome

surnaturel(le) adj. supernatural

surnom adj. nickname

surnommer to nickname

surpopulation f. overpopulation

surprenant adj. surprising

surprendre (like **prendre**) irreg. to surprise; to overhear

surpris adj. surprised

sursauter to jump, give a start

surtout adv. above all; especially

surveillant(e) d'externat m., f. non-resident supervisor of students

surveiller to watch over, supervise

survenu adj. that took place, came about

survie f. survival

survivre (like **vivre**) irreg. to survive

susceptible (adj.) **de** likely to

susciter to arouse, give rise to

syllabe f. syllable

symbole m. symbol

symbolique adj. symbolic

symboliser to symbolize

sympathique adj. (fam., inv. **sympa**) nice

sympathie f. sympathy

syndicat m. union

systématique adj. systematic

système m. system

T

ta poss. adj., f. s., fam. your

tabac m. tobacco

table (f.) **des matières** table of contents

tableau m. chart; board; painting

tache (f.) **de naissance** birthmark

tâche f. task; **remplir une tâche** to fulfill a task

tailler to carve

taille f. size; waist; **jeans** (m. pl.) **taille basse** low-waisted jeans

talentueux/-se adj. talented

tandis que conj. while

tanneur m. tanner

tant adv. so, so much; so many; **en tant que** as; **tant bien que mal** as best as possible, as best as he (she, they, etc.) could; **tant de** so many, so much

tante f. aunt

tard adv. late; **plus tard** later

tardivement adv. late, belatedly

tarte (f.) **aux cerises** cherry pie

tas m. pile, heap; **un (des) tas de** a lot of, lots of

tâter to feel one's way, grope

tâtonner to fumble

tatouage m. tattoo

taureau m. bull

taureaumachie f. bullfighting

taux m. rate

taxe f. tax

Tchad m. Chad

te (t') pron. you; to you

technique f. technique; adj. technical

technologique adj. technological

teint m. complexion; **fond** (m.) **de teint** foundation (makeup)

teinte f. coloration

tel(le) adj. like, such; **rien de tel que** (there is) que nothing like; **tel que** such as

télé f., fam. TV; **repas** (m.)-**télé** TV dinner

téléphone m. telephone, phone; **au téléphone** on the phone; **coup** (m.) **de téléphone** phone call; **facture** (f.) **de téléphone** phone bill; **téléphone portable** cell phone

téléphoner (à) to phone, telephone

téléphonique adj. phone; **cabine** (f.) **téléphonique** phone booth

télétravail m. telecommuting

télévisé adj. televised; **journal** (m.) **télévisé** TV newscast

télévision f. (fam. **télé**) television; **à la télévision** on television; **chaîne** (f.) **de télévision** TV channel; **émission** (f.) **de télévision** TV show

tellement adv. so; **tellement de** so many, so much

témoigner de to bear witness to, testify to

témoin *m.* witness

tempête *f.* storm

temporairement *adv.* temporarily

temps *m.* time; era; weather; *gram.* tense; **à mi-temps** part-time; **à plein temps** full-time; **à temps partiel** part-time; **de temps en temps** from time to time; **depuis combien de temps?** (for) how long?; **d'ici peu de temps** shortly, before long; **emploi** (*m.*) **du temps** schedule; **en même temps** at the same time; **il n'est que temps** it's about time; **parler de la pluie et du beau temps** to talk the weather, about this and that; **pendant ce temps** meanwhile; **perdre son temps** to waste one's time; **prendre son temps** to take one's time; **peu de temps après** shortly after; **passe-temps** (*m.*) pastime

tenace *adj.* tenacious

ténacité *f.* tenacity

tendance *f.* tendency; **avoir tendance à** to tend to, have a tendency to

tendre *adj.* tender; fond, affectionate

se tendre (*p.p.* **tendu**) to extend oneself; to become taut

tendresse *f.* tenderness

tendu *adj.* extended, held out

tenir (*p.p.* **tenu**) *irreg.* to hold; to keep; to get, inherit; **tenir à** to value; to be attached to; to care about; **tenir au courant** to keep (s.o.) up to date; **tenir compagnie à quelqu'un** to keep s.o. company; **tenir compte de** to keep in mind; **se tenir** to be held; to take place; **se tenir au courant** to keep abreast

tentative *f.* attempt, endeavor

tente *f.* tent

tenter to tempt; to try, attempt

terme *m.* term; **à court- (long-) terme** short- (long-) term

terminaison *f.* ending

terminer to end; to finish; **se terminer** to end; to be finished

terne *adj.* dull

terrasse *f.* terrace; **café** (*m.*)-**terrasse** sidewalk café

terre *f.* earth; land; **en terre cuite** earthenware; **par terre** on the ground; **terre ferme** terra firma

terrestre *adj.* terrestrial

terreur *f.* terror

terrier *m.* burrow, hole

territoire *m.* territory

tes *poss. adj., m., f., pl.* your

tête *f.* head; face; **opiner de la tête** to nod

têtu *adj.* stubborn

texte *m.* text; passage

thé *m.* tea

théâtral *adj.* theater

théâtre *m.* theater; **pièce** (*f.*) **de théâtre** (*theatrical*) play

thématique *adj.* thematic

thème *m.* theme, subject

thèse *f.* thesis

thieboudienne *m.* thieboudienne (*Senegalese stew of fish, rice, and vegetables*)

thym *m.* thyme

tien: le/la/les tien(ne)(s) *pron., m., f., fam.* yours; **à la tienne!** *interj.* to your health!

tiens *interj.* see; well

Tiers-Monde *m.* Third World countries

timbre *m.* stamp

tiraillé *adj.* torn, split in two

tirer (de) to draw, take (from)

tissu *m.* fabric, cloth

titre *m.* title; **grands titres** headlines

toit *m.* roof

tomber to fall; **laisser tomber** to drop, leave out; **tomber amoureux/-se** to fall in love

ton (ta, tes) *poss. adj., fam.* your

ton *m.* tone

tornade *f.* tornado

tort *m.* wrong; **faire tort à** to wrong, harm (s.o.)

tortue *f.* tortoise

tôt *adv.* early; **plus tôt** earlier

Touareg *m., f.* Tuareg (*person*)

toucher to touch; to reach

toujours *adv.* always; still; **depuis toujours** as far back as can be remembered, right from the start

toundra *f.* tundra

tour *f.* tower; tall building; *m.* turn; tour; **à son tour** in his/her turn; **à tour de rôle** in turn; **faire un tour de** to go on a tour of; **tour de guet** watchtower

tourisme *m.* tourism

touriste *m., f.* tourist

touristique *adj.* tourist

tourmenté *adj.* tormented

tournage *m.* set (of a movie)

tourner (à) to turn; to turn into; to film; **se tourner vers** to turn toward

tout(e) (*pl.* **tous, toutes**) *adj., pron.* all; every; everything; each; any; everyone; **tout** *adv.* wholly, entirely, quite, very, all; **à tous moments** at all times; **à tous points de vue** in all respects; **à tout prix** at all costs, at any price; **avant tout** above all; **c'est tout vu** it's a foregone conclusion; **de toute évidence** obviously; **de toute façon** anyway; **en tout cas** in any case; **en tous genres** of all kinds; **en toutes lettres** written out in full; **malgré tout** in spite of everything; **(ne...) pas du**

tout not at all; **tous (toutes) les deux** both (of them); **tous les jours (mois, ans)** every day (month, year); **tout à coup** suddenly; **tout à fait** completely, entirely; **tout au long de** throughout; **tout d'abord** first of all; **tout de même** all the same; still! honestly! **tout de suite** immediately, right away; **tout d'un coup** all at once; **tout en** + *pres. p.* while . . . -ing; **tout en haut** at the very top; **tout le monde** everyone, everybody; **tout le temps** all the time; **Tout-Puissant** *m.* All-Powerful One

toutefois *adv.* however

tracer to draw

tract *m.* political leaflet

traditionnel(le) *adj.* traditional

traduire (*like* **conduire**) *irreg.* to translate

tragique *adj.* tragic

trahison *f.* treason, betrayal

train *m.* train; **être en train de** to be in the process of

traineau (*pl.* **traineaux**) *m.* sleigh

traire to milk

trait *m.* trait, characteristic

traité *m.* treatise

traitement *m.* treatment

traiter (de) to treat; to deal with (*in a text, film, etc.*); to call; **traiter quelqu'un de fou / menteur** to call someone a fool / liar

trajet *m.* trip, journey

tranquille *adj.* quiet, calm; **laisser quelqu'un tranquille** to leave s.o. alone

tranquillité *f.* calm, peace; **tranquillité d'esprit** peace of mind

transformer to transform; to change; **se transformer** to be transformed, changed

transmettre (*like* **mettre**) *irreg.* to pass on; to convey; to transmit

transmission *f.* passing on, imparting

transplantation *f.* transplant

transport *m.* transportation; **moyen** (*m.*) **de transport** means of transportation

traumatisme *m.* trauma

travail (*pl.* **travaux**) *m.* work; job; employment; labor; **chercher du travail** to look for work; **débordé** (*adj.*) **de travail** overworked; **horaires** (*m. pl.*) **de travail** work hours

travailler to work; **travailler à mi-temps** to work part-time; **travailler à plein temps** to work full-time; **travailler à temps partiel** to work part-time; **travailler dur** to work hard

travailleur/-se *m., f.* worker; *adj.* hardworking

travers: à travers *prep.* through, thoughout; **au travers de** through

traversée *f.* crossing

traverser to cross; to pass through

treize *m.* thirteen

treizième *adj.* thirteenth

tremplin *m.* springboard

trente *adj.* thirty

très *adv.* very; most; very much; **très bien** very well (good)

tribu *f.* tribe

tricentenaire *adj.* three hundred-year-old

tricolore: le drapeau tricolore the blue, white, and red (French) flag

triste *adj.* sad

tristesse *f.* sadness

troisième *adj.* third

se tromper to make a mistake

trompette *f.* trumpet

trompeur/-se *adj.* deceptive, misleading

trop *adv.* too; **trop de** too much of; too many of

tropical *adj.* tropical; **forêt** (*f.*) **tropicale** tropical rainforest

troquer to swap, trade

trottoir *m.* sidewalk

troubler to disturb, agitate

trouver to find; to deem, consider; **se trouver** to be; to be located; **il se trouve quelqu'un** s.o. can be found

tu *pron., fam., s.* you

tuer to kill

Turquie *f.* Turkey

type *m.* type, sort, kind

typique *adj.* typical

U

un (une) *art., pron.* a; *adj.* one; **un(e) autre** another; **l'un(e)... l'autre** each other; **une fois** once

unième: vingt et unième (21ᵉ) *adj.* twenty-first

uni(e)(s) *adj.* united; **États-Unis** *n.* (*m. pl.*) United States; **Nations-** (*f. pl.*) **Unies** United Nations

unique *adj.* only; **fils (fille) unique** only son (daughter)

univers *m.* universe

universel(le) *adj.* universal

universitaire *adj.* university

université *f.* university

urbain *adj.* urban

usage *m.* use, usage; custom

usager/-ère *m., f.* user

usine *f.* factory

utile *adj.* useful

utilisation *f.* use

utilisateur/-trice *m., f.* user

utiliser to use, utilize; **s'utiliser** to be used

V

vacances *f. pl.* vacation

vaccin *m.* vaccine

vache *f.* cow

vague *f.* wave

vaillance *f.* courageous behavior

vaincre to defeat

valeur *f.* value; worth

valise *f.* suitcase

vallée *f.* valley

valoir (*p.p.* **valu**) *irreg.* to be worth; to earn s.o. s.th.; **il vaut mieux que** it is better that; **...vaut la peine...** is worth the trouble

valorisation *f.* development

vaniteux/-se *adj.* conceited, vain

varappe: faire de la varappe to go rock climbing

varier to vary

vaste *adj.* large, huge, wide-ranging

vaudou *m.* voodoo

vécu (*p.p. of* **vivre**) *adj.* lived; experienced

vedette *f.* star

véhicule *m.* vehicle

vendeur/-se *m., f.* vendor; seller

vendre to sell; **à vendre** for sale

vendredi *m.* Friday

venir (*p.p.* **venu**) *irreg.* to come; **venir de +** *inf.* to have just (done s.th.)

vente *f.* sale; selling

ventre *m.* stomach, abdomen

venu (*p.p. of* **venir**)

vérifier to verify, check

véritable *adj.* true; real

vérité *f.* truth

verre *m.* glass; **prendre un verre** to have a drink

vers *prep.* toward, to; about; around, about (*with time*); *m.* line (*of poetry*)

vert *adj.* green

vêtement *m.* garment; *pl.* clothes, clothing

vétérinaire *m., f.* veterinarian

viande *f.* meat

victime *f.* victim

vide *f.* empty

vidéo *adj.* video; **jeux** (*m. pl.*) **vidéo** video games

videur (*m.*) **de boîte de nuit** bouncer

vie *f.* life; **jamais de la vie!** never! not on your life!; **mener la vie dure à quelqu'un** to make life difficult for s.o.; **mener sa vie** to lead, live one's life; **mode** (*m.*) **de vie** lifestyle; **réussir sa vie** to have a happy life; **vie conjugale** married life; **vie de famille** family life; **vie en société** life in society; **vie sentimentale** love life

vieillesse *f.* old age; **assurance vieillesse** pension plan

vierge *adj.* virgin

vieux (vieil, vieille) *adj.* old; *n. m. pl.* old people; **mon vieux (ma vieille)** pal, buddy

VIH *m.* HIV

vilain *adj.* naughty, bad

ville *f.* city; **centre-ville** downtown

villégiature *f.* resort

vin *m.* wine

vingt *adj.* twenty; **quatre-vingts** eighty; **vingt et unième (21ᵉ)** twenty-first

vingtième (20ᵉ) *adj.* twentieth

violemment *adv.* harshly

virtuel(le) *adj.* virtual

vis-à-vis de *prep.* toward

visage *m.* face

visite *f.* visit; **carte** (*f.*) **de visite** card, business card; **rendre visite à** to visit (*a person*)

visiter to visit (*a place*)

visiteur/-se *m., f.* visitor

visuellement *adv.* visually

vit (*p.s. of* **voir**)

vite *adv.* fast, quickly, rapidly; **au plus vite** right away, as fast as possible

vitre *f.* window pane, window

vivant *adj.* alive; living

vif/vive *adj.* bright

vivre (*p.p.* **vécu**) *irreg.* to live; **faire vivre** to support; **mal** (*m.*) **de vivre** profound discontentment; **vivre de** to live on (*s.th.*); **vivre en union libre** to live together (*without being married*)

vocabulaire *m.* vocabulary

vocation *f.* calling

vœux *m. pl.* wishes, desires

voie *f.* way; **pays** (*m.*) **en voie de développement** developing country

voilà *prep.* there is/are; *interj.* there; **le (la) voilà** there it (he, she) is

voir (*p.p.* **vu**) *irreg.* to see; **voir grand** to have big ideas

voisin(e) *m., f.* neighbor

voiture *m.* car

voix *f.* voice; **avoir voix au chapitre** to have a say in the matter

vol *m.* flight

volant *m.* steering wheel; **au volant** *adv.* behind the wheel

voler to steal

volière *f.* aviary

volontariat: faire du volontariat to do volunteer work

volonté *f.* will;

vos *poss. adj., pl.* your

voter to vote; pass (*law*)

votre *poss. adj., m., f.* your

vouloir (*p.p.* **voulu**) *irreg.* to wish, want; to demand; **j'ai voulu** I decided; **je n'ai pas voulu** I refused; **vouloir bien** to be willing, glad to; **vouloir dire** to mean;

vouloir le bien de quelqu'un to want what's best for s.o.; **en vouloir à quelqu'un** to be mad at, resent s.o.

voulu (*p.p.* of **vouloir**)

voulut (*p.s.* of **vouloir**)

voyage *m.* trip; **faire un voyage** to take a trip

voyager (nous voyageons) to travel

voyant(e) *m., f.* psychic; *adj.* loud, flashy (*colors*)

voyelle *f.* vowel

voyons *interj.* let's see; come, come

vrai *adj.* true, real; **à vrai dire** really, to tell the truth

vu (*p.p. of* **voir**); **c'est tout vu** it's a foregone conclusion

vue *f.* view; sight; **à première vue** at first sight; **point** (*m.*) **de vue** point of view; **à tous points de vue** in all respects

W

wallon(ne) *adj.* Walloon

week-end *m.* weekend

Y

y *pron.* there; **il y a** there is/are; ago

yeux (*m. pl.* of **œil**) eyes; **aux yeux de...** in the eyes of, in . . . 's view, opinion; **ouvrir grand les yeux** to open one's eyes wide

Z

zèbre *m.* zebra

zéro *adj.* zero

zone *f.* zone; area

Index

Part I: Vocabulary

activism, 157–158
connecting words, 20, 47, 51, 72, 97, 127, 139, 156
current events, 157–158, 164
describing feelings or emotions, 48, 73, 130, 131
environmental issues, 128
family life, 73–74
future predictions, 128
impressions, 22
leisure, 98–99
life in the 21st century, 128
negative expressions, 30
perceptions, 21–22
personality, 21–22, 73–74
physical descriptions, 21
politics, 157–158
reactions and opinions, 23, 50, 56, 76, 81, 101, 132, 159,
relationships, 48
social problems, 128, 157–158
storytelling, 55–56
work, 98–99

Part II: Grammar Topics

adjectives, 185–187
    comparative forms, 198–200
    demonstrative, 255
    irregular forms, 186
    placement of, 187
        BANGS adjectives, 187
        meaning changes with, 187
    possessive, 254–255
    quel, 239
    regular forms, 185
    superlative forms, 201–202
adverbs
    comparative forms, 199, 200
    formation, 256–257
    in narrations, 210–211
    placement, 207, 257
    superlative forms, 202
    types of, 255–256
antecedents, 191–192
articles
    definite, 250–251
    indefinite, 251–252
    See also partitive articles

aussi + . . .+ **(que),** 198, 199
avoir
    idiomatic expressions with, 265
    imperative form, 231
    with **passé composé,** 204–206
    subjunctive, 220

BANGS (beauty, age, number, goodness, size) method, 187

ceci, cela, ça, 264
ce dont, 195
celui, 264
ce qui / ce que, 193
c'est / ce sont, 188–189
c'est vs. **il est / elle est,** 188–189
-ci, 255, 264
clauses, main and subordinate, 191
commands, 230–232
    See also imperative mood
comparative, 198–202
conditional
    past conditional
        formation, 248–249
        uses, 249
    present conditional
        irregular formation, 246
        regular formation, 245
        uses, 246–247
    si clauses and hypothetical events, 247
conjunctions, 137
    requiring the future, 243–244
    requiring the indicative, 227–228
    requiring the subjunctive, 227
connaître
    savoir vs., 266

definite articles
    forms, 250
    uses, 251
demonstrative adjectives, 255
demonstrative pronouns, 264
depuis, 236–237
determiners, 250–255
direct object pronouns, 258–259
disjunctive pronouns, 262

dont, 193–194
    duquel versus, 196
double object pronouns, 261

en, 260
est-ce que, 234–235
être
    imparfait, 208
    imperative form, 231
    with **passé composé,** 204–207
    subjunctive, 220

faire causatif, 271
feminine
    adjective forms, 185–186
    noun endings, 184
functions, communicative, list of, 10
    comparer, 26, 198
        irregular comparative forms, 200
        regular comparative forms, 198–200
        superlatives, 201–202
    décrire, 26, 182
        adjectives, 185–187
        c'est vs. **il est / elle est,** 188–189
        gender of nouns, 183–185
        negation, 190
        relative pronouns, 191–197
    parler du futur, 134, 241
        future perfect, 244
        near future, 241
        simple future, 242–243
    faire des hypothèses, 162–163, 245
        conditional, 245–249
        si clauses, 247
    parler du passé, 54, 204
        expressions, 55–56
        imparfait, 208–209
        passé composé, 204–207
        passé simple, 215–216
        plus-que-parfait, 213–214
    poser des questions, 104, 234
        adjective **quel,** 239
        information questions, 236–237
        interrogative pronouns, 238, 240
        yes/no questions, 234–235
    réagir et recommander, 78, 217
        imperative mood, 230–232
        past subjunctive, 229–230
        present subjunctive, 217–225

future
  future perfect, 244
  near future, 241
  simple future, 242–243
future in the past, 247
futur proche, 241

gender of nouns, 183–185
  feminine endings, 184
  geographic names, 184
  masculine endings, 183
  people and animals, 185
  plural forms, 183
  by semantic group, 184
geographic names, gender of, 184

hypotheses, expressing, 245
  conditional, 245–249
  si clauses, 247

if clauses, 243, 247
il est / elle est, 188
imparfait
  formation, 208–209
  versus **passé composé,** 209–211
    verbs with different meanings,
      212–213
imperative mood (commands),
  232
  direct object pronouns, 258–259
  with double object pronouns, 261
  expressing a wish, 232
  imperative with **y** and **en,**
    231–232
  irregular forms, 231
  pronominal verbs, 232, 268–269
  regular forms, 230–231
impersonal expressions
  with **c'est/ il est,** 189
  with subjunctive, 221–223, 225
indefinite articles
  forms, 251
  uses, 252
indirect object pronouns, 259
information questions, 236–237
interrogative adjectives, **quel,** 239
interrogative pronouns
  lequel, 240
  qui and **que,** 238
intonation, with *yes/no* questions, 234
inversion, with *yes/no* questions, 235

-lá, 255, 264
lequel, 196–197
  as interrogative pronoun, 240

masculine
  irregular adjectives, 186
  noun endings, 183
meilleur, mieux, 200
même(s), 262

ne…, 190
near future, 241
negation, 190
  asking negative questions with
    inversion, 235
  expressions, 30, 190
  expressions of doubt, 223
  with infinitive, 190
  in the **passé composé,** 206, 207
  with pronominal verbs, 267, 269
n'est-ce pas, 235
nouns
  comparisons with, 199
  gender of, 183–185
  superlatives with, 202
numbers, comparisons with, 200

object pronouns, 258–259
  with causative **faire,** 271
où, 195

partitive articles
  forms, 252
  in negative sentences, 253
  uses, 253
passé composé
  formation, 204–206
  past participle agreement, 206–207
  placement of adverbs, 207
  pronominal verbs, 268–269
  using in inverted questions, 235
  versus imparfait, 209–211
    verbs with different meanings, 212–213
passé simple, 40
  formation, 215–216
  how to identify, 174
  uses, 216
past conditional, 248–249
  si clauses with pluperfect, 249
past participles
  avoir and **être,** 206
  with direct objects, 258
  future perfect, 244
  with indirect object pronouns, 259
past subjunctive
  formation, 229
  uses, 229–230
pendant, 236–237
personne, 190
pluperfect, 213–214
plural adjectives, 186
plural nouns, 183
plus-que-parfait
  formation, 213–214
  uses, 214
points clés, list of, 10
poser des questions, 234
  adjective **quel,** 239
  information questions,
    236–237
  interrogative pronouns

lequel, 240
  qui and **que,** 238
yes/no questions, 234–235
possessive adjectives,
  254–255
possessive pronouns, 263–264
present subjunctive, 217–225
  irregular verbs, 219–221
  regular forms, 218–219
  stem-changing verbs, 219
pronominal verbs
  direct objects with, 206–207
  imperative form, 232
  passé composé, 205
  types of, 266–269

quantity, expressions of, 253
que, 191–192
  expressing doubt with, 223
  as interrogative pronoun, 238
quel
  for exclamative emphasis, 239
  as interrogative adjective, 239
questions. *See* **poser des questions**
qui, 191–192
  de qui, 197
  expressing doubt with, 223
  as interrogative pronoun, 238
  lequel versus, 197

réagir et recommander, 78, 217
  imperative mood, 230–232
  past subjunctive, 229–230
  present subjunctive, 217–225
reciprocal verbs, 267
reflexive object pronouns, with pronominal verbs, 266
reflexive verbs, 267
relative pronouns, 191–197
rien, 190

savoir
  connaître vs., 266
si, as response, 235
si clauses, 243, 247
simple future, 242–243
  irregular forms, 243
  regular forms, 242
stress pronouns, 262
subjunctive, 217–230
superlatives, 201–202
  subjective and objective expressions,
    223–224

verbs
  comparisons with, 199
  expressing will and desire, 224
  followed by a preposition, 269–270
  reciprocal verbs, 267
  reflexive verbs, 267
  superlatives with, 202

that take preposition **de**, 193
without a preposition, 270

y, 260
imperatives with, 232
yes/no questions, 234–235
  est-ce que, 234–235
  intonation, 234
  inversion, 235
  n'est-ce pas, 235

Part III: Cultural Topics and Readings

artists
  Denys Arcand, 172
  Juliette Binoche, 16
  Jean-Pierre Jeunet, 37–38
  Kassav', 87–88
  René Magritte, 144–145
  Pierre-Auguste Renoir, 31
  Ousmane Sembène, 115–116

cultural readings
  L'actualité théâtrale en Afrique, 111
  Le changement climatique: une réalité, 138
  Les couples célèbres (Grace et Rainier de Monaco), 52
  Notre mission: Créer l'image dont votre succès dépend, 27–28
  Se pacser, est-ce romantique?, 59
  Qu'est-ce qu'un prénom?, 83
  Les santons de Provence, 64
  Le sida fait des ravages en Afrique, 165

Lectures
  Calixthe Belaya, **Comment cuisiner son mari à l'africaine,** 65–67
  Paul Éluard, «**Liberté**», 146–149
  Aminata Sow Fall, **La Grève des bàttu,** 117–120
  Victor Hugo, «**Elle avait pris ce pli...** », 89–91
  Philippe Labro, **L'Étudiant ètranger,** 39–41
  Yves Thériault, **La Noël d'Okarnak,** 173–178

maps
  Francophone Africa, 112
  Francophone Caribbean, 85
  Francophone Europe, 140
  Paris, 35
  La Provence, 61
  Le Québec, 169

Notes culturelles
  Comment éviter les faux pas culturels: le savoir-vivre en France, 103
  De l'Europe à la Union européenne, 133–134
  La famille en France, 77
  Une question de sensibilité, 25
  Les relations sentimentales en France, 53
  Les symboles de la République française, 161–162
  La vie politique en France, 161

places
  Aigues-Mortes, La Provence, 63
  Les arènes de Nîmes, La Provence, 62

Belgique, 141
Bruxelles, Belgique, 140, 142
Le Café des Arts, Paris, 11
Canada, 169–171
La Camargue, La Provence, 63
Le cimetière du Père-Lachaise, Paris, 37
La Défense et la Grande Arche, Paris, 36–37
Le Forum des Halles, Paris, 35
France, 141
Francophone Africa, 112–115
Francophone Caribbean, 84–87
Francophone Europe, 140–143
Genève, Suisse, 140, 143
Guadeloupe, 85, 86
Guyane française, 85, 86–87
Haïti, 85, 87
L'île de la Cité, Paris, 36
Mali, 113, 114
Martinique, 85–86
Montréal, Canada, 170–171
Le palais de Papes, Avignon, 62
Paris, 35–37
Le pont du Gard, La Provence, 62
La Provence, 61–63
Québec, Canada, 169–170
République Démocratique du Congo, 113, 114–115
La Rive gauche, Paris, 36
Sénégal, 113–114
Strasbourg, France, 140, 141–142
Suisse, 141
Trois-Rivières, Canada, 171

Credits

Grateful acknowledgment is made for use of the following:

Realia: *Page 21* Tin-Glao, CartoonArts International / CWS; *48* Tin-Glao, CartoonArts International / CWS; *73* Cartoon by Cosper; *128* Tin-Glao, CartoonArts International / CWS; *157* Courtesy of "La Settimana Enigmistica"—Copyright reserved.

Readings: *Page 40* From *L'Étudiant étranger* by Philippe LABRO, © Éditions Gallimard; *59* Adapted reading from the magazine *Perso du feminine* used courtesy of the publisher; *66* From *Comment cuisiner son mari à l'africaine* by Calixthe Beyala. Used by permission of Éditions Albin Michel; *83* From *Les Prénoms de vos enfants* by Jean-Marc de Foville, Parents Hachette, 1993; *118* From *La Grève des bàttu* by Aminata Sow Fall. Used by permission of R.P.R. Editions; *147* "Poesie et verité" in *Au rendez-vous allemand* by Paul Éluard. © 1945 by les Éditions de Minuit; *174* From Yves Thériault, "La Noël d'Okarnak" in *L'Herbe de tendresse,* Montréal, VLB Editeur, 1983 p. 125–128, 130–133. Used with permission of Yves Thériault Estate.

Photographs: All photographs of characters provided by Nora Megharbi, Stéphanie Pellet, and Carl Blyth. *Page 11* © Morton Beebe/Corbis; *16* © Miramax/Courtesy Everett Collection; *18* © Paul Panayiotou/Alamy; *31 The Luncheon of the Boating Party,* 1881 (oil on canvas), Renoir, Pierre Auguste (1841–1919) / Phillips Collection, Washington DC, USA, / The Bridgeman Art Library; *35* © Royalty-Free/Corbis; *36(top)* © Andrew Ward/Life File/Getty Images; *36(middle)* © Yann Arthus-Bertrand/Corbis; *36(bottom)* © Digital Vision/PunchStock; *37(top)* © AFP/Getty Images; *37(bottom)* © Warner Independent Pictures/Courtesy Everett Collection; *45* © Photodisc/Alamy; *52* © Bettmann/Corbis; *59* © Lafargue Damien/Eyedea; *62(top)* © Philip Coblentz/Brand X Pictures/PictureQuest; *62(middle)* © Royalty-Free/Corbis; *62(bottom)* © Imagesource/PictureQuest; *63 (top)* © Marc Garanger/Corbis; *63(bottom)* © Riccardo Spila/Grand Tour/Corbis; *64* © Authors Image/Alamy; *70* © Adrian Sherratt/Alamy; *80* © Jon Feingersh/zefa/Corbis; *85(bottom)* © Glowimages/PunchStock; *86(top)* © Philippe Colombi/Getty Images; *86(bottom)* © Hemis/Alamy; *87* © Richard Bickel/Corbis; *88* © AFP/Getty Images; *95* © Charles & Josette Lenars/Corbis; *106* © Royalty-Free/Corbis; *113* © Owen Franken/Corbis; *114(top)* © AP Photo/Rebecca Blackwell; *114(bottom)* © AP Photo/Karel Prinsloo; *115* © AFP/Getty Images; *124* © IMS Communications Ltd./Capstone Design/FlatEarth Images; *133(top)* © Photodisc/Getty Images; *133(bottom)* © Getty Images; *136* Jennifer Rodes, Klic Video Productions; *141* © Art Kowalsky/Alamy; *142* © Iconotec; *143* © Digital Vision/PunchStock; *144* © 2009 C. Herscovici, Brussels/Artists Rights Society (ARS), New York/Banque d'Images, ADAGP/Art Resource, NY; *145* © 2009 C. Herscovici, Brussels/ Artists Rights Society (ARS), New York/Banque d'Images, ADAGP/Art Resource, NY; *153* © Nogues Alain/Corbis Sygma; *161(top)* © Andrew Ward/Life File/Getty Images; *161(bottom)* © Photodisc/Getty Images; *162* © Reuters/Corbis; *170(top)* © Royalty-Free/Corbis; *170(bottom)* Stephen Finn/Alamy; *171* © Courtesy of Tourisme Trois-Rivières Marilie Laferté; *172* © Getty Images.

About the Authors

Nora Megharbi is currently a lecturer in the Language Program at the University of California in Santa Cruz and serves as Coordinator of the French Program. A native of Paris, she has taught both in France and in the United States. She received her Ph.D. in Applied Linguistics/Second Language Acquisition from the University of Texas at Austin in 2007. Her research focuses on language teaching, pedagogical grammar, and the use of multimedia and technology. At the University of Texas at Austin, she was a member of the development team for an online reference grammar of French entitled *Tex's French Grammar* (www. laits.utexas.edu/tex/index.html), and a multimedia-based first-year French program, *Français Interactif* (www.laits.utexas.edu/fi). She designed and created materials for the first-year program project using video, multimedia technology, and Internet resources.

Stéphanie H. Pellet is an Assistant Professor of French at Wake Forest University, where she teaches French language and sociolinguistics courses. She received her Ph.D. in French linguistics from the University of Texas at Austin, where she taught French for several years. She has also taught at Southwest Texas State University, Austin Community College, and Huston-Tillotson. Her research interests include sociolinguistics and pragmatics, in particular from the viewpoint of second-language learners.

Carl S. Blyth (Ph.D., Cornell University) is the Director of the Texas Language Technology Center and Associate Professor of French Linguistics in the Department of French and Italian at the University of Texas at Austin. At UT-Austin, he has served as Coordinator of Lower Division French (1993–2002); Acting Director of Technology, Literacy and Culture (2001–2002); and Director/Assistant Director of the UT Summer Program in Lyon, France.

With his colleagues at the University of Texas at Austin, he has developed an online reference grammar of French called *Tex's French Grammar* (www.laits. utexas.edu/tex/index.html), and a multimedia-based, first-year French program entitled *Français Interactif* (www.laits.utexas.edu/fi).

In addition to his efforts in electronic publishing, he has also written various journal articles, chapters, and books. Most notably, he was author of *Untangling the Web: Nonce's Guide to Language and Culture on the Internet* (1999) and editor of *The Sociolinguistics of Foreign Language Classrooms* (2003). More recently, he co-authored with Stacey Katz (University of Utah) *Teaching French Grammar in Context* (2007). Currently, he serves as the series editor of *Issues in Language Program Direction*, an annual volume devoted to foreign language learning in higher education. As his publications indicate, his main research interests lie at the intersection of sociolinguistics, technology, and language learning.

Sharon Wilson Foerster retired from the University of Texas at Austin in 2001, where she had been the Coordinator of Lower Division Courses in the Department of Spanish and Portuguese, directing the first- and second-year Spanish language program and training graduate assistant instructors. She continues to teach in the Spanish Summer Language School at Middlebury College in Vermont. She received her Ph.D. in Intercultural Communications from the University of Texas in 1981. Before joining the faculty at the University of Texas, she was Director of the Center for Cross-Cultural Study in Seville, Spain for four years. She continues her involvement in study abroad through her work as Director of the Spanish Teaching Institute and as Academic Advisor for Academic Programs International. She is the co-author of the following McGraw-Hill titles: *Pasaporte: Spanish for Advanced Beginners* (2009); *Supplementary Materials to accompany Puntos de partida,* Eighth Edition (2009); *Metas: Spanish in Review, Moving Toward Fluency* (2008); *Punto y aparte: Spanish in Review, Moving Toward Fluency,* Third Edition (2007); *Lecturas literarias: Moving Toward Linguistic and Cultural Fluency Through Literature* (2007); *Metas comunicativas para maestros* (1999); and *Metas comunicativas para negocios* (1998).